明末清初
西洋汉语词典三种

第❺册:《葡汉词典》《汉法词典》《官话词汇》
中文词语索引

姚小平 著

北京大学出版社
PEKING UNIVERSITY PRESS

目 录

A 1
B 4
C 30
D 57
E 83
F 85
G 100
H 119
J 140
K 173
L 183
M 203
N 220
O 228
P 229
Q 238
R 255
S 262
T 302
W 323

X ·· 338
Y ·· 368
Z ·· 405

说明：
一、罗马数字 I. 为《葡汉词典》，II. 为《汉法词典》，III. 为《官话词汇》。
二、凡出自《葡汉词典》的讹字或借音字，标以星号 *，括号内为正字。

A

āi

哀	I. 155b / III. 126
哀感	III. 52
哀告	II. 356a / III. 168
哀过动心	III. 145
哀矜	III. 27, 52, 154
哀哭	II. 356a / III. 131, 132
哀怜	III. 27, 52, 79, 87, 208
哀求	III. 168
哀声	II. 356a
哀痛	III. 52
哀痛、心甚伤他忧人	III. 79
哀子	III. 114
埃灰	III. 48
挨	II. 345a / III. 189
挨出去	I. 53a, 74b
挨倒	III. 189
挨拢	III. 131
挨磨	III. 25, 143
挨人坐	III. 23
挨日子	III. 77
挨推	III. 189

ái

| 捱 | II. 345a |
| 捱二弦 | III. 212 |

ǎi

矮	II. 345a
矮矮的	III. 170
矮的	III. 31, 84
矮凳	III. 30
矮东西	I. 50a
矮马	I. 140b
矮人	I. 50a / III. 31, 84, 113
矮山	I. 125b
矮子	I. 42a, 124a / III. 84

ài

艾	I. 40b, 94a
艾草	III. 22, 115
爱	I. 42a, 61a, 79a, 96a, 98b, 107a, 134a, 136a / III. 7, 12, 17, 27, 43, 84, 103, 108, 113, 184
爱不好	I. 136a
爱财的	III. 12
爱吃	III. 103
爱德	III. 43
爱的	III. 12
爱读书	I. 98b
爱害人	I. 116a
爱好	I. 41a

爱己	III. 184	安家	III. 181
爱恋	III. 74, 86	安静	III. 19, 70, 201
爱慕	III. 12	安乐	I. 143b / II. 356a / III. 56, 67, 70, 105
爱溺泥淖	III. 25		
爱朋友的	III. 12	安留	III. 75
爱轻	III. 69	安民	III. 17, 204
爱情	III. 12, 43	安名	III. 119
爱人称己大	I. 79a	安宁	I. 143b / III. 70, 161, 168, 184, 190, 204
爱人如己	III. 181		
爱色	III. 64	安排	I. 43a / III. 78, 159, 176
爱食	I. 107a		
爱思	III. 225	安排的	I. 43a
爱惜	I. 79a, 98b / III. 7, 12	安排下	III. 178
爱意	III. 12	安排眼前	III. 175
爱欲	III. 225	安贫	III. 174, 225
爱者	III. 84	安平	III. 184, 204
爱众人	I. 34b	安然	III. 161
隘	II. 345a	安色	III. 175
隘口	III. 167	安设铺盖	III. 40
碍	III. 121	安生理	III. 222
碍聪明	III. 83	安所	III. 91, 184
碍隔不进	III. 121	安慰	II. 341a / III. 56
		安慰忧者	III. 56

ān

安摆下	III. 16	安稳	III. 50, 196
安本分	III. 57	安息	III. 79
安定火器	III. 24	安下	III. 23, 108
安顿	III. 4, 23, 78, 175	安闲	III. 155
安顿火器	III. 24	安享	III. 105
安分	III. 57, 93, 222	安歇	III. 113, 190
安福	III. 180	安心	III. 23, 66, 70, 204
安号	III. 199	安逸	III. 108
安货	III. 129	安银	III. 174
安记	III. 199	安隐	III. 196
		安营	III. 23

安葬	III. 87	暗	I. 95b, 151b / III. 91
安扎火器	III. 24	暗察	I. 91b
安寨	III. 23	暗打地洞	III. 140
安置	III. 50, 175	暗地	III. 1, 155, 197
安置停当	III. 50	暗地查问	III. 172
安着	III. 169	暗地看	III. 5
谙练的	III. 92	暗地牢	III. 136
鞍障泥	III. 107	暗地做	III. 154
鞍子	II. 356a	暗访	III. 117
鹌鹑	III. 50	暗号	III. 81, 199
		暗黑	III. 91, 129, 155, 160, 209, 211

àn

岸兵	I. 109b	暗疾	III. 4
岸堤	III. 218	暗记	III. 199
按察司	I. 158a / III. 10, 124, 172	暗讲	III. 108
		暗礁	III. 31
按律	III. 54	暗进	III. 88
按落云头	III. 153	暗掘地道	III. 140
按起	II. 356a	暗掘伏道	III. 140
按台	III. 223	暗里机关	III. 199
按压	III. 93	暗了	III. 15, 160, 207
按院	III. 223	暗楼	III. 46, 74
按住刀枪	III. 164	暗昧	III. 156
按着	III. 43	暗谋	III. 215
案	III. 45, 54, 139	暗目	III. 92
案底	III. 160	暗授	III. 191
案公	III. 24, 197	暗行	III. 13
案记人善恶	III. 152	暗意	III. 86
案卷	I. 101b / III. 198	暗坐	I. 93a
案决了	III. 198		
案首	II. 356a / III. 29, 128	áng	
案头	I. 129a / III. 197	昂首	III. 127
案文	III. 179	昂直	III. 209
案主	III. 24		

āo
凹眼	III. 157

áo
熬	III. 101
熬的	III. 101
熬酒	III. 195
熬香露	III. 195
熬煮	III. 101
鳌	III. 103
鳌钳	III. 103

ǎo
拗断	III. 183
拗折	III. 183

ào
傲慢	III. 22
傲气	III. 179
傲情	III. 202
傲心	III. 12
傲应	III. 191
傲执	III. 38
奥妙	III. 142, 180, 202
奥旨	III. 142
澳	I. 169a
澳里	III. 87
澳门	III. 30, 71, 87, 182
澳头	III. 71
懊悔	III. 21

B

bā
八	I. 124a
八百	III. 155
八百万	III. 155
八遍	I. 124a
八成	III. 174
八风	III. 222
八个	III. 155
八脚	I. 44b
八橹	I. 167a
八千	III. 155
八钱之重	III. 158
八十	III. 155
八十遍	III. 155
八十万	III. 155
八十遭	III. 155
八万	III. 155
八仙桌	III. 139
八音皆和	III. 53
八月	III. 200
八遭	I. 124a
八字	I. 146a
巴不得	III. 156, 161
巴掌	I. 94a / II. 328a, 357a / III. 34, 66
芭蕉	I. 102b / II. 333b, 357a / III. 174
疤	I. 102a, 132a / II. 357a
笆*（篦）	I. 129a
笆*（篦）头	I. 129a

bá
拔	II. 357a
拔草	III. 90
拔齿	III. 195
拔出	III. 21

拔出来	III. 211	罢别	III. 16
拔刀	III. 21, 71	罢兵	III. 164
拔钉	III. 72	罢朝	III. 27
拔根	III. 69	罢工	III. 164
拔剑	III. 21, 71	罢了	I. 32b / II. 357a / III. 30, 37, 76, 115
拔毛	III. 169		
拔其须	III. 169	罢其官	III. 68
拔起来	III. 21	罢软的	III. 190
拔占	III. 155	罢职	III. 156
		霸践	III. 211
		霸践的	III. 211

bǎ

把	I. 72a / III. 38, 109, 128, 134, 184, 213

			bái
把柄	II. 358b / III. 112	白	I. 40b, 41a, 53b / III. 12, 33
把草他食	I. 126a		
把愁事	I. 42b	白白送	III. 64, 106
把当	III. 4	白单被	I. 111b
把烦恼	I. 115b	白的	III. 33
把工夫	I. 34a, 123b	白发	I. 53b, 55a, 57a, 87b / III. 38, 41
把欢喜他	I. 39a		
把门的	I. 132b / III. 107, 177	白矾	I. 128a / II. 339a / III. 12, 173
把手指	III. 145		
把守	III. 67, 160	白鸽	II. 357b / III. 163
把守的	III. 107	白鹤	I. 107b / III. 103
把他憔悴	I. 37a	白角	III. 46
把他食	I. 72a	白酒	III. 222
把辛苦	I. 36a, 47b, 56b	白癫	III. 126
把与	III. 64	白浪滔天	III. 157
把总	III. 42	白鹭	I. 105b / III. 103
把住隘口	III. 95	白露	III. 193, 201
把子	I. 103a	白米	III. 22
		白鳍	I. 106b
	bà	白曲	III. 137
把	II. 357a	白刃	III. 62
把霸	III. 211	白日	II. 340b / III. 67

白肉鸡	I. 149b	百官	III. 212
白如雪	III. 150	百加医治不可	III. 115
白色	III. 12, 33	百家姓	III. 48
白沙鱼	I. 150a	百节似都痛	III. 105
白石	I. 117b / III. 135	百炼金	III. 160
白手	II. 357b	百衲衣	III. 188
白首	II. 357b	百姓	I. 133a, 146b, 153a / III. 190, 218
白受	III. 66		
白水	II. 366b	百总	III. 42
白丝	III. 197	柏树	III. 48
白送	III. 64, 106	摆	II. 357a
白送的	III. 79	摆布	I. 124b
白痰	III. 114	摆队	III. 83
白糖	III. 5	摆了锡	I. 97b
白糖结	III. 163	摆列	III. 53, 83, 112, 176
白铜	III. 36	摆平	III. 52
白土	III. 115	摆首	III. 38
白须	III. 30	摆塘的兵	III. 203
白讦	I. 137b	摆锡	I. 97b / III. 93
白羊宫	III. 200	摆行	I. 63a / III. 61
白杨树	III. 9	摆阵	II. 331a
白液	III. 114	摆子	II. 357a / III. 48, 183, 209
白与	III. 64		
白玉	III. 9		
白云	III. 153		bài
白珠	III. 157	拜	I. 64b, 155a, 164a
白做	III. 110	拜把	III. 11, 111
		拜别	III. 73
	bǎi	拜辞	III. 73
百	I. 64b	拜达	I. 89b
百般	II. 359a / III. 68	拜福	I. 89b
百川生于海、而归于海	III. 135	拜告	I. 134b
百夫长	III. 42	拜贺	II. 357a / III. 164

拜脚钱	I. 108a
拜客	III. 223
拜年	III. 64
拜上	I. 73a, 89b
拜寿	III. 164
拜帖	III. 163
败	I. 82a, 131a / III. 170
败敌	III. 70
败坏	III. 22, 60, 64, 74, 94, 170
败坏的女	III. 60
败坏风俗	III. 60
败坏家财	III. 56
败坏了	III. 3
败货	I. 78a
败绩	III. 139, 170
败家的人	III. 78
败家业	III. 74, 78
败家子	I. 81b
败了	I. 82a / III. 94, 170
败了家业	III. 56
败名声	III. 77, 116, 184
败损家业	III. 74
败他名色	III. 7
败亡	III. 94
败折毁	III. 194
稗子	III. 27

bān

班白	I. 87b
班发	I. 55a, 87b
班类	III. 159
般平	III. 120
般齐	III. 120

颁白	I. 118b
颁赐	I. 105b
颁大赦	III. 196
颁行天下	III. 180
斑	II. 357a
斑鸠	I. 63a / II. 357a / III. 214
斑竹	III. 41
搬出去	I. 77b
搬房子	III. 146
搬过	I. 151b
搬货于船	III. 82
搬家	III. 146
搬家伙	III. 146
搬家器	III. 146
搬家事	III. 146
搬家用物	III. 146
搬井	III. 126, 177
搬空	I. 78a, 81a
搬轻	I. 78a
搬去	I. 81b
搬去了	I. 81b
搬上崖	I. 79a
搬移	II. 359b
搬运	II. 359b / III. 146
瘢	III. 193, 199
瘢迹	III. 111

bǎn

板	I. 147b / II. 357a / III. 5
板壁	III. 164
板床	II. 332a
板凳	I. 50a, 94a / III. 30
板节	III. 153

板料	I. 147b	半时	III. 137
板天	III. 207	半睡	III. 6, 137
板挑	III. 163	半睡半醒	III. 203
板牙	III. 76	半死	I. 118b / III. 144
板油	II. 357a	半天	III. 218
板桌	II. 327b	半吞半吐	III. 86, 215
板子	III. 5	半碗	I. 118b
		半腥	I. 118b
bàn		半醒	III. 79, 137
办	I. 36a / III. 178, 181	半夜	I. 118a / III. 67, 137, 152, 159
办酒	II. 357b / III. 16, 178		
办酒席	III. 30	半、一半	III. 142
办了	III. 93, 179	半月	III. 68
办马缰勒	III. 87	半知	III. 194
办下	III. 16	半醉	III. 35
办宴	III. 16, 178	扮	I. 36b
半	III. 68, 142	扮得好	II. 357b
半白	III. 33	扮戏	I. 139a
半白须	III. 30	伴侣	III. 52
半边	I. 75b / III. 142	伴送	III. 4, 122
半尺	I. 126b	伴行	III. 122
半个	III. 142	伴友	II. 359a
半个时辰	I. 118a	绊倒	III. 65
半黑	III. 150	绊脚	III. 82
半斤	III. 137	绊脚绊手	III. 87
半斤草	I. 167a	绊留	III. 56
半径	III. 76	绊索	III. 87
半块面头	III. 138	绊住	III. 56
半路回来	I. 45b		
半年	I. 118a	**bāng**	
半人	I. 118b	邦	I. 138b / III. 192
半响	II. 359b	邦国	III. 192
半身不遂	III. 29, 88, 166, 171	帮	III. 9
半生半死	III. 144	帮案	II. 356a

帮护	II. 357a	包含	III. 1, 53, 57, 84, 209
帮助	III. 9	包括	III. 53
		包揽	III. 1
bǎng		包揽货	III. 1, 26
绑	I. 41a, 47a, 154b / II. 357a	包买	III. 1, 26
		包容	III. 42, 57
绑带	I. 133b	包石袋	III. 113
绑缚	III. 25, 128	包书	III. 174
绑紧	III. 18	包头巾	III. 212
绑了	I. 41a, 47a	包握得来	III. 1
绑他马脚	I. 145b	包阵	III. 46
绑腰	I. 65a	包子	II. 357b
绑腰带	III. 46	胞胎	III. 187
榜	III. 45, 136	胞衣	II. 357b / III. 165, 187
膀子	III. 36, 144	褒称	III. 129
		褒奖	I. 37a, 105b, 113b, 140b / II. 333a / III. 9, 129
bàng			
蚌子	I. 41b	褒善	III. 94
棒槌	III. 132		
棒头	III. 132	**báo**	
棒子	III. 103	雹	I. 128a, 143a
傍边	I. 110b		
傍暮	III. 152	**bǎo**	
傍人	I. 59b	宝	I. 128a
傍着	III. 95	宝贝	I. 133b / III. 123, 177
谤言	I. 80a	宝贝的	III. 177
		宝剑	III. 91
bāo		宝眷	III. 146
包	I. 100a, 142a / II. 357b, 358a	宝库	III. 209
		宝瓶宫	III. 201
包布	III. 25	宝器	III. 123
包的袱儿	III. 25	宝石	III. 173
包肚	III. 98	宝言	III. 162
包袱	III. 83, 98, 133	宝玉	III. 173
包服	I. 93a		
包裹	II. 335b / III. 98		

宝重	III. 94	饱胀	III. 83
宝座	III. 217	饱足	III. 109
保	I. 33a, 143b, 145a, 150a		bào
保存	III. 55	报	I. 73a, 118b, 122b / III. 28, 64, 68, 187, 189
保管	III. 181		
保护	III. 107	报仇	III. 162, 219
保给	I. 102b	报仇的人	III. 219
保家	I. 102b / III. 23, 99	报答	III. 52
保揽	III. 154	报单	III. 117
保命	III. 55	报德	I. 105b
保全	III. 55	报恩	I. 105b / II. 356a / III. 161
保人	I. 102b / II. 357b		
保认	I. 102b	报恩的人	III. 7
保生	III. 55	报进士	III. 153
保守	III. 107	报马	III. 45
保他	III. 23, 99	报名	III. 23, 83, 187
保养	II. 357b / III. 55	报名的册	III. 161
保养得好	II. 345a / III. 32	报明	III. 117
保养军马	III. 205	报人知	III. 109
保佑	II. 346a / III. 9, 106	报赏	III. 103, 178
保长	III. 38	报事	I. 118b
保正夫	III. 38	报喜	II. 357b / III. 64, 169
保重	III. 55	报喜钱	I. 40b / III. 9
保主	III. 23, 67, 167, 180	报消息	III. 65
保住	III. 24	报晓	III. 130
保状	I. 102b / III. 90, 99	报谢	III. 7
饱	I. 100a	报信	III. 65
饱了	III. 109	报应	III. 161, 186, 187
饱满	III. 109	报冤	I. 154b
饱闷	II. 357b	报知	I. 101a / III. 28
饱学	III. 194	刨光	I. 113a
饱饫	III. 109	刨花	III. 5
		刨剞儿	III. 5

刨削	III. 5	卑事	III. 31
抱	I. 32a, 87b, 112b, 142b, 151a / III. 131, 209	悲	I. 111a, 155b
		碑*（牌）	I. 53b, 127b
抱蛋	III. 83, 93	碑记	I. 118a / III. 89, 127
抱蛋的鸡	III. 49		běi
抱告	I. 134b	北斗星	III. 43
抱告的	I. 48b	北风	I. 38a, 122b / III. 48, 222
抱鸡	III. 103		
抱脚	I. 74b	北极	III. 152, 175
抱养子	III. 112	北极圈	III. 48
抱一下	I. 33a	北京	III. 60, 181
抱怨	II. 347a	北星	III. 152
抱在胸前	III. 131		bèi
抱着	III. 2	备办	I. 43a, 43b, 103b / III. 6, 16, 78, 178, 179, 181
趵突泉	II. 335b		
豹	III. 158, 211		
暴风	III. 62, 114, 208, 214		
暴风大浪	III. 35	备办家货	I. 103b
暴狠	III. 102	备办了	III. 78, 179, 181, 209
暴露	III. 71, 134, 191	备风	III. 107
暴露密事	III. 71	备无虑	III. 17
暴猛	III. 99	备险	III. 107
暴虐	III. 26, 117, 211	背	I. 48a, 62b, 96a / II. 359a / III. 91, 213, 215
暴强	III. 159		
暴死	III. 144, 146	背本	III. 117
暴焰	II. 346a	背朝廷谋逆	III. 186
暴雨	I. 93b	背担的	III. 58
爆	II. 357b	背德	I. 109b
爆仗	II. 357b	背得	I. 73b, 75b
	běi	背凳	III. 30, 89
杯	I. 161a / II. 358b / III. 206	背恩	II. 356a / III. 69, 71
		背恩人	III. 117
		背国	I. 104a, 139b, 151a
杯盘	III. 174	背后	I. 124a / III. 75, 91

背后话	III. 147	被盖	II. 358a / III. 50, 134, 197
背后说	III. 108		
背脊	II. 334a	被告	III. 189
背脊蛳	III. 58	被管	I. 145b
背剑	III. 215	被烂土污秽	III. 84
背讲	II. 349b	被流徙	III. 74
背教	III. 18, 115, 189, 227	被流移的	III. 74
背教的	III. 18, 189	被掳	I. 58a
背教者	III. 111	被掠	I. 58a
背理	III. 81	被魔的	III. 85
背囊	II. 356a / III. 10, 64	被染	III. 57
背逆	III. 57	被辱	III. 2
背念	III. 213	被伤	I. 102a, 103a
背叛	III. 186	被射	I. 46b
背书	I. 72b / III. 65	被他欺负	I. 37b
背说	I. 143a	被问流罪的	III. 74
背诵	III. 65, 67	被窝	III. 50, 134
背他去	I. 112a	被诬赖	I. 63a
背驼子	III. 58	被压	I. 32b
背望	III. 72, 74	被造	III. 199
背心	I. 140a	被造者	III. 61
背义	I. 115b	被招升天	III. 24
背痈	III. 18	焙干	III. 197
背之绞	III. 58	焙烘	III. 197
背肿	III. 112	焙火	III. 23
背着	III. 131, 213, 215	绡	III. 86
倍*（陪）侍	I. 84a	绡起	III. 86
悖国	I. 87a	绡书	III. 84
悖名	III. 70	绡纸	III. 86
悖逆	I. 80b / III. 57	鞴马	III. 176
被	I. 58b, 59a, 63a / III. 199	**bēn**	
		奔	I. 62a
被打	I. 35a	奔脱暑状	III. 114

奔走	I. 94b / III. 59, 114	本性之向	II. 361b
		本性之效验	III. 81
	běn	本业	III. 155, 177
本	I. 124b / III. 137, 148, 172, 213	本意	III. 118
		本职	III. 154, 207
本处	III. 167	本宗	III. 104
本等	III. 148, 180		
本地	III. 167, 211		**bèn**
本分	II. 340a, 359a / III. 93, 154, 165, 185, 207	俥*（笨）	I. 144b
			bēng
本分之财	III. 169	崩	I. 120b / III. 144
本会	III. 180	崩败了	III. 3
本会院	III. 58	崩倒	III. 39
本集	III. 136	崩下来	III. 39, 73
本年	III. 16		
本钱	I. 55a, 101a / II. 334b / III. 45, 179		**bī**
		屄	III. 140
本情	III. 148, 180	屄样	III. 165
本情是如此	III. 143	逼紧	III. 18
本然	III. 148, 180	逼迫	III. 18
本然的公心	III. 78	逼香水	I. 98b
本任	III. 207		
本势	III. 180		**bí**
本事	II. 359a / III. 206	鼻	I. 122a
本务	III. 155	鼻孔	I. 153b / III. 148, 220
本物	III. 180	鼻雷	I. 141a
本乡	III. 167, 180	鼻脓	III. 142
本心	III. 53, 66, 118, 225	鼻塞	III. 22, 193
本行之动	III. 145	鼻屎	III. 142
本性	III. 52, 118, 148, 180	鼻闻香	III. 157
本性所向	II. 361b	鼻烟	III. 175, 206
本性之德	III. 223	鼻洟	III. 142
本性之动	III. 145	鼻痈	III. 41
本性之光	III. 130	鼻准	III. 182

鼻子	II. 358a / III. 148
鼻子闻香	III. 158

bǐ

比	I. 62b, 155b / III. 52, 137, 213
比不得	III. 151
比不来	II. 358a
比得好	II. 358a
比方	II. 358a / III. 12, 52, 220
比教	I. 109a
比力	III. 181
比例	II. 358a / III. 52
比例之学	III. 180
比如	III. 52
比手面	I. 109a
比一比	III. 60
比喻	III. 52, 96, 176
比着做	II. 358a
彼时	I. 78b
笔	I. 74b, 130b / III. 173, 174
笔法	III. 94
笔管	III. 42
笔架	I. 95a, 163a
笔尖	III. 174
笔快	III. 8
笔利	III. 8
笔帖式	III. 197
笔砚的箱子	III. 90
俾缴钱粮	III. 50
鄙见	III. 164
鄙吝	III. 17, 26, 90, 140, 176
鄙陋的	II. 358a / III. 222
鄙陋之事	III. 31
鄙略	III. 31
鄙啬	III. 26, 90
鄙事	III. 31, 150
鄙俗	III. 60
鄙细	III. 31

bì

必当	III. 149
必定	III. 3, 75, 99, 101, 149, 176
必然	III. 99, 101, 149
必须	III. 149
必须以凶为吉	III. 149
必要	III. 149
毕竟	III. 3, 75, 99, 101, 149, 176, 224
毕亲	III. 136
闭	III. 46
闭了眼	III. 92
闭门	I. 101b / III. 46
闭塞	III. 47, 207
闭眼	II. 358a / III. 47
庇	II. 357a
庇荫	III. 13, 62, 110
篦工	III. 30
篦梳	III. 172
篦头	III. 172
陞*（升）官	I. 91a
陛下	I. 138a / III. 192, 226
敝	I. 141a
敝邦	III. 141
敝房	III. 141, 146
敝国	III. 141

敝贱	III. 31	边界	III. 128, 143, 209
敝内	III. 146	边旁	III. 125
敝亲	III. 165	边上	II. 358a
敝徒	III. 77	边弦	I. 53a
敝乡	III. 167	边箫	III. 47, 159
敝友	III. 141	编草席	III. 210
敝寓	III. 108	蝙蝠	I. 120b / II. 358a / III. 144, 147
婢女	I. 144a / III. 61, 90, 142, 200	鞭策	III. 5, 76
婢者	I. 144a	鞭策马	III. 92
痹	III. 6, 13	鞭马	III. 5, 65, 92
痹麻	III. 88	鞭扑	III. 77
碧蓝	II. 352a	鞭索	III. 77
蔽	I. 58b / III. 62	鞭子	III. 77
蔽耳	III. 157		**biǎn**
蔽面	III. 83	贬下	III. 1, 31
蔽荫	III. 62, 110	扁柏	III. 2
壁	III. 164	扁鼻子	III. 148
壁虎	III. 125	扁的	III. 17
壁蛇	I. 110b / III. 125	扁巾	III. 35
避	II. 357a	扁挑	III. 163
避风	III. 107, 114	匾题	II. 358a
避开	III. 16, 75	褊狭	III. 14, 95
避暑	III. 114	褊小	III. 14, 95
避嫌疑	III. 204		**biàn**
避险	III. 107	变	I. 77a / III. 34, 58, 180
避债	III. 184	变白	III. 164
髲发	III. 38	变常	III. 146
襞裥	III. 174	变动	III. 11
襞褶	III. 174	变红	III. 164
	biān	变红脸	I. 150a
边	I. 33a, 50a, 117b / III. 29, 35, 125, 160, 165	变化	I. 133a / II. 343b, 358a / III. 58

变冷	III. 86, 87	便路	III. 52, 66
变利害	I. 87b	便门	III. 181
变了	I. 77a	便尿	III. 160
变了味	III. 60	便时	III. 3, 23, 61, 84, 159, 197, 210
变面	I. 75a, 100b / III. 146		
变面色	III. 146, 198	便是	III. 24
变青脸	I. 41a	便是了	III. 56
变色	III. 68, 146, 170, 198	便衣	III. 221
变态	III. 146	便宜	III. 52, 58, 131
变体	III. 146	便宜了	III. 209
变甜的	III. 85	便益	III. 52, 119, 181
变通	I. 133a	遍	I. 147b, 154a / III. 221
变为冷	III. 87	遍处	III. 75, 88, 176, 212
变为穷	III. 83	遍处寻	III. 37
变心	III. 180	遍国	III. 212
变义	III. 127, 145, 186	遍路	III. 212
变异	III. 127, 145, 186	遍身	III. 68, 212
变意	III. 164	遍行	III. 59, 77
变易了	III. 58	遍游	III. 77
变硬	III. 85	遍走	III. 13, 59, 77
变转	III. 35	遍走天下	III. 193
便	III. 37, 52, 58, 204	辨别	III. 27, 77
便策	III. 52	辨明	III. 4
便当了	III. 209	辩	I. 99b, 139a
便的	III. 4, 18, 158	辩驳	III. 20, 78, 220
便毒	I. 121a / III. 18, 85, 112, 148	辩斥	III. 55
		辩倒	III. 53, 55, 58
便法	III. 52	辩服	III. 55, 58
便房	III. 127, 149	辩服了	III. 53
便服	III. 221	辩捷	III. 58
便计	III. 52	辩赢*（赢)	I. 61b
便经之路	III. 66	辩论	II. 358a / III. 20, 78, 184, 220
便利	III. 52, 179		
便了	III. 12, 18, 179, 209	辩明	III. 4

辩辟	III. 55	表率	III. 96
辩质	III. 57, 78	表诉其冤	III. 184
辩质人言	III. 190	表显	III. 113
辫子	III. 216	表兄弟	III. 179
		表样	III. 96
biāo		表仪	III. 96
标	III. 94	表异	III. 113
标榜	III. 193	表意	III. 145, 199
标记	III. 15	表则	III. 96
标名	III. 175	表子	I. 116b
标其德	III. 145	俵院	I. 116b
标枪	III. 125	婊子	III. 133, 147, 185
标题	II. 358a / III. 211	裱	II. 358a
标致	III. 31, 104		
标致的	III. 33, 111, 175	**bié**	
标注	III. 15	别	I. 125b / III. 160
彪创*（标枪）	I. 73a	别宝者	III. 125
彪鱼	I. 103a	别处	I. 48a, 85a / III. 68, 86, 165
摽	I. 45b	别的	I. 44b / III. 160
镖	I. 35a	别地方	III. 86
镖枪	III. 9, 125, 211	别个	III. 160
镖死	III. 9, 136	别国人	I. 98b, 103b / III. 94
		别家	I. 82a
biǎo		别路	III. 75
表	III. 94, 189, 202, 213	别论	III. 180
表德	III. 189	别人的	I. 39b / III. 7
表的	III. 96	别日	III. 160
表汗	III. 213	别时	III. 86
表记	III. 187, 199	别时候	III. 86
表姐	III. 179	别时节	I. 125b
表姐妹	III. 179	别所	III. 165
表妹	III. 179	别所在	I. 48a, 85a / III. 68, 86, 165
表里如一	III. 102, 119		
表亲	III. 165		
表情	III. 199		

别样	I. 85a / III. 68, 77	兵器	II. 349a / III. 20
别意	III. 180	兵人	III. 202
		兵塞	I. 104a
bīn		兵士	III. 202
宾	I. 103b, 125a	兵头	III. 42
宾客	III. 51, 108	兵卫	III. 101
滨海地方	III. 60	兵饷	III. 202
		兵营	I. 104a / III. 9, 101, 102, 107, 178, 185
bìn			
殡殓	III. 12, 144	兵寨	III. 9
殡葬	I. 144a	兵卒	I. 106b / III. 202
鬓边	III. 200	槟榔	I. 158a / III. 34
		槟榔树	I. 158a
bīng			
冰	I. 57a, 89a, 138a / III. 42, 115, 227	**bǐng**	
		柄	I. 55a / III. 23, 24, 38, 187
冰雹	III. 173		
冰海	III. 135	饼	III. 214
冰冷	III. 101, 192	餠*（饼）银	I. 50b
冰片	III. 10	饼子	III. 214
冰起来	III. 182	秉气	III. 52
冰糖	I. 35a / II. 358b / III. 5	秉性	III. 52
兵	I. 130a, 145b / III. 202	禀复	III. 34
兵部	III. 55	禀告	III. 128
兵船	I. 44b, 105a, 160a / III. 20, 30, 149	禀官	III. 190
		禀命	III. 58, 128, 168
兵法	III. 159	禀示	III. 128
兵符	III. 167	禀诉	III. 67
兵革	III. 20	禀帖	III. 163
兵官	III. 42	禀问	III. 168, 178
兵架	III. 20		
兵巾	III. 35	**bìng**	
兵粮	III. 94, 202, 204	并	III. 55, 115, 124
兵马	I. 106b / II. 358b / III. 45, 97, 104, 202	并齐	III. 83

并行	III. 122	波	I. 148a
病	I. 84a, 90b / III. 85	波浪	I. 124a / III. 157
病沉重	III. 86	玻璃	II. 353a / III. 222
病到*（倒）	I. 35b	玻璃窗	III. 222
病坊	III. 85	玻璃方管	III. 101
病风	III. 29, 88, 166, 171	玻璃罐	III. 187, 218
病风的	III. 57, 171	玻璃镜	III. 92
病更重	III. 83	玻璃明窗	III. 222
病好	III. 196	玻璃珠	III. 1
病好了	III. 58, 137	钵头	III. 30
病患	I. 84a	钵子	III. 30
病疗	III. 196	剥壳	I. 94a
病了	III. 58, 63, 85	剥皮	I. 43a, 94a, 95b, 149b / II. 358b / III. 74
病轻些	III. 77		
病去了	III. 196	剥青皮	I. 96a
病人	III. 85	剥衣服	I. 81b
病死	III. 144	菠菜	II. 358b
病危险	III. 86	菠薐菜	I. 97a / III. 92
病哮	III. 23	菠萝蜜	I. 108a / II. 358b
病眼	I. 138b	播	I. 143b
病恙	I. 84a	播名	III. 46
病愈	III. 58, 63		**bó**
病愈了	II. 347a / III. 137, 196	伯	I. 63a / III. 135
病院	III. 85, 92, 113	伯父	I. 149a / III. 63
病症	I. 35b	伯公	III. 211
	bō	伯母	III. 63, 210
拨抚而去之	III. 145	驳	III. 190
拨骨	III. 70	驳杂	III. 140
拨过	III. 216	驳嘴的	III. 162
拨火	III. 25	泊岸	III. 17, 30
拨脚的	III. 29	泊船	III. 30
拨开肉	III. 70	泊淡理事	III. 175
拨开牙齿	III. 70	焞肉	I. 57b

脖子	III. 172	补底	I. 145b
博	II. 358b	补丁	III. 188
博洽如书	III. 79	补锅	III. 203
博施济众者	III. 127	补过	III. 162
博识	III. 79	补还	III. 34, 186, 197
博通	III. 79	补价	III. 205
博学	III. 79, 89	补解	III. 187
箔	II. 358b / III. 113	补力	III. 21, 54
薄	I. 75a, 146a / II. 358b	补廪	III. 29, 128
薄的	III. 67	补廪粮	III. 189
薄酒	III. 222	补名声	III. 34, 191
薄壳栗	III. 44	补片	III. 188
薄*（玻）璃瓶	I. 106a	补缺	III. 189, 205
薄面饼	III. 154	补缺的	III. 205
薄亲	III. 189	补赎	III. 162
薄于自奉	III. 142	补赎名声	III. 34
薄纸	I. 126b	补所在	I. 138b
		补鞋的	III. 46
bǒ		补心药	III. 59
跛子	III. 61	补性之地	III. 93
簸	III. 8, 27	补养	III. 54
籔*（簸）干净	I. 126a	补药	III. 55, 137, 205
簸米	III. 2	补益	III. 54
		补助	III. 54
bò		补罪	III. 162, 187
薄荷	III. 175	捕鱼	III. 171
擘破	I. 33b	捕捉	III. 178
		哺乳	III. 12, 61
bū		哺食	III. 135
鯆鱼	I. 137a	哺吞	III. 135
		哺养	III. 61, 135
bǔ			
卜卦	III. 6, 81, 205	**bù**	
补	I. 41a, 138b / II. 359a / III. 186, 188, 197, 203	不	III. 149, 151, 201

不爱	I. 78b, 122a, 130a / III. 69, 75, 184	不成体面	I. 78b / III. 77
不爱用	I. 48a	不成样	III. 77
不安	III. 72, 116	不承认	III. 85
不安稳的	III. 169	不吃荤的	III. 9
不安心	III. 69	不出门	III. 84
不把当数	I. 81b	不出一年	III. 166
不把进来	I. 139b	不次第	I. 81a
不必	III. 149	不从	III. 55
不必说	III. 151	不从教的	III. 116
不必言此	III. 151	不从命	III. 73
不便	III. 115, 118, 152	不从容的	III. 50
不得不然	III. 154	不凑巧	III. 117
不得不行	III. 154	不大紧	III. 152, 175
不才	II. 325a	不大紧的事	III. 150
不才子	I. 81b	不待我	III. 152
不裁	III. 103	不但	I. 122a / III. 6, 151
不睬我	III. 152	不但好	III. 166
不曾	I. 132b / III. 27	不但妙	III. 166
不曾到期	I. 43a	不当	III. 115, 116, 151
不曾定	I. 121a	不当的	III. 120
不曾亮	I. 43a	不当数	I. 148b
不曾有	III. 153	不道的	III. 120
不曾遮掩	I. 78a	不得	I. 122a
不差分毫	III. 75, 198	不得饱	I. 100a
不差一毫	III. 75	不得便用	III. 43
不长久	III. 27, 84	不得好终	III. 164
不常用的	III. 69	不得了	II. 364a
不彻	III. 201	不得其死	III. 144
不称	III. 116	不得人的意	III. 133
不成功	III. 139	不得我命	III. 128
不成就	I. 78a	不得闲	I. 34a, 123b / III. 10, 93, 156
不成模样	III. 77	不得已	III. 12, 101, 151
不成胎	III. 147	不得已做	III. 223

不得意	II. 345a / III. 151	不公道	I. 101a, 109b, 127a
不得因由	III. 155	不公道的	III. 117
不得自如	III. 127	不公平	I. 101a, 109b
不得自由	III. 127	不公义的	III. 117
不得自主	III. 127	不够	III. 151
不等	II. 364a / III. 77	不够饱的	III. 117
不颠	I. 98a	不够用	III. 43
不动	I. 103a / III. 155, 184	不顾	III. 69, 71, 148, 209
不动脚	III. 17, 172	不顾法	III. 118
不断	III. 57, 101, 159, 171	不顾命	III. 1, 27, 148, 151, 208
不多	I. 118b / III. 10, 97		
不多不寡	III. 38	不顾身伤	III. 148
不多不少	I.122b / III. 150	不挂念	III. 71
不发一语	III. 40	不管	I. 81b, 118b / III. 26, 44, 71, 75, 109, 148
不方便	III. 69		
不妨	III. 115, 148, 152, 175	不管事	III. 75
不肥的	III. 211	不管他	I. 79b / III. 171
不分	I. 80a	不管外事	III. 152
不伏管	I. 139b	不管自己	III. 216
不服人	III. 180	不惯	III. 151
不服人的	III. 209	不光	III. 73
不服王法	III. 186	不过几日	III. 66, 68
不该	I. 80b / III. 115, 116, 120, 151	不过久	III. 84
		不过心	III. 19, 90, 114, 188
不该得	I. 119a	不过一年	III. 166
不盖	I. 78a	不过意	III. 19, 72, 90, 188
不甘心	III. 67	不含忍	III. 121
不敢	I. 119a / III. 26	不含忍的	III. 133
不敢当	II. 363a	不好	I. 72a, 116a, 141a / III. 133
不敢劳	II. 325b / II. 352a		
不敢说明	III. 211	不好彩头	III. 133
不感恩人	III. 117	不好的	III. 133
不公	III. 117	不好看的	III. 77, 115

不好看相	III. 115, 133	不记得	I. 97a / III. 158
不好了	I. 135b / III. 167, 170	不加意	III. 149
不好命	I. 98b, 115b / III. 101, 109, 133	不检的人	III. 69
		不检束	III. 128
不好情性	I. 75b	不见	I. 123b / III. 80
不好人	I. 81b / III. 133	不见了	I. 77b, 129b / III. 69
不好日	III. 76	不见消息	III. 153
不好日辰	I. 48b	不践言	III. 152, 183
不好色	I. 58a	不侥幸的	III. 71
不好时节	I. 117a	不借有而造有	III. 61
不好事	III. 133	不谨慎的人	III. 118
不好说	I. 109b	不尽心	III. 149
不好说话	I. 113a	不进	III. 164
不好先兆	III. 133	不进步	III. 69
不好样	I. 75b	不进驱得	III. 164
不好意思	III. 133	不惊不怕	III. 26
不好造化	I. 115b	不经	III. 118
不好兆头	I. 76a	不经历熟	III. 92
不合本质	III. 7	不经熟	III. 92
不合和	III. 71	不精神	I. 81b, 118b / III. 152
不合理	III. 120, 151	不精爽	I. 81b
不合意	III. 74	不久	II. 328a / III. 27, 36, 84, 151, 175, 176
不和	I. 78b, 83b / III. 71		
不欢喜	I. 78b / III. 143, 157	不久时	I. 76b
不会吃	III. 72	不拘	III. 51, 63, 66, 68, 98, 116, 152, 183
不会讲	III. 60, 170		
不会忍耐	III. 133	不拘何人	III. 183
不会忍耐的人	III. 121	不拘何所	III. 79
不会说话	III. 60	不拘甚么处	III. 19
不会醒	III. 12	不拘所言的	III. 183
不会做	III. 121	不觉	III. 152
不羁留	III. 71	不觉得	III. 166
不及	III. 151	不觉痛的	III. 118
不吉日	III. 76	不绝	II. 335b

不均	I. 106b	不理事	III. 75, 152
不*（剥）开	I. 79a	不理我	III. 152
不开口	III. 86, 205	不理余事	III. 152
不堪用	II. 326a / III. 151, 200	不料	I. 78b
不堪着目	I. 77b	不料到	I. 80a
不看	I. 77b	不留心	III. 149
不靠	I. 79b, 80a	不留心做	III. 109
不可	I. 115a, 141a / III. 115, 116, 120, 151	不流	I. 97b
		不虑	III. 97
不可饱的	III. 117	不乱	I. 124b
不可见闻的	III. 119	不论	I. 109a / III. 51, 66, 68, 116, 152, 183
不可惊人	II. 351a		
不可忍的	III. 119	不论何处	III. 79
不可上口	III. 40	不论甚么所在	III. 6, 19
不可胜数	III. 117		
不可胜言	III. 116	不论甚么在	III. 176
不可通	III. 118	不论是这个或那个	III. 207
不可信的	III. 115		
不可医	III. 69	不眠	III. 219
不可疑	III. 80	不妙	III. 72
不可证的	III. 121	不灭	III. 80, 120
不肯	I. 139a / III. 55	不明	III. 77
不空	I. 115a	不明白	III. 155
不快	I. 81b / III. 35, 199	不明白的	III. 55
不快活	III. 4, 10, 69, 85, 116	不明白的事	III. 150
不快乐	III. 72	不奈我何	III. 151
不烂的	III. 118	不难	I. 99b / III. 97
不老实	III. 86	不难的事	III. 149
不老实的	III. 138	不能饱的	III. 117
不乐	I. 78b	不能得见的	III. 119
不类	III. 72, 77	不能对	III. 151
不冷不热	I. 120b	不能勾*（够）	I. 91b
不理	I. 81b, 118b / III. 26, 44, 71, 75, 94, 109, 148	不能坏	III. 118
		不能克己	III. 118

不能容物	III. 57	不情	III. 201
不能生	III. 121	不情的	III. 69
不能受害	III. 121	不情人	III. 117
不能受苦	III. 121	不全的	III. 121
不能受伤	III. 121	不全体的	III. 74
不能受损	III. 120	不然	III. 143, 151
不能死	III. 120	不热的	III. 210
不能为	I. 78a	不热心的	III. 210
不能为的	III. 121	不忍	II. 340b
不能消化	III. 8	不认	II. 341a / III. 71, 85, 149
不能朽	III. 118		
不能以全始终	III. 55	不认承	III. 149
		不认得	I. 78b
不能自正	III. 35	不认得字	I. 109b
不能做	III. 121	不认为教中	III. 189
不佞	II. 356b	不认自罪	III. 155
不怕	I. 36b / III. 68, 97, 160, 198	不日	I. 55b
		不容	II. 347b / III. 55
不怕的人	III. 160	不如	III. 67, 137
不怕人	III. 150	不如彼	III. 151
不怕羞	I. 144a / III. 74, 201	不如旧	III. 151
		不入耳	II. 352b
不平	I. 106b, 140b	不入耳的话	I. 80b
不平的	III. 72	不善	I. 53b
不平分	III. 117, 165	不膳食	III. 98
不平之言	III. 162	不伤理	III. 128
不期	III. 69, 152, 201	不上紧	III. 100, 149
不齐	I. 80b	不上心	III. 149
不齐备	I. 77b	不上眼	I. 77b
不前	III. 164	不尚	III. 151
不前走得	III. 164	不深的	III. 185
不巧	III. 35	不生产	III. 147
不勤力的	III. 149	不生儿子	I. 116b
不勤慎	III. 149	不生果子	I. 116b
不轻信人	III. 4		

不胜感激	III. 145	不顺情	II. 335a / III. 151
不胜精巧	III. 22	不说一声	III. 40
不胜言	III. 116	不斯文的	III. 116
不失信于人	III. 54	不思	III. 152
不时	III. 201	不思饮食	III. 98
不识认	III. 71	不死	III. 80, 120
不识字	I. 109b	不似	III. 151
不识字的	III. 116	不似像	III. 74
不实信的	III. 61	不算	III. 152
不是	I. 122a, 143b / III. 151	不提点	I. 78b
不是本地的	III. 95	不调合	III. 71
不是常用的	III. 119	不听命	III. 73
不是礼	III. 71, 72	不听人情	III. 119
不是路	III. 70	不停当的	III. 169
不是诗	I. 134b	不通	III. 94
不是体	III. 133	不同	I. 74a, 78b, 79b, 80b, 83b / III. 72, 77, 218
不是样	III. 133		
不是真	I. 100a	不同的	III. 78
不受羁勒	III. 45	不同房	III. 110
不受请托	III. 119	不同样	I. 74a
不受人情	III. 119, 121	不同一	III. 77
不受衔的马	III. 70, 116	不脱	I. 130a
不受衔络的马	III. 45	不忘恩	I. 37b
不舒畅	II. 328b	不望	III. 71
不属人管	III. 127	不为之多	III. 151
不属五官者	III. 198	不为之少	III. 151
不爽健	III. 116	不问大小、不分男女	III. 183
不爽快	III. 4, 69, 152		
不爽快的	III. 116, 147	不习惯	III. 75
不爽利	I. 81b	不喜	III. 75, 143, 199, 208, 213
不睡	III. 219		
不顺	I. 80b / III. 190	不喜他	III. 72
不顺的	III. 223	不暇	I. 34a
不顺命	III. 73	不显其苦	III. 78

不相称	III. 74	不信	I. 78b, 89b, 109a / III. 98
不相等	III. 74	不信的人	III. 115
不相干	III. 151	不信天主	III. 117
不相合	III. 71, 77	不行	III. 55, 155, 226
不相合的	III. 159	不醒	III. 12
不相和	III. 77, 78	不幸	III. 69, 71, 74
不相和睦的	III. 85	不休息	III. 77
不相拘	II. 351b	不朽	III. 120
不相牟	I. 78b	不朽的	III. 118
不相入	III. 159	不朽烂	III. 118
不相识	I. 78b	不须	III. 151
不相似	I. 79b	不许横发肉身自得执	III. 144
不相同	III. 77		
不相宜	III. 74	不严	I. 53b
不相照应	III. 151	不言	III. 40
不祥	III. 69	不要	I. 72a, 122a / III. 149, 151, 188
不祥日	III. 76		
不想	I. 78b, 80a / III. 69, 102, 118, 152	不要把	I. 122b
不想了	I. 80a	不要管闲事	III. 76
不想时	III. 117	不要急	II. 350b
不向前	III. 69	不要挤着我	III. 18
不像	III. 67, 72, 116	不要讲	I. 55b
不消	III. 91, 149, 151	不要紧的	III. 175
不消讲	III. 151	不要冗*（嚷）	I. 100b
不消讲多话	III. 75	不要试探天主	III. 209
不小心	I. 77b	不要做声	III. 40
不晓得	III. 152	不一	I. 80b, 83b
不晓礼数	I. 78b	不一样	III. 74
不肖	III. 67, 72, 74, 151	不依	I. 79b
不孝	I. 80b / II. 361a	不依本质	III. 7
不孝子	III. 73, 112	不依东、不依西	III. 150
不协	I. 83b		
不鲜	I. 130a	不依礼	III. 71, 115

不依理	III. 121	不在数	I. 148b
不依人	III. 180	不在我	III. 68, 134, 152
不移步	III. 17, 172	不在意	I. 148b
不以我为意	III. 152	不在于理	III. 151
不义	III. 117	不在这里、	III. 150
不义的	III. 117	不在那里	
不义的财	III. 133	不造化的	III. 69, 116
不意	III. 97, 152	不长进	I. 80b / II. 359a
不应	III. 115	不长进的	III. 69
不应当	III. 116	不招	III. 149
不迎就	II. 359a	不招认	III. 85
不用	III. 91, 149, 151	不着	I. 80b
不用礼貌	III. 98	不照顾	III. 71
不用人情的	III. 119	不照管	III. 71
不用说	III. 151	不照先后	III. 71
不用心	III. 71, 100, 149	不真的	III. 97
不用心的	III. 188	不争多	I. 98a
不用腥味	III. 51	不整	III. 70
不由人	II. 346a	不正	III. 217
不与他交接	III. 184	不正的	III. 214
不与他说话	III. 184	不正经的事	III. 219
不与我	III. 151	不正气	III. 121
不欲	I. 122a, 130a	不知	III. 152, 175
不预备	III. 69	不知不觉	II. 351b
不远	III. 66	不知耻	III. 74
不愿	III. 67	不知恩	III. 152
不悦	I. 78b	不知恩的	III. 117
不允	I. 139a / III. 149	不知而误犯	III. 168
不在	III. 28, 93, 97	不知高低	III. 194
不在此	II. 337b	不知恭敬	III. 116
不在行	III. 149, 151	不知觉的物	III. 118
不在了	III. 27, 146	不知可不可	II. 336a
不在内	III. 96	不知礼	I. 78b / III. 71
不在属下	III. 3	不知礼的	III. 116, 149

不知礼仪	III. 72	不足算	III. 152
不知轻重的	III. 129	不足意	III. 85, 143
不知趣	III. 72	不遵命	III. 73
不知事	III. 121, 184	不坐堂	III. 27
不知事的	III. 115, 227	不做	I. 75a, 139a / III. 75, 155
不知痛的	III. 118		
不知威仪	III. 72	不做官	I. 139a
不知向何处	III. 179	不做声	III. 40, 86
不知晓	III. 152	布	I. 126b, 148a, 161a / III. 134
不知醒	III. 148		
不知羞	II. 361b / III. 74	布边	III. 160
不知字	III. 115, 227	布帛	III. 138
不止	III. 135, 151	布带	III. 219
不止、不断	III. 152	布袋	III. 195, 206
不中用	III. 200	布广	III. 77
不忠	I. 80b, 90b / III. 117	布教	III. 95, 178
不忠的	III. 116	布经	III. 208
不中意	III. 74, 171	布舍	II. 359a / III. 64
不注念做	III. 109	布施	I. 96a / III. 128
不转脚	III. 17, 172	布田	III. 216
不准	I. 150a / III. 149	布条	III. 211
不着心	III. 71	布鞋	III. 46
不着意	I. 81b	布秧	III. 216
不仔细的	III. 118	布扬	III. 77, 78
不自爱	III. 151	布扬教	III. 178
不自顾	III. 151	布衣的	III. 165
不自量	III. 151	布云	III. 153
不自然	I. 118b / III. 116	布阵	III. 159
不自如	III. 152	布政司	III. 210
不自在	I. 90b / III. 4, 69, 116, 152	布种	III. 198
		步	I. 94a / III. 167
不自重	III. 151	步兵	III. 97, 104, 116, 172, 202
不足	II. 336b / III. 151		

步大位	III. 167	猜拳	II. 351b / III. 123
步行	I. 43b / III. 13, 17, 122, 172	猜嫌	III. 46
		猜疑	III. 46, 80, 204
步行的	III. 170, 221	猜着	III. 6, 25
步行路	III. 122		cái
步行破出重围	III. 193	才	I. 32b, 59b, 132b, 134a / II. 324b / III. 1, 7, 68, 88, 130, 153, 175
步战	III. 140		
步走	III. 17, 172		
部	III. 55, 198	才到	I. 109a / III. 24, 130
部官	III. 198	才发须	III. 51
部台	III. 223	才干	I. 48b
部下的兵	III. 204	才郎	II. 325a
部院	III. 42, 223	才力	III. 165
簿卷	III. 28	才能	III. 2, 8, 117
簿没有字	I. 113a	才生子的妇	III. 165
		才说	III. 51
C		才晚	III. 152
	cā	才闻	III. 157
擦	III. 95, 101, 187, 224	才学	III. 195
擦光	III. 36	才学的	III. 179
擦泪	III. 128	才学极高	III. 195
擦面乌	III. 211	才知道	II. 324b
擦摩	III. 187	才智	III. 2, 116, 117
擦伤	III. 187	才自	I. 134b
擦身	II. 324a	材	II. 324b, 325a
擦圣油	III. 97, 224	材料	III. 132, 136
擦油	III. 36, 224	财	II. 324b
	cāi	财簿	III. 119
猜	II. 324b / III. 6	财付	I. 101b
猜测	III. 30	财货	III. 110, 192
猜错	II. 324b	财利	III. 103, 129
猜枚	III. 123	财物	III. 110, 192
猜谜	II. 324b	财主	I. 82b, 124b / III. 192

裁	II. 324b / III. 120	参白	III. 41
裁班者	III. 132	参拜	III. 223
裁缝	I. 39b / II. 325a / III. 197	参府	III. 42
		参观	III. 223
裁*（栽）过	I. 81	参将	III. 42
裁纸	III. 60	飡*（餐）	I. 119b
		湌*（餐）	I. 122b

cǎi

采	I. 153a / III. 50		
采察	I. 91b	残暴	III. 26, 62, 98, 117, 211
采面	I. 73b		
采其须	III. 169	残喘	III. 7, 34, 35, 190
采事	III. 216	残的	II. 326a / III. 202
采头发	III. 190	残废之人	III. 74
采呷	III. 172	残害	III. 109, 171
彩	III. 173	残坏	III. 74
彩礼	III. 21	残基	III. 194
彩色	I. 113a / III. 50	残疾	I. 87a
彩头	III. 8	残面头	III. 138
踩	I. 115a / III. 113, 173	残女	III. 60
踩踏	III. 113	残虐	III. 98
踩踏葡萄的所	III. 125	残剩的	III. 202
		蚕	II. 326a
		蚕豆	III. 109

cài

菜	I. 53b / III. 32, 126, 177, 220	蚕茧	II. 326a / III. 42
		蚕丝	III. 197
菜圃	I. 125a	惭	I. 154a
菜蔬	III. 221	惭愧	I. 77a, 93a
菜苔	III. 161		
菜头	III. 184	**cǎn**	
菜心	III. 206, 217	惨	I. 111a
菜园	I. 125a / II. 347a	惨毒	III. 62
		惨害良民	III. 62

cān

参	III. 223
	惨酷	III. 62

	cāng	藏袖里去	III. 139, 176
仓	I. 65a	藏于土	III. 139
仓房	III. 11, 106, 217	藏在门后	III. 90
仓官	III. 11	藏在门影里	III. 90
仓库	III. 11	藏着	III. 90
仓廪	II. 353b / III. 11, 163, 217		cāo
仓米	III. 11	操	II. 326b
仓鹰*（苍蝇）	I. 120b	操持	III. 83
伧人	I. 52b	操船者	III. 133
苍	III. 51, 150	操练	III. 90, 109, 181
苍生	I. 146b	操权	III. 18
苍天	II. 325b, 364b / III. 48	糙	II. 326b
苍蝇	II. 325b / III. 145	糙米	II. 327a / III. 22
沧海	III. 105, 135, 173		cáo
舱	II. 361a	嘈得我耳聋	III. 26
	cáng	嘈耳	III. 26
藏	I. 37a, 46a, 63a, 89b, 95a, 123b, 144a, 146a / III. 90, 149	嘈闹	III. 9, 37, 64, 85, 95, 117, 194
		槽	II. 327a / III. 171
藏风所在	III. 2		cǎo
藏谷	III. 84	草	I. 94a / II. 326b / III. 9, 30, 46, 115
藏积	III. 25		
藏集	III. 25	草包	III. 195, 200
藏聚	III. 109	草草	III. 18
藏了	I. 123b	草场	I. 63a / II. 327a / III. 41, 167
藏密	III. 46, 90		
藏匿	II. 356b	草虫	I. 105b
藏其苦	III. 78	草地	III. 167, 177
藏起	III. 155	草堆	III. 162
藏身	III. 90	草墩	I. 126b
藏圣衣所	III. 195	草稿	II. 326b / III. 35, 140
藏水	III. 48	草荐	II. 334b / III. 104, 227

草镰	I. 104a	侧目视	III. 141
草楼	III. 44	侧着睡	III. 79
草庐	III. 38, 44	测量	III. 116
草木稠密	III. 92	测时日规	III. 188
草木稠缀	III. 92	测象	III. 56
草木滋盛	III. 100	测验	III. 55
草莽	III. 46	恻忍	III. 32
草秸	II. 327a	恻隐	I. 130b / III. 52, 142
草人	I. 96b	策马	III. 5, 65, 92
草书	I. 94b / III. 90		
草索	III. 213	**céng**	
草堂	III. 111	层	I. 145a, 151b / II. 327b / III. 202
草席	III. 94, 172	层齿	III. 146
草鞋	III. 46	曾	I. 107a / III. 115, 227
草写	I. 94b / III. 90	曾见了	III. 27, 115
草羊羔	III. 38	曾试过许多	I. 97a
草纸	III. 163		
草籽	II. 327a	**chā**	
草字	I. 167a	叉	II. 328a
懆暴	III. 50	叉口	III. 60
懆心	II. 327a	叉手	III. 62, 65, 124, 134
		叉子	III. 113
cè		杈子	III. 113
册	III. 128	差	II. 328a
册案	III. 152	差别	III. 77
册集	III. 136	差不多	III. 17, 28, 44, 93, 152, 175, 177
册命	II. 327a	差不多儿	III. 17, 175
厕房	III. 149	差不多倒	III. 97
厕坑	I. 122a, 134b	差错	III. 89, 115, 227
厕所	III. 127, 149	差得多	III. 72, 77
侧	II. 327a	差得甚远	III. 78
侧倒	III. 4, 39	差得远	II. 328a / III. 77
侧耳而听	III. 157		
侧风	III. 168		

差路	III. 40, 89	茶叶	III. 47, 157
差路走	III. 75	茶钟	I. 61b, 95a
差谬	III. 89	查	III. 96
差然	III. 78	查点	III. 117
差如天渊悬隔	III. 77	查究	III. 96
差误	III. 69, 89	查了他的货	III. 82
差异的	III. 78	查明白	III. 91, 96
差走	III. 13	查盘	III. 96, 172
插	III. 112	查审	III. 96
插定	III. 99	查问	III. 2, 27, 91, 110, 117
插定住	III. 112	查照	III. 96
插怀中	III. 139	搽	I. 33b / III. 224
插剑入鞘	III. 88	搽白	I. 55b
插脚插手	III. 139	搽粉	I. 90a / III. 225
插紧	III. 112	搽灰	I. 53b, 137b
插口	III. 139	搽胭脂	III. 225
插枪头于柄	III. 84, 86	搽药	III. 224
插套	III. 139	搽油	I. 155b / III. 224
插住	III. 112	察	III. 96
插做记号	III. 112	察察之人	III. 63
		察盘官	III. 117
chá		察盘者	III. 117
茶	I. 161a / II. 328a / III. 47, 61	察视经络	III. 152
		察问	III. 172
茶豆	III. 109	察院	I. 161a / III. 223
茶果	III. 50, 102		
茶壶	II. 344a	**chà**	
茶料	III. 50	差了	I. 94a
茶盘	III. 29	差骗	III. 215
茶泡	II. 357b		
茶时	II. 366a	**chāi**	
茶汤	III. 47	拆	I. 78b, 104b, 135b, 137a, 153a / III. 69, 70
茶头	III. 47		
茶芽	III. 47	拆*（折）	I. 84a

拆倒城	III. 69	豺子	I. 113b
拆盗	I. 110b		**chài**
拆封	III. 2	瘥	I. 143a
拆缝	III. 71		**chān**
拆毁	III. 69, 71, 72	掺	I. 92b / III. 88, 140, 186
拆开	I. 137a, 139a / II. 327a / III. 2, 110, 193	掺和	I. 75b, 82a
拆了	I. 78b, 80a	掺口	III. 88
拆*（折）了	I. 84a	掺拢	III. 140
拆裂	III. 193	掺融	I. 75b
拆起	III. 70, 71, 72	掺水	III. 140
拆散	III. 72	搀	III. 88, 140
拆脱	I. 77b / III. 71, 72	搀口	III. 139
拆瓦	I. 82a	搀着	III. 43
钗子	III. 182		**chán**
差	I. 116b / III. 82	谗*（馋）	I. 59a
差官	III. 51, 59, 134	谗谤	I. 121a / II. 357a / III. 147
差人	III. 10, 59	谗话	III. 147
差役	I. 145b	谗口的	III. 147
	chái	谗邪之说	III. 147
柴	I. 112a / III. 126	谗言	I. 90a, 147 / III. 147
柴把	III. 110	馋口的	III. 105
柴堆	I. 140a	馋唾	II. 365a
柴扉	I. 132b	禅入定出神	III. 21
柴火	III. 126	禅师	I. 129b / III. 132
柴脚	I. 121a	禅思	III. 137
柴枯	III. 110	缠	I. 162a / II. 329b
柴木	III. 132	缠布	III. 98
柴片	III. 24	缠带	III. 98
柴头	III. 177, 210	缠发	III. 92
柴着火	I. 99b	缠缚	III. 86
豺狼	I. 113b / III. 129		
豺母	I. 113b		

缠裹	III. 98	娼妓	III. 147
缠死	II. 329b		
缠头	III. 98	**cháng**	
缠住	III. 56	长	I. 113b / II. 328a / III. 125, 171
蝉	I. 64b, 65b / III. 48		
蝉叫	I. 56b	长安	III. 60
蝉吟	III. 41	长存	III. 80, 95
潺湲	II. 326a	长东西	I. 60a
蟾	I. 113b	长短	II. 328b / III. 125
剗	I. 98b	长短是非	III. 97
躔度	III. 106	长斧	II. 339b
		长高山	III. 200
chǎn		长工	III. 123, 214
产妇	III. 165	长喙	III. 103
产后月	III. 139	长久	I. 76a, 113b, 129b / II. 350b / III. 9, 13, 77, 125, 129, 146, 185, 210
产婆	III. 165		
产下	I. 97a		
产业	III. 192		
产子	III. 165	长久不断	III. 171
谄媚	II. 355a, 355b / III. 6, 129	长口的	III. 34
		长梁	III. 222
谄媚的人	III. 193	长路	III. 40
谄媚人的	III. 129	长命	II. 355b / III. 222
谄谀	III. 6, 129	长年	I. 55b
谄语	III. 6	长袍	I. 141a / III. 221
铲刀	III. 182	长篇	III. 20
铲平城郭	III. 24	长枪	I. 99b, 111a
铲削	III. 6	长人	III. 104
阐扬圣教	III. 178	长生	III. 95, 120, 221
		长谈	III. 20
chāng		长叹	I. 146b
猖狂的	III. 26	长叹短息	III. 104
菖蒲	III. 91	长弯刀	III. 107
娼妇	II. 328b / III. 41, 147, 185	长须	III. 30

长吁短叹	III. 104	常存	III. 80
长衣	I. 113b	常到某处	III. 57
长于言语	III. 82	常愤之徒	III. 147
长月	I. 55b	常计较人	I. 116a
长在	III. 80	常讲众人不好	I. 115b
长斋	III. 9	常来	III. 24
长住	III. 108	常禄	III. 189
尝	I. 107a, 134b, 142b / II. 328a / III. 180	常骂人	I. 116a
		常热	III. 40
尝食	III. 108	常时	III. 57
尝味	III. 108	常侍	III. 40
尝新鲜	III. 101	常侍者	III. 96
尝药	I. 133a	常事	II. 328a / III. 53
尝一尝	III. 180, 213	常行	III. 171
肠	I. 154a / III. 216	常言	III. 53, 162
肠肚	I. 151b	常要啼哭	I. 66a
肠油	III. 88, 187	常要相打	I. 53b
肠中虫	III. 129	常衣	III. 221
常	I. 61a, 144a / II. 328a / III. 171	常用	I. 81a
		常在	III. 80, 171
常褒奖人	I. 113b	常致人做罪	III. 155
常病的	III. 85	偿	III. 161
常常	I. 33b, 74a, 76b, 129b / III. 3, 12, 57, 68, 101, 148, 159, 171, 188, 200	偿还	III. 191
		偿命	III. 162
		裳	III. 197
		嫦娥	III. 147
		chǎng	
常常不断	III. 121	场	I. 133a
常常来	III. 101		
常常怒	I. 118b	chàng	
常常舍施	I. 96a		
常常说谎的	I. 119b	怅	I. 151b
常常讨	I. 109b	倡端	III. 28
常常想	I. 115b	唱	I. 56b / II. 328b
常常要怒	I. 37a	唱本	II. 359a

唱得不好	I. 56b	朝拜	III. 223
唱得好	I. 56b	朝臣	III. 134
唱得有腔	III. 88	朝贺	II. 328b / III. 164
唱歌	I. 121b	朝见	III. 223
唱和	III. 53	朝觐	II. 329a, 351a
唱凯歌	III. 41	朝聘	II. 358b
唱礼者	III. 132	朝廷	I. 138a / III. 44, 162, 191, 196
唱曲	III. 41		
唱曲的	III. 41	朝廷命官	III. 134
唱戏	II. 342a / III. 51, 190	朝鞋	III. 46
		朝衣	III. 220
		潮	II. 328b
chāo		潮落了	III. 135
抄	I. 151a, 151b / III. 215	潮生	I. 89b
抄白	III. 195, 215	潮水	III. 135
抄本	III. 43	潮退	I. 50a, 117b
抄稿	III. 58, 215	潮退了	III. 135
抄录	III. 90	潮消了	III. 135
抄其家资	III. 54	潮溢	I. 89b
抄写	II. 329a / III. 215	潮涨	I. 89b, 117b
抄译	II. 329a	潮涨满了	III. 135
超	III. 166		
超拔	III. 202		
超拔万类	III. 202	**chǎo**	
超过	III. 96, 166, 202	吵闹	III. 143, 215
超群	III. 83, 96	炒	II. 329a / III. 214
超脱	III. 96	炒火	III. 217
超性的	III. 202		
超性的光	III. 130	**chē**	
超性的信	III. 98	车	I. 57b, 150a / II. 329a / III. 43, 214
超性之德	III. 223		
超卓	III. 96	车槽	III. 199
		车槽路	III. 199
cháo		车夫	I. 57b / III. 43
巢	III. 150	车副	III. 43
朝	II. 328b / III. 121	车杠	I. 148a

车光	III. 182	扯开	I. 79a, 95b / III. 16
车驾	III. 43	扯开了	I. 79a
车匠	I. 150a / II. 329a / III. 214	扯拉	III. 182
		扯烂	III. 193
车梁	I. 87a	扯裂拖拖	III. 21
车楼	III. 43	扯弩	III. 20
车轮	III. 194	扯簪头	I. 127a, 137b
车盘	III. 194	扯篷	III. 115, 127
车骑	III. 43	扯破	I. 95b / III. 72, 185, 193
车起	III. 182	扯旗	I. 87a
车起椗	I. 79b	扯起	I. 45b, 77a
车前草	I. 65b / III. 130	扯起来	III. 182
车倾覆	III. 202	扯起篷	I. 72a / III. 219
车水	II. 329a	扯牵	I. 112b / III. 182
车心	III. 193	扯上去	I. 38b
车镟	III. 214	扯手船	III. 131
车圆	III. 214	扯水	I. 72a, 149a / III. 195
车战	III. 140	扯碎	I. 96b / III. 193
车转	III. 191	扯碎了	I. 81a
车撞住	I. 89a	扯碎书	III. 193
		扯他下水去	I. 118b
chě		扯头发	I. 45b
扯	I. 112b, 128b, 133a / II. 329a / III. 211	扯拖	III. 182
		扯脱	I. 80a
扯长	I. 98b	扯引	III. 26
扯船	I. 112b / III. 131	扯直	III. 211
扯碇	III. 127	扯住	II. 329b
扯动	III. 145	扯做两边	I. 81a
扯断	II. 329b / III. 183	**chè**	
扯耳朵	I. 133a		
扯风箱	III. 102	坼割	III. 216
扯高	I. 106b	坼裂	III. 2, 71
扯根菜	I. 97a	撤军大半	III. 70
扯紧	I. 43b	撤银色	III. 71

	chēn		陈说	III. 64, 180
嗔	I. 62a, 110a, 137a		晨	I. 147b
嗔怒	III. 50		晨早	III. 67, 93, 176
瞋嫌	III. 71			
	chén			chèn
臣	I. 153a		衬	I. 129b
臣事	III. 200		称人意	III. 106
尘	I. 131a		称意	III. 119, 180
尘埃	I. 88a / III. 175		趁钱	III. 103
尘世	III. 147		谶兆	III. 7
沉	II. 331a / III. 114			chēng
沉毙	III. 205		称	II. 330b / III. 152
沉了	I. 37a		称服	III. 18
沉沦	III. 122		称呼	I. 105b / II. 344a
沉湎于酒	III. 83		称名	III. 152
沉灭	II. 356b		称其罪	III. 54
沉默之人	III. 40		称善	III. 18
沉溺	III. 93, 122, 202, 205		称颂	III. 86
沉脾	III. 29		称他名号	III. 130
沉水里	III. 46		称为	III. 130
沉睡	III. 79		称羡	I. 105b
沉思	III. 82		称谢	III. 106
沉思的人	III. 170		称许	III. 18
沉死	III. 8, 144		称扬	III. 86
沉下去	III. 8, 14, 17, 114, 122		称语	III. 129
沉香	I. 158a / II. 331a / III. 158, 163		称誉	I. 44a
			称赞	III. 9, 87, 129
沉于酒	III. 32		撑	I. 127a
沉于世俗	III. 60		撑船	III. 35, 131
沉于水	III. 114		撑篙	III. 41, 218
沉住	III. 63		撑*（掌）管	I. 35b, 130a, 134a, 138a, 145a
陈故	III. 190			
陈设	III. 145, 190		撑*（掌）管的	I. 134a, 138a

撑伞	III. 2	呈进	III. 190
瞠目	III. 99	呈览	III. 156
		呈人	III. 176
	chéng	呈文纸	III. 164
成	II. 330b / III. 3, 170, 174	呈现	III. 190
		呈子	III. 5, 117, 138, 172
成冰	I. 106a	承	III. 186
成队	I. 75b, 105b	承不得	III. 205
成功	III. 139	承差	I. 62a, 132a / III. 59
成婚	I. 52b	承大赦	III. 116
成家子	I. 81b	承父基业	III. 57
成就了	III. 183	承厚恩	III. 186
成了	III. 3, 53	承护人之寄托	III. 210, 217
成泡	III. 13, 32	承海	III. 87
成疱	III. 32	承惠	II. 330b
成亲	I. 52b / III. 136	承记念	III. 186
成全	III. 81, 170	承继者	III. 111
成全了	III. 53	承嘉惠	III. 32
成群	I. 75b, 105b	承教	III. 186
成色	II. 330b / III. 184	承诚	II. 330b
成圣	III. 197	承沐恩	III. 186
成实	III. 171	承钦差	III. 82
成熟	III. 132	承认	III. 99
成熟了	III. 197	承认圣教	III. 54
成数	III. 3	承受	III. 177
成胎	III. 53	承谕	III. 186
成物	III. 171	承招	II. 328b
成象	III. 91, 190	承注念	III. 186
成行	III. 81, 96	诚	I. 154a
成议	III. 23	诚敬	III. 75
成意	III. 119	诚觅	II. 355a
呈	III. 5, 17, 64	诚其本	III. 63
呈官	III. 190	诚确	I. 89b
呈见	III. 156	诚然	III. 98

诚实	III. 99, 185
诚心	III. 75, 225
诚信	III. 98
诚许	II. 342b
诚言	III. 162
诚意	I. 82b
诚愿	III. 335a
城	I. 58a / II. 330b / III. 147
城池	III. 101
城垛	II. 330b
城堖*（垛）	I. 41b
城府	III. 48
城郭	II. 360a
城河	I. 58b / III. 101
城隍人	I. 65a
城脚	III. 29
城廓	III. 147
城里人	III. 48
城楼	III. 29, 103
城门	I. 132b
城门楼	III. 202
城墙	III. 147
城市	III. 139
城守	III. 42
城外	III. 20
城垣	III. 147
埕	I. 132b
乘便	III. 155
乘法	III. 147
乘机会	III. 155
乘轿	II. 330b / III. 201
乘空	III. 114, 155
乘凉	III. 101, 187, 213
乘马	II. 330b / III. 45, 204
乘时	III. 210
乘时会	II. 330b
乘势	III. 155
乘数	III. 147
乘隙	III. 155
乘雪	III. 150
程	III. 123
澄清	I. 34a / II. 330b

chěng

逞其能	III. 145
逞凶心	III. 83

chèng

秤	I. 130a / II. 330b
秤锤	III. 171
秤权	III. 136
秤砣	II. 330b
秤子	III. 193

chī

吃	II. 329b / III. 32, 51
吃饱	III. 51, 109
吃不多	III. 77
吃不下	III. 98
吃草	III. 161
吃穿	III. 205
吃淡薄	III. 77
吃饭所	III. 187
吃干了	III. 32
吃荤	III. 51
吃精光	III. 206
吃酒醉	III. 83
吃亏	II. 360a

吃粮	II. 329b / III. 103, 140
吃乱	III. 73
吃奶	III. 133
吃奶的孩子	III. 150
吃盘	III. 174
吃乳	III. 133
吃乳的孩子	III. 150
吃舌	III. 207
吃剩的菜肉	III. 202
吃素	III. 51
吃素的	III. 9
吃铁鸟	III. 2, 37
吃晚饭	III. 46
吃小荤	III. 51
吃一惊	III. 91, 140
吃早饭	III. 11
吃斋的	III. 9
吃胀	III. 51
鸱枭	III. 142
鸱鸮	III. 142
痴	III. 121
痴蠢	III. 24, 32, 36, 213
痴蠢的	III. 194
痴汉	I. 53b, 141a
痴憨	III. 120, 133
痴憨的	III. 117, 213
痴迷	II. 330a
痴然	III. 149
痴人	I. 122a, 127a / III. 36, 120, 149, 194
痴睡	III. 79
痴睡的	III. 79
痴想	III. 149, 213
痴言	III. 149
痴愚	III. 213
痴子	I. 52b
螭虎	III. 125
黐	I. 155a
穤*（黐）	I. 91a
黐胶	III. 128

chí

池	I. 147b
池塘	II. 330a
迟	I. 76a, 82b, 139b, 147b / II. 330a
迟捱	III. 191
迟缓	III. 207
迟谷	III. 22
迟来得的	III. 207
迟了	III. 91, 207
迟慢	I. 104b / III. 207
迟限	III. 167
迟延	III. 9, 75, 77, 88, 91, 180, 191, 207
迟早	II. 330a
迟滞	III. 207
弛爱	III. 72
弛宠	III. 72
驰马	III. 59, 103
持戈	I. 91b
持牢坚执	III. 209
持手	III. 213
持斋	III. 9
持住	III. 190, 209

chǐ

尺	I. 153a / III. 50, 137, 209, 218

耻	I. 154a
耻辱	III. 55, 117
耻辱人	III. 72
耻他	I. 37a, 91a
齿	I. 76a / III. 76
齿粪	III. 212, 214
齿决	I. 140b
齿辘辘	III. 13
齿酸	III. 35, 68
齿剔	III. 143
齿托	I. 40a, 120b
齿龈	III. 84
欯木	III. 51
邐*（厠）鳞	I. 94b

chì

叱	III. 106
叱退	III. 106
斥	III. 106
赤	II. 329b
赤道	III. 89, 129
赤脚	I. 78a, 88a / III. 172
赤脚婢	III. 142
赤脚的	III. 70
赤金	III. 160
赤色	III. 84
赤身	I. 123a / II. 329b / III. 73
赤子无知	III. 117
赤子之初	III. 117
饬励	III. 14
饬正	III. 83
敕	I. 116b / II. 330a / III. 152, 167
敕授	III. 68
敕书	III. 167
敕谕	III. 167
翅膀	II. 357a
翅盔	III. 169, 174

chōng

冲	III. 213
冲城	III. 31
冲出	III. 196
冲年人	III. 124
冲杀过来	III. 193
冲阵	III. 193
充饱	III. 188
充饥	II. 348b
充满	III. 110, 131, 186, 188
充满的	III. 83
茺	II. 332b
舂	III. 133, 143
舂臼	I. 40a / III. 133, 144, 173
舂米	III. 173
舂破	III. 132
舂软	I. 33a
舂碎	III. 173

chóng

虫	I. 52a, 149a / III. 108
虫癣	II. 343a
虫蚁	II. 332b
崇大人	III. 104
崇高	III. 133
崇他	III. 164
重	I. 131a, 151b / II. 332b

重病	I. 137b		**chōu**
重层	I. 151b	抽	II. 329b / III. 88, 195
重吊	II. 332b	抽兵	III. 195
重复	III. 190	抽出抽入	III. 195
重婚	III. 44	抽刀	III. 71
重讲	I. 139a / III. 160, 190	抽动	III. 138
重舌	III. 103, 207	抽分厂	I. 39b
重生过	I. 121a	抽分的官	III. 189
重说	III. 189	抽剑	III. 21
重讨	I. 139a	抽傀儡	III. 190
重新	III. 153	抽起	III. 88
重言	III. 189	抽讫	II. 330a
重做过	I. 139a	抽签	II. 334b
		抽屉	III. 90
	chǒng	抽头	III. 18
宠	III. 98	抽箱	III. 90
宠爱	II. 332b / III. 12, 106	抽箱桌	III. 139
宠臣	III. 98	抽项	III. 195
宠衰了	III. 72	抽选的	III. 82
		搊起	III. 21
	chòng	搊起衣服	III. 21
冲鼻子	III. 114	搊衣服	III. 127
铳	I. 149b / II. 332b / III. 172		
			chóu
铳城	III. 29, 44, 101, 107, 178	仇	II. 329b / III. 6, 85
		仇报	III. 161
铳弹	I. 128b / III. 29	仇敌	III. 6, 57, 85, 159
铳官	III. 22	仇家	III. 85
铳管	III. 101	仇狭	I. 91b
铳楼	III. 44	俦	I. 153a
铳手	I. 52b, 97a / II. 366a / III. 22	惆	I. 151b
		愁	I. 93a, 151b / II. 327b
铳台	III. 29, 101	愁脸	I. 100b
铳药	III. 175	愁人	III. 216

愁容	III. 84, 147, 193	丑言	III. 68
愁心	III. 169	丑样	I. 75b
筹	I. 140b		
筹数官	III. 24	**chòu**	
绸	II. 329b / III. 206	臭	I. 66a, 101b / III. 157
绸缎衣服	I. 143a	臭不可当	III. 158
绸鞋	III. 46	臭不可闻	III. 110
酬报	III. 52, 187, 189	臭菜	III. 85
酬答	III. 52	臭虫	I. 66a, 132a / III. 47
酬谢	III. 161	臭磺	III. 5
稠	III. 92	臭秽得甚	III. 158
稠密	III. 92	臭名	III. 116
		臭脓	III. 175
chǒu		臭气	III. 110, 158
丑	I. 74a, 80a, 101b, 116a, 117a, 150b / II. 329b / III. 98	臭气难闻	III. 110, 158
		臭膻	III. 201
		臭味	III. 110, 158
丑虫	II. 330a	臭腥	III. 110
丑恶	III. 98, 133		
丑风俗	III. 3	**chū**	
丑话	III. 162	出	III. 196
丑了	I. 36a	出案	III. 45
丑陋	III. 31, 98	出场	II. 328a
丑陋的	III. 222	出朝	III. 196
丑陋的事	III. 222	出城	III. 196
丑貌	I. 116a / III. 98	出打猎	III. 196
丑名	III. 72, 116	出痘	III. 196
丑人	I. 81b, 109b	出痘子	I. 52a
丑辱	III. 117	出告示	III. 81, 195
丑时	III. 48	出恭	III. 109
丑事	III. 7, 31, 77, 133, 150, 214, 219	出汗	II. 341b / III. 204
		出号令	III. 56
丑俗	III. 60	出家	III. 109
丑他的名	III. 7	出嫁	III. 44

出监	I. 79b	出头	III. 28, 195
出接	III. 196	出外	III. 196
出禁	I. 79b	出物于全无	III. 61
出来	I. 142a / III. 196	出息	III. 104
出类	II. 354a / III. 83	出现	III. 16
出力	III. 15, 54, 195	出银子	III. 195
出令	III. 195	出迎	III. 196
出路	III. 122, 196	出迎客	III. 186
出路的	III. 41	出游	III. 196
出麻	III. 197	出有于无	III. 61
出卖	III. 219	出于无心之犯	III. 168
出名	III. 98	出语伤人	III. 162
出名的	III. 6, 46, 117, 152	出战	I. 33b
出骱*（内）	I. 79b	出疹子	I. 52a
出牌	I. 87a	出征	I. 33b
出票	III. 195	出众	III. 96, 199
出奇	III. 95	初	III. 153
出鞘	I. 79a	初出家的	III. 153
出去	I. 142a / III. 196	初昏	III. 152
出入	III. 196	初更时分	III. 152
出丧	III. 87	初进会的	III. 153
出色	III. 175, 196	初开圣堂	III. 67
出身	III. 196	初来的时节	II. 336b
出石山	III. 169	初七	III. 200
出使	III. 82	初起者	III. 28, 119
出使用	I. 106a	初三	III. 216
出世	III. 148	初时	I. 134b
出首	I. 116a, 119b	初时起	I. 104a
出首的	I. 116a, 119b	初学	II. 336b / III. 153, 179
出水	I. 116b	初学的匠人	III. 18
出胎	I. 97a	初学者	III. 18
出堂	III. 110, 196	初一	II. 336b / III. 40, 55, 76, 179
出田猎	III. 196		

初长须	III. 30	厨子	I. 44b, 63a / III. 61
	chú	锄	I. 58b, 142a / III. 63
刍草	III. 167	锄出	III. 72
除	I. 149a, 149b / II. 331b / III. 45, 96	锄出来	I. 79b
		锄泥的	I. 58b
除拔	III. 69	锄头	I. 93b, 142a / II. 337a / III. 5
除半	III. 16		
除草	III. 90	锄刈	II. 337a
除断	III. 16	雏	I. 127b
除根	I. 99a	雏儿	I. 130b
除金	I. 79a		
除绝	III. 16, 69, 80		**chǔ**
除开	I. 82a	处	II. 331b / III. 73, 209
除鳞	III. 90	处度	II. 331b
除笼头	III. 72	处断	III. 78
除帽	I. 78a	处分事	III. 65
除灭	III. 74	处和	I. 131b
除辔头	I. 79b	处己身	III. 78
除去其职	III. 106	处开	III. 65, 78
除日	III. 76	处权	III. 89
除虱子	III. 136	处事	III. 65, 124, 150
除算	III. 71	处暑	III. 201
除脱	III. 72	杵唇	III. 104
除脱了	I. 77b		
除下冠帽	III. 35		**chù**
除下了	I. 77b	处	I. 133a, 144b / II. 331b / III. 130
除下缢死的	I. 79b		
除削	III. 185	处处	I. 73b / II. 331b / III. 39, 88, 176, 212
除削其职	III. 106		
厨	I. 40a	处所	II. 331b / III. 130
厨房	II. 331b / III. 61	触	III. 59, 213
厨罐	III. 210	触额	III. 213
厨下人	III. 61	触犯	II. 331a
		触官	III. 206

触人怒	III. 86	传断语	III. 180
黜摈	II. 358b	传继	III. 147
黜退	II. 331a	传教	III. 78, 95, 178
		传旧	III. 48
	chuān	传开	I. 84a, 96a
川柏	II. 332a	传来历	III. 188
川芎	III. 17	传来万古	III. 68
穿	I. 54a, 64a, 95a, 129a / II. 332a / III. 86, 87, 166	传类	III. 147
		传令	III. 68, 178
		传令者	III. 178
穿地道	III. 140	传留	III. 215
穿过	I. 76a / III. 87, 166	传流	III. 77
穿过针孔	III. 86	传流多	III. 147
穿甲持戈	III. 20	传名	I. 100a
穿开	III. 30	传命	III. 68, 178
穿空	III. 30	传命的人	III. 142
穿来	I. 92b	传示	III. 68
穿破衣裳	I. 116a	传世	II. 332a
穿袜	III. 39	传授	III. 215
穿孝	I. 84a	传书	III. 195
穿鞋	I. 56a / III. 39	传说	III. 56, 75, 109, 134, 187, 188
穿衣	III. 22		
穿衣服	III. 221	传消息	I. 48b / III. 215
穿一半	I. 118b	传影	III. 66
穿一剑	III. 65	传谕	III. 68
穿针孔	III. 87	传知人	III. 191
穿着	I. 154a	传子荫孙	I. 106b
	chuán	船	I. 50b, 122a, 165a / II. 332a / III. 30, 47, 82, 149
传	II. 332a / III. 64, 78, 181		
传报	III. 28, 65, 68, 134	船边	I. 53a / III. 35
传代	II. 362b / III. 128	船变横	III. 26
传道令	III. 178	船舱	III. 40, 90, 189
		船到	I. 44a

船椗	I. 42a	船尾楼	III. 40
船碰	III. 13	船陷淤泥	III. 64
船舵	III. 105, 211	船载货	III. 131
船阁*（搁）了	I. 89a	船贼	III. 125
船埠	III. 218	船主	III. 42
船涸了	III. 84	船住了	III. 64
船后送	I. 119a	船砸	III. 125, 126
船家	I. 127a, 167a	船租	I. 105a / III. 100
船桨	III. 188	椽	II. 332a / III. 33, 222
船橈*（桨）	I. 138b		**chuǎn**
船解裂	III. 110	喘	I. 141a
船拢了	III. 218	喘气	III. 190, 191
船漏	III. 109	喘息	III. 191
船路	III. 40		**chuàn**
船落浅了	III. 84	串	II. 332a / III. 8
船面	I. 61b	串过	I. 151b
船蓬	I. 153b	串铃	III. 44
船篷	III. 219	串石	III. 172
船器	I. 122a	串唆	I. 88b
船钱	I. 105a / III. 100	钏	I. 96b
船浅了	III. 84		**chuāng**
船浅着	III. 84	创	II. 331b / III. 130
船上	I. 61b	创*（枪）	I. 48b
船绳	III. 226	疮	I. 44a / II. 331b / III. 130
船师	III. 133, 173	疮毒	III. 177
船手	III. 135	疮口	I. 65b
船首	III. 179	疮疤	III. 13
船税	I. 105a	疮生脓	III. 85
船头	I. 134b / III. 176, 179	疮痒	I. 59b
船头篷	III. 216	窗	I. 105a, 108a
船头桅	III. 216	窗户	II. 331b
船桅	III. 19, 136		
船尾	I. 131b / III. 176		
船尾架	III. 40		

窗门	III. 220	吹号头	III. 199, 212
窗门子	III. 46	吹火	III. 203
窗下	II. 331b	吹火筒	III. 42
窗友	II. 332a	吹角	III. 59
		吹开	III. 2
chuáng		吹冷	III. 203
床	I. 111b / II. 332a / III. 40, 126, 206	吹凉	I. 138a
		吹灭	II. 355a / III. 16, 203
床机	III. 208	吹沫	III. 93
床铺	III. 40	吹气	I. 146a
床前帷	III. 60	吹气的	III. 42
床头	I. 55a / III. 38	吹散	III. 91
		吹手	II. 332b
chuàng		吹筒	I. 156a / III. 200, 228
创法	III. 56	吹熄	III. 16
创基	III. 102	吹箫	III. 47
创立	III. 119	吹诩	II. 332b
创始	III. 102	吹湮灯	III. 203
创始人	III. 119	炊	III. 1
创业之子	I. 81b		
创造	III. 81, 97, 119	**chuí**	
创做	III. 110	垂耳环	III. 21
		垂怜	III. 52
chuī		垂首丧气	III. 38
吹	I. 147a / II. 332a / III. 112, 173, 201, 203	垂线	II. 332a
		垂罪	III. 156
吹唱	II. 332b	捶	III. 183
吹打	III. 199, 207, 212	捶石	III. 17
吹打的	III. 207	捶胸	III. 31, 65, 105, 168
吹灯	III. 203	搥	I. 51a, 116a, 117b
吹笛子	III. 173	搥烂	I. 115a
吹干	I. 46b	搥书	I. 51a
吹管	III. 173	槌	II. 332a
吹号令	I. 149b		

槌棒	III. 103	**chǔn**	
槌子	I. 115a / III. 31, 134, 163	蠢	I. 144b / II. 333a
		蠢才	I. 52b
棰棒	III. 103	蠢鲁	III. 107
锤	I. 50a, 117b, 154a / II. 332a	蠢人	I. 141a / III. 32, 149
		蠢子	I. 115a
锤打	III. 135		
锤子	I. 115a	**chuō**	
箠	I. 55a, 55b	戳人肉	III. 169
		chuò	
chūn		啜	I. 146a / III. 203
春	II. 333a	啜一啜	III. 203
春榜	III. 45	啜吸	III. 203
春分	II. 333a / III. 89, 201	龊银子	III. 173
春风	I. 134a		
春鸟	III. 140	**cí**	
春秋不再来	III. 142	词	I. 87a, 134b
春色	I. 134a / II. 333a	词人	III. 106
椿*（春）杵	I. 107b	词状	I. 34b / III. 10
椿鏾*（春夯）	I. 107b	祠堂	III. 208
		祠宇	III. 208
chún		瓷盘	III. 174
纯	II. 367a / III. 182	瓷器	III. 129
纯白	III. 33	辞	II. 337a / III. 15, 73, 91, 187, 188
纯粹	III. 182		
纯的	III. 201	辞别	II. 337a / III. 73
纯酒无掺	III. 222	辞官	II. 337a
纯朴	III. 201	辞家	II. 337a
纯恂	III. 201	辞绝	III. 73
纯无杂	III. 46, 182	辞客	III. 73
纯一不杂	III. 182	辞了	III. 69
唇	III. 113, 125	辞了本业	III. 69
淳朴	III. 201	辞让	III. 189
		辞任	III. 75

辞世	III. 75, 144, 191	次第	III. 159
辞他	III. 75	次面头	III. 163
辞谢	III. 187, 188	次日	III. 76
辞职	III. 75, 189	次所以然	III. 45
慈悲	I. 119b, 130b / II. 337a, 358b / III. 32, 142	次序	I. 124b / II. 337b, 361b / III. 78, 159
慈悲的	III. 32, 172	次之	III. 198
慈恻	III. 142	次子	III. 112
慈母	III. 132	伺	I. 163a
慈目怜视	III. 157	伺候	III. 24
慈仁	III. 142	伺酒人	III. 58
慈善	III. 172	伺舟人	III. 188
慈心	I. 52a / II. 337a	刺	II. 337b / III. 92, 172, 181, 182
慈心的	III. 32, 172	刺不进得	III. 164
慈心的人	III. 142	刺瓜	III. 50
磁器	I. 113b, 132a	刺篰放在插头上	III. 59
磁石	III. 173		
磁石之恋针	III. 26	刺号	III. 199
雌	II. 337a / III. 110	刺毁	III. 172
雌驴	III. 23	刺客	III. 136
雌鸟	III. 27	刺林	III. 92
雌雄	II. 343a	刺捻枪	III. 103
		刺伤	III. 111, 172
	cǐ	刺死人	III. 136
此	II. 337b / III. 92, 94	刺他	III. 8, 46
此处	I. 135b / III. 19	刺土	III. 183
此处起	I.78b	刺心	III. 114, 125, 188
此间	II. 337b	刺心的话	III. 145
此时	I. 37b	刺人心	III. 172
此是我臆说	III. 158	刺我心	III. 26
		刺绣	III. 35
	cì	刺血	III. 197
次	III. 198, 221	刺一枪	I. 111a
次次	III. 212		

刺针	III. 172	从令	III. 154
刺字	III. 172	从流而下	III. 192
莿	I. 98b	从命	III. 225
莿笋	I. 96b	从哪里	III. 66
赐超常格	III. 77	从哪一边	III. 66
赐福	III. 180	从那里	III. 66, 71
赐免	III. 179	从那一边	III. 66
赐予	III. 64	从那一所在	III. 66
		从前至后	III. 66

cōng

葱	I. 64a / II. 338a	从权的	III. 110
葱皮	III. 44	从人的意	III. 198
葱头	III. 46	从人之意	III. 199
葱秧	III. 46	从容	II. 347b / III. 64, 78, 161, 168, 203
聪慧	I. 78b		
聪明	I. 32b, 78b, 82a, 92a, 144b / III. 2, 8, 97, 117, 125	从容的	III. 161, 184, 190
		从容的人	III. 56
		从容行	I. 42a
聪明的	III. 87	从上	III. 66
聪巧	III. 28	从上而下	III. 66, 71
		从少起	I. 78b

cóng

从	I. 155b / II. 338a / III. 4, 66, 179, 197	从甚么所在	III. 66
		从生有人	III. 71
		从顺	III. 109, 197
从便	II. 338a / III. 52, 225	从四方	III. 75
从根	III. 68	从俗	III. 197
从古	III. 160	从天主教	III. 198
从古以来	II. 338a	从头	I. 76a
从何	III. 79, 176	从头到脚	III. 68
从教	III. 58	从头至尾	III. 66
从教的	III. 62	从无始以来	III. 95
从开辟	III. 71	从无始之初	III. 95
从来	III. 68, 160	从无始之始	III. 95
从来未有	III. 153	从晓至暮	III. 134
从理	III. 186, 198	从依他和顺	III. 54

从小	II. 338a / III. 71	粗笨	I. 107b
从小生来	I. 76a	粗布	III. 197
从新	I. 76a / III. 68, 117, 153, 189	粗糙的	III. 107
		粗蠢	III. 107
从新做	III. 51	粗的	III. 214
从兄弟	I. 134a	粗恶	III. 23
从由	III. 179	粗缸	III. 198
从有人	III. 71	粗功夫	III. 154
从有天地	III. 71	粗狠	III. 23
从幼年	III. 71	粗锯	III. 200
从欲	III. 88	粗糠	III. 106
从长	III. 154	粗鲁	III. 36, 194
从者	I. 143b	粗略	III. 107, 118
从这里	III. 66	粗莽	III. 107
从众	III. 198	粗胚	III. 107
从子	III. 202	粗浅	III. 107
从姊妹	I. 134a	粗人	III. 30, 36, 107, 194, 222
丛棘	III. 92		
		粗涩	III. 23
còu		粗俗	III. 107
凑	I. 117b / II. 327b	粗桶	III. 29, 200
凑补	III. 205	粗心胆大	III. 26
凑合	I. 112b	粗用	I. 81a, 106a
凑机会	III. 159	粗纸	III. 163
凑讲	III. 15	粗壮	III. 107
凑拢	III. 124		
凑巧	III. 3, 85, 155, 159, 176, 209, 213	**cù**	
		促急	III. 18
辏合	III. 188	促人怒	III. 109
		促织	III. 106
cū		猝然死	III. 144, 146
粗	I. 46b, 107b, 140b / III. 30, 214	醋	I. 154b / II. 337a
		醋罐	III. 222
粗暴	III. 23	醋姜	III. 123

蹙额	III. 22	村洛*（落）妇人	I. 142b
蹙眉	III. 22		
蹙然不安	III. 22	村婆	I. 32b, 39a, 142b, 154b
蹴球	III. 169		
蹴圆	III. 169	村人	I. 149b / III. 10, 222

cuàn

窜流者	III. 74
篡位	II. 338b
爨盘	III. 174

cuī

催	I. 162a / II. 337b / III. 18, 84, 179, 203
催促	III. 56, 84, 92, 203
催粮	III. 50, 186
催迫	III. 101, 121
催人上紧	III. 18
催上紧	III. 18
催他	III. 8, 64
摧灭	II. 355a

cuì

脆	II. 337b
脆的	III. 183
翠	I. 154a

cūn

村	I. 39a, 65a, 154b / II. 338b
村夫	I. 32b, 39a, 141a, 154b
村妇	I. 142b
村话	II. 338b
村里	III. 181
村落	III. 181

cún

存	I. 139b / II. 338a
存案	III. 28, 198
存命	III. 55
存想	III. 56, 137
存养	II. 338a

cùn

寸	II. 338b / III. 182
寸步也不能动	III. 167

cuō

搓	I. 73a / III. 101, 201, 213, 215
搓过线索	III. 213
搓筋	III. 213
搓摩	III. 212
搓牛油	I. 92a
搓索	III. 213
搓细细	III. 213
搓线	III. 197, 213
磋	III. 128
磋光	III. 128, 175
磋磨	III. 194
撮	III. 213
撮箕	III. 47
撮其要	III. 89
撮其旨	III. 187
撮要	III. 52, 187

《葡汉词典》《汉法词典》《官话词汇》中文词语索引 57

	cuò		
挫磨	III. 159	跶子	I. 121a
锉	III. 128		dá
锉子	III. 128	达进	III. 110
错	I. 94a / III. 115, 227	达礼	I. 51b
错解	III. 89	达知人	III. 191
错了	III. 89	答	I. 139b / III. 191
错了路	I. 42a	答汗	II. 341a
错路	III. 16, 75, 89, 196	答礼	III. 191
错路的	III. 70	答书	I. 139b / III. 191
错路走	III. 13	答应	III. 191
错认	III. 89	鞑靼	I. 147b
错说	III. 89	鞑子	III. 207
错误	III. 89		dǎ
错行	III. 13, 89	打	I. 35a, 104b, 142a, 147a / III. 5, 64, 105, 161, 177, 195
错走	III. 89		

D

	dā	打凹	III. 2
搭不着地	III. 152	打巴掌	I. 72b / III. 34
搭彩	III. 164	打把	I. 90a
搭船	I. 122a	打白	I. 53b
搭船的	I. 122a, 127a	打办	I. 60a, 125a / III. 16, 178
搭架	III. 162	打办怜悧	I. 90a
搭脚凳	III. 30, 89	打梆	III. 65
搭起浮桥	III. 181	打包	I. 90a / II. 362b
搭他	III. 139	打报	III. 215
搭头	III. 57	打抱跤	III. 130
搭些	III. 57	打本	III. 74
搭噎	III. 203	打鼻子	III. 203
搭掌	I. 51a, 126b	打鞭	III. 5, 76
搭这一件事	III. 139	打背	I. 83a
		打补丁	III. 188

打不重	III. 184	打卦	I. 75a
打苍蝇	III. 145	打号声	III. 65
打柴的	III. 126	打号头	III. 65
打沉	I. 37a, 42b / III. 205	打呵	II. 343a / III. 29, 35
打城	I. 59a / III. 31	打黑	I. 43a
打出钉	I. 81b	打轰	III. 26
打捶	III. 31	打呼	II. 344a / III. 193
打刀的	I. 63b	打坏	I. 135b, 146a / III. 64
打倒	I. 77a / III. 69, 186	打昏了	III. 25
打得重	III. 171	打浑	III. 186
打点	I. 43a / III. 4, 22, 45, 53, 79, 92	打火罐	III. 220
		打火印	III. 111, 199
打叠	III. 22	打几下	III. 64
打钉	I. 133b	打绩	I. 63b
打赌	III. 18	打价	I. 40b, 44a / III. 18
打肚药	III. 182	打价的	I. 40b, 44a
打断	III. 183	打架	I. 126a
打断腰	III. 69	打尖	II. 362b
打盹	I. 146a, 150b / III. 65	打桨	I. 138b / III. 188
打饨*（盹）	I. 84b	打桨的	III. 188
打钝	I. 53a	打搅	III. 121
打发	I. 48b / II. 338b, 362b / III. 73	打醮	II. 333b / III. 179
		打劫	I. 141a / III. 193, 196
打翻	III. 69	打劫的	III. 196
打粉	I. 36a	打酒	III. 195
打干净	III. 128	打开	I. 45b, 79a, 80a, 139a
打稿	I. 119b	打喇*（嚛）	I. 97a
打嗝	III. 188	打蜡	I. 89a
打更	III. 212	打烂	I. 43b
打攻城	III. 31	打烂泥	III. 86
打躬	III. 118	打脸	III. 135, 136
打骨头	III. 143	打猎	I. 55a, 120b / II. 353a / III. 39, 50, 144
打鼓	III. 24, 207, 212		
打鼓的	III. 24	打猎的	I. 55a, 120b / III. 39

打猎狗	III. 126		打扇的	I. 32a
打鳞	III. 90		打伤	III. 111
打乱	I. 77b / III. 58		打折了骨节	III. 71
打乱了	III. 73		打绳	III. 213
打捋	III. 53		打圣	III. 55
打锣	III. 29, 212		打圣号	III. 2, 32, 62, 197, 199
打落	III. 173		打失	I. 129b
打马	I. 147a		打湿	I. 50b, 120a / III. 143
打麦	I. 151b		打十字	III. 62
打闷棍	III. 125		打石人	III. 41
打门	III. 31, 130		打手掌	III. 65
打绵球	III. 123		打输了	III. 219
打灭	III. 16		打鼠笼	III. 185
打脑骨儿	III. 65		打双陆	III. 123
打纽的	I. 53a		打水	I. 72a, 149a / III. 195
打奴巴掌	III. 34		打死	I. 109a / III. 136
打喷	III. 94		打碎	III. 73
打篷	III. 219		打损	III. 111
打平	III. 17		打索	III. 5, 110, 213
打破	I. 135b / III. 183, 193		打索子	III. 76
打破头	I. 94a, 96a		打锁匙的	I. 65b
打其脸	III. 34		打他一掌	III. 163
打千秋	III. 137		打探	III. 92, 97, 153
打钱	III. 31, 102		打探闻	I. 95b
打球	III. 123, 169		打噇睡	III. 193
打拳	III. 18, 65, 182		打踢	III. 182
打软腰	I. 77a		打嚏	III. 94
打三合土	III. 20		打铁的人	III. 111
打三下	I. 106b		打听	I. 95b / III. 90, 92, 97
打伞	I. 146a		打听的	I. 95b
打散	I. 79a / III. 91		打听消息	III. 153
打散了	I. 79a		打听虚实	III. 194
打闪	III. 188		打铜	III. 154
打扇	I. 32a / III. 1, 27, 110		打头	III. 70

打骰码	III. 123
打骰子	III. 123
打图	III. 66
打图书	III. 198
打退	III. 190
打退了	III. 78
打脱怄性	I. 79b
打歪叫	III. 106
打围	III. 39, 50, 144, 196
打蚊虫	III. 145
打污浊	I. 35a, 65b
打污浊了	I. 116b
打瞎	I. 64b
打下果子	I. 153a
打笑人	III. 145
打行药	III. 137
打醒	III. 74, 187
打醒他	III. 77
打眼瞎	I. 64b
打叶子	III. 123
打咽	III. 203
打一棍	I. 107a
打一拳	I. 72b
打一石头	I. 72b
打一下颈	I. 130a
打一掌	I. 81a
打银的	I. 125a
打银子的	III. 174
打印	III. 198
打油	III. 225
打油的	I. 110b
打鱼	III. 171
打战书	III. 69
打掌	III. 66
打掌嘴	III. 34
打仗	III. 4, 31, 107, 169
打整	III. 16
打纸牌	III. 123
打钟	III. 207, 212
打钟的	I. 144b
打嘴巴	III. 34
打嘴角	III. 65
打做	III. 74, 110, 213

dà

大	I. 107b / III. 106
大摆宴管待	III. 30
大败	III. 74
大败了	III. 66
大半	III. 53, 176, 224
大鼻	I. 122a
大鼻子的	III. 148, 193
大便	I. 101a, 118b / III. 109
大便不艰计	I. 48a
大不惑已	III. 149
大不相同	III. 77
大步	III. 167
大步行	III. 215
大肠	III. 216
大潮	III. 135
大臣	I. 124b
大铳	I. 46a, 52b / III. 19, 22, 34, 172, 211
大船	I. 106b
大唇	III. 104
大胆	I. 47b, 117a, 125b / III. 14, 26, 160
大胆的	III. 208

大道	I. 98b / III. 40	大公	III. 161
大德的	III. 83	大机关	I. 99b
大得紧	I. 107b	大几何	III. 183
大地	I. 148b	大家	III. 53
大地步行	III. 14	大家誓愿	I. 60b
大肚	I. 51a	大家子弟	III. 112
大肚子	III. 105	大叫一声	III. 107
大度量	I. 77b	大街	I. 96a / III. 40
大端	III. 52	大襟怀	I. 77b
大恩	III. 32, 106	大荆草	III. 196
大儿子	III. 112	大敬瞻礼日	III. 203
大凡	III. 39, 183, 212	大舅	III. 63
大房子	I. 126a	大举瞻礼	III. 203
大份	III. 53, 165	大咳	III. 203
大风雨	III. 208, 214, 217	大客	III. 138
大富贵	I. 140a	大客船	III. 100
大概	III. 53, 176, 224	大口的	III. 34
大功	III. 106, 139	大蜡烛	I. 149b / III. 33, 48, 108
大恭	I. 101a		
大沟	III. 114	大浪	I. 148a, 150a / III. 157
大狗	III. 9, 136	大浪山	III. 38
大官	I. 124b	大牢	III. 103
大过	I. 115b, 145a	大老师	III. 221
大过他	I. 109b	大老爷	III. 221, 226
大海	I. 106b	大礼日	III. 203
大寒	III. 201	大理寺	III. 124
大喝一声	III. 36	大力	I. 103b
大红	I. 97b, 99a, 107a / III. 50, 193	大力量	III. 15
		大力量的	III. 133
大后日	III. 76	大梁	III. 222
大话	III. 171	大量	III. 12
大茴香	III. 15, 112	大领	III. 50
大火	III. 113	大漏	III. 41
大工	III. 155	大路	I. 98b / III. 40

大略	III. 52, 175	大叔	III. 112, 142
大麻风	III. 126	大暑	III. 41
大麦	III. 46	大暑热	III. 41
大麦酒	III. 222	大水	III. 135
大帽	I. 146a / III. 35, 203	大水沟	III. 114
大门	II. 355b / III. 181	大索	I. 56a
大门面	III. 152	大太子	III. 111
大明国	I. 161a / III. 47	大堂	III. 196
大名声	I. 100a / III. 113	大同小异	III. 164
大名声的	III. 6, 117	大筒	I. 53a, 151b
大能	III. 175	大桶	III. 62, 211
大娘	III. 199	大腿	III. 13, 173
大炮	III. 22, 211	大湾	III. 122
大凭据	III. 165, 166	大碗	III. 177
大前日	III. 15	大威风	III. 55
大青	III. 5	大瓮	III. 211
大犬	III. 136	大西洋	II. 345a / III. 95
大嚷	III. 107	大笑	I. 73a, 140b / III. 42, 192
大人	I. 126a		
大如何	III. 183	大些	I. 115b
大舌	III. 207	大幸	III. 76
大蛇	III. 200	大学士	III. 99
大赦	III. 116, 123, 170	大雪	III. 150, 201
大声	III. 9, 225	大牙	I. 76a
大声讲	I. 99b / III. 108	大洋	III. 135
大声叫	III. 34, 36, 106	大要	III. 52
大声哭	III. 132	大用	I. 106a, 111a, 134b
大声价	I. 100a	大有名的	III. 120
大石头	I. 129a / III. 169	大有名的人	III. 111
大食	I. 105b	大雨	III. 132
大食的	I. 59b	大月	III. 130
大使	I. 111a	大造化	III. 76
大事	I. 99b / III. 106, 149	大斋	III. 9
大世家	III. 32, 44, 112, 152	大瞻礼	III. 203

大旨	III. 179	代教皇管一国圣教事理的	III. 167
大指	I. 74a / III. 67		
大志	III. 14, 15	代劳	II. 363a
大志量的	III. 133	代母	III. 132
大志气	III. 133	代赔	III. 162
大众之物	III. 53	代求	III. 119
大赆*（注）	I. 77a	代权	III. 209
大姊	I. 110a	代权者	III. 67, 221
大宗	III. 179	代人	III. 99
大宗族	I. 43a	代人言	III. 191
大罪	I. 128a / III. 168	代书	III. 90
		代署	III. 105
dāi		代诉	III. 67
呆	I. 141a, 144b	代他	I. 131b / III. 86, 93
呆人	I. 52b, 115a, 127a, 149b	代他管	III. 7
		代他去	III. 122
呆子	I. 141a	代他做	III. 109
		代替	III. 205
dǎi		代为	III. 109
歹	I. 117a / III. 133	代我	I. 76a / III. 68, 176
歹气	II. 349a	代写	III. 90
歹人	I. 81b, 127a	代许	III. 180
歹事	III. 133	代业	III. 105
歹心	III. 58	代责人	III. 190
		代子	III. 8
dài		待	II. 348a / III. 92
代	I. 145a / III. 128, 176, 205	待薄	II. 363a
		待茶	II. 362b
代笔	III. 90	待饭	I. 117a
代笔的	III. 197	待厚	II. 341b, 363a
代父	III. 8, 12, 161	待己淡薄	III. 216
代管	III. 105	待己为厚	III. 216
代还	III. 89	待客	I. 61b / II. 348a / III. 113
代皇帝	III. 221		

待劳	II. 363a	带书钱	III. 177
待凉	II. 362b	带他来	III. 215
待热	II. 362b	带他去	I. 112a
待他	III. 187	带尾	I. 77a
待他不好	I. 48a / III. 133	带我上	III. 65
待他丑	I. 116a	带携人	III. 28
待他好	I. 48a, 100a / III. 4, 216	带子	II. 363a
		戴甲	III. 14
待我	I. 91b	戴巾	III. 215
待我浓厚	III. 127	戴帽	III. 176, 215
待诏	I. 50b, 150b	戴面甲的	III. 86
怠慢	III. 7, 70, 138, 156, 216	戴念珠	III. 215
		戴手指	III. 215
袋	I. 39b, 52b, 142a / III. 102	戴孝	I. 84a / III. 86, 215
		dān	
袋了	I. 87b	丹	I. 154a
玳瑁	II. 355b / III. 214	担背的	III. 58
玳瑁梳	III. 214	担承	III. 202
带	I. 43b, 103a, 125b, 133b, 151a / III. 48, 59, 100, 215	担待	III. 202
		担当	III. 43, 202
		担心	III. 205
带刀	III. 215	单	I. 122b, 145b, 156a / II. 363a
带到	III. 178		
带得刀剑	III. 215	单重	I. 144b
带动之动	III. 145	单单	I. 145b / III. 207
带根	III. 68	单单一个	III. 224
带根扯	I. 45a	单的	III. 199, 201
带鬼脸的	I. 117b	单对单	I. 146a
带剑	III. 215	单袍	III. 221
带来	III. 215	单身	III. 9, 69, 224
带累	III. 109	单数	III. 152
带去	III. 131	单帖	III. 163, 222
带书	III. 131	单行	III. 14
带书的人	III. 59, 177		

单一	III. 202	担	I. 57a / III. 43
单衣	III. 221	担子	III. 58
单子	III. 45	诞辰	III. 76
耽*（担）艰险	I. 45b	诞日	III. 76
耽各*（耽搁）	I. 99a	淡	I. 145b, 146a / II. 363b
耽睡的	III. 79	淡薄	III. 142
殚极	III. 205	淡的	III. 69
		淡淡的	III. 201
dǎn		淡鳗	III. 14
胆	III. 112	淡水	III. 8
胆胞	III. 34	淡颜色	I. 78b
胆大	I. 36b, 42b, 99a / II. 363a / III. 26, 68, 160	弹	III. 29
		弹圆	III. 169
胆*（蛋）黄	I. 106b	弹子	III. 34, 169
胆竭	III. 71, 73	蛋	III. 107
胆力弱	III. 60	蛋白	III. 33, 49
胆量	III. 14	蛋饼	III. 135
胆落	III. 69	蛋黄	III. 115, 227
胆落了	III. 4, 73	蛋清	III. 49
胆破了	III. 4		
胆气	III. 14	**dāng**	
胆小	III. 1, 24, 60, 137, 175, 182	当	II. 363a / III. 52, 58, 121, 139, 205
胆小的	III. 50, 211	当兵	III. 140, 203
胆小的人	III. 208	当不得	III. 205
		当不得我	III. 158
dàn		当不起	II. 363a / III. 205
旦	I. 125a	当朝	III. 27
旦昼	III. 76	当初	I. 43a, 59b, 76b, 134b / II. 336b, 363a
但	I. 145b / III. 83, 135, 171		
		当初起	I. 79a, 104a
但凡	III. 10, 39, 183, 184	当道	I. 96a
但人	III. 183	当得	I. 83b / III. 205
但说的话	III. 183	当得多人	III. 218

当得起	III. 205
当抵	III. 158
当官领	I. 79a
当行头的	III. 59
当后	III. 177
当今	III. 142
当紧之事	III. 149
当敬的	III. 191
当理	III. 180
当路	III. 25
当门牙齿	III. 76
当面	I. 74b, 88b, 90a
当鸟的	I. 55a
当年	III. 16
当其可	III. 58
当求	III. 169
当然	III. 58, 75, 124, 154
当日	III. 139
当如何	III. 51, 183
当时	III. 84, 87, 139, 159
当事的	III. 202
当死	III. 124, 139
当午	III. 159
当信的端	III. 22
当要的	III. 149
当用	I. 122a
当原先	III. 87
当夜	III. 139
当中	III. 68
当众脸前	I. 133a
当众人讲	I. 78a

dǎng

挡隔	III. 77, 82, 94, 121, 155
挡球圆	III. 169
挡胸	III. 20
挡住	III. 164
挡住小路	III. 95
党	III. 104, 182

dàng

当	I. 88a / II. 363a / III. 65, 83, 176, 213
当不起	III. 119
当路	III. 121
当鸟	I. 55a / III. 39
当铺	II. 363a / III. 30
当人不当物	III. 99
当兽而习之	III. 79
当数	I. 148b
当头	I. 45b, 138a / II. 363a / III. 83, 178
当头风	III. 222
当托付之中人	III. 210
当玩	II. 365a
当真	I. 43a, 64b, 144a
荡	III. 86
荡船	III. 188
荡桨	III. 188
荡桨的	III. 135

dāo

刀	I. 63b, 100a / III. 29, 45, 62
刀把	III. 134
刀笔	III. 90
刀柄	III. 134
刀出鞘	III. 71
刀锋	III. 60, 99

刀痕	III. 62	倒坠	III. 39
刀口	III. 60, 99	祷告	III. 168
刀利	I. 98b	祷文	III. 126
刀鞘	I. 50a / III. 29, 218	祷祝	III. 159, 168
刀入鞘	III. 88		
刀伤	III. 5	**dào**	
刀尾	I. 131b	到	I. 33a, 47a, 66a / III. 10, 131
刀相伤	III. 5	到岸、湾船	III. 17
刀嘴缺	I. 81b	到处	II. 331b
		到底	II. 363b / III. 38, 109, 113, 176
dáo			
捯处	II. 331b	到后	I. 81b
		到极	III. 205
dǎo		到今	III. 109
捣烂	III. 143	到哪里	III. 109
捣碎	III. 143, 173	到任	III. 43, 177, 213
捣药	III. 143	到尾	III. 109
倒	I. 108a, 139a, 142b / III. 4, 68	到涯	III. 17, 213
		到这里	III. 109
倒辩	III. 57	到这里止	III. 182
倒船	III. 21	到终	II. 332b / III. 109
倒床	III. 4, 93	倒	I. 47a, 154a / III. 218
倒床上	III. 80	倒反	II. 339a
倒跌了	III. 65	倒反人的话	III. 71
倒覆	III. 186	倒干	I. 153a
倒戈	III. 20	倒干了	III. 68
倒换的	I. 50b, 56a	倒好	II. 363b
倒金	III. 217	倒尽	III. 68
倒了他旗枪	III. 186	倒空	I. 81a
倒身	I. 74b / III. 80	倒满	I. 89a
倒尾	III. 186	倒泼	III. 68
倒下	III. 39	倒倾	III. 68
倒在烂泥里	III. 25	倒水	II. 363b
倒转	III. 186		

倒退	III. 69, 70	得大赦	III. 116, 123
倒些	I. 76b, 92b	得管	III. 177
倒泻	II. 363b / III. 68	得过	III. 156
倒行	III. 13	得后手	III. 50, 186
倒在衣裳	I. 116b	得家财的人	III. 111
倒转行	III. 69	得家业者	III. 111
倒走	III. 13	得了管业	III. 177
盗	I. 104b, 141a	得了情势	III. 78
盗贼	III. 125	得民心	III. 103
道	I. 72b, 99b / III. 221	得某城	III. 87
道冠	III. 35	得其权	III. 93
道理	II. 353a / III. 20, 77, 79, 185	得腔调音	III. 88
		得亲	I. 111b
道令	III. 178	得人的爱	III. 12
道旁	III. 125	得人家业	III. 111
道袍	III. 193, 221	得人家财	III. 111
道士	III. 35	得人情	III. 38
道行	II. 367b	得人意	III. 106
道要	III. 185	得人怨	III. 2
道衣	I. 32b	得胜	I. 155a / III. 217, 219, 221
道长	I. 115b		
稻草	III. 9, 162	得胜者	III. 219
稻草人	III. 91	得脱缧绁	I. 79b
稻谷	III. 22	得闲	III. 73
稻穗	III. 92	得益	III. 103
稻子	III. 22	得意	I. 107a / III. 52, 68
dé		得意犯	III. 168
得	I. 131a / III. 6, 9, 55, 57, 208	得意过顺境	III. 180
		得意了	III. 119
得饱吃	III. 109	得意想	III. 55, 67, 108
得便	II. 358b / III. 52	得有利益	III. 119
得超常格	III. 77	得众人的恨	III. 156
得宠	I. 134b	得众信的人	III. 113

得着	III. 109	登高	II. 364a
得罪	III. 7, 156, 168, 209	登高细作	III. 92
得罪人	I. 109b	登基	III. 59, 177
得罪天主	III. 156	登圣人之品	III. 41
德	III. 223	登主祭品级	III. 159

děng

德赐	III. 139	等	III. 8, 92, 95, 106, 129, 159
德惠	III. 139, 154		
德望	III. 28	等次	III. 159
德行	II. 367b / III. 154, 223	等待	III. 8, 92
德行的像	III. 202	等候顺风	III. 119
德性	III. 148, 223	等事	III. 160
德泽	I. 154a	等物	III. 160

de

的	III. 125, 129, 149	等项	III. 160
得多	II. 364a	等些	III. 8, 75, 176
得极	III. 147	等序	III. 159
得紧	III. 147	等一等	I. 96b / III. 75
		戥子	II. 364a / III. 171

dēng

dèng

灯草	I. 127b / II. 327a / III. 137, 214	凳子	III. 30

dī

灯蛾	I. 53a	低*（抵）	I. 153a
灯火	III. 41	低的	III. 31
灯剪	III. 25	低声	III. 225
灯节	II. 334a	低声讲	I. 99b
灯亮	III. 41	低他	III. 1
灯笼	I. 38b, 40a / II. 354a / III. 125, 129	低头	I. 32a, 55a / III. 38
灯芯	III. 137, 214	低银子	III. 31, 173
灯盏	I. 56b / III. 41	堤堰	III. 129
登	I. 146a, 151b / III. 204	提防	III. 17
登程	III. 166	提防水	III. 190
登铎德品级	III. 159	滴	III. 105

滴滴	I. 107a / II. 364b / III. 105	抵不得我	III. 158
滴漏	III. 105	抵不得羞	I. 154a
滴乳香	III. 118	抵不过	III. 205
滴湿	III. 143	抵当	I. 33b / III. 158
滴水边	III. 9	抵挡	III. 19, 67, 189, 190
滴下来	III. 59	抵挡不住	III. 190
		抵得多少	III. 218
		抵得你多	II. 364a

dí

的当的事	III. 198	抵多少	III. 183
的确	III. 24, 48, 185	抵埋伏	III. 57
的然	III. 48, 176	抵日	III. 189
的是	III. 220	抵上去	III. 19
的许	III. 64	底	I. 104a / III. 111, 113, 204
敌	III. 158		
敌仇	III. 159	底橡	III. 222
敌抵不住	III. 190	底面	III. 204
敌楼	I. 50a / III. 44, 101	底下	III. 1, 31, 66, 204
敌手	III. 57	邸报	III. 117
敌台	III. 44, 101		
敌应	III. 107, 190		

dì

涤	I. 111a / III. 126	地	I. 145b, 148b / III. 82, 211
笛子	III. 173		
觌面	I. 77a	地板	III. 206
嫡亲子	II. 364b	地步	III. 93
嫡兄弟	III. 111	地道	III. 140
嫡子	I. 134a	地底下	III. 209
		地动	III. 208
		地洞	III. 125, 140

dǐ

诋谤	III. 147	地方	I. 114a / III. 51, 57, 130, 187, 201, 211
抵	I. 126a, 145a, 146a / II. 364a / III. 131		
		地肥	I. 98a
抵保状	III. 65	地国	I. 50b
抵不得	I. 92a, 115b	地鸡	III. 97
		地基	I. 39b / III. 48, 201

地界	III. 128	帝室的宗派	III. 165
地炕	II. 325b	帝王	III. 191
地牢	III. 42	帝主	II. 331b
地盘	III. 201	递案	III. 179
地平	I. 65b / III. 113	递保	II. 364a
地平圈	III. 160	递报	III. 117
地平上	III. 113	递本	III. 139
地平线	III. 160	递呈	III. 64, 117, 138, 139, 172
地坪	III. 204		
地气	III. 96	递公举	III. 27
地碛	I. 98a	递书	III. 65
地球	II. 351a / III. 91, 105, 187	递送	II. 364a
		递状	III. 172
地瘦	I. 98a / III. 94	第八	I. 124a
地台	I. 98b / III. 94	第二	I. 143b / III. 198
地台板	III. 94	第二日	III. 76
地堂	III. 164	第二遭	I. 125b / III. 198
地图	II. 365a / III. 135	第九的	III. 152
地土	III. 201	第九个	III. 152
地位	III. 93	第六份	III. 200
地穴	II. 342b	第三	III. 209
地野	III. 41	第十二	III. 79
地狱	I. 32b, 109b / III. 116	第十个	III. 66, 76
地震	I. 148b / II. 331a / III. 208	第十一	III. 158
		第五日	III. 222
地震动	III. 208	第一	I. 134a / III. 179
地中海	III. 135	第一百的	III. 48
地租	III. 189	第一的	III. 179
弟	III. 111, 179	第一名	III. 128
弟妇	I. 63a / III. 63	第一要紧的事	III. 179
弟郎	I. 110a / III. 111	第一遭	III. 221
弟媳妇	III. 63		
弟兄	III. 111	**diān**	
弟子	III. 77	颠	I. 84b, 117a, 142b

颠倒	III. 70		54, 76, 138, 199
颠覆	III. 39	点箫	III. 47
颠狂	I. 98a	点心	I. 119a / III. 11, 50,
颠些	I. 131a, 132b		139, 163, 187
癫狗	III. 171	点眼	III. 10
癫话	III. 167	点油	III. 143
癫狂	III. 129	点着	I. 43b
癫人	III. 129	点指	III. 67
		点烛	III. 84
	diǎn	踮石过河	III. 17
典	III. 21		
典当	III. 83		diàn
典法	III. 127	电	I. 137a, 138b
典契	III. 55	电光	I. 138b
典史	III. 105	佃丁	I. 103b
典衣者	III. 107	佃夫	III. 125
点	I. 149a / III. 18, 25,	佃户	I. 103b
	51, 84, 129, 182	佃人	III. 125
点板	I. 59b / III. 52	佃田	III. 125
点兵	I. 38b / III. 167	店	I. 113b, 148b
点灯	III. 41, 84	店家	I. 97b, 120b / III. 208
点滴	I. 107a	店铺	III. 210
点点	I. 107a	店主	III. 139
点风箫的人	III. 159	玷	III. 133, 194
点灰	III. 195	玷辱名节	III. 116
点火	I. 34b / III. 84	玷污名节	III. 116
点甲	III. 83	玷污祖宗之徒	III. 112
点卯	III. 9, 167	淀清	III. 23
点名	III. 9	垫子	III. 50, 60
点起军马	III. 104	殿试	III. 96
点圈	III. 18	殿下	I. 138a
点圣水	III. 143, 213	殿下宗室	III. 165
点湿	III. 143	靛菁	I. 42b
点头	II. 364b / III. 1, 38,		

	diāo	吊桥	II. 350a / III. 181
刁	I. 37b, 43b / III. 8, 24, 195	吊人架	III. 113
		吊丧	I. 93b
刁乖	III. 133, 216	吊身气	III. 184
刁民	I. 75b	吊神	II. 366b
刁巧	III. 216	吊死	III. 8
刁巧的	III. 133	吊粟	III. 6
刁诈	III. 133	吊粟花籽	III. 6
貂鼠	II. 331b	吊桶	III. 29
雕	I. 94b / III. 45	吊慰	I. 93b
雕刀	III. 37	吊线取准	III. 171
雕的	III. 87	吊香	I. 93b
雕工	III. 87, 91, 94	吊在	I. 97b
雕花	I. 93a / III. 143	吊着	III. 93
雕花的龛子	III. 191	钓饵	III. 15, 47, 103
雕匠	III. 87, 91, 94	钓竿绳	III. 197
雕刻	II. 364b / III. 2, 87, 91	钓钩	I. 93b / III. 13
雕刻珪璧	III. 125	钓钩绳	III. 197
雕镂	III. 91	钓鱼	II. 364b / III. 171
雕石像	III. 94	钓鱼钩	III. 13
雕像	III. 94	钓鱼人	III. 172
		掉谎	III. 138
	diào	掉了	III. 39, 170
吊	I. 90b, 103b, 129a, 150b / III. 50, 195	掉落牙	III. 39
		掉牙	III. 39
吊板	II. 357b	掉颜色	II. 364b
吊菜	II. 325a		
吊的	III. 170		**diē**
吊灯	I. 38b	跌出胎*（骨）	I. 98b
吊谎	III. 138	跌倒	I. 55b / II. 364b / III. 39
吊轿	III. 201		
吊泪	I. 111a	跌脚	III. 31
吊炉	II. 354a / III. 217	跌落	I. 136a
吊墨线	III. 171	跌落坑坎	III. 178

跌落马下	III. 39		
跌碎	II. 334a		**dǐng**
跌下	II. 342a	顶风	III. 222
跌下海门	I. 88a	顶轿	III. 201
跌一倒	III. 65	顶盔冠甲	III. 20
跌一跤	II. 364b	顶心	I. 150b
跌着	III. 39	顶早	II. 326b
跌足	III. 31	顶针	I. 83a / II. 331a
爹爹	I. 126a	顶住	III. 205
		榳*（顶）住	I. 103a
dié		鼎	I. 56a
叠	III. 192	鼎铲	III. 163
叠得高、跌得重	III. 169	鼎锅	III. 40, 42
叠积	III. 12	**dìng**	
叠起	III. 12, 81	定	I. 103a / III. 5, 75, 77, 99
叠起来	III. 176	定不再犯	III. 86
叠土成山	III. 209	定当	III. 99
叠衣服	II. 364b	定断	III. 124
碟子	III. 174	定额	III. 188
㩧*（叠）了	I. 91a	定法律	III. 56
㩧*（叠）住	I. 91a	定风旗	III. 45
		定改	III. 86
dīng		定官价	III. 207
丁粮	III. 216	定规	III. 175, 188
丁香	I. 63b / III. 49	定价	I. 147a / III. 18, 53, 175, 177
丁忧	III. 86, 130	定见	III. 200
叮	III. 172	定决	III. 23
叮宁	I. 89a	定了	III. 3, 67
叮咛	I. 149a	定了交单	III. 65
叮嘱	I. 89a	定名	III. 119
钉	I. 133b / III. 49	定宁	III. 93
钉梳	III. 43	定期	III. 75, 128, 173, 209
钉靴	II. 342b / III. 35		
疔	III. 42		

定钱	I. 45a / III. 199	钉书的	I. 89a / III. 128
定亲	I. 97a / III. 65, 74	钉书匠	III. 87
定然	III. 3, 48, 75, 148	碇石	III. 13
定日	III. 76, 128	椗*（椗）	I. 100b
定圣人	III. 31		

diū

定时	III. 75, 128, 173, 210
丢	I. 53a, 74b, 111a
定时沙漏	III. 188
丢耻	II. 330a
定时辰牌	I. 138b
丢掉	III. 22, 80, 125
定是	III. 87
丢吊*（掉）孩儿	I. 91a
定是非	III. 190
定是时	III. 83
丢了	III. 80, 211
定向	III. 99
丢了背后	III. 80
定序	III. 78
丢弃	III. 22, 80
定一人代之	III. 56
丢弃卷字	III. 190
定议	III. 23, 75, 166
丢弃文字	III. 190
定意	III. 23, 75
丢散了	I. 96a
定于心	III. 24
丢生的	III. 69
定约	III. 53, 199
丢水	I. 39b
定志	III. 23
丢下来	I. 74b
定住	III. 24
丢眼色	III. 107
定准的人	III. 190
丢置	I. 154a
定罪	II. 337b

dōng

定罪罚	III. 65
钉	III. 49
东	I. 112a, 134a / III. 127, 159
钉钉	I. 89b
钉紧	I. 133b
东北	III. 152
钉开	III. 30
东边	I. 80b / III. 127, 159
钉空	III. 30
东鞑	III. 207
钉了	I. 89b
东方	I. 124b / III. 159
钉十字架	III. 62
东风	I. 112a, 144b / III. 127, 202
钉十字架的	III. 62
钉书	I. 89a / II. 366b / III. 85, 87
东宫	I. 138a
东净	III. 127

东看西看	III. 66	动人心	III. 145
东房	III. 207	动容貌	III. 176
东面	III. 159	动手	I. 118a / III. 37, 51
东西	I. 63a / III. 10, 60	动问	I. 90b
东向	III. 159	动刑	III. 44
东洋	I. 166a	动眼	III. 223
东走西走	III. 66	动摇	I. 54a
冬	III. 60, 139	动疑	III. 204
冬白酒	III. 222	动止不宁	III. 117
冬瓜	III. 39	冻	I. 58b, 60b, 138a, 139a / III. 55, 82, 182
冬果茶	II. 328a		
冬寒	III. 119	冻冰	III. 25, 42
冬寒之时	III. 210	冻寒	III. 25
冬季	III. 119	冻结	III. 55
冬节	II. 334a	冻了	I. 95b
冬时	III. 119	冻起	III. 55, 82
冬天	III. 210	冻死	III. 144
冬夏二至	III. 217	栋顶	III. 47
冬夏之相仍	III. 210	栋头	III. 207
冬至	III. 201, 202, 217	栋柱	III. 51
		栋子	III. 51
		洞窟	III. 45

dǒng

懂得	III. 87

dòng

动	I. 118a, 121a / III. 11, 37, 138, 145
动哀情	III. 87
动变	III. 11
动风	III. 166
动了	I. 32a
动念	III. 11
动怒	III. 86
动情	III. 145

dōu

都	III. 212
都不	III. 68, 86, 149, 151, 177
都不肯	III. 86
都好	I. 109a
都就是	III. 212
都来	III. 220
都买	III. 52, 138
都没有	III. 152
都是	III. 212

都是石	I. 128a
都是一般的事	III. 212
都是一样	III. 212
都晓得	I. 142a
都*（笃）信	I. 63b
都要来	III. 177
都做得	I. 131a, 149b
兜凉	II. 364a
兜梢	II. 366a
搂住	I. 87b

dǒu

斗	I. 118a / III. 11, 46
斗胆	I. 125b / II. 364a / III. 26
斗洞	II. 364a
斗概	III. 185
斗篷	III. 203
抖水	III. 35, 65
枓桩	III. 20
陡	II. 364a
陡堤	II. 364a
陡然	I. 146b
陡险	III. 30

dòu

斗口	III. 52, 177
斗榫	II. 362b
斗叶	III. 148
豆	III. 101
豆腐	III. 136
豆糕	III. 10
豆糠	I. 100a
豆子	I. 107b, 111b
读断	II. 364a

搁笋*（斗榫）	I. 89a

dū

都督	III. 42
都统	III. 42
督责	III. 92

dú

毒	I. 128a / III. 175, 219
毒草	I. 94a / III. 219
毒虫	I. 102a / III. 108
毒害	III. 172
毒害之言	III. 162
毒口	III. 34
毒气	III. 29, 56
毒情的人	III. 54
毒人	III. 26
毒蛇	I. 154b / III. 33, 63
毒死	III. 136
毒物	III. 175
毒心的	III. 69, 133
毒眼害人	III. 157
毒眼看人	III. 141
毒眼伤人	III. 141, 157
毒药	III. 175, 219
读	III. 126
读书	I. 98b, 112a / III. 95, 126
读书的	III. 95
独	I. 146a, 156a / III. 202
独秉	III. 180
独得	III. 180
独独	III. 207
独赋	III. 180
独脚桌子	I. 119a

独居	III. 223	赌命	III. 27
独居的	III. 203	赌牌	III. 123
独据	III. 180	赌钱	III. 123
独敛之权	III. 175	赌钱的	III. 124
独木桥	III. 181	赌赛	III. 18
独能	III. 175	赌胜	III. 123
独权	III. 175	赌说	III. 18
独头车	III. 43	赌友	I. 59b
独修之人	III. 203	赌咒	III. 124
独眼	I. 150b	觬賻*（赌博）	I. 108b
独眼的	III. 217	觬*（赌）钱	I. 108b
独一	III. 202, 224	觬*（赌）咒	I. 100b, 108b
独一者	III. 205	睹	I. 154a / III. 141
独一子	III. 224		
独意	III. 68		dù
独有	III. 180	杜材	III. 193
独者	III. 205	杜木	III. 193
独自	I. 145b	肚	I. 53b, 154a / II. 365a / III. 30, 222
犊	I. 123a		
牍札	III. 43	肚肠	I. 51a / III. 216
㽞*（独）邻	I. 114a, 145b	肚虫	I. 113b
		肚大痛	III. 214
	dǔ	肚带	III. 179
笃切	III. 118	肚饿	I. 48a
笃切的	III. 81	肚翻搅起来	III. 186
堵	III. 217	肚肺	III. 34
赌	I. 44a, 108b	肚饥	I. 48a, 103b, 120b, 148b / III. 109
赌博	II. 364b / III. 123		
赌博的	III. 124	肚绞痛	III. 186
赌博之人	I. 147a	肚里饥	III. 27
赌跌	III. 130	肚量	III. 14, 42
赌复本	III. 74	肚量大	III. 106
赌酒	III. 123	肚量浅	III. 24
赌口	III. 18	肚量窄小	III. 58

肚脐	I. 87b / II. 333a / III. 158	端方正道的人	III. 142
肚疼	III. 133	端炉	II. 354a
肚痛	III. 133	端肃	III. 142
肚泻	III. 40	端午	II. 334a
妒忌	I. 93a / III. 83	端溪石	III. 135
妒媚	III. 83	端正	III. 68
妒气	II. 365a	端重	III. 23
妒憎	I. 48a, 93a	端庄	III. 142

duǎn

度	I. 47b, 118a, 147a / III. 137	短	I. 53b, 63b / III. 31, 36
度牒	III. 167	短刀	I. 133a
度后	II. 341b	短的	III. 47, 60
度量	III. 179	短凳	III. 30
度料	III. 179	短棍	III. 163
度年如日一般	III. 15	短剑	I. 35a / III. 64, 182
度其身品	III. 137	短路	III. 25, 36
度日	III. 166	短枪	III. 66, 219
度日如年一般	III. 15	短衫	III. 41, 221
度生	III. 37, 166, 222, 223	短舌	I. 105b / III. 207
度生之本	III. 143	短踏镫	I. 37a
度世	III. 166	短踏锭	I. 32b
度数	III. 106	短小	III. 31
渡船	III. 30, 82, 166	短须	III. 30
渡船主	I. 50b	短衣	III. 221

duàn

渡口	III. 29, 166
渡头	III. 166, 182
渡主	I. 127a
镀金	II. 351a / III. 79, 202
镀银	I. 133b / III. 174
镀银的	III. 174

断	III. 60, 65
断案	III. 65, 67, 198
断不	III. 68, 86, 134, 149, 177
断不公道	I. 109a
断不可	III. 44, 177

duǎn

端	III. 20, 142

断不肯	III. 86
断除	III. 3, 60
断根	III. 3, 16
断公道	I. 108b
断价	III. 18
断脚	III. 73
断截	III. 25
断绝	III. 3, 60, 190
断绝的	III. 178
断了	I. 80a, 135b
断路	III. 152
断路人	III. 125
断路贼	I. 110b
断命	II. 355b
断奶	III. 74
断其脚	III. 70
断气	I. 97a, 149b / III. 92
断弃	III. 190
断然	III. 48, 185
断人声	III. 204
断人行	III. 152
断乳	I. 82a / III. 74
断事	I. 125b / III. 124
断事之权	III. 123
断是非	III. 190
断首	III. 60, 67
断首之尸	III. 62
断四肢	III. 73
断头	III. 60, 67
断弦	III. 144
断语	III. 54
断约	III. 199
断指甲	III. 225
断斫	III. 70
断足	III. 73
缎子	III. 64
缎子条	III. 211
锻炼	III. 5
duī	
堆	I. 120b / III. 124, 144, 176, 192
堆叠	III. 12, 22, 186
堆积	III. 12
堆集	III. 12, 55
堆拢	III. 12
堆埋	III. 12
堆满	I. 109a
堆起	I. 42a / III. 12, 22
堆做一块	III. 12
duì	
队	III. 93
队长	III. 38
对	I. 74a, 83b, 151b / III. 67, 110
对倍	I. 84a
对本	III. 79
对比	III. 60
对仇	III. 85
对仇的	III. 159
对答	III. 191
对敌	III. 57, 107, 190
对付	III. 65
对格	III. 57
对过	III. 65
对还	III. 65, 161
对襟	I. 108b
对镜	I. 96b / III. 92

对克	III. 159	墩柱	III. 31
对理	I. 113a	躉的	III. 44
对联	I. 112a, 121a / III. 220	躉鸡	III. 42
对了	III. 47		dùn
对面	I. 74b, 77a, 90a / III. 67, 83, 86, 93, 178	炖酒	III. 222
		钝	I. 53a, 139b / III. 83
对面侮谩他	III. 64	钝不利	III. 35
对命	III. 136	钝的	III. 186
对亲	III. 83	钝角	III. 14
对人讲	III. 108	钝了	III. 34, 35, 186
对杀	III. 136	钝心灵	III. 83
对实	III. 210	盾牌	II. 357a
对手	III. 57	顿	I. 142a
对数	I. 78b, 95a	顿鞋底	III. 167
对头	I. 36a, 61b / III. 57	顿足	III. 31
对头风	III. 49, 222	踳倒*（遁逃）	I. 89b
对虾	III. 40		duō
对下	III. 110	多	I. 147b / III. 68, 166
对向	III. 43, 67, 86	多拜上	II. 365b / III. 65, 85, 138, 196
对一对	III. 60		
对译	III. 162	多遍	I. 41b, 121a, 147b
对折	III. 79	多承	II. 330b
对证	II. 330b / III. 64, 210	多次	III. 146
对中	III. 68	多大	III. 183
对钟	I. 56a	多得很	III. 146
兑货利钱	III. 103	多得紧	I. 41b, 121a
兑金	III. 17	多多	III. 147
兑银	III. 17	多发	I. 55a / II. 362b
兑银子	III. 66	多感	III. 146
碓米	III. 143, 173	多工夫	I. 123b
碓米的	III. 143	多寡	III. 183
	dūn	多过	I. 115b, 127b, 146b
墩	III. 144		

多过的	III. 68	多心的	III. 120
多话	I. 155a / III. 165	多言	I. 155a
多讲	I. 126a	多言的	III. 162
多久	III. 77, 115	多样	I. 131b / III. 68, 134, 218
多口	III. 73, 106, 108, 165		
多劳	III. 41, 215	多样的货物	III. 218
多了	III. 30	多一钱	III. 135
多毛的	I. 128b	多疑	III. 71
多蒙	III. 32, 186	多疑的	III. 80
多蒙厚情	III. 186	多疑心	III. 80, 204
多拿	III. 121	多疑主张不定	III. 190
多求的人	III. 169	多余	III. 68
多扰	III. 117	多余的	III. 202
多人	III. 104	多鱼的所	III. 171
多人讲	III. 194	多与	III. 64
多人死	III. 144	多遭	I. 121a
多人知道的	III. 181	多增	III. 64
多上福	III. 85, 196	多汁	I. 65b
多少	I. 135b / III. 10, 87, 175, 183	多致意	III. 65, 85, 196
		多嘴	I. 99b / III. 70, 73, 76, 106, 108
多少长久	III. 183		
多少大	I. 56a / III. 183	多嘴的	III. 165
多少久	III. 183	多嘴人	III. 162
多少一处	I. 76b	哆罗呢	III. 106, 163
多虱的	I. 130b		
多石处	III. 169	*duó*	
多时	I. 55b	夺	I. 103b / III. 21
多食的	I. 59b	夺门而入	III. 88
多事	III. 146	铎德	III. 195
多思虑的	III. 120		
多些	III. 175, 224	*duǒ*	
多谢	I. 72b / III. 146	朵	III. 100
多心肠	I. 146a	垛眼	III. 11
		垛子	II. 364b

躲避	II. 358a, 364b / III. 4, 28, 75, 186, 191	è	
		恶	I. 53b / III. 133
躲避的公所	III. 4	恶党	III. 104, 182
躲藏	III. 28, 90	恶德	III. 133
躲开	III. 28, 75, 107, 114, 186, 191	恶的	III. 171
		恶得紧	III. 172
躲路	III. 75	恶毒	III. 172
躲身	III. 90, 114	恶根行深	III. 88
躲债	III. 184	恶寒发热	I. 148b
		恶话	III. 68
duò		恶疾	III. 85
剁	II. 364b	恶口	III. 34, 70
剁肉	III. 172	恶口的	III. 133
舵	I. 111b	恶口骂	III. 68
舵工	III. 173	恶名	III. 72, 116
舵牙	III. 41	恶人	I. 81b, 104b, 127b / III. 97, 113, 133, 221
惰	I. 134a / II. 364b		
堕*（坠）	I. 66a	恶神	III. 133
堕舱底	I. 38b	恶事	III. 219
堕胎	I. 121a / III. 2	恶兽	III. 14, 99
		恶俗	III. 3, 60
E		恶习	III. 3
		恶涎	III. 114
ē		恶心	III. 58, 133
屙*（屙）尿	I. 119a, 125a	恶星	I. 115a
		恶言	I. 113a
é		恶意	III. 133
哦哦	III. 104	恶语	III. 68
鹅	I. 127b / III. 103, 167	恶浊	III. 147
鹅翎	II. 353b / III. 42	饿	I. 100a, 148b / II. 365a / III. 27, 109
鹅毛	I. 128b		
鹅毛笔	III. 42	饿了	I. 103b
鹅毛翎	III. 174	饿馁几死	I. 95b
额	I. 149a / III. 101	饿莩	I. 100a
额头	III. 101, 143		

饿人	III. 109
饿死	I. 95b / III. 109, 144
饿死人	III. 136
饿险死	I. 95b
鹗鸟	III. 8
鳄鱼	I. 110b / III. 50, 125

ēn

恩	III. 32, 64, 79, 98, 139
恩爱	III. 106
恩宠	III. 106
恩赐	III. 32, 64, 79, 98, 109, 116, 139, 179
恩德	III. 32
恩典	III. 32, 139, 179
恩惠	I. 51b, 154a / III. 32, 139
恩母	III. 132
恩人	III. 32, 98, 180
恩施	III. 154
恩养	III. 205
恩养父	III. 161
恩义	I. 107b / II. 356a
恩泽	III. 32, 139
恩主	II. 356a / III. 9, 32, 98, 180
恩子	III. 112

ér

儿妇	III. 153
儿童	I. 64a
儿子	I. 102b / III. 112
而今	III. 7
而然	III. 148

ěr

尔	III. 217, 225
耳	I. 48b / III. 23, 157, 159
耳背	I. 146b
耳背的	III. 204
耳边说	III. 108
耳不听	III. 87
耳朵	I. 124b / II. 364b / III. 157, 159
耳粪	II. 340a
耳官	III. 157
耳环	I. 38b, 45a, 129a / II. 343b, 352b / III. 19, 21, 46
耳聋	III. 204
耳聋了	III. 87
耳门	II. 355b / III. 182
耳鸣	III. 49, 228
耳目见闻所未经涉	III. 220
耳目交近	III. 157
耳圈	III. 19
耳屎	I. 64b
耳剜	I. 120a
耳响	I. 141a / III. 49, 228
耳坠	III. 21, 159
迩	I. 76b, 130a
饵	I. 65a, 110b / II. 352b

èr

二百	III. 79
二梆	III. 199
二二	III. 67

二府	III. 105		发榜	III. 45
二个	III. 79		发悲	III. 125
二更鼓	II. 348a		发兵	II. 338b
二鼓	III. 199		发病	III. 6, 61, 85
二婚	III. 44		发财	I. 91b
二姐	II. 333b		发出	III. 36, 133, 180
二京	II. 361a		发出内意	III. 66
二酒	III. 8		发大声	III. 106
二舅	III. 63		发的	II. 338b
二门	III. 181		发颠	I. 90a
二面的	III. 163		发动	III. 11
二年	III. 79		发放	I. 99b / II. 338b / III. 71, 73
二日	III. 79		发奋	I. 95b / II. 338b / III. 14, 91
二扇门	III. 181			
二十	III. 219		发粪	III. 94
二十八宿	III. 56		发风暴	III. 208
二式	I. 90a		发高声	III. 36
二手	III. 79		发根	III. 185
二叔	III. 112		发光	III. 80, 188, 191
二万	III. 219		发汗	III. 204
二爷	III. 105		发狠	III. 83
二月	III. 135		发花	II. 343a / III. 100
二载	I. 85a		发火焰	III. 81
二则	III. 198		发迹	I. 91b / III. 87
二尊	III. 105		发开	III. 36
贰心	II. 352b		发*开榜	III. 45
			发壳	II. 336a
F			发狂	III. 45, 86, 124
fā			发了	I. 81a
发	III. 36, 179		发令	III. 29, 159
发哀	III. 125		发露	III. 56
发案	III. 45		发落	III. 73

发卖	III. 219	发穗	III. 92
发闷	III. 88	发武	III. 36
发萌	III. 36	发下	I. 81a / III. 73, 188
发萌芽	III. 148	发显	III. 134
发猛	III. 83	发现	II. 342b / III. 16
发面	II. 355a / III. 127, 136	发象	III. 91
发明	II. 338b / III. 67, 203	发行	III. 73
发恼	II. 338b / III. 5, 86	发性	I. 91b, 137a
发恼的	III. 85	发芽	II. 345a / III. 36, 189, 191
发念	III. 170		
发弩	III. 73	发烟	III. 114
发怒	I. 37a, 38a, 90a, 110b / II. 338b / III. 5, 8, 26, 37, 83, 86, 87, 116, 187	发疑	III. 204
		发膺	III. 168
		发涌	III. 36
		发愿	II. 338b / III. 124
发怒的	III. 116	发早	III. 208
发疱	III. 13	发战书	III. 69
发配	III. 74	发舟	III. 166
发批	III. 73	发咒	I. 155b / III. 124
发起	I. 112a	发苎	III. 206
发起来	III. 127	发自由里	III. 66
发气	III. 218		
发遣去远方	III. 74	**fá**	
发窍	III. 124	乏用	III. 43
发热	I. 82a, 101b, 143a / III. 2, 89, 99, 116, 219	乏用缺少	III. 97
		伐	I. 100b, 151a / II. 338b
发烧	III. 2, 20, 45, 89, 99, 116	罚	III. 44
		罚赎	III. 169
		罚他	III. 169
发生	III. 36, 61, 148, 180, 191	罚银子	III. 147
		罚罪	III. 170
发声喊	III. 106		
发使者	III. 82	**fǎ**	
发誓	I. 100b, 108b / III. 124	法	II. 338b
发誓之言	III. 124	法场	III. 130, 193

法度	I. 76b, 111b, 116b, 124b / III. 127, 188
法服	I. 32b
法官	III. 150
法律	III. 68, 118, 127
法律禁戒的	III. 127
法律禁谕	III. 127
法师	III. 132
法帖	III. 136
法则	III. 150
砝子	II. 338b

fà

发	I. 55a, 128b
发白的人	III. 41
发髻	III. 58, 153
发虮虮的	III. 61
发一束	III. 132
珐琅	III. 91

fān

帆𦩘	I. 153b
帆樯	III. 136
番	II. 339a
番椒	III. 173
番蕉	I. 102b
番萝卜	III. 46
番人	I. 122a / III. 6, 27, 94
番薯	III. 31, 41
番子	III. 197, 220
翻草	III. 194
翻船	III. 202
翻复	III. 186
翻告	III. 17
翻过来	II. 339a
翻棉絮	II. 339a
翻牌	III. 30
翻盘	III. 87
翻身	III. 186
翻身下	III. 39
翻思复想	III. 175
翻胎	III. 138
翻译	II. 345b
翻转	I. 52b, 87b, 140a

fán

凡	III. 10, 39, 183
凡人	III. 183, 184
凡事减省	III. 142
矾	III. 12
矾石	III. 173
矾纸	III. 163
烦劳	II. 339a / III. 85, 215
烦恼	I. 143a / III. 85
烦恼人	III. 85
烦碎的	III. 85, 121
烦琐	III. 121
烦琐的	III. 85
烦心	III. 58
烦玉步	III. 41
烦杂的人	III. 218
繁	I. 110a, 121a, 147b
繁劳	III. 7, 41
繁佑子孙	III. 147

fǎn

反	I. 112a / II. 339a / III. 57, 135, 176
反案	III. 146
反辩	III. 57

反草	II. 339a	反一转说	III. 11
反常的	III. 146	反义	III. 117
反打	III. 65	反意	III. 146
反倒	III. 135, 186	反贼	III. 186
反吊	III. 25, 214	反转	II. 332a / III. 37
反动	III. 145	反坐	III. 44, 169, 206
反复	III. 34, 186	返	II. 339a
反复之人	III. 113	返场	II. 339a
反跟倒下	III. 65	返老成童	III. 188
反回	III. 187	返老为童	III. 188
反悔	III. 21	返了病	III. 186
反讲	III. 57	返命	III. 191
反教	III. 18	返审	III. 124
反口	III. 71	返童	III. 188
反脸	I. 75a, 100b	返正	III. 187

fàn

犯	I. 115b / II. 339a / III. 57
犯朝廷	III. 61
犯法	I. 101a / III. 183
犯法货	I. 74a
犯分	III. 93
犯诫	III. 183
犯禁	III. 183
犯令	III. 183
犯律条	III. 183
犯命	III. 73, 183
犯欺君罪	III. 61
犯人	I. 89a, 124a / III. 63, 133, 179, 189
犯十诫	III. 183
犯义	III. 140
犯罪	III. 156, 168

反良心	III. 53
反乱	III. 186
反面	III. 183
反命	III. 191
反叛	I. 38b / III. 186
反起来	I. 112a
反情	III. 216
反劝了	III. 78
反人的论	III. 190
反说	III. 71
反思复想	III. 56
反酸胃	III. 5
反衔	III. 45
反心的话	III. 71
反心的人	III. 97
反性	III. 110
反性之色	III. 202
反言	III. 191
反一转	III. 34

饭	I. 59a, 117a / II. 339a / III. 144	方且	III. 176
		方石	III. 172
饭店	I. 97b / III. 139	方砖	I. 110b / III. 125
饭粒	III. 106	坊	III. 177
饭铺	I. 97b	芳香	III. 158
饭袋	I. 39b		
饭堂	III. 187	**fáng**	
饭头	III. 61	防备	II. 338b / III. 4, 17, 93, 107, 179, 186, 189
饭沾	III. 106		
泛言	I. 99b	防堤	III. 218
贩	I. 138a	防忌其妻	III. 209, 228
贩夫	III. 187	防守	III. 17, 93, 107
贩货	III. 187	防御	III. 107
贩卖	III. 187	妨	III. 121
贩牛的	I. 118b	妨阻	III. 82
贩子	I. 138a / II. 339a / III. 187	房	I. 56a / II. 338b
		房便	III. 149
		房东	I. 84b
fāng		房分	II. 338b
方	I. 147a / III. 165, 175	房间	III. 17, 46
方板	III. 206	房剽掠	III. 125
方便	III. 16, 52, 58, 179	房舍	III. 44, 108
方便了	III. 93, 209	房事	III. 136
方才	I. 37b / III. 1, 7, 68, 88, 130, 153, 175	房税	II. 338b
		房屋	III. 44, 108
方寸	III. 58	房屋之修饰	III. 189
方法	III. 52, 188	房下	III. 31, 146
方家的	III. 104	房檐	III. 9
方巾	III. 35	房子	I. 33a, 35b, 44a, 58a, 64b / III. 33, 44, 108
方今	III. 142		
方梁	III. 222	房租	III. 187, 189
方命	III. 183		
方木	III. 206	**fǎng**	
方起身	III. 51	仿法	III. 120
		仿金	III. 157, 160

仿像	III. 120	放荡	III. 78, 128, 203
仿效	III. 21, 57, 120	放的	III. 204
访	I. 97a, 134a, 155a	放得	I. 55a
访察	I. 91b, 95b, 97a, 110a / III. 117	放低	I. 32a
		放地下	III. 175
访究	III. 37	放钓	III. 81
访求	III. 117	放碇	III. 13
访问	III. 4, 37, 117, 178	放粪	III. 94
访寻	III. 117	放告	I. 101a
纺	II. 339a / III. 112	放货者	III. 138
纺车	I. 115a / III. 214	放假	III. 76, 203, 217
纺绩	III. 112	放监	I. 79b / III. 203
纺架	III. 194	放漀*（碱）	I. 91b
纺绵	II. 339a	放箭	III. 73
纺绵纱	I. 102b	放缰绳走	III. 59
纺丝	III. 112	放开	I. 80a
舫	I. 50b	放开了弓	III. 69
	fàng	放宽	I. 38b, 40b
		放宽些	I. 77b
放	I. 75a, 77a, 131b, 132b, 145b / II. 339a / III. 125, 203	放里	I. 104a
		放利钱	III. 64, 129, 226
		放脸前	I. 132a
放安稳之处	III. 175	放凉	I. 138a
放别处	III. 175	放了定钱	III. 65
放财	III. 129	放流	II. 352b
放财的	III. 226	放卖	III. 219
放羇	I. 91a	放牛	III. 16
放铳	I. 81a / III. 22, 73, 78, 203, 211	放牛的	III. 103, 218
		放弩	III. 78, 211
放出	I. 103b	放炮	II. 357b / III. 73, 78, 203, 211
放出去的	III. 204		
放诞	III. 73	放簪头	I. 45b
放弹	III. 169	放簪头走	III. 59
放弹圆	III. 169	放屁	I. 128b / III. 203

放任	III. 70	放在地孔里	I. 89b
放山羊的	III. 39	放在怀中	III. 139
放上	III. 175	放在窟里	I. 89b
放上面	III. 175	放在露下	III. 200
放屁	III. 39	放在面前	III. 175
放手	III. 10, 75, 164	放在中间	I. 93a
放水浸	I. 75a	放在桌上	III. 175
放肆	II. 339a / III. 71, 73, 74, 78, 128, 203	放债	I. 124b / II. 339a / III. 129
放肆之言	III. 162	放账	III. 129
放松	III. 7	放账人	III. 129
放松些	I. 77b	放枕头衣	I. 90b
放锁	III. 203	放正	III. 85
放他	III. 66	放子	III. 73
放套索	III. 70		
放头相触	III. 213	**fēi**	
放脱	I. 145b	飞	I. 48b, 155a / II. 339b / III. 34, 37, 225
放脱销	III. 203	飞尘	I. 88a
放歪	III. 88	飞蛾	III. 135
放网	III. 81	飞甲	II. 339b
放下	I. 84a / III. 1, 80, 175	飞马	I. 107b
放下面	III. 175	飞鸟	III. 27, 34
放些	III. 9	飞跑	II. 357b / III. 59
放斜	III. 88	飞跑走	III. 114
放心	II. 339a / III. 19, 70	飞禽	III. 27
放心不下	III. 19	飞升	III. 225
放下心	III. 70	飞鼠	III. 144, 147
放学	I. 102a	飞腾	III. 225
放血	I. 142b / III. 197	飞鱼	III. 171
放言无忌	III. 128	飞走	III. 59
放鹰犬	III. 39	妃嫔	III. 54, 64, 192
放狱囚	III. 203	非	I. 144b / III. 149, 151
放在	I. 102b / III. 175	非常	III. 92, 95, 97, 151, 185

非常的	III. 69, 119, 152, 199
非常的人	III. 166
非常的事	III. 165, 166
非常能	II. 328b
非常之德	III. 83
非大非小	I. 118a
非耳目所经	III. 119
非凡	III. 152
非礼	III. 149
非礼之事	III. 72, 147
非理	II. 339b / III. 120, 121, 151
非路	III. 70
非明即后	III. 151
非人	III. 70, 222
非时样的	III. 75
非是	I. 143b
非同往日	III. 151
非也	III. 151
非义	III. 151
非义之事	III. 120
非朝伊夕	III. 151
非真的	III. 57
非真心	I. 145a
绯猪	III. 50

féi

肥	I. 87b, 107a / III. 98
肥的	III. 105, 107
肥地	III. 211
肥胖	II. 339b / II. 357a / III. 105
肥胖的	III. 59, 107
肥胖起来	III. 86
肥肉	III. 43
肥田	I. 102a
肥猪	I. 150b
肥猪肉	I. 150b
肥猪油	I. 50b
肥壮	I. 43b

fěi

诽谤	I. 109b / II. 339b / III. 77, 147
榧树	III. 27
榧子	III. 2, 27

fèi

吠	I. 110b / II. 339b / III. 125
废基	III. 194
废*（晦）气	I. 78a
肺	I. 52b / III. 23, 34, 129
费	I. 153a / II. 339b / III. 103, 226
费力	III. 8, 54, 91, 102
费力的事	III. 77
费*（晦）气	I. 77b
费事	II. 339b
费手	II. 366a
费心	III. 102, 175
费心之事	III. 77
费用	III. 73, 103, 226
费用的	III. 60, 221
沸出来	III. 196
沸滚	III. 111

	fēn	分路	III. 16, 78, 166
分	I. 83b, 127a, 161a / II. 340a / III. 6, 166, 183, 189	分娩	III. 165, 166
		分明	III. 2, 4, 55, 91, 134
		分明了	III. 27
分辨	III. 27, 77, 78	分排	III. 78
分别	I. 127a / II. 358a / III. 16, 77, 78, 218	分派	III. 189
		分骈	III. 165
分拨	III. 189	分剖	III. 78
分财	III. 73, 78, 189	分人	III. 53
分财者	III. 78	分散	III. 73, 78, 91
分得均	II. 352a	分散的	III. 166
分定	I. 76b / III. 78, 189	分散粮兵	III. 78
分断	III. 189	分手	III. 166
分付	I. 89a, 149a	分水	III. 78
分给人	III. 53	分水流	III. 36
分功	III. 78	分碎	III. 73, 166
分毫	III. 25	分头项	I. 83b
分家	III. 78, 189	分途	III. 16
分家产	III. 78, 166, 189	分晓	III. 27
分家业	III. 166	分一半	III. 16
分彊*（疆）	I. 148b	分作三分	I. 139a
分解	III. 71	芬华	III. 98, 103
分均	II. 352a	吩咐	II. 340a / III. 51, 84
分开	I. 43a, 77b, 82b, 83b, 127a, 139a / III. 16, 53, 72, 75, 78, 166, 189, 218	纷纷	III. 55, 119
		纷乱的	III. 119
		纷纭	III. 55
			fén
分开的	III. 166	坟墓	I. 63a, 144a / III. 199
分类	III. 91	坟茔	I. 144a
分离	I. 127a / III. 16, 72, 75	焚	I. 65b, 150b / II. 340a / III. 20, 184
分离书	III. 70		
分理	III. 71	焚化	III. 184
分粮	III. 162, 189	焚了	I. 136a
分流	III. 78		

焚了一半	I. 118b	粪墩	III. 147
焚烧	I. 136a / III. 184	粪箕	III. 47, 50, 92
焚尸	III. 184	粪门	III. 157
焚香	I. 129b / III. 118, 158, 171, 184	粪蛆	I. 94b
		粪所在	I. 121a
fěn		粪田	III. 94
粉	I. 40b / III. 109, 175	粪桶	III. 29
粉壁	III. 33	粪土	III. 30, 94, 147, 205, 218
粉女	I. 156a		
粉牌	III. 206	愤激	III. 228
粉腮	III. 30	愤怒	II. 356b / III. 8, 26, 50, 86, 116, 122, 187, 197
粉石	III. 173		
粉籭*（饰）	I. 90a		
粉碎	III. 73, 183, 193	愤怒的	III. 116
粉头女	III. 147		
		fēng	
fèn		丰	I. 33a / II. 340a
分	I. 136a, 137a / II. 340a / III. 106, 165	丰富	III. 1, 3
		丰隆	III. 205
分量	III. 42	丰年	I. 100a / III. 3, 15
分上	III. 98	丰盛	III. 3, 16
分外	II. 365a / III. 5, 68, 92, 96, 102, 165	丰硕	II. 340a
		丰盈年	III. 3
份	III. 78, 165	丰恣	I. 36b
份内之事	III. 207	丰足	III. 1, 192
奋力	I. 95b	风	I. 153b / II. 340a / III. 8, 82, 222
奋厉	III. 91		
粪	I. 65b, 98a, 113b, 118b / II. 340a / III. 94, 140, 205	风暴	III. 62
		风波	II. 340a
		风车	II. 329a / III. 143
		风吹	II. 340a / III. 203
粪场	I. 98a	风吹倒	III. 69
粪地	III. 147	风灯	III. 125
粪斗	III. 50	风帆	III. 219

风匣	I. 103a	疯疾	I. 111b
风火墙	III. 164	疯狂	III. 129
风疾	III. 126	疯人	III. 196
风静	I. 33b, 89a	疯痰	III. 105
风来	I. 153b	疯子	III. 129
风浪	III. 157, 208	封	I. 46a / III. 65, 174, 193, 198
风浪大作舟船将覆	III. 208		
		封袋	II. 363b
风栗	III. 44	封刀	III. 88
风凉	I. 100b	封官	I. 91a
风烈	III. 222	封珪	III. 198
风领	II. 340a / III. 50	封侯	III. 119
风流人	III. 221	封火墙	III. 164
风篷	III. 219	封爵	III. 119
风平浪静	III. 40, 208	封了	I. 89a
风气痛	III. 184	封泥	I. 87a
风气之冷	III. 192	封皮	I. 117b / III. 198
风琴	III. 159	封书	I. 101b / III. 47
风清	I. 100b	封锁	II. 340a
风晴	I. 33b, 89a	封套	III. 34, 62
风水便	III. 35	封筒	III. 34, 62
风水顺	III. 35	封王	III. 119
风俗	I. 155b / III. 60	封信	III. 198
风痰	I. 55b / III. 100	封印	III. 46, 217
风微	I. 100b	封赠	III. 139
风息了	III. 164	封斋	III. 88
风箱	I. 103a / III. 102	封斋日	III. 183
风箫	III. 47, 159	封住脚	III. 82
风压倒	III. 69	锋刃	II. 340a
风雨暴疾	III. 222	蜂叫	I. 156a
风症	I. 107a	蜂蜜	I. 95a / III. 140
风住了	I. 89a	蜂奴	I. 32b
疯癫	III. 129	蜂糖	I. 95a
疯狗	III. 171	蜂王	III. 192

蜂岫	I. 59a, 62b	奉炉香	III. 118
蜂涌来	III. 217	奉命	II. 340a / III. 154
蜂涌去	III. 122	奉攀	II. 357b
		奉上	III. 156

féng

逢杀*（缝煞）	I. 32a	奉事	III. 200
逢着	III. 85	奉事天主	III. 200
缝	I. 62b / II. 340a / III. 60, 205	奉侍	III. 200
		奉献	III. 156
		奉迎	II. 340a
缝边	I. 32a	奉旨	II. 340a / III. 128
缝了	I. 62b	奉做弥撒	III. 76
缝起	III. 60	俸禄	I. 117a / III. 189
		俸钱	III. 189

fèng

凤冠	III. 160	缝	III. 2, 106
凤凰	I. 38a	缝裂	III. 111
凤辇	III. 43	缝裂了	III. 71

奉	II. 340a / III. 131, 156, 215

fó

佛国	I. 127a
佛桃	I. 123a
佛桃肉	I. 119b

奉拜	III. 109		
奉抱	III. 209		
奉别	III. 73		
奉茶	III. 215		

fǒu

否	III. 119

奉茶盘	III. 29		
奉朝廷	III. 154		

fū

奉诚	I. 101a, 124a	夫妇	III. 135
奉承	II. 340a / III. 54, 109	夫妇分离	III. 70
奉承的	III. 129	夫马	III. 4, 43
奉承他	III. 200	夫妻	III. 135
奉递	III. 178	夫人	III. 146, 192, 199
奉法	III. 154	夫婿	I. 117b
奉教人	III. 62	麸	III. 7
奉敬	I. 35b / III. 113, 191, 219	麸子	III. 7
		鴀旦*（孵蛋）	I. 66a
奉君旨	III. 154		

fú

伏倒	III. 39	服了	I. 139a / III. 53
伏待	III. 200	服了的人	III. 189
伏的	III. 180	服满	III. 3
伏地	III. 80, 177	服命	III. 186
伏蝠	II. 339b	服其心	III. 187
伏乞	III. 168	服事	II. 339b / III. 200
伏事	I. 144a / III. 200	服侍	III. 200
伏侍	III. 200	服他	III. 3, 195, 205, 220
伏睡	III. 79	服降	III. 205
扶持	I. 32b, 38a, 51b, 100b, 101a, 145a / II. 339b / III. 10, 204	服药	I. 133a / III. 213
		服役	III. 200
		服罪	III. 54
		茯苓	III. 163
扶持富贵	I. 91b	浮	I. 122a / II. 339a / III. 93
扶接	II. 339b		
扶起	I. 77a, 88a, 94a	浮埃	II. 339a / III. 175
扶起来	III. 195	浮材	II. 326b
扶世者	III. 196	浮的	III. 205
扶他	I. 112b	浮地	III. 211
扶梯	III. 89	浮过水	III. 166
扶赞	II. 339b	浮华	III. 218
扶住	III. 205	浮梗	II. 348a
扶助	III. 9, 204	浮见	III. 189
拂	I. 96b / III. 161	浮看	III. 66, 167
拂埃	III. 195	浮泥	III. 25
拂干	I. 96b	浮沤	III. 13
拂净	I. 96b	浮起来	III. 127
拂拭	III. 195	浮梁	III. 181
拂性	III. 202	浮桥	II. 339a / III. 181
服	I. 145b / II. 339b / III. 65, 203	浮人	III. 68, 113
		浮石	III. 173
服毒	III. 83	浮水	III. 13, 148
服管	III. 199	浮水的	III. 202
服教	III. 58	浮文	III. 218

浮言	III. 153, 162	斧头	II. 339b / III. 108
浮知	III. 194	府	I. 164a / II. 339b / III. 44, 48, 162
浮肿	III. 158		
砩石	I. 128a	府官	III. 59, 105, 134
符宝	III. 198	府库	II. 340a
符宝郎	III. 198	府学	III. 91
符牒	III. 167	府藏	III. 88
符节	III. 54, 167	府尊	III. 134
符篆	III. 167	俯倒	III. 4
符券	III. 167	俯伏	III. 177, 180
符玺	III. 198	俯身	III. 85
符玺郎	III. 198	俯首	III. 1, 31, 118
符验	III. 167, 199	腑脏	III. 88
符玉	III. 198	俛看	III. 141
福	I. 51b / III. 32, 76, 98, 180	俛首	II. 355a
		俛顺	III. 57
福地	III. 164	辅助	I. 145a
福建	III. 181	腐败了	III. 60
福乐	III. 67, 105	腐嚼	III. 135
福力	III. 106		
福庆	III. 32, 76, 180	**fù**	
福肉	III. 43	父	II. 340a / III. 161
福他	III. 180	父君	III. 161
福音	III. 95	父老	III. 13
		父母	I. 126a / III. 161
fǔ		父亲	I. 126a / III. 161
抚持	III. 212	父子	III. 161
抚台	III. 223	父子相代为一世	III. 104
抚慰	III. 56		
抚心	III. 168	父子相肖	III. 164
抚循手相安慰	III. 212	父族	III. 165
抚胸	III. 168	付	I. 76b
抚院	III. 223	付了定钱	III. 65
斧斤	III. 118	付圣水	III. 31

付圣洗	III. 31	附行	III. 122
付圣油	III. 61	附学	III. 29
付书	I. 137b	附着	III. 95
付音	I. 137b	驸马	III. 115
付与	III. 88	赴京	III. 122
付照	I. 142b	赴考	III. 122
负	I. 129b / III. 215	赴席	III. 122
负背	III. 131	赴宴	III. 122
负春秋伢者	III. 142	复	I. 58b / II. 339b
负恩	III. 69	复本	III. 74
负恩的	III. 117	复辩	III. 190
负借爵*（酬）完	I. 79b	复病了	III. 186
		复仇	I. 154b
负了	III. 170	复得	III. 187
负前盟	III. 183	复得罪	III. 186
负欠	I. 90a	复犯	III. 186
负欠者	III. 75	复告	III. 17
负义	I. 109b	复官	III. 191
负债	III. 6, 75, 85	复还	III. 186
负债者	III. 75	复活	III. 34, 186, 187, 191
妇	II. 339b / III. 110	复疾	I. 137b
妇女	III. 110, 146	复架造	III. 187
妇女的质	III. 7	复教	III. 187
妇人	I. 58a, 120a / III. 110, 146	复看	III. 191
		复来	II. 339b
妇人像	I. 36b	复命	III. 34, 66, 191
妇人鞋	I. 64a	复任	III. 54, 191
妇人形	I. 36b	复少状	III. 188
妇人鱼	I. 144a	复审	III. 124
附耳说	III. 157	复生	II. 339b / III. 34, 186, 187, 191
附和	III. 54		
附会	III. 54	复视	III. 214
附托	III. 95	复书	III. 65, 191

复苏	I. 140a	覆荫	III. 13
复先景图	III. 93		
复新	III. 117, 189	**G**	
复音	III. 191		
复原	III. 187	gāi	
复职	III. 191	该	I. 76a / III. 58, 93, 121, 139
复长	III. 191		
复转	III. 186, 190	该当	II. 324a, 363a / III. 52, 58, 77, 93, 139, 154
副将	III. 42		
副考	III. 96	该得	I. 83b, 119a
赋	I. 134b / II. 340a / III. 116	该得的	III. 68
		该论	II. 324a
赋畀	III. 116	该求	III. 169
傅	II. 340a / III. 224	该然	III. 58, 75, 124, 154
傅圣油	III. 224	该死	III. 124, 139
傅油	III. 224	该用	I. 122a
富	II. 340a / III. 192	该着	I. 123b
富贵	I. 32b, 33a, 140a / III. 192	赅话	II. 343b
		gǎi	
富厚	III. 192	改	I. 87b / II. 324a / III. 86
富家	III. 192		
富翁	III. 192	改案	III. 146, 189
富足	I. 32b / II. 336b / III. 1, 192	改变	I. 77a / II. 324a, 358a / III. 146, 217
腹	III. 30, 222	改变了	III. 58
腹脐	III. 158	改变其说	III. 71, 191
缚	I. 41a, 134a	改恶	III. 86
缚的索	III. 25	改恶迁善	III. 58, 83
缚人	III. 154	改过	I. 62a, 77a / III. 83, 86
缚身带	III. 46	改过了	I. 87b
覆	I. 147b	改过冤	II. 324a
覆船	III. 202	改行	II. 324a
覆盖	III. 207	改换	III. 83, 217
覆瓦房子	III. 208		

改抹	III. 35	盖头纱	III. 219
改期	III. 160	盖瓦	I. 148a
改日	II. 340b / III. 77, 160	盖瓦房子	III. 208
改色	I. 78b	盖瓦了	I. 148a
改时	III. 160	盖着	III. 62
改说	III. 71	盖子	III. 50, 62
改堂	II. 324a / III. 17	盖子掀起	III. 74
改调	III. 146	概	III. 21, 185
改限期	III. 77	概斗	III. 185
改新	III. 189	概米	III. 185
改衙门	III. 17, 146, 187	概平	III. 185
改易其说	III. 71		
改意	III. 164		gān
改窄	III. 95	干	I. 143a / II. 325b
改正	III. 83	干熬	III. 217
改罪	I. 60b	干草	I. 101b, 126a / III. 115, 162
改作	I. 139a	干出洲	I. 96b
改作狭	III. 95	干当	III. 84
		干的	III. 88, 197
	gài	干堆	III. 162
丐子	I. 53a / II. 324a / III. 68, 103, 138, 174	干儿	III. 180
		干粉	III. 12
丐子头	III. 174	干戈	II. 335b / III. 20
盖	I. 58b, 88a, 89b, 147b / II. 324a / III. 25, 62, 207	干脚过河	III. 17
		干脚过溪	III. 17, 172
		干巾	II. 351a
盖板	I. 104a	干井	III. 175
盖房子	III. 208	干净	I. 44a, 113a, 133a / II. 325b, 335a / III. 128
盖了	I. 63a		
盖马褐	III. 88	干枯	III. 197
盖起	III. 50	干栗	III. 44
盖世之功	III. 139	干粮	II. 325b / III. 136, 221
盖头	III. 62	干了	I. 93b / III. 197
盖头巾	III. 212		

干燥	II. 360b	肝心肺	I. 105a
干嗽	III. 214	坩	II. 325b
干滩	III. 31	柑	II. 325b
干云	III. 153	柑桔	III. 148
干燥	III. 199	柑树	I. 111a / III. 148
干燥的	III. 88	柑树林	III. 148
干燥地	III. 197	柑枣	III. 148
干证	III. 210	柑子	I. 111a / III. 148
干枝	I. 97b		
甘	II. 325b / III. 80		gǎn
甘草	I. 38b, 138a	秆堆	III. 162
甘缠	III. 54	赶	I. 93b / III. 8, 122, 161, 179
甘苦	III. 80		
甘贫	III. 174	赶不到	II. 325b
甘遂受苦	III. 108	赶不着	III. 151
甘甜	I. 84a	赶苍蝇	III. 145
甘为	I. 82b	赶仓鹰*（苍蝇）	I. 32a
甘味	I. 84a / III. 108	赶出去	I. 53a, 74b, 81a
甘心	III. 66, 67	赶倒*（到）	I. 38b
甘心的	III. 225	赶脚	II. 351b
甘心情愿	III. 184	赶脚的	III. 125
甘心死	II. 325b	赶上	II. 325b
甘心做	II. 325b	赶他	III. 198
甘愿	III. 184	赶他没处走	III. 4
甘蔗	I. 56b / II. 325b / III. 41	赶他去	III. 8, 80
		赶逐	III. 161
甘旨	I. 107a	赶着	II. 325b / III. 10
甘做	I. 82b	敢	I. 134a / II. 325b / III. 26, 27, 160
肝	I. 102b, 154a / III. 112		
肝脑涂地	III. 144	敢保	III. 154
肝疼	I. 84a	敢当	III. 26, 154, 160
肝涎	III. 100	敢当的人	III. 160
肝心肚肺肠	I. 92b	敢怕	II. 325b

敢请	III. 169	刚刚够	III. 131
敢然	III. 14	刚刚好	III. 38, 150
敢问	I. 90b	刚够用	III. 90
敢言	III. 128	刚健	III. 93, 193
敢做	III. 26	刚烈	III. 101
感动	III. 11, 117, 118, 138, 142, 145	刚强	III. 101
		刚然	III. 56
感动行进	III. 145	刚毅	III. 101
感恩	II. 325b / III. 64, 106, 154	刚勇	III. 91
		纲鉴	III. 13, 59, 62, 112
感发	III. 145	纲领	II. 325a
感发人心	III. 117	钢	I. 34b, 35a / III. 5
感风	III. 184, 190	钢肠	III. 58
感格	III. 145, 199	缸	II. 325a / III. 177, 211
感寒	III. 190	缸蚕	II. 325a
感激	II. 325b / III. 199	罡	II. 325a
感悸	III. 63, 187		
感慕	III. 64, 106	**găng**	
感谢	III. 7, 64, 106	港	I. 98b
感吁	II. 325b	港口	I. 91b
擀面	II. 325b		
擀毡	II. 325b	**gàng**	
		杠	III. 162
gàn		杠门	II. 325a / III. 26
干大事	I. 138b		
干功	III. 139	**gāo**	
干事	I. 34a, 122b, 151a / II. 326a / III. 150, 216	高	I. 40b / II. 326a / III. 12
		高笔	II. 326b / III. 174
		高步	III. 167
干事的	I. 122b	高才	III. 83
		高才的	III. 83
gāng		高长的	I. 124a
刚到	III. 90	高崇	III. 152
刚得够	III. 90	高大的事	III. 202
刚刚	III. 17, 90	高德的	III. 83

高地位	III. 93	睾凉	III. 114
高贵	III. 177	膏	I. 93b / III. 55, 105
高价	I. 42a / III. 177	膏药	I. 88b, 109b / II. 326b / III. 224
高见	II. 326b / III. 124		
高荐	II. 326b	膏药贴	III. 83
高叫	III. 36	膏脂	III. 47
高亮之士	III. 124	篙公	III. 135
高路	I. 110b		
高妙	III. 27, 202		**gǎo**
高明远大之见	III. 181	稿	III. 35, 58, 140, 215
高明远见的士	III. 124	稿白	III. 215
高明远见之士	III. 195		**gào**
高坡	III. 125	告	I. 93a / III. 5
高羌	II. 333b	告报	III. 28
高墙	III. 87	告别	I. 81a / III. 73
高然	III. 27	告禀	I. 111b / III. 28, 64, 168
高山	III. 144, 200		
高山顶	III. 47	告辞	II. 337a / III. 28, 73
高声	III. 9	告官	III. 190
高声讲	I. 99b	告假	II. 326b / III. 128
高声说	III. 108, 178	告结	II. 350a
高手的	III. 83	告解	III. 54, 195
高寿	III. 222	告解的赦罪	III. 2
高滩	III. 31	告老	III. 189
高谈	I. 99b	告示	I. 81a, 122b, 133b, 161a / II. 326b / III. 28, 43, 81, 134, 178
高徒	III. 77		
高悟的人	III. 83		
高贤	III. 195	告说	III. 64
高现	III. 16	告讼	II. 326b / III. 64, 174
高选	III. 127	告诉	I. 136a / III. 67, 109, 184
高赞谈	III. 84		
高照	I. 103b	告问	III. 178
高祖	I. 152a	告我诬	II. 326b
羔	I. 62a	告谕	III. 12

告状	I. 34b, 75b, 130b / III. 174, 176	割肉	I. 78a, 94b
		割笋	III. 48
告准	I. 111b	割头	III. 67
告罪	III. 54	割头的	III. 70
诰令	II. 353b	割心肝	III. 72
诰命	III. 167	割阳物	I. 57a
诰诏	III. 167	歌	I. 121a, 134b
		歌唱	II. 328b / III. 41
gē		歌儿	II. 335b
		歌伎	III. 41
戈	III. 125	歌鸟	III. 213
哥	III. 111	歌曲	III. 41
哥郎	III. 111	歌诗	II. 335b / III. 41
哥嫂	III. 63	歌者	III. 41
哥子	I. 110a	歌子	III. 213
胳膊	III. 36	鸽寮	I. 131b
胳*（肋）条	I. 92b	鸽眼	III. 20
割	I. 62b, 140a, 151b / II. 348a / III. 60, 197	鸽子	I. 131b / III. 163
		鸽子房	III. 163
割草	III. 60	搁板	III. 41
割刀	III. 113		
割稻	III. 197	gé	
割稻的人	III. 197		
割稻的时	III. 197	革	II. 348a / III. 15
割耳	I. 80b	革车	III. 43
割喉	I. 74b	革除	III. 156
割颈	III. 60, 67	革了其职	III. 106
割开	I. 127a	革履	III. 46
割麦	III. 197	革其官职	III. 106
割麦的	I. 143b	革其任	III. 68
割蜜	III. 45	革任	III. 156
割蜜糖	I. 95a	革躁	II. 326b
割蜜窝	III. 45	革职	III. 156
割落心肝	III. 72	革其职	III. 68
割皮	III. 48	阁道	III. 59

阁老	III. 24, 55		**gè**
阁楼	III. 103	个	III. 153
格式	I. 135b / II. 366a / III. 142, 168	个半	III. 206
		个个	III. 224
格物	II. 348a	个人	I. 130a
格物穷理之学	III. 99	各	III. 39
格眼	III. 168	各别	III. 78
格资	II. 348a	各处	III. 39, 66
格住	II. 348a	各各	III. 224
格子	III. 46, 168, 188	各另	I. 36b, 78b
葛布	III. 128, 163	各免	I. 76b
葛镠	III. 207	各人	III. 183
隔	I. 113a / II. 348a / III. 25, 119	各人一意	III. 77
		各省	I. 76b
隔壁	III. 94, 164, 189	各物一定之向	III. 118
隔壁的	III. 144, 221	各样	I. 85a / III. 160
隔断	III. 16, 60, 189	各异	I. 79b / III. 78
隔缝	III. 111	各自	II. 348a
隔间	III. 189	虼蚤	II. 348a
隔界	I. 117b, 148b / II. 348a / III. 128, 209		**gěi**
		给凭据	I. 142b
隔居	III. 189		**gēn**
隔绝	III. 16, 25		
隔篮菜	I. 63a, 154a	根	I. 137a, 153a / II. 348b / III. 185
隔两日	III. 39		
隔两日的寒热	III. 183	根本	II. 348b / III. 185
隔母兄弟	III. 111	根底	III. 185
隔日	II. 348a / III. 224	根柢	III. 185
隔乳	III. 74	根基	II. 348b / III. 102
隔眼窗	I. 108a	根基浅	III. 31
隔一日寒热	III. 209	根脚	III. 104
隔远	III. 78	根深	III. 21
隔着	III. 94	根湿	III. 114

根湿气	III. 114
根心	III. 66
根行得深	III. 21
根原	II. 347a / III. 185
根源	II. 347a / III. 185
跟	II. 348b / III. 122, 197
跟帮行的	III. 52
跟迹	I. 137b / III. 185
跟随	I. 34a, 143b / III. 4, 122, 197
跟随的	I. 120a
跟随的人	III. 4
跟随者	III. 4

gēng

更	III. 183
更补缺失	III. 98
更改	III. 77, 83
更鼓	III. 183
更换	III. 77, 83, 216
更锣	III. 29
更新	III. 117, 189
更衣	III. 216
更易	III. 216
庚	II. 348a
耕	III. 63
耕地	III. 125
耕牛	III. 37
耕田	II. 348a / III. 19, 110
耕田的	I. 143b / III. 19
耕作	III. 125
羹	I. 120a / III. 36, 40

gěng

梗	II. 348a, 348b

鲠直之人	I. 144b

gèng

更	I. 125b / II. 348b / III. 135, 183
更不好	III. 83, 170
更迟	III. 136
更大	III. 136
更好	II. 348b / III. 137, 146
更好些	III. 94
更亲	III. 135
更少	III. 138
更小的	III. 138
更造	III. 187
更重	III. 21

gōng

工部	III. 55
工夫	I. 46a, 123b, 150b / II. 337b, 339b / III. 125, 200
工价	I. 145b / III. 123
工匠	III. 154, 156
工钱	I. 101b, 142b, 145b / III. 123, 162, 196, 204
工巧	III. 154
工人	I. 123b
工师	I. 57b / III. 156
工诗	III. 175
工食	III. 196
工室	III. 97
工行	III. 214
工赀	I. 142b
弓	I. 44b
弓箭	I. 104b / II. 337b

弓马精熟	III. 74	公义	III. 107, 124, 187
弓弦	I. 62a / III. 62	公议	III. 53
公	II. 337b / III. 6, 104, 132	公驿	III. 220
		公用的	III. 53, 104
公道	I. 60a, 101a / II. 363b / III. 107, 124, 187	公用的话	III. 104
		公之通	III. 53
公道的	III. 124	公直的	III. 124
公干	III. 149, 216	公直之人	I. 144b
公公	III. 204	公众	I. 156a / III. 53
公共	III. 165	公众的物	III. 53
公馆	III. 220	公众说	I. 78a
公教会	III. 120	公主	I. 109b
公觉司	III. 198	公子	III. 112
公理	III. 124, 185	公座	III. 216, 217
公驴	III. 23	仜＊（公）的	I. 115a
公论	III. 53, 76	玜＊（公）	I. 101b
公马	III. 45	功	III. 139
公平	I. 109a / III. 124	功臣之后	III. 112
公平的	III. 124	功德	III. 139, 223
公审判	III. 99	功夫	II. 337b, 339b / III. 154
公审判的日	III. 76	功绩	III. 139, 154
公事	III. 149	功课	III. 96
公署	III. 216	功劳	II. 337b / III. 139, 180, 200
公粟	II. 338a		
公所	III. 44	功烈	III. 154
公所以然	III. 45	功荣	III. 105
公堂	III. 56	功色	II. 337b
公厅	III. 173	功通	III. 165
公庭	III. 44, 56	功行	III. 109, 154
公通	III. 53, 224	功业	III. 154
公为	III. 99	功业大进	III. 180
公文	II. 337b	攻	III. 121
公物	III. 53	攻城	III. 4, 31
公言	III. 76	攻打	III. 51

攻书	III. 95	共吃	III. 51
攻占	III. 55	共船的	III. 75
攻战	III. 31, 51, 109, 121	共讲	III. 58
供	II. 338a	共盟的	III. 54
供给	II. 337b / III. 103, 205	共时	III. 176
供应	III. 103	共算有一百	III. 176
宫	III. 225	共同	III. 28
宫殿	III. 162	共我	I. 59a
宫娥	III. 147	共行	III. 14
宫女	I. 72a / III. 61, 147	共许	III. 53
宫嫔	III. 64	共学的	III. 54
宫室	III. 44, 108	共总	III. 53
宫廷	III. 162	共走	III. 59
宫中长	III. 96	共族的	III. 128
恭	II. 338a	贡	III. 165
恭夫人	II. 367a	贡礼	III. 216
恭恭如也	I. 107b	贡献	III. 64
恭贺	III. 164	贡献方物	III. 216
恭敬	II. 337b / III. 4, 191	贡院	III. 96, 224
恭谂	I. 142b	供饭	III. 205
恭肃	III. 142	供告	III. 54
恭喜	I. 52a, 142b / II. 337b / III. 10, 64, 164, 188, 196	供花的凳子	III. 191
		供膳	I. 84b
		供赡	III. 135, 205
躬亲	III. 176	供事	III. 200
		供香	III. 118, 158
	gǒng	供养	III. 156, 205
拱	II. 338a	供役	I. 144a
拱门	I. 44b		
拱手	I. 143a		gōu
		勾扯人	III. 26
	gòng	勾除了	III. 15, 35
共	II. 338a / III. 53, 124	勾当	III. 149, 155
共尔	I. 61a	勾倒	III. 65

勾灯	III. 125	狗母	I. 55b / III. 171
勾迹	III. 35	狗奶	I. 130a
勾监	II. 350b	狗癣	III. 83
勾脚	III. 65	狗子	I. 55b, 107a
勾来	III. 26	笱	I. 110b
勾了	III. 35		

gòu

勾*（够）了	I. 32b	够	II. 348b
勾了数	III. 35	够吃穿	III. 1, 205, 209
勾引	III. 26, 118, 209	够了	III. 23, 30, 37, 109, 115, 131
沟	II. 348b / III. 41		
沟渠	III. 41	够用	III. 1, 131, 209
沟洫	I. 138a		

gū

钩	I. 105b / III. 59, 103	估	I. 35b
钩鼻	III. 148	估价	I. 47b / III. 207
钩刀	I. 131a	估价买	III. 52
钩鱼	I. 130a / III. 171	沽酒	III. 219
钩鱼的	III. 172	孤	I. 156a / II. 336b / III. 108

gǒu

苟粗	III. 26	孤儿	I. 124b / III. 108, 112, 114, 159
苟简	III. 26		
苟节	II. 348b	孤单	III. 108, 114
苟且	II. 334a / III. 118	孤独	III. 202
苟欲	III. 17, 88	孤夫	I. 93a
狗	I. 56b, 129b / II. 348b / III. 171	孤苦无依赖	III. 69
		孤老	III. 223
狗雏	I. 55b	孤贫	III. 159, 174
狗发癫	III. 184	孤身	I. 145b
狗发疯癫	III. 184	孤属无衣	III. 69
狗吠	III. 125	孤孀	II. 366b
狗吠声	III. 125	孤子	I. 124b / III. 112, 114
狗牯	III. 171	姑	I. 63a, 149a
狗脸	I. 57a	姑娘	III. 210
狗门	III. 107		

姑婆	III. 210	谷雨	III. 201
姑且	I. 92b	诂诱	I. 47b, 90a
姑姨	III. 210	股	I. 51a
菇	III. 113	骨	I. 125a / II. 335b / III. 108
辜恩	III. 69		
辜负	I. 93a / II. 340a / III. 102	骨节	I. 108b / III. 61, 105
		骨膁	III. 92
辜负其望	III. 102	骨络筋骨之力	III. 150
辜负人意	III. 102	骨牌	II. 336a
箍	I. 44b / III. 19	骨肉相着之处	III. 124
箍铁	II. 336b	骨肉之交际	III. 124
箍桶	II. 336b / III. 176	骨髓	I. 150b / II. 362b / III. 138, 217
箍头	III. 214		
鸪鹈	I. 63a	骨头	III. 108
		牯	III. 132
gǔ		贾酒人	III. 207
古	I. 43a, 153b	鹄	II. 335b
古病	III. 85	鼓	I. 47a / III. 24, 25, 163, 206
古怪	I. 120b / III. 6, 95, 97, 185		
		鼓船	III. 34, 122
古怪的事	III. 170	鼓槌	III. 163
古记	I. 118a / III. 178	鼓撑	III. 118
古教嘱之圣经	III. 210	鼓动	III. 138
古时	II. 336b / III. 15, 210	鼓风	III. 34
古时节	I. 76b	鼓楼	III. 202
古时人	III. 15	鼓门	III. 31
古事	III. 62, 96, 97	鼓钱	III. 102
古文	III. 52, 191	鼓舞他	III. 14
古文字考	III. 225	鼓掌	III. 65, 163
古物	III. 15, 222	鼓钟	III. 207
古言	III. 187	臌胀	II. 328a / III. 112, 115, 227
古语	II. 336b / III. 181		
古折简	III. 222	臌胀的	III. 158
谷	I. 117a / II. 335b		

瞽	II. 337a	顾眷之恩	III. 32
瞽目	III. 48	顾恋	III. 141
瞽妄	III. 48	顾恋之德	III. 32
瞽者	I. 144a / III. 48	顾命	III. 141, 210
瞽子	III. 48	顾眄	I. 154a
		顾事	III. 63
	gù	雇	I. 46b / II. 336b / III. 11
固	II. 336b		
固坚	III. 155	雇船	I. 105a / III. 11, 100
固久	III. 115	雇工	II. 336b
固留	III. 75	痼疾	III. 116
固然	III. 56, 57		
固*（过）筛	I. 35a		guā
固守	III. 56, 155	瓜	II. 359b / III. 39
固物	III. 180	瓜瓤	III. 138
固心	III. 155	瓜仁	II. 340b, 359b
固*（故）意	I. 35a	瓜园	I. 129a, 131a / III. 137
固于恶	III. 88	瓜子	III. 170
固执	III. 38, 57, 155, 171, 180	刮	II. 359b
		刮皮	III. 71
固执的	III. 171, 177		
故	I. 99b, 120b		guǎ
故此	III. 176	寡	I. 145b / III. 174
故人	I. 41b	寡德	II. 359b
故事	I. 98b	寡妇	I. 93a, 155a / II. 366b / III. 33, 147, 223
故为不知	III. 78		
故意	I. 76b / II. 336b / III. 6, 23, 68	寡情	III. 69
		寡水	II. 366b
故意犯罪	III. 168	寡索	III. 223
故意留怀	III. 55	寡言	III. 108, 142
顾	I. 134b / II. 336b	寡言的	III. 113
顾后	I. 124a	寡言之人	III. 40
顾己	III. 141	寡欲	III. 113, 144
顾家人	III. 209	寡贞	III. 44
		寡嘴	II. 359b

《葡汉词典》《汉法词典》《官话词汇》中文词语索引　113

	guà	乖巧	I. 82a, 83b, 144b / II. 350a / III. 2, 24, 28, 134, 195, 206, 223
卦	III. 205		
卦*（挂）念	I. 151a		
挂	I. 129a / II. 359b	乖巧的	III. 133
挂壁	III. 164	乖眼	III. 157
挂饵	I. 65a		guǎi
挂号	III. 24, 28, 100, 176	拐带	III. 86
挂怀	III. 205	拐骗	III. 86
挂礁	III. 64	拐行	III. 61
挂颈上	III. 175	拐银	III. 184
挂炉	III. 217	拐杖	II. 359b / III. 29, 31, 35, 147
挂虑	I. 93a		
挂马鞍	III. 176		guài
挂马架	I. 38b	怪	III. 64, 143
挂念	II. 356b / III. 107, 137, 205	怪产	III. 143
		怪他	III. 63, 199
挂牛嘴笼	I. 34b	怪我	II. 359b
挂虐	II. 359b	怪物	III. 143
挂佩	III. 215	怪异	II. 359b / III. 6, 94, 143
挂起	I. 76b / III. 50		
挂牵牢骚	III. 205		guān
挂箱	II. 361a / III. 1	关	I. 64b / II. 359b / III. 6
挂心	III. 50, 176	关紧	I. 101b
挂须	III. 135, 136	关门	I. 101b
挂意	III. 176	关山	III. 144
挂印	III. 50	关属	III. 68
挂在颈上	I. 131b / III. 215	关文	III. 167
挂住	I. 87b	关系	II. 342a / III. 68, 171
裓儿	III. 197	关系的事	III. 106, 149
裓子	III. 221	关系之事	III. 106
	guāi	关羽	II. 359b
乖	I. 32b, 91a / III. 125	观	I. 76a / III. 220
乖觉	III. 28		

观内	III. 141
观视	I. 154a
观书	I. 98b
观天气象器具	III. 118
观天象	III. 56
观望的	III. 219
官	I. 108b / III. 134, 159
官仓	II. 325b
官斗	I. 118a
官法	II. 360a
官府	I. 169a / III. 134, 156
官话	I. 99b
官价	III. 207
官匠	III. 156
官历	III. 40
官吏	III. 134
官粮	III. 189
官僚	III. 134
官路	III. 40
官绿	III. 220
官马	I. 58b
官票	III. 47
官事	III. 174
官所定的价	III. 207
官厅	III. 216
官员	III. 134, 156
官长	III. 134
官职	III. 77, 156
冠	III. 35, 59
冠冕	III. 59
冠篇	III. 178
冠有旒	III. 59
棺材	II. 325a / III. 25
棺架	I. 150b
棺柩	II. 360a / III. 25
棺木	III. 25, 45
鳏	I. 145b / III. 33
鳏夫	I. 155a / III. 223
鳏居	III. 223

guǎn

管	I. 63a / III. 6, 42, 188, 203
管病坊的人	III. 85
管病者	III. 85
管不来	II. 360a
管不着	II. 360a
管秤	III. 99
管待	I. 37a, 106a
管队	III. 38
管地方	I. 108b
管国	III. 192
管货	I. 35b
管记	III. 112
管祭服房者	III. 195
管济施者	III. 128
管家	I. 120b, 153b / III. 6, 105, 133, 180
管家婆	I. 118a
管家业	III. 6
管酒的	III. 58
管库房的	I. 81a / III. 73
管门的	III. 177
管人灵魂	III. 63
管事	III. 150, 216
管司	III. 208
管索	III. 34
管下	III. 124, 199

管下的	III. 204	灌酒	III. 222
管闲事	II. 360a	灌满	I. 88a
管业	III. 177	灌水	I. 37b, 138a / III. 84, 131
管业的	III. 177		
管一省的会长	III. 181	灌水的管	III. 42
管一堂教众的神父	III. 165	灌注	III. 187
		罐儿	II. 360a
管园的	I. 125a	罐子	III. 123, 218
管园婆	I. 125a	礶子	I. 132b
管治	III. 105		

guàn

贯	III. 87
贯穿	III. 87
贯过	I. 151b
贯通	III. 202
贯头	III. 202
掼	II. 360a
掼酒	III. 80
惯	I. 62a, 62b, 155b / III. 2, 4
惯赌	I. 108b
惯练	III. 109
惯了	I. 32b, 74a / III. 60
惯熟	III. 4, 96
惯熟了	III. 84
惯俗	III. 60
惯习	III. 2, 4, 27, 96, 108, 203
惯习于恶	III. 88
惯游水的	I. 122a
盥	III. 126
灌	II. 360a
灌溉	III. 187

guāng

光	I. 34a, 41a, 113a, 138b / III. 49, 130
光暗	III. 76
光宠	III. 113
光顶	III. 40
光棍	I. 53b, 90b, 137b, 153b / II. 360a / III. 86, 216, 219, 220
光滑	III. 129
光辉	I. 139b / III. 191
光景	I. 75a, 136a / II. 351a / III. 23, 99, 220
光朗	I. 139b
光脸子	III. 70
光亮	I. 41a, 113b, 114a, 139b / III. 49, 90, 130, 191
光亮的	III. 185
光门户	III. 86
光明	I. 41a / III. 49, 79, 130, 191
光明天	III. 48
光前祖	III. 86
光强	III. 91

光荣	III. 86, 113, 175
光润	III. 129
光头	III. 40
光头的	I. 128b
光徒	III. 86
光下巴	III. 70
光耀	II. 345b / III. 187
光烨	III. 129
光映	III. 187
光照	III. 12, 49, 90
光壮人	III. 28

guǎng

广博	III. 79
广布	III. 174
广大	III. 13, 91, 106
广东	I. 161a / III. 41, 181
广阔	III. 13, 91
广览	III. 27
广施恩惠	III. 32
广推	III. 13
广推而大之	III. 13
广西	III. 181

guī

归	I. 120b, 150a / III. 26, 34
归服	II. 359b / III. 205
归功于己	III. 26
归家	III. 34
归宿	III. 99
归所	III. 99
归田	II. 359b
归田里	III. 156
归降	III. 189, 205
归想于善地	III. 26
归向	III. 99
归一	III. 187
归于原始	III. 191
归致	III. 65
归着	III. 99
归罪于他	III. 26
归罪于他人	III. 63
龟	I. 55b / III. 103
龟背	I. 39a, 61b
龟背的	I. 62a
规	I. 59b
规尺	III. 52
规法	III. 56
规矩	II. 351b / III. 52, 56, 118, 142, 188
规量	III. 52
规模	II. 355b / III. 188
规式	III. 52
规条	III. 188
规训	III. 28
规于节度	III. 142
规正	III. 187
皈教	III. 58
闺阁	III. 40
闺女	III. 79
珪璧	III. 198

guǐ

轨度	III. 106
鬼	I. 76a, 83a
鬼兵	II. 358b
鬼火	III. 102

《葡汉词典》《汉法词典》《官话词汇》中文词语索引 117

鬼脸	I. 117b / III. 136	贵乡	III. 167
鬼迷了	I. 89b	贵恙	II. 345b / III. 116
鬼面	I. 100b	贵寓	III. 44
鬼脑	III. 38	贵职	III. 156
鬼神	III. 92	贵重	II. 360a / III. 18, 86,
鬼头	III. 38		94, 110, 177, 190, 208
诡谋	I. 43b / III. 86	贵重他	III. 109
诡匙	III. 103	贵州	III. 181
		贵族	III. 112
guì		桧	I. 56b
柜	III. 9, 16, 45	桧花木	III. 46
柜箱	III. 103	桂皮	III. 41
柜子	III. 103	跪	I. 46b, 74b, 91a / III.
刽子	III. 25, 197, 220		22
贵	I. 57a, 57b, 63b, 124a /	跪拜	III. 6
	III. 18, 42, 43, 94, 108	跪告	I. 134b
贵邦	III. 192	跪下	III. 6, 112
贵病	III. 85	跪在	I. 97b
贵处	III. 167	跪坐	III. 23
贵的	III. 60	鳜鱼	III. 207
贵得紧	I. 43b		
贵府	III. 44	**gǔn**	
贵干	III. 150	衮龙袍	III. 221
贵官	III. 192	衮*（滚）下去	I. 110a
贵国	III. 192		
贵家	III. 44	滚	I. 102a / III. 111
贵价	I. 89a / III. 177	滚倒	III. 39
贵买	III. 43	滚的	III. 111
贵目	III. 157	滚了	I. 102a
贵人	III. 192	滚起	III. 111
贵事	III. 18	滚破	III. 111
贵文	III. 94	滚水	II. 360a / III. 8
贵武	III. 94	滚一滚	III. 111
贵物	III. 177		

	gùn	国王	III. 191
棍木	III. 35	国学	III. 91
棍徒	III. 216	国医	III. 137
棍杖	III. 31	国印	III. 198
棍子	III. 5, 29, 103, 163, 218	国至隆	III. 100
棍子打	III. 162	国主	III. 191
		国子监	III. 50, 91, 224
	guō		
聒得我耳聋	III. 26		guǒ
聒耳朵	III. 26	果	II. 335b
聒吾	III. 26	果成了	III. 183
锅	III. 40, 42	果蒂	III. 168
锅巴	II. 357a / III. 60	果敢	III. 119
锅铲	II. 326a	果木园	I. 108a
锅头	I. 126b, 147a	果品	III. 101
锅子	III. 40	果然	II. 335b / II. 340b / III. 3, 48, 75, 87, 176, 185, 200, 220
	guó	果实	I. 43a
国	I. 138a, 138b / III. 121, 192	果是	III. 24, 56, 220
国宝	III. 123, 198	果树	III. 19, 101
国法	III. 68, 127	果树林	III. 101
国法无亲	III. 127	果毅有为的人	III. 190
国府	III. 185	果园	III. 184
国公	III. 80	果子	I. 105a / III. 50, 101
国家	III. 44, 121	果子店	III. 54
国君	III. 83, 191	果子林	I. 131a
国老	I. 161a	果子树园	III. 108
国隆盛	III. 100	果子园	I. 136a
国律	III. 68	裹	II. 360a
国母	III. 83, 192	裹肚子	III. 98
国戚	III. 165	裹脚	I. 99b / II. 351b / III. 98
国师	III. 132		
国史	III. 59		

	guò	过期	III. 209
过	I. 96a, 115b, 127a, 127b, 142a, 147a / II. 360a, 364a / III. 6, 96, 166, 202	过其实	III. 84
		过奇	III. 95
		过去	III. 166
		过日年	II. 360a
过半	III. 165	过日子	I. 127b / III. 166, 222, 223
过本分	III. 96		
过不得日子	III. 223	过甚之言	III. 96
过不久	III. 175	过失	II. 360a / III. 63, 97, 156, 206, 221
过当	III. 68, 96		
过道	III. 59	过时	III. 166
过得	II. 360a	过时期	III. 167
过冬	III. 88, 119	过世	III. 144, 167
过度	III. 74, 96	过手	III. 166
过多年	III. 166	过暑	III. 166
过分	III. 68, 93, 96, 166	过送	I. 144a
过关	III. 166	过溪	III. 166
过海	III. 166	过夏	III. 166
过号	III. 200	过一年	III. 166
过河	III. 166	过疑	III. 204
过活	II. 344b / III. 223	过于	III. 15, 135
过几日	I. 83a	过于他	III. 27
过奖	II. 333b / III. 84	过誉	III. 84
过节	III. 74, 96, 166		
过久	III. 3	**H**	
过久了	III. 185		
过两日	III. 39	**há**	
过了	III. 167	蛤蟆	II. 342a / III. 197
过了聘仪	III. 21	蛤蟆叶	III. 130
过路的	III. 166		
过虑	II. 353b / III. 120	**hái**	
过虑人	III. 120	还	I. 38a, 132a, 143a / II. 343b / III. 26, 28
过目暂见	III. 141		
过那边	III. 166	还不曾	I. 109a

还多	III. 160	海道	I. 158a
还欢喜	I. 42b	海粉	III. 99
还未	III. 27, 212	海鲫鱼	III. 58
还要	I. 132b	海江	III. 29
还有	I. 75b / III. 6, 135, 184, 191	海礁	III. 21, 31, 169, 193
		海口	III. 83
还在	III. 222, 223	海寇	III. 60, 125, 173
孩儿	I. 64a / III. 150	海浪静	III. 204
孩儿食脬*（奶）	I. 116b	海鲢鱼	III. 194
		海路	III. 149
孩罐	III. 210, 218	海路平安	I. 122a
孩童	I. 55a, 119b / III. 116, 150	海螺	III. 42
		海马	I. 58b / III. 45
孩幼	III. 150	海鳗	III. 14
孩子	III. 150, 185	海门	III. 182
骸骨	III. 20, 62, 108, 146	海鳅	I. 50a / III. 218
		海石	I. 140b / III. 31
	hǎi	海水	II. 367a
海	I. 117a, 140a / II. 341a / III. 135	海图	III. 43, 135
		海湾	III. 30, 182
海澳	III. 30	海味	III. 135
海傍	I. 140a	海翁	III. 218
海边	I. 140a / III. 60, 160, 174, 192	海峡	III. 95, 135
		海馐	II. 341a
海边的	III. 135	海蟳	III. 41
海编	III. 225	海涯	III. 174
海滨	I. 140a / III. 160, 174, 192	海洋	III. 11, 105, 135
		海鱼	III. 171
海波安	III. 135	海屿	I. 109a
海菜	III. 154	海贼	I. 62b, 110b / III. 60, 125, 173
海岔	III. 30		
海程	III. 43	海蛰	III. 135
海岛	III. 122	海中石山	III. 31
海岛峡	III. 95	海洲	III. 122

海猪	I. 111b / III. 213	寒冷	III. 110
海嘴唇	III. 104	寒了	I. 95b
		寒露	III. 201
hài		寒毛凛	III. 21
害	I. 88a, 116a, 123b / II. 341a / III. 64, 109, 138, 171	寒气	III. 101
		寒热	III. 40, 48, 101
		寒热病	III. 183, 209
害人	I. 115b	寒儒	III. 127
害他	III. 133	寒士	III. 174
害眼	II. 341a	寒天	III. 210
骇	I. 96b		
骇愕	III. 135	**hǎn**	
骇然	I. 96b, 148b	罕	I. 137a
		罕得	III. 75, 175
hān		罕得见	III. 151
蚶子	III. 11	罕得见的	III. 185
酣	II. 341a	罕得致人做罪	III. 155
酣饮	I. 87b	喊	I. 38b, 53b, 63b, 107b / III. 65, 106
hán		喊叫	III. 36, 96
含糊两可	III. 20	喊灵	II. 341a
含糊说	III. 108	喊声	III. 49
含口算	III. 56		
含忍	III. 161, 205, 209	**hàn**	
含三意	III. 199	汉	I. 153a
含铁	I. 104b	汉子	I. 124a / III. 135
含味	III. 135	汗	I. 146a / II. 341a / III. 204
含怨于心	III. 156		
涵容	III. 42, 53, 57	汗布儿	III. 128
寒	I. 60b, 139a / II. 341a / III. 101, 110	汗疥	I. 54a
		汗巾	I. 111b / II. 341b / III. 128, 163, 204
寒薄的	III. 174		
寒固	III. 42	汗衫	II. 341b / III. 41
寒家	III. 44, 108, 141	汗屈	III. 88
寒贱	III. 31		

旱兵	I. 106b, 109b	獂猪	I. 125b
旱路	III. 40	蠔	I. 125a
旱年	I. 42b / III. 15	蠔镜	I. 169a
旱战	I. 106b	嚇气	I. 50a
浀	I. 146b		
捍	II. 341a	**hǎo**	
捍御	III. 189	好	I. 51b, 52b, 99a, 129b, 142a, 146a / II. 326b, 341b / III. 32, 35, 37
悍狠	III. 36		
悍急	III. 36		
焊	II. 341a / III. 203	好爱的	III. 12
颔下	III. 30	好吃饭	III. 210
颔下的肉	III. 163	好歹	III. 37, 133
颔肉	III. 163	好的	III. 4
翰林院	III. 50, 224	好得紧	I. 99a
		好地方	III. 201
háng		好地土	III. 201
行	I. 138a / III. 112, 188, 189	好多	III. 146
		好光景	I. 104b / III. 130, 187, 223
行行	III. 159		
行家	III. 59	好过	I. 134b, 146b / III. 137
行列	III. 112	好汉的	III. 36
行市	III. 139	好汉子	I. 47a
吭	III. 103	好话	III. 37, 204
吭吭	III. 47	好几年	III. 224
吭子	III. 47	好际运	I. 83b
航海	III. 149	好讲	I. 87a
		好教	I. 92a
háo		好金	I. 125a
号呼	III. 96	好惊的	III. 208, 209
号哭	III. 132	好精细的	III. 63
毫	I. 130b / II. 341b / III. 33	好景致	III. 130
		好久	II. 341b / III. 77, 115, 125, 129, 146, 210
毫毛	I. 129a		
豪光	II. 341b		
豪将	I. 95b	好开心的所	III. 187

《葡汉词典》《汉法词典》《官话词汇》中文词语索引　　123

好看	III. 164	好笑的	III. 37
好看的	III. 7, 31, 33, 182, 223	好些	I. 119b / III. 137
好看相	III. 164	好心	III. 225
好礼体	III. 164	好心肠	III. 54
好了	III. 37	好心的	III. 66
好美	III. 32	好心好意的	III. 54
好美貌	I. 113a	好性情	III. 54
好名声	I. 107b	好雅	III. 111
好命	I. 51b, 52b, 83b, 134b, 154a / III. 37, 101, 109, 220	好意	III. 118
		好意思	I. 75a / III. 118
		好用	I. 118a
好命的	III. 220	好又好	III. 68
好年成	III. 15	好造化	I. 51b, 52b
好气象	III. 32	好造化的	I. 154a
好情性	I. 73a	好兆	II. 328b
好情意	I. 73a	好兆头	III. 37
好去	III. 210	好指点	III. 138
好人	I. 95b		
好日子	III. 37		hào
好射	I. 106a	号	I. 110a, 111a / II. 341b / III. 20, 100, 149, 189, 193, 199, 200, 202
好神采	III. 104		
好声	I. 92b		
好声音	III. 225	号歌	III. 34
好时候	I. 124b	号头	I. 82b, 117b, 144b / III. 34, 36, 217
好时节	I. 33a, 47a, 52b, 124b		
好事	I. 51b, 102b	号头声	III. 225
好手段	III. 74	号衣	I. 117a
好耍的	III. 79	号印	II. 346b
好似	II. 341b	号字	III. 100
好似不如	III. 137	好	III. 74, 113, 184
好他	III. 27	好察的人	III. 63
好体态	III. 32	好吃的	III. 108
好听	III. 203	好动	III. 37
好相貌	III. 32	好赌博	III. 124

好浮色	II. 341b	禾秆	III. 162
好荒淫	III. 130	禾苗	III. 22
好酒	III. 32, 64	合	I. 155b / III. 9, 17, 53, 54, 124
好美味	III. 105		
好弄	III. 37	合本	III. 124
好盘	III. 37	合本分利	III. 57
好嫖的	III. 130	合床	I. 64b
好清洁的	III. 63	合当	III. 154, 185
好色	I. 57a / III. 64	合得	III. 182
好色的	III. 72, 130, 214	合得方榫	III. 182
好杀	III. 136	合房	III. 136
好善	I. 41a	合缝	III. 84
好施舍	III. 127	合好	III. 168
好食	III. 51	合婚	III. 136
好睡的	III. 79	合火罐	III. 220
好谈的	III. 162	合机	III. 159
好挑弄的	III. 216	合节	III. 180
好忘	III. 73, 158	合口	III. 47, 207
好闲	III. 155	合理	III. 58, 180
好严刑	III. 124	合理的	III. 185
好摇动人	III. 117	合了	III. 47
好异闻的	III. 152	合拢	II. 354b / III. 124, 212, 224
好饮	I. 41b		
浩皓	I. 113b	合人意	III. 106
耗力	III. 56	合时	III. 155, 159
		合适	III. 33
hē		合他的性	III. 27
呵	II. 343a / III. 29	合他的意	III. 27
呵风	III. 201	合同一出本、一出力	III. 57
呵气	I. 146a / III. 29, 35		
呵手	III. 203	合我的意	III. 51
		合我意	III. 24
hé		合香	III. 158
禾	I. 46a, 126a	合香饼	III. 167
禾场	I. 87a		

合心	III. 224	何用	III. 149
合性	III. 5	何由	III. 176
合衣	III. 46	和唱	III. 41
合宜	III. 209	和好	III. 53, 168
合意	III. 57, 224	和合	III. 168, 224
合战	III. 31, 90, 107	和解	III. 16
合掌	III. 124, 134	和睦	I. 60b / III. 53, 109, 161, 168, 187
合志同方	III. 182		
何	III. 183	和睦人	III. 161
何必	III. 149	和平	III. 120, 168, 227
何处	I. 39b / III. 79	和气	I. 61b
何处睡	I. 97a	和气待人	III. 216
何大	III. 183	和容相待	III. 216
何妨	III. 183	和色	III. 16
何敢	III. 51	和尚	III. 35
何故	III. 19, 145, 180	和事人	III. 137
何况	II. 343b / III. 183	和顺	I. 60b / III. 224
何路	III. 176	和顺的	III. 32
何论这个何论那个	III. 207	和头	I. 43b, 126a / III. 137
		和息	III. 17
何期	I. 78b	和弦	III. 208
何人	III. 184	和协	III. 53
何如	III. 51, 68, 134	和循	III. 54
何如抵挡	III. 190	和颜悦色待人	III. 216
何伤	III. 183	和衣睡	III. 79
何时	I. 135b / III. 183	和音	III. 4
何事	III. 183	河	I. 38b, 140a / II. 343a / III. 192
何事不可为	III. 183		
何为	III. 19, 145, 176, 180	河堤	II. 364a
何物	I. 135b	河沟	III. 46
何消	III. 149	河口	III. 34
何样	III. 134	河路	I. 115a
何以忍	I. 92a	河南	III. 181
何因	III. 176	河上	I. 140a

河水	I. 37b	黑了	I. 93a / III. 15, 91, 160
河豚	II. 343a	黑人	III. 150
河下	I. 140a	黑色	III. 150, 179
河中流	III. 132	黑水	III. 114
河猪	I. 132a / III. 181	黑痰	III. 114
荷包	I. 39b, 108a / III. 34	黑糖	III. 5
核	I. 57b, 62a / III. 197	黑心的	III. 69
核桃	II. 341b / III. 153	黑夜	III. 152
核桃树	III. 152	黑夜了	III. 15
核子	III. 63, 108, 170	黑液	III. 114
盒子	I. 52b / III. 45, 90	黑影	III. 150
		黑云	III. 153

hè

贺	III. 99	黑云狂风	II. 214
贺礼	II. 342b / III. 164, 178	黑蚤	III. 182
贺人	III. 164	黑珠	III. 157

hén

贺寿	III. 164	痕	I. 154a
贺喜	I. 52a, 142b / II. 342b / III. 99	痕疤	III. 199
		痕迹	III. 199
贺仪	III. 164	痕伤	I. 45a, 116a
喝	I. 38b	痕子	II. 341b
喝道	II. 343a / III. 4, 49, 106		

hěn

喝一声	III. 65	狠毒的	III. 69
褐子	III. 93	狠戾	III. 23
鹤顶带	III. 103	狠怒的	III. 50
鹤鸰	I. 129a	狠声	III. 36

hēi

黑	I. 46a, 95b, 122b, 134a, 151b / III. 129	狠心	III. 57, 58
		狠心的	III. 133
黑暗	III. 211	狠性	III. 57
黑的	III. 179	狠应	III. 191
黑地	III. 155, 197		

hèn

黑点	I. 53a	
黑鬼	III. 150	恨	I. 93a / III. 2, 156, 184

恨不得	III. 161	烘热	III. 197
恨恚	III. 184	薨	I. 120b
恨恶	II. 341b		
恨怨	III. 2, 58		hóng
		弘量	I. 77b
	héng	红	I. 154a / II. 344b / III. 32, 193
恒德	III. 171		
恒久	III. 95	红标	III. 211
恒行	III. 171	红菜	III. 33
恒永	III. 200	红丹	III. 11
恒远	III. 95	红豆	I. 94a, 101b
横	I. 47b / II. 341b / III. 75	红蜂	III. 2
		红海	III. 135
横打	III. 65	红花	III. 3
横倒城	III. 69	红花童女	III. 79
横的	III. 26	红花女	I. 72a
横抵	III. 26	红椒	III. 173
横风	I. 153b	红酒	III. 222
横梁	III. 33, 211, 216, 222	红蜡	I. 64b
横路	III. 26	红痢	III. 40
横买包卖	III. 26	红毛	III. 194
横木	III. 26	红木	III. 36
横塞	III. 26	红签	III. 211
横突	III. 21	红曲	III. 137
横桅杆	I. 154a	红色	III. 50
横行	I. 47b / II. 341b / III. 14	红薯	III. 31
		红痰	III. 114
横阵	III. 21	红炭	III. 23, 36, 42
横着睡	III. 79	红糖	III. 47
	hōng	红铜	III. 5, 36
		红液	III. 114
烘	II. 344b	红玉	III. 194
烘焙	III. 214	红朱	III. 32
烘干	I. 93b / III. 88	红烛冷	I. 43a

宏	III. 106
宏恩	III. 106
宏诏	III. 167
虹	II. 344b
虹霓	I. 44b / III. 19
洪恩	III. 32
洪水	III. 77

hǒng

哄	II. 344b

hōu

齁	III. 59

hóu

侯伯	III. 54
侯娘	III. 54
喉	I. 74b
喉病	III. 23
喉咙	I. 106b / II. 354a / III. 47, 103, 172, 215
喉腳*（咙）	I. 126b
喉咙骨	III. 153
喉咙管	III. 103, 215
喉咙哑	I. 91b
喉咽	III. 215
猴	I. 54a / III. 227
猴精	III. 143
猴母	III. 143
猴子	II. 341b / III. 132, 143

hǒu

吼	I. 140a
吼一声	II. 341b

hòu

后	II. 341b / III. 74
后边	III. 75
后代	I. 145a, 154b / III. 70, 204
后嫡	III. 70
后妃	III. 192
后夫	III. 135
后夫子	III. 112
后父	III. 161
后继者	III. 204
后家	III. 165
后见	III. 220
后觉者	III. 142
后来	I. 44a, 47b, 81b, 148a / III. 74
后来者	III. 204
后门	I. 132b / III. 181
后面	I. 44a, 55a / II. 341b / III. 75
后面去	I. 110a
后母	II. 355b / III. 132
后妻	III. 147
后人	I. 145a / III. 70
后任	III. 204
后日	I. 81b, 83a / III. 76, 166
后儒	III. 127, 142
后身	III. 216
后生	III. 133, 142
后生家	I. 116b
后时	I. 148a
后世	III. 161, 222

后手	III. 202	厚嘴唇	III. 31, 125
后手情	III. 50	候脉	III. 182
后嗣者	III. 204	候我	I. 91b
后堂	III. 46, 196	候隙乘便	III. 155
后厅	III. 183, 186, 196		
后庭	III. 44		hū
后头	I. 47b, 82b, 132a / III. 9, 75	呼	I. 107b
		呼号	III. 9, 34, 36, 49, 65, 96, 106, 107, 130
后腿上	I. 42a		
后臀	III. 13	呼号哭	III. 132
后贤	III. 142	呼名	III. 152
后学	III. 127	呼犬	I. 35a
后爷	I. 126a	呼吸	III. 114, 191
后一日	I. 155b / III. 224	呼吸气	III. 109
后裔	I. 145a	忽	II. 343b
后营	III. 191	忽地	III. 69
后在	II. 341b	忽略	III. 109
后枕	III. 50	忽然	I. 80b, 145a, 146b / II. 343a / III. 6, 44, 67, 69
后子	III. 112		
后走	III. 59		
厚	I. 107b / II. 341b / III. 98	忽然不见	III. 69
		忽然到	I. 145a
厚大	III. 107	忽然的事	III. 204
厚待	III. 216	忽然惊变	III. 202
厚的	III. 92, 107, 217	忽然死	III. 144, 146
厚地	III. 211		hú
厚酒	III. 222	狐狸	I. 137a / II. 344a, 353a / III. 49, 185, 228
厚款	III. 216		
厚皮的	III. 118	胡话	III. 167
厚情	II. 341b / III. 12	胡椒	II. 333b / III. 173
厚意	III. 7, 12	胡辣汤	III. 40
厚谊	III. 7, 12	胡房	I. 147b
厚于酒	III. 32	胡乱	I. 77b
厚重	III. 23	胡人	I. 147b / III. 207

胡说	I. 126b, 127a, 134b / II. 344a / III. 36, 70, 74, 77, 138, 167
胡丝	I. 143a
胡梯	III. 89
胡为	I. 37b
胡须的	III. 30
胡言	I. 100a
胡蝇	III. 145
胡子	III. 30
壶	III. 128
壶嘴	III. 34
斛	III. 98
湖	I. 38b, 110b, 140a / II. 344a
湖广	III. 181
湖丝	III. 197
葫芦	I. 55a, 90b / II. 344a / III. 39
葫子	III. 39
糊	I. 107b / II. 344a
糊浆	I. 107b
糊起	I. 43b
糊菽*（胡椒）	I. 130b
糊说	I. 82a, 100a
糊涂话	III. 74
糊涂说	III. 74, 167
糊涂做	III. 109
蝴蝶	I. 53a / II. 344a / III. 135
縠觫	III. 159

hǔ

虎	II. 344a
虎豹	III. 158
虎狼	III. 129
琥珀	II. 344a, 357b / III. 26
琥珀引芥	III. 26

hù

户部	III. 55
户村	III. 181
户扁	I. 132b
户族	III. 128
互合	III. 51
互生嫌隙	III. 204
互市	III. 139
互相耳说	III. 108
护	II. 344b
护短	II. 344b
护封	III. 47, 198
护驾军	III. 107
护领	I. 117a / III. 50
护身	III. 47
护身牌	III. 167
护守天神	III. 14
护送	III. 122
护送兵马	III. 107
护送的兵	III. 203
护卫兵	III. 107
护卫军	III. 202
护助	III. 107
笏	III. 206

huā

花	I. 105a / II. 343a / III. 100
花边	III. 185

花布	III. 173	花子头	III. 174
花彩的	III. 129	化子	III. 68, 103, 138, 174
花带	III. 218		
花蒂	III. 168		huá
花缎	I. 72a	划桨	III. 188
花朵	III. 185	划拳	II. 351b
花放了	III. 100	划子	III. 162
花费	I. 134b / II. 339b	划子船	III. 162
花骨朵儿	III. 35	华	II. 343a
花冠	III. 59, 107	华彩	II. 343a / III. 103
花果园	I. 108a	华服	III. 221
花红	III. 133	华盖	III. 79
花椒	III. 173	华丽	II. 343a / III. 103, 160
花开	III. 2	华美	III. 160
花篮	II. 343b / III. 47	滑	I. 94b, 95a
花蕾	III. 42	滑倒	II. 363b
花利	I. 124b	滑地	III. 73
花绺	III. 35	滑跌	I. 95a
花露水	III. 7	滑跌倒	III. 73
花木	III. 19	滑溜	III. 191
花盆	III. 132	滑路	I. 95a / III. 73, 191
花瓶	III. 185	滑去	III. 73, 191
花容茂盛	III. 100	滑石	III. 115
花容月貌	III. 111		huà
花蕊	III. 35, 42	化	I. 80a / II. 343b / III. 58
花生的	III. 31, 112		
花庭	I. 105a	化道	III. 58
花纹	III. 185	化海	III. 58
花言巧语	III. 162	化积	III. 116
花叶	III. 156	化了	III. 170
花园	I. 105a / II. 347a / III. 108, 114, 123, 220	化钱	III. 169
		化生	III. 104
花子	I. 96a / III. 68, 103, 138, 174	化食	I. 79b, 83a, 96a
		化他的心	III. 3

化缘	II. 343b / III. 169	怀贰心	III. 97
化斋	III. 169	怀恨	III. 119, 156
画	I. 130b / II. 343b / III. 173, 185	怀里	II. 343b
		怀利	III. 181
画壁	III. 173	怀念	II. 343b / II. 356b / III. 209
画的像	III. 120		
画得相似	I. 73b	怀柔	III. 49
画稿	III. 35	怀身子	III. 53
画工	I. 109a, 130b / III. 173	怀胎	III. 53
画号	I. 46b / III. 100, 176	怀挟	III. 201
画匠	I. 109a, 130b / III. 173	怀携	III. 201
画界线	III. 188	怀心	III. 138
画眉	I. 140b / II. 355a / III. 11, 39	怀于心	III. 107, 176
		怀孕	I. 88b / III. 53
画其真容	III. 191	怀中	III. 187, 209
画名册	III. 136	淮鼓	III. 6, 163
画图	III. 66	槐柳	III. 9
画押	II. 345a	槐树	III. 9
画样	I. 73a, 151a / III. 66		
画影真	III. 173		**huài**
画真容	III. 173	坏	I. 72a, 141a / III. 170
画字	II. 343b	坏腹	III. 40
话	I. 72b, 113a, 126a / III. 162, 186, 225	坏官	III. 106
		坏了	I. 72a, 135b / III. 3, 94, 167, 170
话开	I. 78a	坏了德行	I. 90a
话来	I. 78a	坏名声	I. 80b
话明	I. 140a	坏人的名声	III. 116
话通了	III. 194	坏事	III. 81
		坏性之地	III. 93
	huái		
怀	I. 151a / II. 343b		**huān**
怀抱	III. 215	欢乐	I. 112b
怀不露	III. 78	欢然相待	III. 216
怀春	III. 44		

欢喜	I. 37b, 39a, 61a, 73a, 75a, 103a, 111b, 112b, 133b, 143a / III. 9, 10, 56, 57, 105, 108, 113, 188	**huǎn**	
		缓	I. 82b, 127b, 139b, 153a
		缓松的	III. 69
欢喜不胜	I. 107a	**huàn**	
欢喜的	III. 105, 188	幻境	II. 343b
欢欣	I. 143a	幻人	III. 150
欢娱	II. 344b	宦家子弟	I. 102b
欢愉	II. 344b	换	I. 56a, 121a, 151b, 153b / II. 344b / III. 189, 216
huán		换穿	III. 146
还	I. 126a, 139b, 150a / III. 34, 161	换回来	I. 82a
还本	III. 74	换回来了	I. 82a
还偿	III. 161	换水	III. 146
还船钱	III. 162	换新法	III. 117, 189
还房租	III. 162	换牙齿	III. 76
还利钱	III. 162	换衣	III. 216
还钱粮	I. 126a	唤	I. 107b
还田租	III. 162	唤名	III. 152
还愿	II. 347a / III. 63	唤审	III. 48
还债	II. 343b / III. 161, 191	唤他	III. 130
环	II. 343b / III. 20	患	I. 151b
环尺量	III. 52	患目	I. 138b
环动	III. 145	患难	III. 214
环立	III. 93	豢	I. 117a
环圈	III. 20		
环索	III. 39	**huāng**	
环旋	III. 48	荒地	III. 72
环宇	III. 147	荒废	II. 343b
环转	III. 48	荒旱	III. 94
环坐	III. 93	荒基	III. 194
寰宇	III. 147	荒郊	I. 53a, 94a

荒林	I. 53a	黄榜	III. 45
荒年	I. 42b, 57a, 98a / II. 343b / III. 15	黄病	III. 211
		黄道	III. 81
荒宁	III. 155	黄道线	III. 129
荒胎	III. 94	黄发	I. 55a
荒唐的话	III. 97	黄蜂	I. 32b / II. 340a / III. 2
荒芜地	III. 94	黄瓜	I. 129a / II. 343b / III. 170
荒野	III. 72		
荒淫妒色	III. 130	黄花女	III. 79
慌	II. 343b	黄昏	I. 92b, 147b / II. 343b
慌慌	III. 82	黄甲	III. 79
慌了	I. 96b	黄金	III. 160
慌忙	I. 87a / III. 2, 18, 91	黄蜡	I. 64b
慌忙的	III. 26	黄萝卜	II. 343b / III. 5, 46
		黄麻	I. 56b / III. 41
huáng		黄毛	I. 141a / III. 194
皇帝	I. 138a / III. 83, 191	黄面	III. 12
皇帝的位	III. 179	黄牛母	III. 217
皇殿	II. 343b / III. 162	黄色	III. 12, 194
皇妃	III. 54, 192	黄瘦	III. 72
皇宫	III. 162	黄鼠	III. 51
皇后	I. 137a / III. 83, 192	黄水	III. 114
皇历	III. 40	黄丝	III. 197
皇陵	III. 199	黄痰	III. 50, 100, 114
皇女	III. 112	黄铜	I. 110b, 111a / III. 126
皇派	III. 165	黄须	I. 50b, 113b
皇亲	III. 165	黄杨木	II. 343b
皇上	II. 365a / III. 83, 191	黄液	III. 50, 114
皇室	III. 165	黄莺	III. 160
皇太后	III. 132	黄鹰	I. 99b
皇长子	III. 179	黄鱼	I. 143a
皇丈	III. 204	黄肿	II. 332b
皇子	III. 112, 116	黄肿病	III. 211
黄	I. 41a / II. 343b / III. 12	遑	II. 343b

惶	III. 12	回拜	III. 162
惶骇	III. 25	回避	I. 106a / III. 186, 191
惶惑	III. 25	回步	II. 344a / III. 69
惶恐	I. 81b	回唱	III. 41
惶茫	III. 217	回程	III. 69
蝗虫	II. 343b / III. 125	回船	III. 21
簧	II. 343b	回答	III. 191
		回动	III. 145
huǎng		回复	III. 191
谎	I. 118a	回顾	III. 141
谎辞	III. 172	回后	III. 141
谎骗	I. 90b	回护	II. 344b
谎人于酒	III. 83	回话	III. 65, 191
谎他	I. 132a	回还	III. 161, 191, 197
谎我	III. 138	回回	I. 121a / III. 144
谎言	I. 75b, 99b / III. 138	回回庙	I. 119a
谎状	III. 172	回家去	III. 34
		回轿	II. 344a
huī		回来	I. 150a / III. 37, 214
灰	I. 55b	回来时	III. 9
灰壁	III. 84	回礼	II. 344a / III. 7, 34, 191
灰船	I. 56a	回目	III. 34
灰烬	II. 335b	回婆	III. 144
灰了志	III. 170	回热病	II. 340b
灰墙	III. 84	回生	I. 139b, 140a / III. 191
灰色	III. 46	回首	III. 21
灰沙	III. 20	回书	I. 139b / II. 344a / III. 191
灰土	III. 20, 140		
灰纤	III. 25	回送	III. 34
灰窑	III. 40	回他	III. 187
挥泪	III. 128	回头	III. 34, 69, 83
		回头船	III. 191
huí		回头夫	III. 191
回	I. 139b / II. 344a / III. 34	回头马	III. 191

回响	III. 203
回心	II. 344a / III. 214
回心转意	III. 58
回信	I. 139b
回醒	III. 214
回旋	III. 29, 34
回音	I. 139b
回转	III. 21
回转的	III. 69
回子	III. 144
回走	III. 13
茴香	I. 94a

huǐ

悔	I. 130a / III. 21, 171, 209
悔怒	III. 17
悔气	III. 79, 171, 199
悔弃	III. 21
悔悟	III. 21
悔心	III. 171, 199
悔罪	III. 21
毁谤	I. 74a, 90a, 133a / II. 357a / III. 77, 147
毁谤的	I. 133a
毁谤的话	III. 147
毁城	III. 74
毁詈	III. 117
毁骂	I. 140b / III. 33
毁墙	III. 194
毁人名望	III. 70
毁辱	III. 223
毁书	III. 127, 193
毁围而去	III. 70
毁谕*（誉）	I. 80a

huì

汇	II. 344a
汇票	II. 344a, 358a
会	I. 142a / II. 344a / III. 5, 50, 52, 55, 111, 175
会爱的	III. 12
会搽的	I. 33b
会唱	I. 56b
会唱的	I. 56b, 121b
会吹的	I. 147a
会打鼓的	I. 147a
会干事	III. 33, 74, 77, 106, 199, 208, 223
会干事的	III. 81, 113
会干事的人	III. 150
会告状的	III. 174
会估	I. 35b
会规	III. 56
会集	III. 124
会讲	I. 76a, 87a, 99b / III. 82
会讲笑话	I. 107a
会聚	III. 55
会魁	II. 360a
会骂人的	III. 187
会盟	III. 124
会面	III. 164
会磨难人	III. 143
会沫水的	I. 118b
会念	III. 213
会跑的	III. 59
会骑马	I. 58b

会泅	III. 148	会织布的	I. 148a
会忍的人	III. 161	会中士	III. 188
会忍耐	I. 126a	会主	III. 102
会忍耐的人	III. 205	会走	I. 62a
会射的	I. 52a	会走的	III. 59
会生	III. 98, 102	会佐买卖	I. 90a
会施	III. 127	会做	III. 5
会食	I. 59a	会做买卖	I. 109b, 117a
会试	II. 366a / III. 96	会做生理	I. 90a
会誓	III. 54	会做诗的	III. 175
会水	III. 148	会做戏	I. 139a
会说话	III. 97	讳其短	III. 85
会说话的	III. 76, 165	诲	I. 139a
会死	I. 120b / III. 144, 169	绘画	III. 173
会算计	III. 223	恚	I. 143a
会算数的	I. 61a	贿赂	II. 344a, 354a / III. 50, 186, 202
会算账的	III. 56	贿手	III. 50
会弹	I. 142a	秽名	III. 72
会弹唱	I. 103a	秽气	III. 56
会弹的	I. 147a	惠爱的	III. 12
会忘	III. 158	惠益人	III. 18
会想	I. 46b		
会笑的人	III. 192		hūn
会笑人的	III. 37	昏	I. 151b / II. 344a / III. 73, 171
会绣的	I. 53b	昏沌的	III. 83
会舞	I. 50a	昏晦	III. 70
会友	III. 50	昏昏	III. 55
会语	I. 99b	昏惑	III. 25, 55, 196
会院	III. 50	昏厥	III. 13
会占卜的	I. 35b	昏愦	III. 196
会战	I. 106b	昏聩	III. 196
会长	II. 328a / III. 171, 178, 221	昏老的	III. 70

昏乱	III. 70, 73, 88, 156, 171, 186
昏乱的	III. 86
昏昧	III. 55, 156
昏闷	III. 13
昏迷	I. 151b / III. 12, 13, 46, 82, 155, 156, 171, 196
昏迷的	III. 86
昏迷于恶	III. 84
昏眠	III. 13
昏扰人	III. 25
昏杀一阵	III. 70
昏死	III. 13
昏鹜	III. 46, 72
昏雾	III. 149, 155, 211
昏心	III. 156, 171
昏夜	III. 152
昏障	III. 55, 155, 171
昏障的事	III. 150
婚	II. 344a
婚合	III. 44, 124, 136, 195
婚配	III. 136
婚书	III. 90
婚姻	I. 118a / II. 344a, 346b / III. 34, 44, 136
婚姻礼酒	III. 34

hún

浑	III. 88
浑沌	III. 55, 91
浑浑沦沦	III. 42
浑沦	III. 42
浑泥的	III. 30
浑全	III. 170, 171
浑融	II. 347b
浑身	III. 212
浑身是血	III. 197
浑水	III. 8
浑天球	III. 91
浑肴	III. 140
浑浊	III. 217
魂	III. 11, 14
魂离身	III. 92
魂灵	I. 40a
魂迷	III. 184
魂墓	I. 120a
魂魄	II. 344a / III. 11
魂去了	III. 92

hùn

混	II. 344a
混沌	III. 42
混扰	III. 117
混乱	I. 87a / III. 55
混杂	II. 324a / III. 55, 140

huó

活	II. 343a / III. 221, 223
活不成	II. 343a
活的	III. 33, 223
活动	III. 12
活动的	III. 34, 145
活法	III. 188
活计	III. 188
活结	III. 153
活路	III. 52, 188
活气	III. 92

活信	III. 98		火锹	II. 333b
活字	III. 225		火伤	III. 35
	huǒ		火烧	III. 2, 184
火	I. 103a / II. 343a / III. 82, 102		火烧场	III. 184
			火烧迹	III. 184
火把	I. 149a / II. 343a		火石	I. 128a / II. 343a / III. 168
火报	III. 65			
火叉	II. 328a		火速来报	III. 65
火窗	I. 66a		火索	I. 121a
火床条	III. 165		火炭	III. 42
火刀	III. 91		火炭爆	I. 99b
火斗	III. 36		火头	III. 61, 210
火发出	III. 196		火腿	I. 129b, 134a
火房	I. 63a		火箱	III. 36
火光	III. 130		火星	I. 59a, 99b / II. 343a
火花	III. 50		火星散	I. 99b
火灰	I. 53b, 65a / II. 344a / III. 46		火星天	III. 48
			火性的人	III. 50
火箭	III. 100		火烟	III. 114
火界	III. 187		火烟起来	III. 114
火镰	I. 104b / II. 353a		火焰	I. 65b, 90b, 104b / II. 346a / III. 130
火笼	III. 36			
火炉	I. 97b, 103b / III. 36, 113		火药	I. 131a / III. 115, 175
			火药管	III. 101
火炉门	III. 34		火引	I. 110b / III. 115, 162
火麻	III. 129		火影	III. 191
火牌	III. 17		火域	III. 187
火炮	III. 50		火欲	III. 74
火盆	I. 53b, 97b, 104a / II. 343a		火灶	III. 100, 113
			火长	III. 173
火漆	III. 125		火着	III. 20
火器	II. 343a		火着的	III. 84
火墙	III. 164		火着了	III. 84
			火枝	I. 149a

火砖	III. 125		
伙	III. 182	**J**	
伙伴	I. 59b		
伙计	III. 40, 52	jī	
伙记*（计）	I. 59b	几凳	III. 89
伙长	I. 130b / III. 173	几合	III. 51
	huò	几子	III. 30
货	I. 39b, 101a, 118b, 140a	击	II. 334a / III. 64
		击鼓	II. 350a / III. 207
货税	III. 10	击节称赏	III. 17
货物	III. 83, 138	击钟	III. 207
货玉翁	III. 125	讥谤	III. 206
或	I. 125a / II. 343b / III. 153	讥刺	III. 145, 172
		讥刺他	III. 206
或或	II. 344a	讥讽	III. 145, 206
或来、或不来	III. 153	讥诮	III. 206
或然	III. 3	饥	I. 100a / II. 365a / III. 27, 109
或是	III. 176		
或有时节	I. 47a	饥败亡	III. 170
或者	II. 329a / II. 344a / III. 153	饥饿	I. 100a / III. 27, 109
		饥荒	III. 43
或这个、或那个	III. 224	饥馑	I. 98a
		饥馁	I. 148b
获	I. 131a / III. 9, 57, 208	饥年	II. 348b
获物	II. 344b	饥死	III. 170
获罪	III. 156, 168, 209	饥岁	I. 42b, 98a / III. 16
获罪天主	III. 156	机	II. 348b / III. 31, 208
祸福	III. 133	机会	II. 344a, 348b / III. 155
惑	II. 344b		
惑惑	II. 344a	机会不可失	III. 155
惑乱	III. 11, 58, 73, 171, 186	机架	III. 208
喝*（或）	I. 125a	机阱	III. 20, 215
		机密	III. 90, 155, 197
		机谋	III. 215
		机巧	III. 22

机深智远之士	III. 28	积聚	III. 12, 25, 124
机陷	III. 20, 215	积累债	III. 85
机械	III. 20, 215	积善	I. 33a
机缘	III. 155	积少成多	III. 175
机智	III. 116	积石山	III. 169
肌关油*（鸡冠油）	I. 93b	积疑不决	III. 80
		积雨	III. 132
矶头	III. 31	笄	II. 348b
鸡	I. 105b / II. 348b	基	II. 348b
鸡巢	I. 105b	基地	III. 202
鸡蛋	III. 107	基址	III. 48, 102, 202
鸡旦白	I. 63b	跻*（畸 崎）	I. 109b
鸡膏	II. 326b	箕踞坐	III. 23
鸡公	III. 103	稽留	III. 82
鸡冠	II. 359b / III. 61	激	II. 350b
鸡呼蛋	III. 49	激触人心	III. 145
鸡角	III. 103	激发人心	III. 145
鸡叫	I. 56b	激发他怒	I. 91b
鸡距	III. 92	激励人心	III. 145
鸡笼	I. 57a / II. 348b / III. 42, 103	激怒	I. 91b / II. 356b
		激劝	II. 350b
鸡笼淡水	III. 122	羁迟	I. 82b
鸡鸣	III. 41, 103		
鸡母	III. 103	**jǐ**	
鸡栖	III. 103	及	II. 348b / III. 55, 115, 131
鸡啼	I. 56b / III. 103	及今	III. 109
鸡窝	III. 103	吉	III. 32, 98, 180
鸡胸脯肉	III. 168	吉服	III. 221
鸡胸肉	III. 168	吉庆	II. 351a / III. 180
鸡油	III. 88	吉日	III. 37
奇数	III. 152	吉时	III. 37
积	I. 120b / II. 334a / III. 8, 116, 124	吉凶	III. 133
		汲井	III. 195
积功	II. 334a		

汲水	III. 195	疾呼	III. 106
级	I. 94a / III. 106	疾苦	III. 7, 73
极	III. 97, 128, 175	疾伤	III. 136
极处	III. 38	疾速	I. 134a
极地	III. 38	棘刺	III. 2, 92
极多	III. 3, 11, 146, 183, 205	棘刺箍	III. 59
		棘刺冠	III. 59
极恶的人	III. 171	棘林	III. 92
极贵价	III. 43	集	III. 11, 124
极好	III. 95	集计其财	III. 119
极好的	III. 37	集聚	III. 11, 12, 25, 55, 124, 186
极精巧工	III. 154		
极快	III. 12	集人马	III. 124
极切之言	III. 162	集神于内而不见其外	III. 21
极少	III. 11, 138, 176		
极甚刚勇	III. 218	集要	I. 61b
极盛	III. 3	蒺藜	III. 2, 92
极香	III. 158	嫉妒	I. 139a / II. 365a / III. 83, 208
极言	III. 13, 96		
即	II. 348b	嫉妒害色	III. 228
即管去	I. 110a	籍没家资	III. 54
即日	I. 124a / III. 157		
即时	I. 132a, 134a	**jǐ**	
即是	III. 58	几	II. 348b
即位	III. 59	几遍	I. 135b / III. 10, 183
急病	III. 40, 211	几长	I. 135b
急病的	III. 95, 211	几次	III. 10, 183
急苦	III. 101	几大	I. 56a, 135b
急务	III. 112	几多	I. 135b / III. 183
急务的事	III. 202	几多大	III. 183
急性的	III. 133	几多时	III. 183
疾	I. 90b, 139a / III. 85	几番	III. 10
疾病	I. 84a / III. 85	几个	III. 10, 183
疾风苦雨	III. 222	几个一堆	I. 76b

几个有	III. 10
几回	I. 135b / III. 183
几宽	I. 135b
几久	I. 132b, 135b / III. 183
几日后	III. 66
几时	I. 135b / III. 183
几时发驾	III. 166
几时发行	III. 166
几遭	I. 135b / III. 10, 183
几肇	II. 326b
几转	I. 135b / III. 10, 183
己物	III. 180
挤	II. 333a / III. 95, 97
挤不下	II. 333a
挤不下之人	III. 18
挤出来	III. 92
挤簇	III. 54
挤集	III. 18, 54
挤来	III. 177
挤拢了	III. 54
挤拢身	III. 18
挤奶	III. 159
挤脓	III. 92
挤乳	II. 333a / III. 159
挤着身	III. 18
给	II. 348b
给水	III. 109
给水流	III. 84
脊	II. 334a
脊背	III. 91
脊骨	III. 92, 182
脊梁	III. 92, 216
脊梁骨	III. 92
脊蛳	III. 58
搰杮	I. 146a
麂	III. 47
计	I. 39b
计策	III. 20, 55, 195, 215
计较	I. 35a, 93a, 116a / III. 24, 116, 215
计较他	I. 48b
计教	I. 91a
计谟	I. 151a
计谋	III. 20, 55, 215
计上用计	III. 215
计算	I. 121a
计账	III. 90
计智	I. 91a
记	I. 39a, 118a / II. 348b
记存	III. 191
记得	I. 39a / III. 4, 137, 219
记得你了	III. 138
记定	III. 209
记挂	III. 205
记含	III. 137
记号	I. 102a / II. 349a / III. 20, 78, 116, 146, 199, 200
记录	III. 90
记录的	III. 95
记录者	III. 112
记名	III. 187
记念	III. 4, 137, 138, 167
记史	III. 112
记数	III. 11, 18, 90, 176
记诵	III. 65, 67

记诉本	III. 138	既然	II. 340b / III. 115
记心	III. 138	既是	III. 115, 205
记性	II. 348b / III. 137	继传	III. 215
记一个号	III. 199	继代	III. 57, 104, 128
记忆	III. 137, 138	继父	I. 126a / III. 161
记于心	III. 107	继母	I. 115a / II. 355b / III. 132
记载	II. 324b / III. 18		
记账	III. 90	继男	III. 87, 112
记着	I. 34a, 39a, 73b, 111b, 151a / III. 137	继女	I. 42b
		继娶	III. 44
伎女	III. 41	继生	III. 147
伎者	III. 41	继嗣	III. 128, 147
伎作	III. 154	继兄弟	III. 111
纪	II. 348b	继续	III. 180
纪纲	I. 111b	继子	I. 42b / III. 87
系马柱	III. 93	祭	III. 195
系马桩	III. 93	祭布	III. 128
系腰	III. 46	祭奠	II. 364b / III. 195
忌	I. 48a	祭丁	III. 195
忌妒其夫	III. 209, 228	祭服	III. 221
忌讳	II. 344a	祭服房	III. 195
忌年	II. 348b	祭服厅	III. 195
忌日	III. 5	祭鬼	I. 124a
忌疑	III. 204	祭礼	III. 195
妓女	III. 147, 185	祭墓	III. 195
妓者	III. 147	祭品	III. 156, 160
季秋	I. 144b	祭肉	III. 43
季秋月	III. 160	祭山川	III. 195
季子	III. 112	祭牲	III. 160
迹	I. 128a, 131a, 137a, 140b / II. 334a	祭祀	II. 333a / III. 195
		祭天主	III. 76
迹兆	II. 348b	祭天主大礼	III. 195
济院	II. 347b	祭文	III. 9
既	II. 348b / III. 205	祭牺牲	III. 195

祭衣	III. 221	加贵宠	III. 113
祭祖	III. 195	加厚	III. 107
寄	I. 76b, 93b, 116b / II. 348b / III. 68, 176	加力	III. 54
		加利	III. 103
寄付	I. 76b / III. 68, 85	加旒	III. 59
寄个信	III. 186	加批点	III. 152
寄居	III. 108	加日新之功	III. 189
寄库	III. 68	加三倍	III. 64
寄来	III. 215	加上	III. 202
寄书	III. 82, 131	加帖	III. 54
寄托	I. 76b / II. 349a / III. 68, 85	加新	III. 117, 189
		加新法	III. 117
寄信	I. 137b	加刑	III. 44, 169
寄言	III. 82, 139	加一抽	III. 195
寄隐语	III. 162	加意	III. 77
寂寂	III. 203	加增	III. 28
寂寞的	III. 204	加重刑	III. 135
绩	II. 334a	加罪罚	III. 170
绩功	II. 334a	枷号	III. 206
绩苎麻	III. 72	痂	III. 60
稷米	III. 35	痂脚	I. 63a, 87b
稷牛	III. 37, 42	痂子	I. 39a
髻子	III. 58	家	I. 33a, 58a / II. 349a / III. 44
冀	II. 348b		
		家报	III. 153
	jiā	家兵	I. 34a, 106a
加	I. 38a / II. 349a / III. 5, 15, 147, 187	家伯	III. 140, 211
		家簿	III. 128
加倍	III. 64, 79, 80, 147, 160	家财	I. 93b / II. 349a / III. 27, 110, 167, 177
加倍利钱	III. 103		
加二倍	III. 79	家财罄了	III. 56
加多	III. 147	家产	II. 349b / III. 110, 111, 126, 167, 192
加多苦	III. 135		
加冠	III. 35	家当	I. 100b

家法	II. 338b / III. 149	家私消乏	III. 174
家坊道	II. 349b	家堂	III. 208
家父	III. 140, 161	家童	III. 61
家富了	III. 87	家物	III. 146
家规	II. 338b	家乡	III. 167
家号	II. 349a	家信	III. 153
家货	I. 93b, 99a, 100b, 102a	家兄	III. 111
家火	I. 39b	家严	III. 161
家伙	III. 11, 28, 111, 118, 146	家爷	III. 199
家家	I. 76b	家业	III. 11, 27, 28, 110, 111, 126, 167, 169, 177
家姐	III. 111		
家禁	III. 178	家用	III. 181
家具	III. 146	家长	I. 120b / II. 328a / III. 12, 44, 199
家君	III. 161		
家口	III. 104	家长公	III. 135
家口大	III. 44	家主	III. 12, 44, 199
家礼	III. 192	家资	I. 93b / II. 349a / III.167
家里淡泊	III. 174	家族	III. 98, 104, 128
家里的人	III. 104	家祖	III. 141
家里的事	III. 149	家祖妣	III. 141
家力不如	I. 78a	家尊	III. 112, 161
家庙	III. 208	袈裟	III. 221
家母	III. 132, 140	跏跌坐	III. 23
家奴	III. 90	跏脚	I. 39a
家仆	III. 104	跏脚的	I. 116b
家器	III. 11, 146	跏子	I. 116b
家穷的	III. 174	嘉	I. 52b / II. 349a, 349b
家犬	I. 57a	嘉惠于人	III. 18
家人	I. 64a / III. 61, 104, 142	嘉言	III. 162
家生	III. 44		
家叔	III. 140, 211		**jiá**
家输	I. 99a	夹	III. 97
		夹板船	III. 149

夹绸绢	I. 88b	假名	III. 211
夹棍	III. 25, 214	假模样	I. 110a
夹剪	III. 211	假牌	I. 100a
夹胫	III. 214	假票	I. 100a
夹了手足	III. 25, 214	假契	III. 97
夹起	III. 184, 214	假钱	III. 97
夹双	III. 137	假如	III. 135, 175
颊下	I. 144b	假如说	III. 12
铗钳	II. 349b	假若	I. 143b
		假若不	I. 144a

jiǎ

		假善	III. 112
甲	I. 117a / III. 58, 129	假善的	III. 112
甲界	I. 113a	假善的人	III. 122
甲科	III. 79	假善貌	III. 122
甲马	III. 45	假死	III. 144
甲冑	III. 62	假头发	I. 55a
假	I. 99b, 100a, 103a / II. 349b / III. 57, 100	假威模	III. 106
		假伪	III. 97
假病	III. 100	假形貌	III. 77
假不看	I. 100b	假钥匙	III. 103, 131
假不知	III. 78	假意	I. 145a / II. 349b / III. 99
假不知道	III. 68		
假称赞	III. 9	假银子	III. 97
假的	III. 6, 57, 97, 100	假印	I. 143b / III. 97
假斗	I. 118a	假作	III. 21
假阄呪*（赌咒）	I. 129b		

jià

假阄呪*（赌咒）的	I. 129b	价	I. 133b / III. 177, 218
		价不合	III. 71
假发	III. 38	价高	I. 89a / III. 43
假好心的	III. 112	价合	III. 53
假借	III. 12	价钱	I. 153a / III. 177, 218
假金	III. 160	价赎	III. 177, 190, 218
假貌的	III. 122	价数	III. 177

价同	III. 53	奸	I. 37b / II. 350b
价文	II. 349b	奸夫	III. 12
驾	I. 127a	奸计	III. 86, 215
驾船	III. 135	奸谋之辈	III. 97
驾云	III. 153	奸巧	III. 97, 133
驾长	III. 135	奸情	I. 114a
驾舟人	III. 188	奸人的妻	III. 6
架	III. 127	奸生的	III. 31, 112
架榜	III. 136	奸伪	I. 83b
架儿	III. 66	奸细	III. 92
架房子	III. 81	奸雄	III. 216
架火	III. 25	奸淫	II. 350b
架造	III. 81, 97, 127	奸淫的	III. 214
架造的	III. 97	奸贼	III. 216
架造方法	III. 22	奸诈	III. 97, 133
架造者	III. 97	坚壁	III. 216
架子	III. 20, 31	坚辞	III. 91, 187
假期	II. 349a	坚定	III. 56, 75, 93
假日	III. 76	坚定的	III. 93
嫁	I. 58a / II. 349b / III. 44	坚固	I. 85a, 104a, 129b, 132a / II. 350b / III. 55, 56, 80, 100, 102, 132
嫁产	III. 79		
嫁奁	I. 84b		
嫁女	III. 44	坚固的	III. 93
嫁人	III. 44	坚果	III. 101
嫁妆	I. 84b / III. 28, 79	坚牢	III. 56, 102
稼穑之地	III. 198	坚牢的	III. 110
jiān		坚强	III. 80
尖	I. 63a / II. 334a / III. 182	坚确	III. 56
		坚忍	III. 205
尖的	III. 8	坚实	I. 33a / III. 100, 102, 132
尖尖的	III. 182		
尖嘴	III. 8	坚实的	III. 110

坚守	III. 56	煎旦	I. 116a
坚心	III. 56, 100, 218	煎的	III. 101
坚毅	III. 56, 100	煎干	III. 138
坚勇	III. 218	煎锅	III. 197
坚执	III. 155, 192, 218	煎金	I. 36b, 138a / III. 79
间	III. 88	煎米团	I.103a
间房	III. 17, 40, 46	煎沤熟丝	III. 63
肩	I. 124a / III. 113	煎匙	III. 163
肩背	III. 91	煎缩了	III. 138
肩牌	III. 6, 36, 90	煎窄了	III. 138
肩头	III. 113	煎盐	III. 109
艰计	I. 43b, 122a, 150b	煎药	III. 61
艰难	III. 214	煎银	I. 36b / III. 102
艰辛	I. 99b, 119b, 129a	煎鱼	I. 105a
监	I. 55a, 55b, 134b, 152a		
监*（揽）倒	I. 61a, 62b		**jiǎn**
监禁	III. 42, 84	拣	I. 43a, 87a, 122b, 140a
监牢	III. 42	拣倒	I. 137b
监里头	I. 89a	拣倒*（到）	I. 35a
监起	III. 84, 178	拣到	I. 58b
监者	III. 42	拣干净	I. 40a
兼	III. 124	拣选	I. 91b / III. 82, 90
兼白须	III. 30	拣选的	III. 90
兼包	III. 57	拣择	I. 87a, 95a / III. 90
兼藩	II. 339a	茧	II. 350b
兼风带浆	III. 188	俭	I. 133a, 138a / II. 350b / III. 3, 164
兼和	III. 140	俭穿	III. 142
兼拢	III. 140	俭的	III. 188, 208
笺	I. 130b	俭口	III. 142
笺板	III. 168	俭仁	III. 142
笺纸	III. 164	俭省	III. 142
缄默	III. 40	俭用	I. 43b, 55b, 119a / III. 8, 103, 142
煎	I. 105a / III. 101		
煎熬	II. 356a / III. 101		

俭用的	III. 107, 164	剪	I. 62b, 150b / II. 334a / III. 60
捡掠	III. 74		
捡起	III. 50	剪刀	I. 149b / III. 211
捡起来	III. 127	剪盗	II. 334a
检尸	III. 96, 152	剪顶	III. 59
检尸有伤	III. 96	剪绺	II. 334b
检验身尸	III. 152	剪路人	III. 125
减	I. 32b, 119b / II. 350b / III. 77, 184	剪煝	II. 355b
		剪绒	I. 153b
减除	III. 77	剪绒花	III. 49
减价	III. 31	剪头发	I. 50b, 152a
减力	III. 184	剪须	III. 30
减年	III. 16	剪圆的	III. 187
减轻	I. 40a, 77b / III. 70, 77	剪指甲	III. 225
减饶	I. 136a	剪烛	III. 25, 73
减少些	I. 83b	剪烛芯	III. 73
减省	III. 77, 142	戬割	III. 60
减损	III. 77	碱	III. 127
减无用	III. 8	塈*（碱）	I. 142a
减些	I. 33a		
减用	III. 8, 103, 142	**jiàn**	
简节	III. 36	见	I. 35a / II. 350b / III. 141, 198, 220, 223
简略	III. 2, 89		
简慢	III. 216	见朝	III. 223
简平浑	III. 24	见大	III. 151
简平仪	III. 24	见官对理	III. 124
简帖	III. 222	见了日	III. 110
简些	I. 135b / II. 361a	见灵魂升天	III. 196
简写	III. 90	见面	III. 164, 187
简言	II. 334b	见某篇	III. 188
简要	III. 36	见前	III. 141
简约	III. 36, 187	见请者	III. 51
揃毛	I. 128b	见人	III. 210
		见赦	III. 169

《葡汉词典》《汉法词典》《官话词汇》中文词语索引　151

见识	III. 194	贱房	III. 141, 146
见识高明	III. 181	贱妇	I. 120a, 133a / III. 185
见示	III. 145	贱贵	III. 177
见恕	III. 156, 169, 170	贱价	I. 32b / III. 178
见他	III. 164	贱荆	III. 146
见信于人	III. 61	贱名	III. 141
见行为荷	III. 188	贱内	III. 146
见许的	III. 180	贱人的夫	III. 6
见银子如土	III. 127	贱事	III. 31
见证	III. 210	贱物	III. 222
见罪	II. 337b	贱恙	III. 116, 141
件	I. 151b / III. 149, 220	贱职	II. 334b
件件事事	III. 212	剑	I. 96a / II. 350b
件物	III. 146	剑把	III. 182
间壁	II. 350b / III. 164	剑刀	III. 91
间道	III. 25	剑棱草	III. 91
间断	II. 350b	剑鞘	III. 29, 218
间空	III. 155	剑头	I. 88b, 133a / III. 182
间两日	III. 39	剑尾	III. 182
间墙	III. 164	监生	III. 128
饯行	III. 178	健壮	III. 32, 193, 196
建	III. 118	渐渐	III. 91, 174
建标	III. 94	渐渐老	I. 93a / III. 88
建创	III. 102	渐渐聋	I. 92a
建大功	III. 154	渐渐木青	I. 93a
建大烈	III. 154	渐渐衰	I. 37a
建功	III. 139	谏	I. 139a
建堂子	II. 334b	谏诚	III. 90
荐	III. 227	谏劝	III. 12
荐举	II. 334b	谏责	III. 12, 27, 190
荐扬	III. 180	践	III. 113, 211
贱	I. 50a, 50b, 154b / III. 30, 31	践倒	III. 173
		践捣	III. 216
贱承	III. 200	践捣麦	III. 216

践所许	III. 63	将尽	I. 135b
践踏	III. 26, 39, 113, 173	将近	III. 44, 93
践言	III. 63	将就	I. 45a / II. 334b / III. 85
践约	III. 53		
溅	I. 96a / III. 196	将就放	III. 176
溅出	III. 196	将军	III. 226
溅开	III. 143	将来	II. 333a
溅湿	III. 143	将来的时	III. 210
溅我	III. 196	将乐石	III. 135
鉴册	III. 59	将了	I. 135b
鉴此	III. 198	将暮	I. 42b / III. 9
鉴戒	III. 90	将起袖	III. 21
鉴目	III. 59	将欠债	I. 90a
僭	III. 10, 18, 226	将穷	I. 88a
僭窃	III. 226	将死	III. 7, 94
僭位	II. 334b	将完	I. 135b
箭	I. 104b, 144b / II. 334b / III. 100	将晚	III. 152
		将为何	III. 183
箭翎	III. 174	将息之所	I. 90b
箭牌	I. 50b	将晓	I. 117a
箭筒	I. 39b / II. 334b	将心比心	III. 124, 137
箭缨	III. 174	将信	II. 333a
		将要好	I. 106b
	jiāng	将疑	II. 333a
江	I. 38b, 140a / II. 349b / III. 29, 36, 94, 198	将硬	I. 90a
		将有灾	III. 12
江城	I. 58b	姜	I. 106b / II. 349b / III. 7, 104, 123
江口	III. 34		
江西	III. 181	姜母	III. 7, 104, 123
将	I. 135b / II. 333a / III. 93, 213	姜头儿	III. 104
		浆	II. 333a / III. 11, 25
将比	III. 52	缰捋	III. 48
将坏	I. 129b	疆界	III. 209
将计就计而行	III. 215	疆界、限际	III. 128

	jiǎng	讲价	I. 40b, 60a / III. 18, 53
讲	I. 61a, 72b, 73a, 122b, 125b, 133b, 137b, 138b / III. 108, 180	讲经	III. 178
		讲理	I. 73a
		讲了	III. 64
讲不来	I. 93b	讲论	II. 354b / III. 78, 126
讲不明	III. 211	讲梦	II. 355b
讲不明转	I. 105b	讲明	I. 73b, 140a / III. 67
讲不是	I. 84a	讲亲	III. 216
讲道	III. 178, 200	讲人情	III. 168
讲道先生	III. 178	讲是	I. 84a
讲道者	III. 178	讲是非	I. 121a
讲得不好	I. 155a	讲书	III. 87, 126
讲得粗	III. 30	讲说	III. 76, 185, 187
讲得多	I. 126a / III. 108	讲他	III. 108
讲得好	I. 76a, 87a / III. 32	讲他不好	I. 133a
讲得明	III. 108, 180	讲他长短	III. 147
讲得清	I. 134b	讲他好	III. 2
讲得熟	III. 108	讲他是非	III. 147
讲得着	I. 35b	讲台	I. 133a
讲颠话	I. 84b	讲天话	I. 122b, 127b, 134b
讲定	I. 46b, 61b, 76a, 82b, 88b, 101a, 127a, 127b	讲相打	I. 77a
		讲笑	I. 66a, 107a / II. 349b
讲定了	III. 7	讲笑的	I. 66a
讲断	I. 101a	讲笑话	I. 107a, 108b
讲多话	III. 108	讲学	II. 349b
讲分上	III. 108	讲章	III. 126
讲古	I. 133b, 144a	讲真言	I. 79b
讲古的	I. 133b	讲嘴	II. 337b / III. 108
讲故事	I. 98b	讲座	III. 45, 182
讲和	I. 101a / II. 343a / III. 161	奖钱	II. 334b
		奖劝	II. 333a
讲话	I. 99b, 133b, 140b / III. 58, 108, 165	奖赏	II. 333b
		奖许	II. 333b

奖誉	I. 140b
桨	II. 333a / III. 188
桨船	II. 333a
桨楫	III. 188

jiàng

匠	I. 115a, 123b
匠人	I. 123b, 123b / III. 22, 154, 156
匠作	III. 154, 156
将官	I. 57a / III. 42, 134
将军	I. 106b / II. 333b / III. 42, 104
将军帐	I. 148b
将输了	III. 65
将帅	I. 106b / III. 42
将死了	III. 65
降	III. 1, 66
降答	III. 191
降福	III. 180
降来	III. 1, 66, 220
降了官	I. 78a
降临	III. 1, 66, 220
降生	III. 1
降世	III. 1
降雪	III. 150
降言告	III. 191
降一级	III. 106
降孕	III. 84
酱	I. 169a / III. 196
酱油	II. 333b
强嘴	III. 80
犟口	III. 80
犟嘴	III. 80
犟嘴的	III. 177

jiāo

交	III. 215
交叉	III. 62
交处	III. 216
交代	III. 88
交得密	II. 350a
交锋	III. 107
交付	I. 92b, 131b / II. 350a / III. 68, 88, 134
交感生	III. 148
交股	III. 176
交管	III. 177
交合	III. 57
交机	III. 208
交给	II. 350a
交寄	III. 68
交脚	III. 176
交接	III. 58
交结	III. 57
交结往来	III. 57
交界	II. 350a
交盘	III. 88
交朋	III. 52
交情善的	III. 37
交融	I. 119a
交手	III. 65, 134
交手打	III. 34
交谈	III. 165
交通	III. 53, 57, 216
交易	III. 57, 138, 216
交易的	III. 138
交印	III. 88

交游	III. 57	教传	III. 178
交友	III. 12, 52	教得惯	II. 350a
交与	III. 68, 88	教读	III. 87
交院	III. 37	教读先生	III. 133
交杂	III. 140	教惯	I. 32b, 34b
交贼	III. 216	教坏	III. 171
交战	III. 31, 90, 107	教教者	III. 178
交仗	III. 90	教劝	III. 4
交争	III. 177	教善	I. 33a, 41a, 117a / III. 79
交趾国	III. 50		
交着	III. 62	教书	I. 72b
交租	III. 162	椒料	III. 92
交坐	III. 23	蛟	I. 85a
郊关	III. 20	焦	I. 144a / II. 333b
郊社	III. 195	焦土	III. 30
郊外	III. 41	跤跌	III. 130
郊野	III. 41	跤争	III. 130
浇	III. 187	蕉干	I. 102b
浇灌	III. 187	蕉树	I. 102b / III. 174
浇水	II. 350a	蕉子	III. 174
浇园子	III. 187	礁石	III. 31
娇	II. 350a		jiáo
娇媚	III. 67	嚼	I. 117b / III. 93
娇嫩	III. 211	嚼酒	III. 80
娇女	III. 147	嚼烂	II. 335b
娇养	II. 345a	嚼味	III. 188
骄傲	I. 40b, 92a, 116a, 145a / III. 202	嚼指流血为誓	III. 124
骄傲的	III. 179, 202	嚼嘴	III. 135
骄悍	III. 57		jiǎo
胶	III. 105	角	I. 62a, 153b / II. 350a, 351b / III. 41, 62, 93, 192
胶起	III. 83, 85		
胶住	III. 169		
教	I.35b, 119a / III. 87		

角尺	II. 329b	脚凳	I. 94a / II. 364a
角门	III. 182	脚底	I. 127b / III. 173
角头	I. 56b	脚点	III. 46
角子	III. 59	脚吊	III. 38
侥幸	II. 350a / III. 76, 176, 220	脚动静	III. 194
		脚肚	I. 51a / III. 163
侥幸的	III. 33, 76, 220	脚碓	III. 143
佼鬼	III. 80	脚顿	III. 46
狡强	III. 48	脚风痛的	III. 217
狡诈的	III. 138	脚跟	I. 56a / III. 39, 42, 46
绞	III. 64, 103, 214	脚肱	III. 163
绞车	III. 39	脚疾	I. 87b
绞桩	I. 79b	脚迹	III. 114, 167, 173, 185, 199
绞碇	III. 127		
绞干	III. 213	脚践	III. 173
绞关	III. 39	脚绞结	III. 82
绞络	II. 350a	脚筋疯	III. 105
绞起碇	III. 39	脚胫	III. 41
绞死	II. 350a / III. 64, 103, 136, 144	脚臁	III. 41, 92
		脚镣	I. 53b, 107b, 160a / III. 106, 132
绞罪	III. 64		
饺子	III. 49	脚炉	III. 36, 40
矫	II. 349b	脚目	I. 46a
矫佯	II. 345a, 349b	脚盆	III. 29, 31
脚	I. 128a, 129b / II. 351b / III. 172, 173, 225	脚疲	I. 93a
		脚踝	III. 39, 173
脚疤	III. 40	脚手	III. 134
脚板	III. 173	脚手酸	III. 73
脚板心	III. 173	脚踏	III. 46
脚背	I. 128b	脚套	II. 351b
脚擦	III. 46	脚踢	I. 53a / III. 64
脚船	I. 97b	脚踢起	III. 4
脚打	I. 53a	脚蹄	III. 167, 172
脚带	III. 98	脚蹄扒土	III. 167

脚筒	I. 56b	叫街的	I. 133b
脚腿	III. 147	叫卖	III. 219
脚腿头	III. 147	叫名	III. 152
脚下	I. 127b	叫鸣	III. 41
脚心疼	I. 107a	叫嚷	III. 36
脚眼	I. 150b / III. 214	叫人止声	III. 109
脚印	III. 167	叫人住声	III. 109
脚站不住	III. 73	叫审	III. 48, 152
脚掌疼	I. 107a	叫甚么名字	III. 130
脚指	I. 74a	叫声号	III. 107
脚驻	III. 172	叫肃静	I. 100b
搅和	III. 140	叫他	III. 130
搅乱	III. 186	叫他管	I. 89a
搅乱人	III. 25	叫听审	III. 152
搅乱音	I. 80a	叫献示	III. 69
搅扰	II. 350a / III. 64, 117	叫醒	I. 34a
搅人	III. 143	叫醒他来	II. 361b
剿	I. 151a / II. 350a	叫谕人	III. 178
剿灭	II. 333b / III. 24, 74	校场	II. 350a
剿三族	III. 136	较	I. 151a
缴椗	I. 79b	较角	III. 181
缴脚	I. 117a	较力	III. 181
缴乱	I. 77b	较量	III. 60
		教	I. 41b, 42a, 116b, 130a / II. 350a / III. 79,
	jiào		
叫	I. 38b, 53b, 65b, 107b / II. 350a / III. 27, 130	教导	III. 87, 116
		教道	I. 34a, 90b, 92a
叫陈示	III. 69	教父	III. 161
叫狗	I. 35a	教化	III. 58
叫喊	I. 94b / III. 36, 49	教化皇	III. 161, 163
叫喊的	III. 36	教皇	III. 161, 163, 176
叫化	I. 96a, 130b / II. 343b	教皇所定的	III. 77
叫化子	I. 130b	教皇宰相	III. 43
叫街	I. 133b / III. 178	教诲	III. 37, 58, 87

教令	III. 178	结实	III. 102, 131
教门	I. 143b	结实的墙	III. 164
教师	I. 96a	结胎	III. 53
教唆	I. 34a, 88b / II. 362a / III. 171, 228	结子	I. 72b, 97a
教他快	I. 44a	接	I. 33b, 145b / II. 334a, 350b / III. 86, 88, 117, 186
教他誓愿	I. 38a		
教外的	III. 116	接长	II. 328b / III. 15, 25
教训	III. 37, 61, 77, 81, 87, 116	接过了	I. 93b
		接合	III. 17, 84, 124
教养	III. 61, 87	接回	I. 110a
教谕	III. 65, 164	接见	III. 141
教知道	I. 101a	接客	II. 348a / III. 12, 113, 186
教中人	III. 62		
教主	III. 154	接连	III. 21, 57, 84, 159, 198
轿夫	III. 43, 201	接留	III. 17, 113
轿椅	III. 201	接起来	III. 169
酵面	III. 127	接前说	III. 180
		接人客	III. 17
	jiē	接上做	III. 180
疖	III. 78, 106, 112, 148	接生婆	III. 165
疖子	I. 111b / II. 350b	接手	III. 65
阶	III. 106	接树	I. 93b / III. 19, 117
阶级	I. 74b / III. 89	接宿	II. 334a
阶坡	III. 89	接索	III. 169
阶坡儿	III. 89	接锁链	I. 88b
阶梯	I. 94a	接续	III. 180
皆来	III. 220	接应	III. 159
皆能为	I. 149b	接战	III. 90
皆通	I. 131a	接着	III. 25, 209
皆在	III. 24	痎病	I. 46
皆坐	III. 24	揭起浮桥	III. 181
结果	III. 102, 131	揭起来	III. 211
结果子	I. 105a	揭书的	III. 187

嗟叹	I. 146b / III. 205	节制	III. 47, 142
嗟嘘	III. 205	节奏	III. 4, 20, 56
嗟吁	III. 184	劫掠	III. 193, 195
街	III. 40	劫掠为生	III. 125
街道	I. 141a	结	I. 122b / II. 350b / III. 23, 55
街坊	III. 40		
街口	III. 33	结案	III. 65
街路	I. 141a	结拜兄弟	III. 111
街衢	I. 141a	结彩	I. 45a / III. 164
街市	III. 40, 139, 173	结仇	III. 215
		结带	III. 25

jié

节	I. 122b, 148a / II. 334a / III. 22, 49, 115, 165	结党	III. 11, 54, 124, 128
		结断	III. 209
		结发髻	III. 153
节唱	III. 57	结构窝巢	III. 150
节称鼓掌	III. 17	结官事	III. 124
节称举手	III. 17	结果	I. 82b / II. 329a
节称赏	III. 17	结喉	I. 107a
节度	III. 188	结会	III. 124
节多	I. 122b	结交	III. 215
节妇	III. 147	结聚	III. 44
节歌	III. 57	结连	III. 84
节骨	II. 336a	结联	III. 54
节和	III. 208	结盟	III. 11, 54, 124
节俭	III. 142	结起	III. 16
节酒	III. 208	结亲	III. 74, 136
节礼	I. 134a / II. 334a	结亲大排筵会	III. 34
节密	I. 122b	结舌	III. 207
节气	II. 334a, 349a / III. 49, 200, 228	结头	III. 153
		结血	III. 197
节省	III. 142	结义	III. 54
节食	III. 77	结友	III. 12, 215
节用	III. 3, 142	结冤家	III. 215
节用的	III. 164, 188, 208		

结怨于人	III. 156	解荷包	III. 70
结约	III. 166	解匠	II. 349b
结约誓	III. 54	解结	III. 69
结子	III. 137	解卷	III. 72
洁白	III. 33	解开	I. 79a / III. 16, 70
洁净	III. 128, 182	解开了	I. 79a
洁清	I. 133a	解扣子	III. 69
洁糖	I. 35a	解宽	III. 64, 91
捷才	III. 2	解凉	III. 187
捷路	III. 25	解了	I. 77b
睫	II. 334a	解略	III. 89
截断	III. 206	解帽	I. 78a
截开	III. 166	解闷	III. 184
截路	III. 25, 121	解梦	III. 119
截路的	III. 125, 196	解明	III. 67, 97, 203
截止	III. 25	解恼	II. 349b
竭力	III. 77, 176, 195, 212	解怒	II. 356b
竭了	III. 3, 95	解破其体	III. 60, 72
羯猪	III. 42	解剖	III. 91
		解劝	III. 16
jiě		解热	III. 187
姐	III. 111, 179	解散	III. 70
姐夫	I. 63a / III. 63	解纱圈	III. 66
姐妹	III. 110, 179	解舌头凉	III. 187
姐丈	III. 63	解释	I. 34a, 72b, 73b / III. 16, 67
解	I. 119a, 145b / II. 349b / III. 70, 97	解释其人罪者	III. 54
解不尽的	III. 116	解手	I. 101a / III. 109
解毒的	III. 57	解手的所	III. 127, 149
解毒药	II. 349b / III. 26	解书	III. 87
解放	III. 72	解说	III. 67, 97, 119, 201
解忿	III. 17	解他的闷	III. 56
解缚	III. 70	解脱	I. 77b / III. 203
解滚	III. 70	解围	III. 70

解下吊死的	I. 79b	玠珪	III. 198
解销	III. 203	界	III. 128, 143, 185, 187
解腰带	III. 70	界方	III. 168, 187
解衣	I. 97a / III. 70	界口	III. 167
解衣甲	I. 77b	界牌	III. 209
解衣裳	III. 73	界限	I. 148b
解疑	III. 190, 203	界止	I. 117b
解疑辩惑	III. 190	疥	III. 193, 197
解孕	III. 165	疥虫	I. 125a
解正	III. 86	疥疮	I. 143a / II. 349b / III. 197
解注	I. 59a, 107b / III. 97, 105, 119	诫	II. 349b
解注的	I. 59a	诫规	III. 134
解注者	III. 119	借	I. 88b, 150a / II. 334a / III. 178
解罪	III. 54, 195	借该的	II. 334a
解罪座	III. 54	借口	III. 4, 91
		借来	III. 213
	jiè	借来的	I. 88b / III. 83
介胄	III. 62	借名	III. 211
价仆	III. 61, 104, 200	借使他	II. 334a
芥菜	III. 145	借他名色	III. 100
芥菜子	I. 120b	借他名姓	III. 100
芥菜籽	III. 145	借他言事验	III. 20
芥草	II. 349b	借帖	III. 55
芥辣	III. 145	借问	I. 90b
芥辣籽	III. 145	借形	III. 99
芥兰菜	III. 50	借形貌	III. 77
芥末籽	III. 145	借言	III. 12, 139
戒	III. 3	借银子	III. 83
戒斗	I. 45a	借用	II. 334a
戒口	III. 77, 107, 187	借与人	III. 83
戒色	III. 107	借约	III. 55
戒食	I. 83a	借重	III. 155
戒指	I. 42b / III. 14, 204		

解上	III. 188
解送	III. 82, 122, 131, 188
解送兵马	III. 107
解送的兵	III. 203
解元	II. 349b / III. 38

jīn

巾	III. 35
斤	I. 161a / III. 22, 45, 127
今年	III. 16, 156
今年轮到我	III. 212
今日	I. 124a / II. 340b / III. 113, 157
今时	III. 89, 210
今时不行	III. 151
今世	III. 142, 222
今世的	III. 208
今岁	III. 16
今月	III. 139
金	I. 119a, 125a / II. 351a / III. 82, 139, 160
金榜	III. 45
金泊*（箔）	I. 125b
金箔	II. 358b / III. 113, 157, 160
金箔匠	III. 31
金*（经）穿	I. 85a
金疮	III. 111
金带	III. 48
金丹	III. 11
金点	I. 85a
金锭	I. 126b / III. 30, 163, 210
金缎	III. 36, 208
金刚钏	III. 76
金刚石	II. 325a / III. 76
金瓜	III. 39
金冠	I. 62a
金花缎	III. 36
金黄色	I. 62a
金交椅	I. 55b
金颈圈	III. 50
金桔	III. 148
金诀	II. 351b
金口的	III. 40
金扣	III. 36
金矿	III. 140
金赖*（经耐）	I. 47b, 129b
金兰之契	III. 98
金颣丝	III. 99
金链	I. 55b, 59a / III. 39
金牛宫	III. 200
金旁纸	III. 164
金瓶	I. 153a
金器	III. 173
金钱豹	III. 158
金山	I. 119b / III. 140
金扇	III. 1
金石之交	III. 98
金丝	II. 362a
金条	I. 50b / III. 47
金铁筋	III. 140
金系鲤	I. 85a
金线	III. 160
金线边	III. 167
金星	III. 130
金星天	III. 48

金痎	III. 111	紧要	I. 88b / III. 52, 149
金印	III. 198	紧要的	III. 101, 121
金鱼	I. 141a	紧要的事	III. 106
金玉	III. 138	紧捉	II. 351a
金簪	II. 326a	紧着	II. 351a
金杖	III. 47	锦缎	III. 36
金纸	III. 163	锦毛	II. 351a
金钟	I. 61b	锦绣	III. 36
金砖	III. 30	谨厚者	III. 25
津液	II. 335a	谨记	I. 134b
矜夸之人	III. 22	谨审	III. 203
矜念	III. 52	谨慎	II. 351a / III. 10, 186
筋	I. 122b / III. 140	谨慎的	III. 25, 33, 63, 77
筋骨	III. 150	谨慎周密的	III. 25
筋骨之索	III. 124	谨听	III. 25
筋节	II. 334a, 351a / III. 150	谨心	III. 175

jǐn

仅	I. 76b
仅够用	III. 90
仅仅	III. 17
仅可	III. 175
紧	I. 43b, 92a, 148b
紧财	I. 43b
紧定	III. 110
紧封	III. 47
紧关	I. 88b
紧急	I. 88b / III. 55, 101
紧急的	III. 81, 179
紧迫	III. 18
紧他	I. 92a
紧些	III. 55

筋麻缩转 III. 85
筋皱 III. 85

jìn

尽	II. 335a, 364a / III. 7, 87, 95, 99, 212
尽本	III. 63, 110, 154
尽本分	II. 335b
尽本事	III. 183
尽称	III. 96
尽处	III. 38, 209
尽高	III. 27
尽光	III. 7
尽已	III. 77
尽力	III. 8, 15, 102, 176, 195, 212
尽力的	III. 77
尽了	I. 81a / III. 3, 56
尽买	III. 52
尽其当然之实	III. 154

尽其分	III. 154	进德	III. 18
尽其职	III. 154	进干证	III. 178
尽罄	III. 34	进贡	I. 137b / II. 338a / III. 64, 156, 165, 216
尽人理待他	III. 114		
尽人情待他	III. 114	进贡人	I. 87a
尽通	III. 19	进会	III. 88
尽头	III. 38, 209	进家子	I. 81b
尽透	III. 53	进教	III. 58, 62
尽心	III. 77, 186	进里头	III. 139
尽心力	II. 335b	进门	I. 92b
尽这月	III. 3	进鸟	III. 168
尽知	III. 53	进前	II. 335a / III. 27, 61
近	I. 33b, 35a, 41a, 43a, 76b, 130a / II. 335a, 351a / III. 5, 66, 124, 199	进前去	I. 35b, 47b
		进善	III. 61
		进膳	II. 335b
		进士	III. 79, 106
近壁的	III. 221	进士第	III. 44
近边来	III. 131	进退天	III. 48
近古以来	III. 15	进先	III. 18
近过他	I. 115b	进香	I. 129b, 141a / II. 335a / III. 122, 193
近来	III. 11		
近理	III. 180	进香的	I. 129b, 141a
近亲	III. 165	进新	III. 179
近侍	III. 40	进学	III. 29, 88
近侍臣	III. 96	进学的	III. 29, 128
近视	III. 220	进学了	III. 18, 106
近视的	III. 223	进药	I. 133a
近闻	III. 157	进益	III. 18, 27
进	I. 42a, 88b / II. 335a / III. 6, 88	进撞	III. 27
		晋	II. 335a
		浸	I. 38b, 92a, 138b
进逼	III. 4	浸的面头	III. 203
进表	II. 335b	浸脚于烂土	III. 25
进步	III. 6, 27, 110, 122	浸湿	III. 143
进场	II. 328a		

浸水	I. 138a / III. 69, 80, 143, 175, 188	jīng	
		茎	I. 133b
浸水里死	III. 144	京	II. 351a
浸死	III. 136	京城	III. 60
浸死他	I. 36b	京都	III. 60
浸透	II. 364a / III. 82, 83	京师	III. 60
浸住	III. 63	经	I. 85a, 124b / II. 351a / III. 208, 215
揞手	III. 139		
禁	I. 145a, 150a / III. 3, 180, 219	经本	III. 36
		经布	I. 118a, 124b
禁兵	III. 107	经得久	III. 80
禁不得我	III. 158	经典	III. 32
禁得久	III. 55	经典圣人	III. 28
禁得厉害	III. 180	经度	III. 106
禁革	III. 219	经过	III. 68, 92
禁宫	III. 162	经过往	III. 166
禁监	III. 84	经后	III. 139
禁戒	III. 180	经纪	I. 117a
禁口	III. 47, 77, 107	经节	II. 351a
禁令	I. 124b	经魁	II. 360a
禁奶	III. 74	经历	III. 105
禁囚的	III. 179	经历练	III. 92
禁严	III. 180	经历熟	III. 92
禁圉	III. 94	经楼	III. 59
禁御	III. 94	经络	II. 353b / III. 226
禁约	III. 180	经水	III. 139
禁在家中	III. 178	经堂	III. 59, 159
禁止	II. 351a / III. 3, 25, 94, 122, 180, 190, 228	经纬	II. 341a / III. 226
		经文	III. 159
禁子	I. 55a	经象	III. 56
禁住	III. 180, 187	经传	II. 332a
禁阻	III. 94, 180, 190	荆棘	III. 92
觐	III. 212	荆人	III. 146
觐祀	II. 362a	旌	I. 97b

惊	I. 46b, 47a, 48a, 148a / II. 351a / III. 12, 99, 140, 208	惊畏	III. 113, 140
		惊心的	III. 50
		惊异	III. 135
惊嘈	III. 85, 117	惊蛰	III. 201
惊吵	III. 171	兢	I. 151b
惊得魂散	III. 91	精	II. 334b / III. 198
惊得紧	I. 148b	精兵	III. 202
惊动	II. 351a / III. 41, 117, 215	精茶	II. 335a
		精察	III. 96
惊动他	I. 41b	精纯	III. 182
惊愕	III. 91	精练	II. 353a
惊耳听	III. 25	精炼	III. 5, 19, 187
惊怪	II. 351a / III. 135	精巧	II. 335a, 350a
惊骇	I. 96b / III. 82, 91, 135	精巧功	III. 22
惊号	III. 96	精肉	III. 43, 133
惊吓人	III. 25, 91	精锐军士	III. 203
惊慌	III. 91, 208	精神	I. 81b / II. 334b / III. 36, 78, 93
惊惶	I. 96b / III. 3, 25, 82, 85, 140, 166, 202, 217		
		精神衰弱	III. 116
惊惶的	III. 24	精熟	III. 74
惊恍	III. 82	精熟武艺的兵	III. 202
惊恍的	III. 82	精熟之兵	III. 74
惊魂不着体	III. 91	精爽	III. 28, 78
惊惧人	III. 25	精天文	III. 24
惊恐	I. 148a	精微	III. 63
惊冒老大人	III. 117	精细	III. 67
惊怕	I. 96b / III. 60, 113, 140, 168, 208	精心	III. 77
		精血	III. 136
惊怕人	III. 166	精于天文者	III. 136
惊怕他	III. 12	精致	III. 22
惊人	I. 118a / III. 24	精专	III. 77
惊死	III. 91, 209	精壮	III. 32, 91
惊死人	III. 26, 209	精壮之兵	III. 202
惊他	I. 46b, 132a / III. 99		

	jǐng
井	I. 131a / II. 335a, 351a / III. 175, 177
井口	III. 33, 36
井栏	II. 335a / III. 33, 36
井泉	III. 175
井水	I. 37b
颈	I. 130a / III. 143
颈吭	III. 103
颈瘤	III. 163
颈项	III. 172
景界	III. 154
景象	III. 99
景仰	III. 97
景致	I. 136a / II. 351a
儆诫	III. 59, 187, 190
儆诫他	III. 189
儆责	III. 44, 59, 187, 190
儆责他	III. 189
警觉	III. 96

	jìng
径	I. 56a / III. 76
径到这里	II. 351a
径过	II. 351a
径路	I. 47a / II. 351a / III. 25, 40
净	I. 63b / III. 4, 23
净房	III. 149
净光	III. 7
净井	III. 128
净口	III. 126
净所	III. 127
胫骨	III. 41

痉挛	III. 105
竟日	III. 212
敬	I. 33b, 62b, 98b, 101a, 124b / II. 351a / III. 219
敬拜菩萨	III. 115
敬礼	III. 219
敬他	I. 139b, 148b
敬心	III. 75
敬仰	III. 97, 191
敬重	III. 4, 94, 113, 191
静	I. 136a / II. 335a / III. 48, 204
静处	III. 16
静默	III. 186
静宁	III. 184
静听	III. 157
静闲	III. 155
境	III. 30, 218
镜	I. 96b / II. 351a / III. 92
镜鉴	III. 92

	jiǒng
窘急	III. 149
窘难	III. 26, 135, 171
窘迫	II. 358a

	jiū
究测	II. 327a
究竟	III. 27
赳然	III. 14, 119
揪耳	III. 159, 211
揪碎棉花	III. 43
啾	II. 350b

	jiǔ	
九	I. 122b	
九百	III. 152	
九百万	III. 153	
九遍	I. 122b	
九层塔楼	II. 327b	
九重天	II. 332b	
九个	III. 153	
九归算法	III. 19	
九九	III. 19	
九品	III. 153	
九品天神	III. 153	
九千	III. 153	
九十	III. 152	
九十个	III. 152	
九十万	III. 152	
九万	III. 152	
九月	I. 144b / III. 161	
九章算法	III. 19	
九族	III. 98	
久	I. 147b / II. 350b / III. 9	
久疮	III. 130	
久创	III. 130	
久居	III. 108	
久涝	III. 132	
久了	III. 13, 76, 146, 185	
久违	III. 146	
久延	III. 75	
灸	I. 53a	
灸艾火	III. 35	
灸疮	III. 102	
灸创	III. 35	
灸火	III. 35, 64	

灸盘	II. 350b
酒	I. 154b / II. 334b
酒杯	III. 58, 206
酒澈	I. 89b
酒底	I. 102b
酒店	I. 147b / III. 34, 207
酒饭便益	III. 206
酒房	I. 35b
酒馆	III. 207
酒罐	I. 51a / III. 103
酒酣	I. 87b
酒汉	III. 35
酒壶	I. 51a, 130b / II. 344a
酒脚	I. 102b / II. 351b / III. 35
酒爵	III. 58
酒库	III. 34
酒漏	III. 83
酒迷昏倒	III. 35
酒瓯	III. 206
酒牌	III. 206
酒皮包	III. 35
酒皮袋	III. 35
酒瓶	I. 130b
酒铺	III. 207
酒气	III. 217
酒曲	III. 137
酒色迷心	III. 147
酒筋	I. 130b
酒渗*（掺）水	I. 154b
酒圣	III. 32
酒桶	I. 130b / III. 173
酒徒	I. 53a / III. 32
酒席	III. 30

酒宴	III. 30, 51	救赎世者	III. 196
酒友	I. 59b	救他	I. 112b, 142b / III. 196
酒糟	III. 111	救应	II. 350b
酒盏	III. 58, 206	救援	I. 142b
酒盅	III. 58, 206	救者	III. 127
酒醉	I. 87b / III. 35	救主	III. 9
酒醉的	III. 35	就	I. 113b / II. 350b / III. 7, 85, 130
韭菜	I. 132a	就便	III. 52
jiù		就还	III. 162
旧	I. 42b, 43a, 153b	就来	III. 130
旧病	III. 4, 85	就亲	III. 44
旧的物	III. 222	就人坐	III. 23
旧疾	III. 4	就如	III. 51
旧迹	III. 199	就是	III. 24, 58, 92, 184
旧了	III. 88	就我言	III. 183
臼子	II. 350b / III. 144	就席	III. 23
救	I. 34a, 113a, 138b, 142b / II. 350b / III. 5, 98, 127, 188, 202	舅公	III. 3, 211
		jū	
救兵	III. 9, 202	拘禁	III. 180
救的	I. 142b	拘留	III. 178
救回生	I. 139b	拘塞他	III. 154
救火	III. 16	拘束	III. 85, 154
救急	III. 149	拘索	III. 178
救济	III. 65, 188, 196	拘系规诫他	III. 154
救济人	III. 109	苴麻	III. 129
救军马	III. 97	居	I. 33a, 120b, 133a / III. 108
救灵魂	III. 196		
救命	III. 127	居处	I. 139b / III. 108, 189
救世	III. 127	居留	III. 4
救世者	III. 115, 196	居贫	III. 174
救世之主	III. 62	居士	III. 203
救赎	III. 187	居忧	I. 84a

居在	III. 108	举献	II. 351b
居住	I. 106a / III. 24, 27, 33, 108, 144, 190, 223	举扬圣体	III. 127
		举止失措	III. 170
居住的所在	III. 134	举足	III. 167
驹	I. 132b		
驹驴	III. 23	<center>jù</center>	
掬酒	III. 41	巨海	I. 106b
掬子	III. 41	巨家	III. 44
鞠躬	III. 118	巨舰	I. 106b
鞠球	III. 169	句	III. 162, 225
鞠身	III. 7	句句	III. 3, 201
鞠问	I. 82b	讵意	I.78b
		拒敌	III. 190
<center>jú</center>		拒御	III. 190
桔树	III. 148	具象	III. 190
桔子	III. 148	钜角	I. 95a
菊草	III. 200	俱	I. 149b, 156a
橘饼	III. 148	俱来	III. 220
橘子	III. 148	俱知	I. 142a
		倨傲的	III. 202
<center>jǔ</center>		据裁	II. 325a
矩轨	II. 360a	据某篇	III. 188
举	II. 336b / III. 83	惧	I. 118a, 151b
举称	III. 180	锯	I. 62b, 144a / III. 24
举动	III. 138	锯齿	III. 76
举拐杖	III. 215	锯断	I. 144b
举国	III. 212	锯粉	III. 24
举祭	III. 195	锯子	III. 24, 200
举家	III. 212	聚	III. 124
举荐	III. 127, 180	聚才	II. 335b
举救	III. 202	聚唇	II. 333a
举难	III. 215	聚会	II. 335b
举起风帆	III. 65	聚军马	II. 335b / III. 124
举上	III. 10	聚麀	III. 58
举手	III. 127		

	juān	决不轻赦	III. 116
镌石	III. 195	决定	III. 7, 27, 48, 67, 75, 77, 99
	juǎn	决定的	III. 93
卷	I. 73a, 87b, 91b / II. 351b / III. 66, 182, 216	决断	III. 75, 77
		决价	III. 18
		决了	III. 3
卷饼	III. 113	决然	III. 48, 75, 148
卷缠	II. 351b	决是	III. 48
卷车	I. 73a	决是非	III. 190
卷螺风	III. 188	决意	III. 5, 23, 100
卷螺水	III. 188	决志	III. 23
卷起	III. 87	决子	I. 39b
卷纱	III. 66	角	III. 225
卷丝	I. 122b	角力	III. 181
卷瓮	III. 19	角胜	III. 123
卷线	III. 66	觉	III. 6, 189, 198
	juàn	觉得	III. 6, 81, 189
卷	II. 351b / III. 182	觉官	III. 198
卷案	III. 152, 179	觉魂	III. 11, 14
卷箱	III. 41	绝	II. 335b / III. 42, 65, 80, 190
倦困	III. 41		
倦了	III. 41	绝不	III. 68, 134, 149
倦弱	III. 67	绝不可为	III. 121
惓了	I. 98a	绝财	II. 335b / III. 189
圈兽	III. 14	绝财的	III. 174
眷看	III. 141	绝代	III. 151
眷视	III. 141	绝的	III. 44
	juē	绝的人	III. 42
撅	II. 335b	绝断	III. 73
	jué	绝夫	III. 70
		绝好	III. 96
决案	III. 67, 75, 180, 198	绝后	III. 151

绝婚	III. 70	军令	III. 127, 159
绝鸡	III. 42	军旅	III. 203
绝妙	III. 78, 96, 202	军马	I. 99a, 106a / II. 352a / III. 45, 97, 203
绝灭	III. 74		
绝其福	III. 179	军马之宜	III. 22
绝其乳	III. 74	军门	III. 223
绝气	I. 97a, 149b / III. 92	军器	III. 20, 118
绝色	II. 335b / III. 44, 107	军器库	I. 40a
绝世	III. 138, 144, 189, 191	军师	III. 133
绝嗣	III. 151	军士	III. 97
绝他	III. 71	军帅	III. 42
绝望	III. 72, 170	军需用	III. 181
绝无造有	III. 61	均分	III. 165
绝意	II. 335b / III. 190	均平	III. 120, 166
绝欲	III. 44	均齐	III. 120
掘出	III. 72	均匀	I. 122b, 133b
掘坟墓	III. 72	君王	III. 191
掘开	III. 2, 45	君主	I. 138a
掘矿	III. 2	君子	I. 154a / III. 135
掘起	III. 45	莙荙菜	III. 5
掘深	III. 8		
掘土	III. 45		jùn
厥疾	I. 84a	俊	II. 335b
爵	II. 335b	俊才	II. 338a
爵号	III. 119	俊德之士	III. 223
爵禄	III. 77, 189	俊秀	I. 144b / III. 104, 111
爵名	III. 211	俊雅	III. 104
		峻	III. 12
	jūn	峻岭	III. 47, 62, 144
军	I. 74b, 130a	馂余之味	III. 202
军兵	III. 42	浚河	III. 128
军充	III. 24	骏马	II. 335b
军法	III. 127, 159		
军粮	III. 135, 223		

K

kā

喀咳	I. 150b

kāi

开	I. 32b, 33b, 43a, 79a, 80a, 137a, 144a, 148a / II. 324a / III. 2, 70
开草账	III. 119
开穿山	III. 140
开船	I. 127a / II. 324a / III. 65, 109, 166, 196
开当铺的	III. 30, 226
开刀	III. 71
开刀鞘	III. 21
开顶	III. 59
开弓	I. 87b / III. 19
开骨头	III. 72
开荷包	I. 79a
开花	I. 72b, 105a / II. 343a / III. 2, 100
开花盛茂	III. 100
开荒	III. 2
开荤	III. 3
开基	III. 102
开剑	I. 45a
开禁	III. 71
开垦田	III. 2
开口	I. 33b / II. 324a
开扣子	III. 69
开裤裆	III. 40
开矿	II. 324a, 338a / III. 2, 140
开矿的	III. 140
开帘	III. 2, 59
开链锁	III. 72
开蜜房	III. 45
开明悟	III. 124, 226
开辟	II. 324a
开聘	I. 97a
开铺	II. 324b
开铺的	III. 208
开启愚蒙	III. 124
开鞘	III. 71
开去	III. 16
开山	III. 73
开深	III. 8
开始	III. 71
开首	III. 51
开水沟	I. 45b
开素	III. 3
开锁的鬼	III. 103
开天窗	II. 324b
开铁链	III. 72
开土	III. 2
开袜铺的	III. 40
开胃	III. 175
开胃的	III. 196
开心	III. 10, 72, 88, 91, 166, 184, 187
开言	III. 51
开洋	II. 324b
开药铺的	III. 35
开斋	III. 3, 196
开折	III. 74
开阵脚	III. 193

揩脸	III. 128	坎子	III. 146
揩眼泪	III. 88	砍	I. 62b, 109a, 140a, 151b / II. 326a / III. 60
揩桌	III. 128		
揩桌子	III. 128		
		砍柴	I. 112a

kǎi

铠甲	I. 44b / III. 62

砍短	III. 47
砍断	III. 60, 78

kān

		砍开	III. 185
刊	I. 140a / III. 83	砍树	I. 131a
刊版	III. 2, 121	砍树柴	II. 326a
刊版的	III. 121	砍树枝	III. 175
刊刻	III. 2	砍死	III. 136, 144
看	I. 154b	砍碎	III. 73
看管	III. 63	砍碎的	III. 73
看马的	III. 109	砍头	I. 78a / III. 60, 67
看牛	III. 16	砍尾	I. 76b
看牛的	I. 127b, 153a / III. 103, 107, 218	砍一刀	I. 72b, 100a / III. 65
		砍一下刀	III. 65
看山羊的	III. 39		

kàn

看守	III. 107, 110, 141, 160	看	I. 42a, 72a, 76a, 121a, 148b, 155a / II. 326a / III. 141, 220, 223
看守的	III. 107		
看羊	III. 16		
看羊的	I. 55a, 125a / III. 103, 107, 161	看不出	I. 123b
		看不得远	I. 63b
看羊者	III. 167	看不见	III. 141
龛子	III. 63, 150, 191, 206	看不明	III. 141, 220
堪	II. 326a	看不明不白	III. 220
堪当用	I. 148b	看不真	III. 220
堪言的	III. 116	看承他	I. 100a
堪舆	III. 141	看待他好	I. 100a
		看得见的	III. 223

kǎn

坎坷	II. 326a	看东看西	III. 141
坎窟	III. 30	看风水	III. 141

看顾	I. 101a / III. 63, 141	**kàng**	
看过了	III. 27	亢颈的人	III. 192
看后	III. 141	亢阳	I. 52b
看后头	I. 124a	抗违	III. 48
看见	I. 124a, 154a / III. 141, 220	炕	II. 325a
		炕床	II. 325b / III. 95
看里面	III. 141	**kǎo**	
看脉	III. 182, 213	考	I. 99a, 148a / II. 326b / III. 96
看命	III. 141		
看命的	III. 24	考察	III. 96, 213
看你主意	III. 190	考定为圣人	III. 41
看前	III. 141	考校	III. 96
看人心腹	III. 141	考究	III. 117
看上	I. 124a	考确	III. 96
看书	I. 98b, 112a / II. 326a / III. 95, 126, 141	考日影规	III. 188
		考童生	III. 96
看说好	I. 44a	考问	III. 96
看我面分	III. 176	考选	III. 82, 96
看戏	III. 220	考验推步	III. 40
看样	I. 117b	**kào**	
看一看	III. 141	靠	I. 45b, 89b, 96b, 99a, 100b, 103a / II. 326b / III. 13, 92, 187
看造化	III. 2, 27		
kāng			
康健	I. 153a / III. 37, 78, 197	靠背	I. 89b
康宁	I. 143b / III. 196	靠背椅	III. 201
康泰	III. 196	靠手	I. 89b
慷慨	III. 8, 58, 101, 104, 125, 127, 180	靠他	I. 46a
		靠天主的力量	II. 326b
慷慨的	III. 64, 133	靠着	III. 95
糠	II. 325a / III. 106	靠着托赖	III. 54
糠头	III. 106	犒	II. 326b
káng		犒功	III. 178
扛	III. 43, 131	犒劳	III. 178

犒赏	III. 178	可贵的	III. 177
		可恨	III. 2, 156
kē		可见的	III. 223
科	II. 336a	可贱	III. 223
科场	III. 96, 224	可交的	III. 216
科道	III. 134	可惊	III. 91
科举	II. 336a / III. 96	可惊的	III. 209
科考	III. 96	可敬的	III. 191, 219
颗	III. 106	可怜	I. 119b / II. 353a / III. 27, 52, 208
颗粒	III. 106		
磕头	III. 31, 65, 105	可怜的、穷人	III. 142
		可怕	III. 91
ké		可怕的	III. 208, 209
壳	I. 58a, 59a / II. 336a / III. 44, 53, 60	可其言	III. 18
		可伤	III. 52, 199
壳灰	III. 39	可伤的	III. 125
咳病	I. 46b	可舍	III. 16
咳馋	III. 103	可受法的	III. 61
咳红	III. 197	可托的人	III. 113
咳嗽	II. 348a / III. 45, 214	可为	I. 47b / III. 128
		可恶	II. 336a / III. 2, 156, 223
kě			
可	II. 336a / III. 77, 121, 124, 128	可惜	I. 119a / III. 52, 126, 170
可哀	III. 52	可惜的	III. 72
可哀的	III. 125	可想	III. 53
可爱	II. 336a	可想的	III. 30
可爱的	III. 12	可笑	II. 336a / III. 37
可乘	II. 336a	可笑的	III. 192
可称此职	III. 18	可信	III. 61
可处的	III. 216	可行	III. 128
可当此任	III. 18	可羞的事	III. 7
可得	III. 128	可羞辱	III. 7
可动的	III. 145	可羞之事	III. 150
可贵	III. 94		

可许	III. 18	客店	III. 139
可训	I. 92a	客馆	III. 139
可医得	III. 197	客居	I. 98b
可疑	III. 187	客鸟	III. 168
可疑的	III. 30, 80, 204	客人	I. 103b / III. 51, 108
可以	III. 177	客商	III. 138
可以辩的	III. 158	客厅	III. 196
可以怪	III. 135	刻	II. 348a / III. 45, 91
可以救得的	III. 188	刻板	I. 73b
可以事验	III. 20	刻版	III. 2, 45, 121
可以用得	III. 185	刻版的	III. 121
可以用得的	III. 212	刻薄	II. 348a
可以做得	III. 128	刻刀	III. 37
可饮的	III. 128	刻匠	I. 95b / III. 87
可用	I. 148b	刻苦	III. 216
可愿得的	III. 74	刻了	I. 95b
可赞美的	III. 129	刻漏	III. 188
可重	III. 94	刻期	III. 128
渴	III. 197	刻石	I. 95b
		刻文合信	III. 198
	kè	刻字	I. 73b / III. 121
		刻字的	III. 121
克	II. 348a / III. 86	恪许	III. 180
克敌	III. 219	课	III. 21
克己	II. 348a / III. 57, 122, 144, 190, 228	騍*（骡）马	I. 87a
		客雀	I. 128a
克己带	III. 48		
克期	III. 128		**kěn**
克去己私	III. 144		
克食	II. 348a	肯	II. 348b / III. 184
克私欲	III. 144	肯做	I. 82b
克制	III. 144	垦平	III. 17
克住	III. 190	恳	II. 348b
客	II. 348a / III. 108	恳恳切切	III. 118
客船	I. 122a / III. 30	恳乞	III. 168

恳切	II. 350b / III. 81, 118	空送	III. 64
恳求	III. 118, 168, 174	空文	III. 218
	kèn	空心	I. 91a / II. 338a / III. 9, 84
裉	II. 348b	空虚	I. 64b / III. 66, 91, 100, 108, 114
	kēng		
坑	I. 153a / III. 63	空虚的	III. 53, 218
坑隘	III. 40	空野	III. 72, 74
坑害	III. 22	空中	II. 338a / III. 85, 114, 218
坑坎	III. 30		
坑窟	III. 45	空中的鸟	III. 168
坑诬	III. 22	空中野马	III. 25
		空做	III. 110, 214
	kōng		**kǒng**
空	I. 64b, 124b, 153b / II. 338a / III. 35, 88, 108	孔	II. 338a
空处	III. 69	孔夫子	III. 133
空的	III. 53, 72, 114, 218	孔孟	III. 133
空地	I. 87a / III. 29, 67, 74, 164, 202	孔雀	I. 127b / III. 168
		孔子庙	III. 208
空费	III. 66	恐吓人	III. 91
空费了	III. 214	恐惧	I. 96b / III. 208
空费日	III. 155	恐怕	I. 45a, 132a / II. 338a / III. 175, 176, 184, 187, 200
空腹	III. 84		
空谷	III. 218		
空回	III. 34	恐怕是	III. 176, 220
空居	III. 69	恐人	III. 24
空阔	III. 69		**kòng**
空劳	I. 93a / III. 214	空常日	III. 76
空了	I. 81a / III. 7	空缺	III. 108
空然	III. 155	空散	III. 72
空手	III. 66	空隙	III. 63
空手回来	III. 34	空闲	III. 29, 71, 73, 155, 209
空手来	III. 220		

空闲的人	III. 109	口厉的	III. 174
空闲过日子	III. 103, 217	口漏	I. 50a
	kōu	口沫	II. 348b
抠耳	III. 128	口念	III. 159
		口喷	III. 193
	kǒu	口气	III. 190, 213
口	I. 52b / II. 348b / III. 33	口伤的	III. 144
口边说	III. 108	口上乳界	III. 133
口不好	I. 78a	口舌	III. 126
口不应心	III. 162	口舌能转变	III. 180
口才	III. 58	口水	I. 104b / III. 29, 196
口馋	III. 29, 103, 196	口说	III. 68
口吃	III. 207	口诉	III. 67, 184
口疮	III. 130	口痰	III. 103
口唇	I. 51b / III. 31, 125	口体之粮	III. 205
口词短	III. 60	口涎	I. 62b, 104b
口袋	II. 348b, 363a / III. 60, 195	口衔	III. 34
		口牙	III. 146
口赌	III. 18	口哑了	III. 86
口分	III. 185	口言	III. 68
口干	III. 197	口液	I. 94b, 104b
口供	III. 54	口有蜜腹有	III. 216
口官司尝	III. 108	口谕	III. 180
口含	III. 103, 131, 215	口直	III. 128
口含之话	III. 162	口张开	III. 2
口给	III. 58	口争	III. 177
口讲	III. 68	口嘴	I. 52a
口津	II. 335a		kòu
口壳	II. 336a	叩	III. 64
口渴	I. 48a, 120b, 143b / III. 197, 208	叩门	III. 130
		叩头	III. 31, 65, 105
口渴的	III. 197	叩钟	III. 212
口快	III. 34	扣儿	III. 110, 156
口厉	III. 144		

扣弓	III. 20		**kǔ**
扣弓搭箭	III. 20	苦	I. 41a, 111a, 151b / II. 336b / III. 7, 12, 55, 167, 171, 214
扣纽	I. 33a		
扣弩	III. 20		
扣起	III. 2	苦草	III. 191
扣上箭	III. 20	苦辞	III. 91
扣算	III. 71	苦楚	III. 142, 214
扣钟	III. 207	苦胆	I. 101b / III. 112
扣子	III. 36	苦得很	III. 79
寇	III. 125	苦瓜	III. 50
抑	I. 53b	苦会	III. 50
		苦尽见甘	III. 3
	kū	苦苦要	III. 184
刳空	III. 45	苦勒	III. 56
刳木	III. 45	苦留	III. 56, 75
枯	I. 143a / II. 336b	苦命	III. 222
枯草	III. 115	苦难	III. 167, 214
枯槁	III. 197	苦求	III. 118
枯骨	I. 125a / III. 197	苦劝	III. 81
枯瘠无儿	III. 94	苦劝转	III. 56
枯焦	I. 79a	苦人	III. 41, 121, 143
枯井	III. 175	苦人的	III. 143
枯木	III. 19	苦生	III. 222
枯树	III. 19	苦死	III. 144
哭	II. 336a	苦想的人	III. 170
哭哭哀哀	III. 132	苦心	III. 7
哭伤	II. 365b	苦辛	III. 5
哭声	III. 131	苦修	III. 170
窟窿	III. 8, 35, 113	苦要	III. 176
窟埌*（窿）	I. 54a, 63a, 119b		
窟隙	III. 45		**kù**
骷髅	II. 336b / II. 352b / III. 39, 146	库	III. 209
		库藏	III. 11, 209
		库储房	II. 337a

库房	I. 81a, 165a / III. 11, 73
库官	I. 149b / III. 98, 210
库金	III. 209
库里	III. 209
库理	III. 210
库吏	III. 100
库银	III. 209
库子	I. 81a
裤	I. 56a / III. 40, 46
裤带	III. 8
裤裆	III. 40
裤子	II. 337a
酷	II. 336a
酷刑	III. 62

kuā

夸自己	III. 179, 218

kuà

跨驴	III. 13
跨马	III. 13, 45

kuài

块	II. 359b / III. 168
块然的	III. 118
快	I. 43a, 44a, 46b, 72a, 87b, 134a / II. 359b / III. 5, 18, 36, 55, 84, 93, 179, 219
快船	III. 30
快当的人	III. 81
快的	III. 88
快过	III. 166
快活	I. 75a / III. 57, 78
快捷	I. 134a
快快	I. 73b / III. 128
快老	III. 88
快乐	I. 61a / III. 57, 105
快去	III. 122
快然独以其立	III. 21
快通	III. 8
快些	III. 3, 36, 80
快行	I. 42a, 44a / III. 13, 122
快走	III. 13
快足意	III. 57
快子	I. 99b, 164a
筷子	III. 163

kuān

宽	I. 38b, 42a, 103b, 111a, 148b, 154a / II. 360b / III. 7, 64, 87, 100
宽慈仁厚	III. 49
宽怀	III. 72
宽解	III. 56
宽量	I. 77b
宽慢	II. 354b / III. 207
宽慢的	III. 100, 207
宽猛并行	III. 106
宽猛得中	III. 106
宽免	III. 188
宽饶	I. 136a
宽仁	III. 49, 134, 142, 172
宽仁的	III. 142, 172
宽容	III. 49, 64, 78
宽散	III. 91
宽时、期	III. 77
宽恕	III. 170

宽息的	III. 91	亏负	III. 67
宽些	I. 132b	亏减	III. 67
宽心的	III. 100, 184, 190, 207	亏你	I. 106a
		亏损	III. 67, 223

kuǎn

款待	III. 187, 216
亏他	II. 360a / III. 169
亏心	I. 140a

kuāng

恇惶	III. 94
亏心的	III. 69
亏我	I. 38a
盔	III. 42, 46

kuáng

狂	I. 117a, 131a, 142b
盔甲	II. 349b / III. 62
狂胆的	III. 208
窥	III. 5
狂荡	III. 129
窥测	III. 116
狂风	I. 153b / III. 114, 208, 214
窥求	III. 38
		窥求无度	III. 38
狂风大作	III. 222
窥探	I. 97a
狂风骤起	III. 208
窥听	I. 95b
狂蜂	III. 2
窥望	III. 92
狂惑匹夫	III. 129

kuí

狂猛	III. 102
葵花	I. 150a
狂然	III. 116

kuì

狂妄	III. 36, 69, 98
愧	I. 154a
狂笑	III. 42, 192
愧耻	III. 220
狂言	III. 138
愧心的	III. 220
狂者	III. 129
狂＊（狂）	I. 90a

kūn

		坤	III. 211

kuàng

况	III. 183
昆弟	I. 110a / III. 111
矿	II. 338a
昆仑	III. 144
旷野	I. 53a, 94a, 96a / III. 72, 74, 115, 164

kǔn

		捆	I. 41a
		捆绑	II. 360a / III. 127

kuī

亏	I. 62b / III. 109, 161
捆缚	III. 98, 127
		捆起	III. 127, 214

捆身	III. 214		腊腿	III. 212
阃闱	III. 40		腊鱼	I. 144b
阃内	III. 40		腊月	III. 139
	kùn		辣	III. 20, 172
困	I. 122a		辣菜	III. 145
困城	III. 201		辣的	III. 144, 172
困乏	I. 131a / III. 138		辣椒	III. 173
困急	III. 149		辣芥籽	III. 145
困苦	III. 18, 26, 214		镴焊	III. 203
困劳	III. 214			**lái**
困迫甚紧	III. 18		来	I. 155a / III. 219
困穷	III. 174		来不来	III. 153
			来不着	III. 220
	kuò		来朝	III. 223
阔	III. 13		来得凑	III. 159
			来得当时	III. 210
	L		来得好	III. 159
			来得时	III. 159
	lā		来得是时	III. 3
拉	II. 352a		来得正好	III. 210
拉船	III. 131		来得周密	III. 101
拉开	III. 16		来得着	III. 159, 210
邋遢	II. 352a		来历	III. 102, 159, 188
	lǎ		来年	III. 15
喇叭	III. 47		来来往往	III. 122
	là		来日	I. 81b / III. 76
蜡	II. 352a		来生	III. 222
蜡台	III. 41		来时	III. 210
蜡烛	I. 56b / III. 41, 219		来世	III. 161
腊	III. 8		来岁	III. 15
腊的	III. 8, 114		来头	III. 159, 188
腊肉	I. 66a / III. 43, 46, 123, 212		来往	III. 98
			来业	III. 204

来由	III. 102, 159	蓝	I. 48b, 154a
来朝	I. 76b	蓝靛	III. 15
		蓝目	III. 103
lài		蓝色	III. 5
赖	I. 132a / II. 352a / III. 13, 40	蓝衫	III. 220
		蓝眼	III. 103, 157
赖惯	II. 360b	篮	III. 47
赖他	I. 46a, 63a / III. 26, 63, 81	篮筐	III. 47
		褴褛	III. 193
赖烦	I. 47b	烂缕	I. 95b
濑水	III. 60	蠬缕	I. 95b
癞	I. 105b		
癞病	III. 126	**lǎn**	
癞病的	III. 126	览	III. 141
癞疯	III. 211	揽	III. 2
癞疾	I. 112a / III. 126	揽紧	III. 18
癞头的	III. 211	揽着	III. 2
癞子	III. 126	揽住	II. 331b / III. 2, 81, 209
		擸*（揽）	I. 32a
lán		掷倒*（揽到）	I. 35a, 38a
岚	I. 84b		
岚瘴	I. 84b	掷*（揽）埋	I. 34a, 38a, 155b
拦抢	II. 333b	掷*（揽）埋银子	I. 47b
拦御	III. 121		
拦住	III. 25, 75, 94, 121, 180, 190	缆	II. 352a / III. 135
		榄仁	II. 340b
拦着	III. 75	懒	I. 134a
拦阻	III. 94, 180, 190	懒病	II. 352a
栏	III. 18, 93, 123	懒惰	I.122b / II. 352a, 364b / III. 83, 100, 149, 170, 175, 188
栏杆	I. 56b, 107a / III. 29, 30, 87, 218		
栏帘	III. 218	懒惰的	III. 210
栏栅	III. 59	懒惰的人	III. 170
阑干	II. 352a		

	làn	浪荡的人	III. 170
烂	I. 43b, 57b, 62b, 131a, 141a / II. 352a / III. 60, 175	浪荡子	I. 81b / III. 112
		浪费	II. 339b
		浪鼓	III. 31
烂臭	I. 101b / III. 110	浪滚	III. 157
烂的	III. 175	浪静	III. 157
烂赌钱的	I. 147a	浪平了	III. 157
烂贱	III. 147	浪起	III. 158
烂木	III. 19, 163	浪胎	III. 147
烂泥	I. 111a, 113b / II. 352a / III. 25, 30, 125, 129, 186	浪纹	III. 157
		浪舞动	III. 158
		浪息	III. 157
烂泥处	I. 111a	浪汹涌	III. 157
烂泥田	I. 47b	浪子胎	III. 94
烂头	I. 149a		**lāo**
烂头的	I. 149a	捞转	I. 150a
烂土	III. 30, 125, 129, 186		**láo**
烂醉	III. 35	劳	III. 7
滥食的	III. 215	劳动	III. 41, 215
滥用	II. 352a / III. 103	劳绩	III. 139
	láng	劳倦	III. 41
狼狈的	III. 64	劳苦	I. 36a, 56b, 129a / III. 7, 142, 214
狼母	I. 113b		
廊	II. 352a / III. 177	劳力	III. 41
廊舱	II. 325b	劳心	III. 41, 77, 77, 215
廊下	I. 40b, 153a	劳尊	III. 215
	làng	牢	I. 55a, 134b
浪	III. 157, 158	牢固	I. 33a, 132a / II. 352a / III. 80
浪打船	III. 202		
浪荡	I. 104b, 134b / III. 13, 78, 170, 217	牢笼	III. 20, 215
		牢实	III. 100
浪荡处	III. 69	牢狱	III. 39, 42, 201

唠嘈	III. 95	老人	III. 13, 222
唠嚷	I. 100b	老人家	III. 222
痨	I. 128b	老孺人	I. 84b
痨病	III. 95	老蛇	III. 63, 200
		老师	III. 132, 199

lǎo

老	I. 153b / III. 15	老实	I. 89b / III. 99, 131
老安人	I. 84b	老实的话	III. 199
老成	II. 352b / III. 23, 92, 222	老实的人	III. 113, 220
		老实说	III. 72
老成的	III. 132	老鼠	I. 137b / III. 185
老成人	III. 13	老鼠笼	I. 137b
老大人	III. 199, 226	老鼠奶	III. 32, 160
老颠	I. 55b	老头	III. 222
老癫	III. 39	老先生	III. 132, 199, 226
老爹	I. 169a / III. 199	老兄	III. 199, 226
老夫人	I. 84b / III. 132	老鸦	II. 345a / III. 106
老妇人	III. 147, 222	老爷	I. 169a / III. 199, 226
老公	III. 135, 141	老鹰	I. 99b, 119b / III. 5, 103, 149
老鹳	III. 48		
老虎	III. 211	老长	III. 13, 61
老家人	III. 13	老丈	III. 204
老酒	I. 154b / III. 222	老者	III. 13
老老实实	III. 199	老拙	III. 39
老老实实[的人]	III. 220	荖叶	I. 160a

lào

老了	I. 93a / III. 88	烙火印	III. 111
老耄	I. 93a / III. 39, 67, 222	涝	I. 146b

lè

老年	III. 219	乐想	III. 52, 67, 108
老娘	III. 12, 199, 222	勒	I. 41a, 134a / III. 48
老婆	I. 153b / III. 147, 222	勒肚	III. 48
老妻	III. 146	勒马停刀	III. 164
老亲台	III. 199		
老亲翁	III. 226		

勒住马	III. 164	累人	III. 64, 109, 143
		瘰母	I. 84a
léi			
雷	I. 62a, 137a, 152a / III. 185, 217	**lèi**	
		类	III. 91
雷雹	III. 106	泪	I. 66a, 155b
雷电	III. 188	泪满眸	III. 157
雷公	III. 217	泪堂	III. 125
雷光	III. 188	泪盈眸	III. 157
雷雷叱叱得紧	III. 188	泪注注目	III. 157
雷炮	III. 185	肋	III. 120
雷声	III. 217	肋膀	III. 60, 120
雷室	III. 185	肋骨	III. 60
雷同	III. 54	累人	II. 354a / III. 41
雷响	II. 354a / III. 217	累死	III. 170
擂	I. 119a / II. 354a / III. 73	酹*（酬）毕所负	I. 79b
擂槌	I. 119a	**léng**	
擂鼓	III. 24, 207, 212	棱角	II. 352b
擂烂	III. 73	**lěng**	
擂米	III. 143	冷	I. 45b, 48a, 60b, 105a, 139a, 143a, 148b / III. 87, 101, 110
擂碎	III. 73		
擂药	III. 143		
擂钟	III. 190	冷淡	I. 77a / II. 352b, 363b / III. 7, 83, 87, 190, 210
缧绁之中	I. 89a		
羸*（羸）	I. 105b, 153b, 155a	冷淡的	III. 78, 100, 101, 149, 188, 210
羸*（羸）回来	I. 82a		
羸弱	III. 100	冷淡了	III. 86
lěi		冷淡人	III. 170
垒窝	III. 150	冷的	III. 101
累	III. 216	冷寒	III. 101
累次	III. 3, 68, 146	冷精	III. 198
累次来	III. 101	冷冷的	III. 101
累累	III. 3		

冷了	I. 95b / III. 86, 190	犁后座	III. 49
冷起	III. 190	犁深	III. 8
冷笑	I. 140b, 146a / III. 192, 203	犁田	I. 111b / III. 19
		犁头	III. 19, 68, 188
冷硬	III. 80	犁尾	III. 133
		黎	I. 133a
	lí	黎民	I. 146b
厘	I. 161a	黎明	II. 352b / III. 61
厘戥	III. 171	黎园	I. 92b
厘顶	I. 162a	篱笆	II. 352b
离	II. 352b	篱经	I. 126b
离别	III. 166	釐*（嫠）妇	I. 93a
离骨头	III. 72	驪	I. 54a
离几远	I. 83b		
离开	III. 72, 75, 166		lǐ
离开了	I. 36a	礼	I. 62b, 64a / III. 223
离开去	III. 10	礼拜祠	III. 139
离了骨节	III. 71	礼本	III. 192
离亲	III. 16	礼部	III. 55
离群	I. 80b	礼单	III. 45
离散	III. 16, 91	礼服	III. 221
离书	III. 127	礼记	III. 192
离乡	I. 82a	礼节	III. 60
离乡出家	I. 81a	礼经	III. 192
离休	III. 16	礼貌	II. 353a / III. 51, 60, 63, 175
离异	III. 16		
离远	III. 78	礼趣	III. 103
离支	III. 48	礼然	III. 60
梨膏	II. 326b / III. 55, 170	礼生	III. 132
梨木	III. 170	礼数	I. 60a
梨树	I. 129a / III. 170	礼体	III. 175
梨园	I. 129a	礼文	III. 175
梨子	I. 129a / III. 170	礼物	III. 79, 178, 187
犁	I. 44b / II. 353a	礼衣	III. 221

礼仪	III. 51, 60, 142, 175, 192	历本	I. 134b / II. 353a / III. 40
礼制	III. 103	历代	II. 362b / III. 104, 128
李干	III. 48	历法	II. 353a
李子	III. 48	历过多难	III. 166
里	I. 104a / III. 119, 140	历年	III. 166
里边	III. 110	历日	I. 134b / III. 40
里面	I. 74a, 76a / III. 6, 68, 110, 119	历师	III. 173
		历书	I. 134b / III. 40
里头	I. 74a, 76a / III. 6, 68, 119	历数	III. 56
		厉害	III. 8
里袜	III. 39	厉害不过	III. 172
里长	III. 38	厉害的	III. 64, 133
理	III. 185	厉害的人	III. 97
理会	III. 56	厉害之言	III. 162
理家	III. 105	厉口	III. 34
理家业	III. 106	厉口的	III. 133
理圣台的人	III. 195	厉声	III. 225
理事	III. 63, 150, 216	立	I. 97b, 110b / III. 93, 102, 118
理顺	III. 180		
理义	III. 124	立案	III. 28, 179
理玉	III. 125	立标	III. 94
理之当然	III. 58	立表	III. 96
理之所宜	III. 58	立创	III. 56, 71, 102, 110, 118
		立创律法者	III. 126
力	I. 103b / III.102, 222	立春	III. 201
力竭	II. 353a	立打一包	III. 164
力量	III. 36, 56, 91, 102	立冬	III. 201
力勉	III. 66	立法	III. 56, 119
力气	II. 353a / III.102, 150	立法度者	III. 126
力劝归	III. 56	立法令	III. 56
力士	III. 91	立杆著日影	III. 94
力衰	I. 73a	立功	III. 139

立好表样	III. 65, 81	吏员	III. 90
立会基主	III. 102	励精	III. 203
立会主政	III. 102	利	I. 36b / III. 46, 129, 181
立价	III. 175	利大	III. 137
立继嗣的	III. 112	利己	III. 18
立名	III. 38, 98, 119, 175	利剑	I. 98b
立期	III. 209	利钱	I. 92a, 105b, 124b / II. 334b, 353a / III. 46, 103, 129, 187, 226
立起	III. 83, 196		
立秋	III. 201		
立善表	III. 65, 81	利息	I. 92a / III. 103, 119
立圣	III. 31, 55	利益	III. 119, 137, 181
立圣堂	III. 67	利益人	III. 18
立时	III. 36	沥青	I. 53b
立嗣	III. 6, 126, 180	沥过	I. 58b / II. 360a
立嗣的	III. 112	沥过了	I. 58b
立息	III. 129	荔枝	I. 167a
立夏	III. 201	枥*（荔）枝树	I. 167a
立贤	III. 82		
立限	III. 75	栗树	III. 44
立心	III. 225	栗子	I. 58a / II. 353a / III. 44
立新法	III. 117, 189	栗子壳	I. 125b
立严法	III. 187	栗子蓬	III. 89
立一边	III. 16	栗子树	I. 58a
立义子	III. 180	砺石	III. 173
立异端的首	III. 111	蛎房	III. 160
立意	III. 225	蛎灰	III. 39
立意见人	III. 158	粒	III. 106
立喻	III. 96	詈	I. 132a
立愿	III. 225	詈骂	I. 140b
立志	III. 23	詈言	II. 353a / III. 117
立主保	III. 82	痢疾	III. 40, 182
吏	I. 62a	擸起	I. 45b
吏部	III. 55	攦力之强	III. 77
吏目	III. 105		

lián

连	III. 21, 224
连常	III. 21
连根	I. 77a / III. 68
连后	I. 132b
连环甲	III. 60, 197
连叫数声	III. 107
连叫数声而死了	III. 107
连接	III. 84
连累	I. 120a
连襟	III. 63
连忙	II. 353a
连我	III. 206
连续	III. 180
连夜	III. 212
连坐	III. 23
怜悯	I. 48a
怜念	III. 52
怜视	III. 141, 172
怜惜	I. 79a
帘	III. 60
帘幕	III. 60
莲花	II. 353a
莲藕	II. 353a
联	I. 138a
联排	III. 159
联诗	III. 175
廉耻	III. 220
廉耻的	III. 220
廉净寡欲	III. 142
廉隅	III. 41
廉贞	III. 113
廉贞人	III. 113
鲢鱼	III. 194
臁脚	III. 41

liǎn

脸	I. 57a, 99b, 141a / II. 353a / III. 43, 140
脸红	III. 2
脸红起	III. 2, 27, 51, 60
脸盘	III. 29, 217
脸皮厚	III. 42, 74
脸上无汗	III. 74
脸皱	III. 22
脸嘴	III. 42
敛口	III. 107
敛身	III. 107
敛手	III. 122, 139
敛缩	III. 85
撵子	III. 217

liàn

练达	III. 92
练皮	III. 49, 62, 63
练熟皮	III. 63
练熟丝	III. 197
练束	II. 366b
练习	III. 109
炼	III. 5, 182
炼纯	III. 182
炼丹	II. 363a
炼洁	III. 182
炼洁糖	III. 182
炼金	III. 187
炼去	II. 353a
炼狱	II. 353a

炼罪	III. 182	良性	III. 152
炼罪地狱	III. 182	良夜	III. 152
恋爱	III. 12	良银子	III. 174
恋酒	II. 353a	良知	III. 78, 118, 185, 226
恋色	II. 353a	良知的光	III. 118, 130, 185
链环	III. 91	凉	I. 105a / II. 352b / III. 87, 187
链环甲	III. 133		
链起	III. 84	凉风	I. 155a / III. 101, 223
链圈	III. 91	凉快	III. 101
链子	I. 88b / III. 39	凉帽	III. 35
殓布	III. 144	凉伞	I. 146a
殓服	III. 144	凉爽	III. 101
殓尸	III. 12	凉饮	III. 32
殓衣	III. 144	梁	I. 151a / II. 352b / III. 33, 216, 222

liáng

良	I. 102b, 117a
良才	III. 165
良臣	III. 113
良工	III. 156
良匠	III. 156
良久	III. 91, 115
良马	III. 45
良能	III. 118, 185
良情	III. 66
良然	III. 148
良善	II. 352b / III. 16, 35, 134, 148
良善的	III. 6, 12, 79, 134, 204
良善的人	III. 113
良善人	III. 33
良心	III. 53, 58, 225
良心的人	III. 66
良心歪过	III. 118

梁沪	III. 93
量	I. 118a, 119a / III. 137
量不得	I. 144a, 145b, 146a
量高	III. 137
量几多长	III. 137
量力	III. 137
量平些	III. 137
量浅些	III. 137
量值多少	III. 164
粮	I. 117a, 138b / III. 216
粮草	III. 11, 30, 135, 181, 202, 205, 223
粮差	I. 145b
粮船	III. 30
粮户	III. 189
粮钱	III. 94
粮食	III. 11, 30, 135, 181, 205

《葡汉词典》《汉法词典》《官话词汇》中文词语索引

	liǎng	两味	I. 108a
两	I. 127a / III. 80, 158, 206	两下挟攻城	III. 51
		两心的	III. 79
两膀	III. 60	两样	I. 74a, 90a
两边	III. 75, 88	两姨兄弟	I. 134a
两边有凭据	III. 158	两姨姊妹	I. 134a
两重的	III. 79		liàng
两处	III. 88	亮	I. 138b
两锋刀	III. 8	亮格	II. 352b
两个	I. 55b / III. 12, 79, 88	亮然	III. 2
两个人	III. 79	量	III. 137
两个月	III. 79	量测	III. 30, 55, 164, 206
两股剑	III. 91	量度	III. 55, 116, 137, 185, 206, 215
两京十三省	III. 181		
两句	III. 162	量浅	III. 8
两军呐喊	III. 107	晾	II. 352b / III. 86, 159, 176
两口刀	III. 8		
两肋	III. 120	晾干	III. 88, 197
两路击城	III. 51	晾炎	III. 40
两眉皱攒	III. 22	踉踉跄跄	III. 14
两免	I. 76b		liāo
两面	III. 12	撩水过去	III. 166
两面刀	III. 91		liáo
两年	I. 85a	疗病	I. 90b / III. 63, 196
两年的久	III. 91	潦草	III. 107
两日	I. 85a	缭母	III. 90
两日一遭冷热	I. 115b	缭子母	III. 34
两腮	III. 140	缭子索	III. 34
两省	I. 76b	燎石	III. 173
两手	III. 134	燎炙	III. 23
两手相擦摩	III. 212	屦子	III. 140, 165
两天	III. 79		
两条牛	I. 108b		

liǎo

了	III. 115, 227
了不开	III. 8
了明	III. 87
了税	III. 162

liào

尥蹶	II. 352b
钉铞	II. 352b
料当	III. 136
料火	I. 149a
料理	III. 71
料量	III. 179
撂人马脚	III. 179
撂石头	II. 352b
瞭高处	III. 25

liè

列国	III. 212
列列依次第	III. 159
列品祷文	III. 126
列数	III. 195
列位	II. 353a / III. 226
列星宿	III. 56
列营	III. 23
列寨	III. 23
列阵	III. 159
猎狗	I. 56b / III. 103, 126, 171
猎户人	III. 39
猎名	III. 180
猎鸟	III. 39
猎犬	I. 111b / III. 103
猎人	III. 39
烈驴	III. 23
烈马	III. 45
烈女	I. 155a / III. 147
裂	I. 32b, 46a, 137a / III. 2, 106, 111, 129
裂缝	I. 102a
裂骨头	III. 72
裂开	I. 33b, 101b, 107b / II. 353a / III. 110, 186
裂开了	I. 101b
裂露	II. 353a
裂破	III. 72, 110, 166, 185
裂缺	III. 188
裂碎	III. 2

lín

林	II. 353b
林木茂盛	III. 35
邻邦人	III. 51
邻隔	II. 348a
邻国人	III. 51
邻家	III. 221
邻近	III. 221
邻居	III. 221
邻居的	III. 144
邻亲	III. 221
邻舍	I. 155a
邻省	III. 51
临	I. 66a / III. 66, 93, 131
临产	II. 353b
临朝	III. 27
临了	I. 103a
临难	III. 169
临时	II. 353b / III. 131

临时来	III. 220	灵才	III. 87
临死	III. 94, 169	灵光	III. 130
临下	III. 134, 141	灵魂	III. 11, 14
临欲下手	III. 94	灵魂带肉身	III. 124
临御	III. 27	灵魂的粮	III. 205
临终	II. 353b / III. 7, 20, 94, 159	灵魂同肉身	III. 124
		灵魂之安宁	III. 196
临终傅圣油	III. 97, 195	灵模	III. 101
淋白浊	III. 100	灵台	III. 58
淋漓不住	III. 132	灵台官	III. 24
淋润	I. 120a	灵通神者	III. 180
淋痛	III. 173	灵心	III. 87
辚辚	III. 47	灵性	III. 149
磷火	III. 102	灵验	III. 140
鳞	I. 94b	灵药	III. 137
		灵桌	III. 139
lǐn		玲珑	III. 125
廪膳的	III. 29	铃	I. 56a / III. 41
廪生	III. 29, 128	铃儿	III. 44
廪受	II. 353b	铃圈	III. 50
		铃子	III. 46
lìn		凌迟	II. 353b / III. 25, 60
赁	III. 21	凌固	III. 42
赁船	III. 100	凌角	I. 62a
赁房	II. 338b	凌辱	III. 2, 7, 55, 72, 120, 223
赁钱	I. 41a		
赁他	I. 45b	凌辱的话	III. 29, 158
吝教	II. 353b	凌辱人	III. 117
吝钱	III. 140	凌侮	III. 117
吝啬	II. 353b, 360b / III. 26, 90	凌羞他	III. 59
		陵人	I. 32b
líng		聆	I. 125b
伶俐	III. 2, 28, 33, 125	聆见	I. 125b
伶俐的	III. 223	绫	III. 185

零买	II. 353b / III. 52	领之	III. 54
零卖	III. 219	领状	III. 23, 99
零碎	I. 119b	领罪罚	III. 170
零碎布	I. 139b		
零碎买	III. 52		**lìng**
零碎卖	III. 219	另	II. 353b / III. 166
		另安顿	III. 175
	lǐng	另放	III. 175
岭	III. 143	另讲	I. 139a
岭头	III. 63	另居	III. 223
领	I. 154a / II. 353b / III. 50, 62, 186, 220	另日	II. 340b
		另收	I. 131b
领此	III. 186	另外	I. 36b, 39a / II. 365a / III. 11, 68, 96, 102, 165, 166
领罚	III. 170		
领环	III. 103		
领回	I. 79a	另一个	III. 160
领教	III. 87, 180, 186	另有	III. 6
领吏	II. 353a	另有多	III. 160
领命	II. 353b / III. 154, 180, 186	另作	I. 139a
		另作答	II. 353b
领情	III. 7	令	II. 353a, 353b / III. 29, 67, 109, 133, 134, 159, 218
领戎马	III. 140		
领圣灰	III. 186		
领圣水	III. 31, 186, 195	令爱	III. 112
领圣水者	III. 62	令超格	III. 77
领圣体	III. 53	令宠	II. 332b / III. 54
领圣洗	III. 195	令到	III. 109
领首	III. 178	令弟	III. 111
领受	III. 186	令价	II. 349b / III. 61, 142
领书	III. 43	令舅	III. 63
领帖	III. 43	令眷	III. 146
领头	III. 38	令来	III. 109
领洗	III. 31, 186	令郎	III. 112
领谢	III. 186	令命	III. 177

令旗	III. 29, 170, 218	留人客	III. 113
令亲	III. 165	留他住	II. 352b
令人骇	III. 25	留下一声	III. 186
令人为善	III. 109	留歇	III. 12
令人厌饫	III. 98	留心	III. 77, 107
令色	III. 37	留在后	III. 177
令死者复活	III. 191	留止	III. 75
令堂	III. 132	留住	III. 4, 75, 110, 191
令堂下	III. 153	留着	III. 191
令徒	III. 77	留做当	III. 188
令望	III. 28	流	I. 96a / III. 59
令媳	III. 153	流不待	III. 100
令兄	III. 111	流出	III. 133
令婿	III. 115	流荡	III. 217
令岳	III. 204	流丐子	III. 174
令岳母	III. 204	流汗	III. 204
令正	III. 146	流火	III. 105
令旨	III. 67, 134	流急	I. 109b
令尊	III. 161	流精	III. 100, 175, 196
	liú	流精之病	III. 100
留	I. 82b, 137b, 138b, 139b / III. 4, 160, 190	流口水	III. 29, 39
		流泪	III. 59, 132
留不住	II. 352b	流沫	III. 92
留步	III. 167	流沙漏	III. 188
留饭	II. 352b	流水	III. 8
留放处	III. 184	流下	III. 122
留功绩	III. 75	流下去	I. 110a
留怀	III. 55	流涎	III. 29
留酒	II. 352b	流星报马	III. 59
留客	I. 155b / III. 75, 160	流星马	III. 45
留口	II. 348b	流言	III. 153
留名声	III. 75, 184	琉璃	I. 154b
留人	I. 125a / III. 160	琉璃光	III. 125

琉璃瓦	III. 208	溜子	III. 41
硫磺	I. 93b / III. 5		
硫磺石	III. 173	**lo**	
榴红	III. 43, 50, 84, 193	咯	II. 353b
榴树	I. 140b	**lóng**	
瘤子	I. 113b	龙	I. 52a, 144b / II. 354a / III. 80, 185
鎏金	III. 79, 202		
鎏金的	III. 79	龙船	III. 103
liǔ		龙虎榜	III. 45
柳韭	III. 181	龙驾	III. 43, 185
柳树	III. 197	龙井茶	III. 47
柳条	III. 222	龙袍	III. 185, 221
柳坠丝	III. 157	龙伞	III. 184
liù		龙头	III. 132
六	I. 143b / III. 198	龙头银子	III. 174
六百	III. 198	龙虾	I. 110b
六遍	I. 143b	龙涎香	II. 354a, 361b / III. 12
六部	III. 55	龙衣	III. 185, 221
六飡*（餐）	I. 143b	龙钟	III. 14
六畜	III. 14, 79	砻勾	III. 163
六府	III. 88	砻壳	III. 143
六腑	III. 88	砻米	III. 143
六个	III. 198	砻磨	III. 143
六合之内	III. 147	聋	I. 146b
六品的	III. 76	聋痹我耳	III. 26
六千	III. 198	聋些	I. 121a
六亲	III. 165	笼	I. 56b / II. 354b
六十	III. 200	笼箱	III. 19
六十万	III. 198, 200	隆	II. 354a
六万	III. 200	隆冬	III. 119
六艺	III. 22	隆礼	II. 354a
六月	III. 124	隆盛	III. 16
溜口	II. 348b	隆重	III. 113
		躘踵	III. 14

lǒng

拢船	II. 354b / III. 30, 131, 218
拢淤沙	III. 64

lóu

蒌苇	I. 94a
楼	III. 202
楼房	I. 150b / III. 202
楼阁	III. 17, 202
楼上	III. 46, 202
楼塔	III. 214
楼台	II. 352b / III. 202
楼梯	III. 89
楼下	III. 31
蝼蚁	III. 113

lǒu

搂抱	III. 2

lòu

陋俗	III. 3
陋巷	III. 59
瘘	III. 100
漏	I. 87b, 104a / III. 78, 122, 216
漏滴	III. 78
漏精	III. 100
漏子	II. 352b / III. 83

lú

芦柴	II. 354a
芦竹	III. 43
炉	III. 113
炉铲	III. 162
炉床	III. 165
鸬鹚	III. 35, 168

lǔ

卤水	III. 196
房	II. 354a
掳	II. 354a
掳精光了	III. 193
掳卷	III. 74
掳掠	II. 353b / III. 65, 74, 193, 195, 196
掳痒	I. 58b, 101a
鲁愚	III. 36
橹	I. 167a / II. 354a / III. 188

lù

陆兵	I. 106b, 109b
陆士	III. 203
陆续买	III. 52
陆战	III. 107, 140
录日	III. 176
录遗嘱	III. 210
鹿	I. 65a, 105b, 153b / II. 354a / III. 48, 219
鹿鞭	III. 140
鹿脯	III. 46
鹿鸣宴	III. 30
鹿肉	I. 57b
绿林帽	III. 35
禄	I. 138b, 151b
路	I. 56a / II. 354a / III. 40, 221
路程	I. 108b / II. 330b / III. 123, 221
路费	III. 103, 136, 221

路赶辛苦	II. 354a
路轿	III. 201
路旁	III. 125
路头	III. 40
路途	III. 40
路弯	III. 37
路资	III. 103, 136
辘轳	II. 354a
戮灭全家	III. 136
鹭鹚	III. 103
露	II. 354a / III. 193, 200
露齿	III. 87
露出	II. 354a
露风	III. 176
露水	I. 51a, 106a, 125a, 140b / III. 7, 193
露宿	III. 200
露体	III. 73
露天下	I. 98a
露现	III. 49
露些	III. 56
露珠	I. 125a

lǘ

驴	I. 48b, 121a
驴车	III. 43
驴夫	I. 40a / III. 109, 142
驴牯	III. 23
驴叫	I. 125a / III. 186
驴母	I. 46b / III. 23
驴啸	III. 186
驴子	I. 46b / II. 353b / III. 23, 35, 37

lǚ

吕宋	III. 122
捋巴头发	III. 139
捋头发	III. 139
旅客	III. 101, 139, 166, 170
旅人	III. 121, 166, 170
屡	I. 147b
屡代	I. 145a
屡积	III. 124
屡年	III. 39
履约	III. 53

lǜ

虑	II. 353b
律	I. 111b, 134b / II. 353b
律法	III. 127
律法禁令	III. 127
绿	I. 154a / II. 354a
绿宝	III. 172
绿宝石	I. 108a / III. 91
绿色	III. 220
绿色宝石	III. 91
绿石	III. 172
绿玉	III. 91, 172
滤过	III. 50
镥植	III. 134
镥碎	III. 143

luán

鸾凤	I. 38a
銮驾	III. 43, 50, 185

	luǎn	乱议	III. 124
卵	I. 125a / II. 354b / III. 107	乱用	III. 74, 103
		乱用家财	III. 74, 78
卵泡	III. 52	乱杂	III. 140
卵石	II. 354b	乱宗	III. 140
卵隐滞	III. 184	乱做	I. 37b / III. 72, 110
卵子	III. 52, 210		lüè
	luàn	略	III. 174
乱	I. 76b, 80a, 81a, 109b, 110a, 140a / II. 354b / III. 9, 121, 170, 171, 201, 208	略好	III. 137, 185
		略减些	I. 83b
		略略	III. 224
		略略些	I. 132b
乱吃的	III. 215	略说	III. 89
乱次序	III. 73	略同	III. 164
乱道	I. 127a	略咸	III. 195
乱动	III. 186	略肿	I. 109a
乱讲	I. 100a, 126b / III. 36, 70, 74, 138, 149		lūn
		抡刀	II. 354b
乱讲的	I. 126b	抡双刀	III. 91
乱乱	III. 118		lún
乱抢	I. 142a, 143a		
乱桥	III. 181	论语	III. 128
乱然	III. 116	沦亡	III. 144
乱嚷	III. 145	轮	I. 121a / III. 27, 38
乱冗*（嚷）	I. 100b	轮不着	II. 354b
乱杀	III. 136	轮更	III. 146
乱石山	III. 169	轮接	III. 204
乱说	III. 36, 167	轮看	III. 141
乱思量	I. 109a	轮流	III. 14
乱想	I. 109a	轮盘	III. 194
乱行	III. 14	轮心	III. 193
乱言	III. 36, 70, 77, 97	轮序	II. 354b, 361b
乱疑他	III. 208	轮辕	III. 96

轮轴	III. 96	骡车	II. 329a
轮转	III. 13, 34, 37, 193	骡牯	III. 147
轮子	III. 194	骡母	III. 147
轮做	III. 110	骡子	II. 353b / III. 132, 147

lùn

论	I. 99b
论道	II. 354b / III. 178
论人力不能得够	III. 114
论人为、不能得	III. 114
论题	III. 208
论语	III. 184

luō

啰嗦	III. 85
啰嗦的人	III. 85

luó

罗	II. 353b
罗斗	I. 129a
罗经	I. 38a / II. 351a, 353b / III. 8
罗面	I. 129a
罗网	III. 187
萝蔔*（卜）	I. 122a, 137a
萝卜菜	III. 184
萝卜籽	III. 201
啰唝	I. 137a
逻士	III. 92
逻卒	III. 193
锣	III. 29, 217
锣子	III. 29
箩	I. 65a / II. 353b

骡车	II. 329a
骡牯	III. 147
骡母	III. 147
骡子	II. 353b / III. 132, 147
骡子转	II. 353b
螺摆	II. 353b
螺蚌	III. 132
螺壳	I. 54a
螺丝	III. 214
螺蛳	I. 57a / III. 42
螺蛳梯	III. 89
螺梯	III. 42

luǒ

裸者	III. 73
瘰癧	I. 40b

luò

骆驼	II. 354a / III. 40, 80
落	III. 122
落雹	III. 173
落红	III. 139
落花	III. 39
落炉	I. 90b
落篷	III. 219
落圈索中	III. 126
落胎	III. 2
落下	III. 39
落陷阱中	III. 20
落雪	III. 150
落叶	III. 39, 73, 113
落婴	II. 354a
落雨	III. 132
落烛	II. 331a
落烛煝	II. 355b

M

mā
孖	I. 106b

má
麻	III. 6, 9, 13, 197
麻痹	III. 6, 39
麻布	III. 134, 163, 193
麻风	II. 354b / III. 45, 103, 126
麻疯	III. 45
麻糕	III. 10
麻巾	III. 207
麻裢	II. 354b
麻雀	III. 105, 164
麻蚁	I. 103b
麻蚁窠	I. 103b
麻油	II. 354b
麻竹	III. 41
麻风	III. 45

mǎ
马	I. 58b / III. 45, 193
马*（码）	I. 140b
马鞍	I. 143b / III. 6, 123, 201
马鞍障	III. 107
马包	III. 10, 133
马被	I. 63a
马鞭	II. 358a / III. 5
马镳	III. 101
马兵	I. 58b / III. 45, 104, 202
马槽	I. 117a, 134a / III. 171
马草	III. 9
马杈子	III. 201
马车	III. 50
马齿草	III. 220
马齿苋	I. 50a
马齿苍	I. 50a
马船	III. 30
马镫	III. 95
马房	I. 98b
马夫	III. 109, 125, 142, 147
马汗被	III. 88
马甲	I. 58b
马架	I. 38b
马鲛鱼	III. 206
马嚼	II. 335b
马叫	I. 140a
马轿	III. 129
马栏	I. 134a / III. 45, 93
马类	III. 91
马勒	III. 48
马料	III. 205
马铃	III. 179
马母	III. 227
马爬	I. 40b
马辔	III. 123
马辔头	I. 137b
马扇汗	III. 101
马绳	III. 192
马嘶	III. 188
马蹄	I. 155b / III. 167
马桶	III. 29, 200
马尾	I. 137a
马无缰	I. 79b
马衔	III. 101

马衔绳	III. 192	埋伏兵士	III. 83
马衔外的	III. 101	埋伏刀	III. 83
马胸带	I. 128b / III. 179	埋名	III. 155
马驿	III. 93	埋土	III. 87
马缨	II. 346b / III. 61	埋于土	III. 139
马苑	II. 347b	埋一半	I. 118b
马跃起	III. 83	埋怨	III. 184
马仔	III. 177	埋在地下	II. 354b
马战	III. 140	埋葬	III. 87, 199
马子	I. 132b		
马鬃	I. 59a / III. 61	*mǎi*	
马走	III. 103	买	I. 59b, 118b / III. 52, 138
玛瑙	I. 141a		
玛瑙石	III. 123	买办	III. 73, 180
码戥	III. 171	买办的	I. 60a / III. 52
码头	III. 71, 82, 139, 182	买的人	III. 52
码子	II. 354b / III. 171	买得便宜	III. 52
蚂蝗	III. 197	买得不便宜	III. 52
蚂蜞	III. 197	买*（卖）得好	I. 153b
蚂蚁	II. 354b / III. 113	买回来	I. 150a
		买货	I. 88b
mà		买*（卖）酒店	I. 153b
骂	I. 140b, 155a / III. 133		
骂詈	I. 109b, 115b / III. 117, 133	买来	III. 52, 138
		买卖	III. 150
骂他	III. 189	买卖船	I. 122a
骂天主	III. 33	买契	III. 55
骂怨	III. 133	买上买下	III. 202
骂咒	III. 133	买食	I. 60a
		买者	III. 52
mái			
埋	I. 92a, 119a, 144a, 146a / II. 354b / III. 87, 204	*mài*	
		麦	I. 151b
埋伏	I. 45a, 65a / III. 83	麦虫	III. 105

麦麸	I. 100a / III. 7		脉	I. 133a
麦秆	III. 162		脉大	III. 182
麦门冬	III. 90		脉紧	III. 182
麦穗	III. 92		脉络	II. 353b / III. 22
麦头	III. 8		脉有力	III. 182
卖	I. 153b / III. 219		脉壮	III. 182

mán

卖菜的	III. 160		蛮讲	III. 30
卖柴的	III. 126		蛮人	III. 30
卖反	III. 216		蛮夷的	III. 30
卖个破绽	III. 100		蛮子	III. 30
卖国人	III. 216		蔓菁菜	III. 148
卖货	I. 82b		馒首	III. 163
卖货的	I. 153b		馒头	III. 163
卖几贯	II. 344b		馒头碎	III. 140
卖酒的	I. 147b		馒头一块	III. 138
卖酒人	III. 207		瞒	III. 37, 86
卖面包的	I. 126a		瞒昧	III. 85, 194
卖面头的	III. 163		瞒昧人	III. 82
卖牛的	III. 139		瞒骗	III. 37, 86
卖弄	III. 145		瞒他目	III. 86
卖契	III. 90		瞒伪	III. 90
卖去	III. 219		鳗鱼	I. 91a / III. 14
卖肉店	III. 43			
卖肉所在	I. 57b			

mǎn

卖神物	III. 201		满	III. 50, 110, 131
卖生药的	III. 35		满处	III. 212
卖圣物	III. 201		满稻	III. 22
卖书的	I. 113a / III. 128		满的	III. 83
卖水的	III. 7		满服	III. 3
卖线的	I. 113a		满弓	III. 19
卖笑	III. 145		满家	III. 212
卖者	III. 219		满口	III. 2, 34
卖猪的	III. 177			

满路	III. 212	忙	III. 156
满面	III. 212	忙了	I. 96b
满任	III. 3, 63	忙忙	III. 18
满天都是黑云	III. 153	忙迫	II. 357b
满眼	II. 356a	忙懅	I. 116a
满盈	III. 131	茫茫渺渺	III. 147
满洲	III. 207	茫然无对	III. 191
满洲人	III. 207		

mǎng

满贮	I. 89a
满足	III. 50, 188
满足了意	III. 57

莽动	III. 21
莽撞	III. 21, 70
蟒龙	III. 80
蟒蛇	III. 200
蟒衣	III. 221

màn

蔓延	III. 94
幔起来	III. 88
幔身布	III. 135
幔身绸	III. 135
幔圣台布	III. 135
幔天	I. 145a
幔天顶	III. 48
幔帐	III. 167, 211
漫金	III. 79
慢	I. 76a, 139b, 147b, 153a
慢慢	I. 120a, 127b, 132b / II. 354b / III. 57, 91, 167, 174, 207
慢慢行	III. 14
慢慢走	III. 14, 167
慢行	I. 42a
慢走	III. 23
谩*（慢）	I. 82b, 117a
谩*（慢）行	I. 110a

mão

猫	I. 106a
猫儿	III. 104
猫儿声	I. 100a
猫儿眼	I. 124a
猫捉老鼠	I. 117b
猫子	I. 106a

máo

毛	I. 128b / III. 169, 219
毛拔起	III. 74
毛发倒竖	III. 21
毛骨悚然	III. 21
毛管	III. 177
毛孔	II. 338a / II. 354b / III. 177
毛栗	III. 44
毛落	III. 169
毛竖	III. 21
毛毯	III. 207

máng

芒种	III. 201

毛脱	III. 169	帽檐	III. 9
毛隙	III. 177	帽缨	III. 35
毛缨	III. 174	帽簪	II. 326a
矛	III. 125	帽子	I. 50b, 57a, 65b, 107a
矛盾	III. 57	帽子头	III. 58
茅草	III. 46, 150, 162	媢嫉	III. 46, 83
茅厕	III. 127, 149, 197	貌	III. 193
茅房	I. 66a / III. 38, 40, 44, 47	貌狀態	III. 143

me

么	III. 119

méi

茅坑	III. 127, 149
茅楼	III. 38, 40, 44, 47
茅庐	III. 38, 47
茅屋	III. 38
舿*（锚）	I. 100b

mǎo

卯时	III. 28, 48, 198

mào

茂林	III. 19	没	III. 149, 151, 201
茂盛	III. 19, 67, 92, 221, 224	没处放	III. 130
冒	III. 22	没搭撒的话	III. 97
冒渎	III. 70, 156	没得空	III. 93, 156
冒多苦	III. 166	没定	III. 94, 171
冒认	III. 86	没定的	III. 113, 118, 146
冒死	III. 1, 14	没定的人	III. 190, 218
贸	I. 121a, 153b	没定准	III. 118, 171
贸易	III. 150, 216	没法	II. 338b
贸易的	III. 138	没法的人	III. 170
帽	I. 146a / III. 35	没管头	III. 127
帽带	III. 48	没决意	III. 171
帽魁	I. 103b	没空闲	III. 156
帽纽	I. 130b	没来头	II. 352a / III. 151
帽圈	III. 203	没来由	III. 151
		没来由人	III. 70
		没理	I. 109b
		没廉耻	III. 170
		没了	III. 151, 152
		没了法	III. 151
		没了活路	III. 152

没耐烦	III. 152	没有多遍	I. 132b
没年纪	III. 142	没有风	I. 56a
没趣	I. 79b / II. 336b / III. 2, 37, 151, 164, 184	没有孩状	I. 144a
		没有记含	III. 73, 158
没趣的	III. 72	没有计较	I. 77b
没事	III. 115	没有家眷	I. 145b
没事干	III. 71, 73	没有久	III. 175
没套头	III. 200	没有拘束的	III. 78
没头没尾	III. 14	没有礼数	I. 115a
没头脑	III. 138, 200	没有了	III. 3
没头脑人	III. 70	没有人	I. 122b / III. 148
没闻见	III. 116	没有人管	III. 223
没闲	III. 10, 93, 156	没有人管的	III. 113
没相干	II. 325b / III. 209	没有声	I. 141a
没相干的	III. 68, 119, 121	没有所在	I. 76a
没相干的事	III. 149	没有尾巴	I. 76b
没心	II. 355b / III. 152	没有味	I. 145b, 146a / III. 69, 72
没心的	III. 225		
没意思	I. 79b / III. 72	没有味的	III. 201
没因业拿	III. 155	没有新闻	III. 153
没用的	III. 68, 69, 91, 117, 119, 121, 200, 205	没有信德	III. 98
		没有凶器	I. 77b
没有	I. 57a, 119b, 123a / III. 43, 97, 151, 152, 201	没有须	I. 78a
		没有学文	III. 116
		没有牙齿	I. 79a
没有伴	I. 77a	没有眼	I. 144a
没有长久	III. 175	没有一个	III. 150
没有处	I. 76a	没有一个所在	III. 86
没有此情	I. 109b	没有银子	III. 10
没有次序	I. 81a	没有缘故	III. 151
没有道理	I. 109b, 144a	没有丈夫	I. 145b
没有定	I. 121a	没有滋味	I. 92a
没有东西	III. 150	没造化	III. 74, 133
没有肚量	III. 60	没造化的	III. 71

没志气	III. 60	每七日	III. 39
没中用	III. 151	每日	III. 39
没中用的	III. 117, 119, 164	每十抽一	III. 77
没中用的人	III. 113	每时	III. 212
没主意	III. 116, 171	每岁	III. 39
没主意的	III. 113	每一时	III. 39
玫瑰丛	III. 193	每遭	III. 39
玫瑰花	III. 193	美	I. 104b, 126a / III. 37, 111
玫瑰经	III. 193		
玫瑰露	III. 7	美而又美	III. 68
玫瑰树	III. 193	美观	II. 360a
枚	III. 8	美好	III. 32, 37, 111
枚卦	III. 205	美丽	III. 103, 111, 160
眉毛	I. 145a / III. 46	美貌	I. 51b, 76a / III. 111
眉清目秀	III. 128	美目	I. 124a
眉头相结	III. 22	美目清秀	III. 104
梅花糖	III. 54	美女	III. 147
梅子	III. 9	美善	III. 35
胸肉	I. 113b	美珠	III. 171
媒	III. 186		

mèi

妹	III. 111, 179
媒婆	III. 10, 44
妹夫	I. 63a / II. 355b / III. 63
媒人	I. 58a / III. 10, 44, 137
妹婿	III. 63
霉	III. 143
妹丈	III. 63
霉沾	II. 355b
妹子	III. 111
		昧目	III. 157
		昧心的	III. 69

měi

mén

每	I. 55b / II. 355b / III. 39
每次	III. 39, 212
门	I. 132b / III. 22, 181
每个	III. 39
门弟	III. 77
每句	III. 3
门斗	I. 113b
每两日	III. 39
门缝	I. 107b
每每	III. 3		
每每常	III. 200		
每年	III. 39		

门杠	III. 215
门官	III. 162
门户	I. 145b / III. 130, 224
门籍	II. 348b
门禁	III. 49
门臼	I. 62b / II. 350b
门里头	I. 72a
门帘	I. 43a / III. 15, 46
门簾*（帘）	I. 106a
门楼	I. 132b / III. 46, 177, 203
门路	III. 88, 167, 221
门轮	III. 43, 184
门面	III. 67, 101, 105, 160, 177
门面阔达	III. 133
门屏	III. 15
门扦	III. 10
门墙	III. 105
门人	I. 83a / III. 77
门生	I. 83a / III. 29, 121
门枢	I. 62b / III. 43, 184
门闩	I. 39a, 151a / II. 366b
门栓	III. 207
门锁	I. 101b
门头	III. 101
门徒	III. 77
门限	III. 130
门婿	I. 106b
门牙齿	III. 76
门帐	I. 106a
门者	III. 162
门转	III. 43
门子	I. 126a / III. 162

mèn

闷	I. 93a / II. 356a / III. 55, 209
闷虫	III. 129
闷人	III. 216
闷死	III. 144

méng

盟誓	III. 55, 124
盟兄弟	III. 111
盟约	III. 124
萌芽	III. 36, 50, 189, 191
蒙	I. 58b
蒙地板	III. 94
蒙恩	II. 355b / III. 32, 186
蒙童书	III. 44
朦朣*（懂）话	I. 84b
朦胧	III. 36, 118
朦死	I. 34b, 42a, 80a, 96a
朦死了	I. 80b, 96a
懵懂	I. 151b / III. 32, 36, 120, 196, 213
懵懂的	III. 126
懵腜	I. 151b

měng

猛	III. 36
猛悍	III. 57
猛健	III. 36
猛将	I. 95b, 102a
猛浪	I. 150a / III. 157
猛烈	III. 209
猛烈的	III. 192
猛气	III. 83

猛容	III. 84	弥满	III. 131
猛士	III. 91	弥撒	III. 142
猛兽	I. 102a / III. 14, 62, 99	弥撒巾	III. 35
猛勇	III. 91	弥撒经本	III. 142
猛壮	III. 218	弥撒圣衣	III. 221
蠓子	III. 145	弥撒之礼	III. 195
		谜语	III. 86
mèng		谜子	III. 86
孟浪	III. 70	糜烂	III. 73
孟浪的	III. 208		
孟子	III. 133	**mǐ**	
梦	I. 146a, 155a / III. 204	米	III. 22
梦间	III. 203	米仓	III. 163, 217
梦见	III. 203	米碓	III. 143
梦寐	III. 79	米饭	I. 46a / III. 144
梦寐之间	III. 203	米房	III. 73
梦泄	III. 175	米粉	III. 99, 109
梦遗精	III. 175	米谷	III. 22
梦中	III. 203	米行	III. 139
		米糊	III. 86
mí		米户	III. 139
迷	I. 47a, 119a	米浆	III. 25
迷路	III. 89	米酱	III. 196
迷路走	III. 75	米臼	III. 173
迷惑	III. 82	米糠	I. 100a
迷迹	III. 89	米粮	III. 30, 135
迷酒	III. 82	米筛	III. 62, 109
迷楼	III. 125	米头	III. 8
迷乱的	III. 86		
迷色	III. 64, 130	**mì**	
迷心	III. 171	觅得	I. 33b, 88a
迷淫色	III. 82	秘密	II. 355a / III. 1, 62, 155, 197
迷饮食	III. 108	秘密的事	III. 197
迷园	III. 125	秘密说	III. 108
迷踪	III. 89		

秘密行	III. 154	蜜蜂王	I. 32b
秘书郎	III. 197	蜜膏	III. 55
密兵	III. 46	蜜果	III. 55, 101
密察	I. 91b	蜜水	III. 7, 140
密处	III. 90	蜜糖	I. 118a
密的	III. 92, 217	蜜桐	III. 148
密访	III. 117	蜜窝	II. 355a / III. 163
密间	III. 18, 40, 191	蜜渣	I. 100b
密交	III. 147		
密较	II. 355a		**mián**
密口不露	III. 107	眠	I. 84b
密林里	III. 35	眠床	III. 40
密窃事	I. 89b	眠房	III. 17, 40, 46, 79, 186
密人	III. 88	眠梦	III. 203
密事	I. 89b / III. 197	绵缠	III. 57
密视	III. 5	绵缠的人	III. 57
密书	III. 197	绵花	I. 39b
密听	III. 157	绵甲	III. 9, 60, 129
密问	III. 172	绵绵不绝	III. 57
密语	III. 142	绵软	III. 67
密云	III. 153	绵纱	I. 102b
密召	III. 130	绵延长远	III. 57
密阵	III. 46	绵羊	I. 125a / II. 345a / III. 161
密旨	III. 142, 197	绵羊羔	III. 59
幂轿	III. 201	绵羊牯	I. 57a / III. 43
蜜	III. 140	绵羊牯肉	I. 57b
蜜蚌*（蜂）	I. 32b	绵羊寮	I. 63b
蜜碧	II. 344b	绵羊毛	III. 125, 219
蜜蜂	I. 102a / II. 340a / III. 2	绵羊母	III. 154, 161
		绵羊绒	III. 227
蜜蜂巢	III. 50	绵羊肉	I. 57b
蜜蜂窠	III. 50	绵羊子	I. 62a
蜜蜂群	III. 88	棉袄	III. 221
蜜蜂桶	III. 50		

棉布	III. 134, 163	冕	III. 59
棉花	III. 10, 42, 58	冕旒	II. 352b / III. 59
棉花疮	III. 37		
棉褥	III. 50		miàn
棉纱	III. 93	面	I. 46b, 57a, 99b, 141a / III. 29, 42, 67, 98, 193
棉袜	III. 39		
棉衣	III. 221	面斑	III. 168
棉纸	III. 163	面包	I. 126b / III. 163
棉籽	III. 35	面包铺	I. 103b
		面变了	I. 80a
	miǎn	面变青	III. 68, 198
免	II. 366a / III. 15, 77, 184	面饼	III. 113, 160, 163
免不得的	III. 101	面不改色	III. 198
免不得的事	III. 149	面槽	III. 22
免操	II. 355a	面丑	III. 98
免打	III. 170	面对	I. 77a
免罚	III. 170	面发了	III. 127
免冠	III. 35	面发酸	III. 127
免劳	III. 151	面粉	I. 100a / III. 109
免礼	III. 152	面麸	III. 196
免其官	III. 68	面红	III. 193
免人告解的	III. 2	面红起来	III. 196
免说	III. 151	面糊	III. 86
免死	III. 170	面黄	III. 94, 125
免所誓	III. 203	面黄的	III. 12
免他	III. 70	面会	III. 220
免职	III. 156	面讲	I. 76a
勉力	III. 55	面巾	III. 163
勉励	III. 10, 14, 66, 91, 110	面卷	III. 34
勉留	III. 75	面壳	III. 42, 136
勉强	I. 95b / II. 355a / III. 7, 91, 110, 176, 195, 223	面冷	III. 184
		面貌	III. 23, 42, 99, 198
勉强他	III. 101	面目	III. 23, 42
勉人以酒	III. 83	面盘	III. 29, 217

面胚	III. 163	描金	I. 85a / II. 355a / III. 79, 173
面盆	III. 29	描写	III. 90
面皮	III. 42		
面起酵	III. 127	**miǎo**	
面前	I. 83a, 105a / II. 334b / III. 67, 86, 93, 178	眇见	I. 93b
		藐视	II. 355a
面青	III. 51, 70, 94, 193	**miào**	
面情	II. 355a	妙	I. 99a, 129b / III. 6, 37, 95, 96
面辱	III. 64		
面色	III. 51	妙哉	III. 78
面生的	III. 71	庙	III. 208
面瘦	III. 125	庙堂	III. 208
面头	III. 7, 163	庙宇	III. 208
面头干	III. 33, 223	**miè**	
面头行	III. 163	灭	I. 43a, 82a
面头铺	III. 163	灭城	III. 74
面头托	III. 162	灭灯	III. 16, 41
面头屑	III. 140	灭火	III. 16
面头粥	III. 163	灭九族	III. 136
面问	III. 178	篾篮	III. 47
面无血	III. 70	篾箩	III. 109
面线	III. 99		
面责	III. 59	**mín**	
面责人过	III. 190	民	I. 133a, 146b, 153a
面证	III. 64	民牧	III. 167
面粥	III. 181	民庶	III. 226
面皱	III. 22	**mǐn**	
miáo		抿帐	II. 328a
苗	I. 133b	闽	I. 80a
苗嫡	III. 70	悯天	II. 355b
苗稼地	III. 198		
描	I. 151b / III. 66	**míng**	
描画	II. 355a / III. 173	名	III. 152

名簿	III. 161	明达之力	III. 87
名号	III. 152	明德	I. 113b / III. 130
名家子弟	III. 112	明矾	III. 173
名将	II. 333b	明公	III. 124
名叫甚么	III. 130	明讲	I. 76a
名节	III. 98	明轿	III. 201
名理探	III. 129	明捷	III. 2
名录	III. 187	明进	III. 71
名门世禄之子	III. 112	明来	III. 71
名目	III. 152	明理	III. 68, 185
名色	III. 98, 152	明亮	III. 90
名上册	III. 90	明露	III. 71
名声	II. 355a, 366a / III. 98, 152, 158	明论	III. 68
		明敏的	III. 28
名声有染玷	III. 152	明明	III. 49
名盛	II. 355a	明能	III. 87
名望	III. 28, 98	明年	III. 15
名望的	III. 113, 120, 179	明日	I. 41b, 81b, 83a / II. 340b / III. 76, 134
名象	III. 152		
名义	III. 152	明说	III. 72
名誉	III. 98, 129	明思	III. 87
名约	II. 355a	明岁	III. 15
名重于当世	III. 98	明堂	III. 46, 167
名字	III. 152, 225	明通	III. 87, 170
明	I. 92a, 139b	明瓦	III. 2, 49
明白	I. 34a, 113b / III. 2, 49, 71, 97, 134, 167, 199	明悟	III. 87, 124, 226
		明悟不通	III. 60
		明悟钝的	III. 194
明白的	III. 152	明悟俐	III. 8
明白了	III. 27, 39, 56, 95	明显	III. 49
明白晓得	III. 194	明现	III. 71
明白知道	III. 194	明训	III. 28
明窗	I. 36a	明义	III. 124
明达	III. 87	明早	I. 76b / III. 134

明杖	III. 35
明朝	III. 76
明照	III. 87
明诏	III. 167
明证	III. 54
明知	III. 194
明知而犯	III. 168
明指说	III. 72
明做	I. 88b
鸣	I. 107b
鸣鼓	III. 24
鸣金收军	III. 186
鸣器	I. 104b
鸣一下	III. 29
铭刻	III. 91, 93
铭刻于心	III. 93
瞑目	II. 355a
瞑目而逝	III. 144

mìng

命	I. 146a, 154a, 154b / III. 101, 109, 128, 133, 159, 167, 177, 186
命不济	I. 77b
命丑	I. 98b, 116a
命服	III. 221
命咐	III. 51, 81
命乖	I. 98b
命令	III. 51, 81
命门	III. 165
命穷	I. 78a
命下了	III. 73

miù

谬见	II. 355a

mō

摸	I. 43a, 95b, 149b / III. 25, 37, 209
摸着	III. 209, 212
摸着边棱	III. 20

mó

模棱持两端	III. 20
摩挱	III. 128
摩挱桌子	III. 128
摩羯宫	III. 201
摩挲	III. 212
磨	I. 34b, 41b, 104b, 120a / III. 7, 8, 12, 36, 143
磨磋	III. 128
磨刀匠	I. 34b
磨刀石	III. 173
磨干净	I. 40a
磨光	I. 54a, 64b, 131a / III. 5, 11, 36, 86, 143, 175
磨恨	III. 193
磨尖	III. 8
磨烂我	I. 78a
磨利	I. 36b, 38a
磨麦的	III. 5
磨面	II. 355b
磨面的	I. 47a, 120a / III. 143
磨难	III. 7, 26, 41, 143, 159, 180
磨难人	III. 106, 121, 169, 171
磨难人的	III. 169
磨人	III. 143
磨石	III. 173

磨碎	II. 337b	莫理他	I. 79b
磨牙切齿	III. 193	莫奈何	III. 12, 223
魔鬼	III. 68, 76	莫逆之交	III. 98
魔凭人	III. 85	莫要	I. 72a
		茉莉花	III. 123
mǒ		蓦然	I. 146b
抹	I. 155b / III. 224	墨	I. 149a / III. 211
抹粉	I. 90a	墨斗	III. 211
抹改	III. 35	墨酒	III. 222
抹血	III. 87	墨刻其面	III. 111
		墨绿	III. 220
mò		墨筒	III. 211
末	III. 99	墨刑	III. 111
末日	III. 38	墨砚	I. 149a / III. 211
末尾的	III. 99	墨鱼	III. 227
末药	III. 141	默存	III. 137
末止之所	III. 99	默祷	III. 137
末终的	III. 224	默祷默颂	III. 159
没罚	III. 201	默祷之业功	III. 222
没官	III. 54, 82	默道	III. 56
没奈何	I. 75a, 75b / III. 101, 151	默会	III. 56, 137
没其善	III. 85	默究	III. 92
没世	III. 144	默令	III. 81
没水	III. 46, 148	默默不言	III. 151
没药	II. 355b / III. 141	默默、而不言	III. 40
麽格式	I. 78b	默念	III. 31, 159
麽有了	I. 81a	默祈	III. 137, 159
沫子	II. 355b / III. 92	默启	III. 117, 191
沫水	I. 118b	默启的	III. 118
殁	I. 99b / III. 146	默启之事	III. 191
殁自己	III. 136	默示	III. 117, 191
莫	III. 149, 151	默示之言	III. 191
莫赶的	II. 325b	默体	III. 137
莫讲	I. 55b	默想	III. 56, 137, 159

默想的事	III. 137	模然	III. 101
磨	I. 120a	模所以然	III. 45, 101
磨房	I. 47a / II. 355b / III. 25, 143, 206	模样	III. 16, 92, 101, 134, 142, 143, 177
磨夫	III. 25	模者	III. 45, 101
磨工	III. 25, 143	模质	III. 136
磨井	III. 213	模子	III. 66, 67, 101, 142, 143, 146
磨漏	III. 213		
磨盘	III. 173		
磨石	III. 146, 173		mǔ
磨子	III. 143	母	I. 101b, 115a / III. 104, 110

móu

眸子	III. 150
谋	II. 354b / III. 178, 215
谋反	III. 10, 127, 145, 216
谋害	III. 216
谋计	III. 38
谋人	I. 122b
谋算	III. 215
谋为	III. 116
谋易	III. 119

母皇	III. 132, 192
母妗	III. 210
母舅	I. 149a / III. 211
母亲	I. 115b / III. 132
母狮子	III. 126
母羊	III. 38
母猪	III. 181
母族	III. 165
牡	III. 132
牡猪	III. 181
亩	II. 354b / III. 154
拇指	III. 67
姆姆	III. 63
姆娘	III. 63

mǒu

某	III. 206
某处生长的	III. 148
某单逆某	III. 69
某地方人	III. 148
某人	III. 102, 206
某日	III. 206

mù

木	I. 112a, 126b / III. 82
木巴掌	III. 163
木板	III. 206
木棒	III. 31
木柴	III. 132
木铲	III. 162

mú

模	I. 103b, 109a, 135b / II. 355b / III. 143

木城	III. 93	木头	I. 152a / III. 132, 163, 196
木槌	II. 332a / III. 31, 132	木头的	III. 117
木档	III. 93, 207	木箱	III. 45
木的鞋托	III. 228	木屑	III. 24
木店	III. 43	木星天	III. 48
木雕的像	III. 120	木行之狀	III. 39
木墩	III. 217	木乂*（叉）	I. 103b
木耳	III. 104	木杖	III. 29
木工	III. 43	木桩	III. 93
木瓜	III. 137	目	III. 157
木棍	III. 103, 163, 218	目白	III. 33
木槿	III. 93	目不交睫	III. 172
木屐	I. 65b / III. 49, 63	目不转睛	III. 141
木架	III. 13	目瞋恶视	III. 141
木尖	II. 334a	目点	III. 10, 50
木匠	I. 57b / III. 43	目官	III. 157
木客	III. 138	目击	II. 334a
木垒	III. 216	目疾	I. 138b
木料	I. 115a / III. 132, 136	目箭	III. 49
木铃铛	III. 193	目今	III. 142
木驴	III. 177	目具	III. 157
木棉	III. 10	目孔	III. 62
木棉疮	III. 37	目利	III. 223
木绵疔	I. 53a	目录	III. 116, 206
木排	III. 29	目眉	III. 46
木片	III. 206	目昧眼	III. 119
木瓢	III. 39	目逆	III. 107
木签	III. 63	目前	III. 67
木桥	III. 166, 181	目下	III. 142, 178
木球	I. 52b / III. 34	目下的事	III. 149
木圈	I. 44b	目疹	III. 159
木榫	III. 84	目指	III. 145
木条	III. 163		

沐浴	III. 126	拿弓插箭	III. 20
牧夫	III. 167	拿棍打	I. 96b
牧民者	III. 167	拿获的物	III. 178
牧牛	III. 16	拿剑	I. 44a
牧牛马之所	III. 167	拿紧	I. 36b / III. 18, 24
牧山羊的	III. 39	拿开	I. 36a, 149a
牧兽地	III. 167	拿来	III. 215
牧童	I. 127b, 153a / II. 355b / III. 103, 161, 167	拿票	III. 134
牧羊	II. 355b / III. 16	拿旗的	III. 10
牧者	III. 167	拿起	I. 39a, 112a / III. 213
墓碑	I. 56a / III. 127	拿起来	III. 10, 127
墓道	III. 199	拿前面去	I. 112b
墓记	I. 112a	拿去	I. 112a / III. 131, 184
墓台	III. 217	拿外去	III. 195
墓志	III. 89, 127	拿上举	III. 10
墓志铭	III. 89	拿索	III. 213
暮	I. 147b	拿它出来	III. 195
暮境	II. 335a	拿下来	III. 1, 10
暮了	III. 15	拿钺斧的	I. 38b
暮时	III. 9	拿住	II. 331b / III. 24, 178
		拿捉	III. 178
		拿着	III. 81, 208

N

ná

		哪	III. 183
拿	I. 150a / III. 24, 50, 178, 213	哪地方	III. 176
拿不起	III. 151	哪个	III. 183, 184
拿扯人	III. 26	哪个的	III. 68
拿出来	I. 149b	哪里	III. 6, 79, 85, 176
拿出去	III. 195	哪所在	III. 85, 176
拿舵	II. 364b / III. 105	哪一个	III. 183
拿舵的	III. 173		

nà

呐喊	III. 4, 49, 106
那	III. 19

拿高捏险 III. 14

那边	I. 33b, 39a, 43a, 72a, 75a, 110b, 132a / III. 11	纳绣	III. 60
		纳绣的	III. 35
		纳衣	III. 221
那处	I. 84b / III. 1	纳杂事	III. 139
那等样	III. 75	纳租	II. 356a
那个	III. 19	纳罪赎	III. 162
那个所在有荆棘	I. 97a	纳子	III. 221

nǎi

乃	III. 58, 135
奶	III. 126, 168, 210
奶母	III. 12
奶奶	II. 367b / III. 146, 199
奶乳	I. 73a, 111b
奶头	III. 168
奶下	III. 210
肕*（奶）	I. 149a
脟*（奶）	I. 116b

那里	I. 33b, 39b, 43a, 72a, 84b, 110b, 124a, 132a / III. 3, 5, 8, 11
那里起	I. 78b
那路上	I. 73b
那时	I. 91b / III. 9, 87
那时候	II. 366a / III. 87
那时节	I. 78b, 92a / III. 87
那所在	III. 1, 11
那所在起	I. 78b
那些	II. 361a
那样	I. 75b, 82b / III. 75
那一时	I. 135b

nài

奈何	II. 327b / III. 135
奈何奈何	III. 188
奈何无法	III. 188
奈他不何	II. 356a
奈我不何	III. 151
柰*（奈）烦	I. 126a
耐得长久	III. 80
耐得久	III. 55, 80
耐辱	III. 117
耐用	III. 80

纳	III. 60, 172
纳袄	III. 221
纳彩	III. 21
纳官	III. 54
纳贿赂	III. 202
纳夹袜底	III. 204
纳监	II. 356a
纳粮	I. 151b / III. 162, 216
纳粮的	I. 151b
纳税	III. 10, 50, 162, 216
纳袜底	III. 204
纳献	III. 156
纳降	III. 205

nán

男儿	III. 218
男风	III. 168
男女混杂	III. 140

男人	III. 113, 218	难以言	I. 93b
男色	III. 168, 202	难做	III. 77
男子	I. 115a, 124a / III. 132, 218	**nàn**	
		难	III. 167
南	III. 205	难人	III. 169
南边	III. 205	**náng**	
南方	III. 205		
南风	I. 146b	囊	III. 49
南瓜	III. 39	囊空	III. 34, 72
南极	III. 175, 205	囊罄	III. 72
南极圈	III. 48	**nǎo**	
南京	III. 181		
南薰	I. 146b	恼	I. 151b
难	I. 83a, 94b, 150b / III. 77	恼恨	III. 184
		恼怒	II. 356b / III. 5, 8, 85, 122, 143, 213
难辨是真	III. 151		
难处	II. 331b / III. 77	恼起	III. 85
难处的	III. 216	恼人	III. 86, 143
难处的人	III. 133	恼他	I. 77b / III. 157
难处人	III. 54	脑搭耳	III. 35
难当	I. 92a	脑后	III. 46, 50
难救的	III. 133	脑壳	III. 44
难克当	III. 205	脑髓	II. 362b / III. 138, 200
难取的人	III. 119, 121	**nào**	
难容忍	III. 205		
难事	III. 77	闹吵	III. 215
难通其心的人	III. 78	闹嚷	I. 117b
难为	III. 7, 26, 41, 64, 77	闹热	I. 82b / III. 9, 37, 46, 95, 194, 215
难为人	III. 169		
难为我	I. 38a	闹噪	I. 53a, 99a, 137a
难消化的	III. 116	闹钟	I. 139a / III. 190
难信的	III. 115	**nè**	
难信的人	III. 115	扩	I. 39a
难行	III. 77	讷讷不敢言	III. 40

讷讷不能言	III. 40	内心	III. 119

něi

馁	I. 100a, 131a

nèi

内	I. 104a / III. 6, 68, 119
内边	III. 29
内病	II. 356b / III. 85
内动	III. 145
内功	III. 215
内功夫	III. 154
内宫	III. 186
内官	III. 96
内函	II. 341a / III. 34, 62
内后	III. 192
内居	III. 191
内间	III. 191
内见	III. 141
内看	III. 141
内科	III. 137
内里	III. 68, 110, 119
内闷	III. 171
内面	III. 29, 68, 110
内模	III. 101
内衫	III. 41
内伤	I. 128b, 149b / II. 356b / III. 95, 211
内竖	I. 57a
内思	III. 137
内堂	III. 191
内外一然	III. 119
内喜外乐的人	III. 105
内想	III. 137

nèn

嫩	I. 120a, 148b / II. 356b
嫩的	III. 205, 211
嫩骨	III. 209
嫩毛	III. 169
嫩嫩	III. 182
嫩嫩的	III. 99, 207
嫩牛	III. 31
嫩意的女	III. 147

néng

能	III. 175, 177, 218
能变易的	III. 118, 146
能得	III. 175
能动	III. 34
能动的	III. 145
能浮水	III. 148
能坏	III. 39
能灭的	III. 60
能容	III. 42
能食	I. 59a
能死	III. 144
能为	III. 177
能行水	III. 148
能朽	III. 39, 144
能朽的	III. 60
能言	I. 99b, 126a
能有	III. 177
能战	I. 106b
能致死的	III. 144
能转动的	III. 34
能做的	III. 177

	ní	逆心	I. 140a
尼姑	I. 104b / III. 35, 143	逆应	III. 191
泥	I. 51a, 131a, 148b / II. 356b / III. 30	逆贼	III. 186
		逆战	III. 69
泥礶	I. 153a	逆旨	III. 73, 183
泥礶子	I. 133a	匿	I. 146a
泥匠	III. 9	匿空	III. 140
泥井	III. 30	腻	III. 23, 109
泥泞	III. 25, 125	腻气	III. 23
泥墙	I. 147a	溺死	I. 36b
泥水匠	III. 9, 207	恁恁心不安	III. 117
泥塑的像	III. 120		
泥塘	III. 30		**niān**
霓雾	III. 150	拈指	III. 44
	nǐ		**nián**
你	III. 217, 225	年	III. 15
你们	III. 225	年边	III. 85, 99, 224
你起来	III. 127	年成熟	III. 15
你说谎	I. 80b	年程	I. 98a
你要甚么	III. 183	年纪	I. 108a / III. 81
		年纪大	I. 107b
	nì	年节	II. 334a / III. 99
逆	III. 57, 190, 223	年礼	III. 179
逆动	III. 145	年暮	III. 99
逆风	I. 153b / III. 49, 222	年年	I. 55b, 73a / III. 39
逆风行舟	III. 149	年少的	III. 142
逆流	III. 60	年岁	I. 42b / III. 15
逆流而上	III. 192	年岁丰足	III. 15
逆命	III. 73	年月记号	III. 66
逆命者	III. 73	年长	III. 13
逆气	I. 46a, 142b / III. 203	粘得紧	I. 128a
逆水行	III. 122	粘紧	I. 128a
逆水行船	III. 149	粘住	III. 169
逆死	III. 146	粘住了	III. 169

黏倒	I. 43b	娘子	III. 146, 147
黏膜	II. 356b		
		niàng	
	niǎn	酿酒	III. 110, 222
捻	I. 97a / II. 356b	酿蜜	III. 140
捻了	I. 97a		
捻碎	I. 96a		**niǎo**
辇钱	I. 131a	鸟	I. 48a / III. 27, 168
碾米	III. 143	鸟巢	III. 150
碾油	III. 110	鸟成群	I. 116b
撚毛	I. 76b	鸟铳	I. 44b, 97a / III. 19, 90
		鸟囮	III. 186
	niàn	鸟叫	I. 130a
廿一	III. 219	鸟笼	I. 105b / III. 123
念	II. 356b / III. 192	鸟毛	III. 174
念得	I. 73b	鸟媒	III. 149
念过	III. 167	鸟鸣	I. 130a / III. 41
念经	I. 101a, 140a / III. 159, 192	鸟枪	III. 90
		鸟雀	I. 127a
念经珠	I. 61a, 141a	鸟群	I. 50a
念虑	III. 120	鸟兽行	III. 58
念明	III. 28	鸟鼠炮	III. 50
念书	I. 112a	鸟啼	I. 130a
念头	III. 170	鸟窝	III. 150
念想	III. 120, 170	鸟翼	III. 9
念相	III. 170	鸟嘴	III. 172
念咒	I. 89a		
念珠	III. 62		**niào**
念株*（珠）	I. 141a	尿	I. 119a, 125a
		尿囊	II. 356a / III. 32
	niáng	尿脬	III. 32
娘	III. 12	尿碗	I. 125a
娘奶	III. 132		
娘娘	III. 192, 199		**niē**
娘亲	III. 132	捏断	III. 183
		捏系	II. 356b

捏紧	III. 18	牛成队	I. 100b
捏聚	III. 213	牛成群	I. 100b
捏人肉	III. 169	牛轭	III. 123
捏线陀儿	III. 114	牛粪	I. 53a / III. 35
捏折	III. 183	牛牯	I. 150b
捻去	III. 21	牛角	III. 62
捻衣服	III. 21	牛角歌	III. 34
		牛叫	I. 52a
niè		牛栏	I. 117a / III. 59
啮	I. 140b	牛寮	I. 63b
嗫	I. 37b	牛马成群	I. 116b
嗫嚅	III. 207	牛奶	III. 126
镊子	III. 73, 208	牛皮袋	III. 156
颞骨	II. 356b	牛肉	I. 57a
		牛肉肥	III. 218
níng		牛乳	I. 136a / III. 126
宁	I. 136a, 153a	牛舌草	III. 126
宁静	III. 155, 161, 168, 204	牛油	I. 63b / III. 200
		牛辕	I. 108b
nìng		牛子	I. 52a, 123a
宁	III. 15, 135		
宁当	III. 15, 137	**niǔ**	
宁可	II. 336a / III. 15, 37, 135, 137	扭干	II. 356b / III. 213
宁忍	III. 161	扭回头	III. 213
凝固	III. 93	扭身	III. 213
凝结	III. 182	扭头	III. 213
凝血	III. 197	扭我心肠	III. 213
		扭心	III. 213
niú		扭着耳	III. 214
牛	I. 153a / II. 356b / III. 103	纽	I. 53a
牛槽	II. 327a	纽倒	I. 33a
牛肠	III. 163	纽缔	II. 356b
牛车	III. 43	纽盖子	I. 53a
		纽扣	III. 2, 36

纽子	I. 115a	弄手	III. 37
钮	I. 102a	弄双刀	III. 91
		弄他睡	I. 35b
	niù		
拗逆	III. 155		nú
		奴婢	I. 94b, 122b / III. 90
	nóng	奴才	II. 325a / III. 90
农	II. 356b	奴豺	I. 122b
农夫	I. 111b, 143b / III. 103, 125	奴仆	III. 90, 200
农工	III. 103, 125		nǔ
农家	III. 7, 125	弩	I. 52a
农具	III. 118	弩弓	III. 19
农器	III. 118	弩轨	III. 153
浓	I. 96b / III. 92	弩机	III. 36, 153
浓糖	III. 182	弩机牙	III. 153
浓云	III. 153	弩箭	I. 155a
脓	II. 356b / III. 136, 175	弩弦	III. 62
脓水	III. 136	弩翼	I. 44b
脓血	III. 136, 175		
			nù
	nòng	怒	I. 37a, 62a, 110a, 118a, 137a, 143a / III. 75
弄	I. 47a		
弄把戏	I. 52b	怒极了	I. 110b
弄刀	III. 123	怒目	III. 157
弄得不洁净	I. 116b	怒目视之	III. 141
弄法	I. 151b	怒平了	III. 17
弄饭	III. 109	怒气	III. 37, 83, 85, 86, 116
弄干净	III. 128	怒人的	III. 69
弄坏	I. 75a	怒释	III. 17
弄乱	I. 78b	怒意	III. 85, 143
弄拳	III. 182	怒制了	III. 17
弄人的	III. 37		nǚ
弄湿	III. 143	女	III. 110

女儿	I. 119b / III. 112, 150
女房	III. 17
女丐	III. 143
女眷	III. 146
女流	III. 146
女人	III. 110, 146
女僧	III. 35
女孙	III. 150
女孙婿	III. 115
女婿	I. 106b / III. 115
女乐	III. 41, 147
女子	I. 58a, 84b, 102b, 119b / III. 112, 142, 150

nuǎn

暖	II. 356b / III. 40, 208
暖的	III. 40, 210
暖轿	III. 201
暖酒	III. 222
暖帽	III. 35
暖暖日	III. 210
暖泉	III. 30
暖热	III. 40
暖他	III. 40
暖腰	III. 98
暖衣	III. 221

nüè

疟疾	III. 40, 209
虐刑者	III. 124
虐政	III. 211

nuó

挪	II. 356b

nuò

搦	II. 356b
糯稻	III. 22
糯谷	III. 22
糯米	II. 356b / III. 22

O

ōu

瓯	III. 206
殴	I. 135b
殴打人	III. 65
殴人	III. 65
殴辱	II. 356a

ǒu

呕	III. 225
呕嗝	III. 19
呕吐	I. 45b / III. 225
偶耳至	I. 145a
偶然	I. 146b / II. 340b / III. 3, 44, 117, 152, 201
偶然的事	III. 204
偶然来	III. 3
偶然有	III. 4
偶然有事来	III. 202
偶事	III. 3
偶遇	I. 33b
耦贞	III. 44
藕	II. 356a

òu

沤布	III. 63
怄马	I. 79b

P

pá

扒	III. 19, 90, 185
扒耳	III. 128, 159
扒沟	III. 128
扒痕	III. 19
爬	I. 90b, 95b
爬不起来	II. 357a
爬城	III. 204
爬马	I. 40b
爬起	III. 127
爬墙	III. 204
爬树	III. 204
耙马	III. 11
耙绒器	III. 43

pà

帕	I. 151a
怕	I. 48a, 118a, 148a / III. 60, 140, 187, 208
怕冷	I. 105a
怕聍	I. 33a
怕人	III. 25, 166
怕人的	III. 140
怕甚	I. 148b
怕死人	III. 209
怕羞	I. 62b, 128b, 154a / II. 361b / III. 2, 7, 25, 27, 60, 83, 85, 209, 220
怕羞的	III. 220

pāi

| 拍板 | III. 52, 206 |
| 拍手 | I. 72b |

pái

排班	III. 159
排榜	II. 357a
排次序	I. 132a
排定	III. 78, 176
排分	III. 166
排行	II. 357a
排酒	III. 16
排列	III. 78, 159
排列兵士	III. 159
排门	III. 189
排宴	I. 50b / III. 16
排阵	III. 159
排桌安席	III. 175
排阻	III. 155
牌	I. 35a, 140b / III. 6, 36, 167, 206
牌匾	II. 358a / III. 126
牌贬*（匾）	I. 118a
牌刀器具	III. 118
牌坊	II. 357a / III. 19, 177
牌楼	III. 19
牌票	I. 81a
牌手	I. 95a
牌头	III. 141
牌遮身	III. 6
牌子	III. 148
俳俫*（败类）	I. 129b

pài

| 派定 | III. 189 |
| 泒*（派）门 | I. 76b |

pān

| 攀 | I. 153a / III. 31 |

攀人	III. 84	叛臣	III. 186
攀险	II. 359b	叛教	III. 18, 189, 227
		叛教的	III. 189
pán		叛逆	III. 186
盘	I. 50a, 133b / III. 29		
盘缠	II. 329b / II. 359a	**páng**	
盘船	III. 70, 71	旁	III. 29, 125
盘碟	III. 174	旁边	III. 28, 29, 125
盘房子	III. 71	旁风	III. 168, 222
盘费	III. 60, 103, 221	旁门	III. 182
盘蝠	II. 339b	膀胱	III. 32, 219
盘脚坐	III. 23	膀胱气	III. 184
盘诘	III. 27	螃蟹	I. 56b / II. 342b / III. 41
盘明	III. 28		
盘钱	III. 103	**pàng**	
盘劈坐	III. 23	胖的	III. 92
盘水	II. 359a		
盘碗	III. 174	**pāo**	
盘问	III. 117	抛	I. 45b
盘香	II. 342b	抛椗	I. 42a, 146b
盘子	III. 174	抛碇	III. 81
		抛锚	III. 13
pàn		抛撒	II. 358a
判	I. 108b / II. 359b	抛妻	I. 91a
判断	I. 88b / III. 124	抛弃	III. 22
判夺命	II. 359b	抛亲弃祖	I. 81a
判公道	I. 109a	抛沙	III. 80
判官	I. 108b / III. 124	抛石	III. 17, 211
判审	III. 124	抛网	I. 91b / III. 81
判事	I. 125b / III. 124	抛绳*（罾）	I. 91b
判事者	III. 124		
判厅	III. 216	**páo**	
判问	III. 124	袍子	III. 193, 221
判语	III. 180	匏藤*（藤）	I. 158a
盼	I. 134b / III. 141	炮烙	III. 25

炮炙	III. 23		**pèi**
炮炙器	III. 23	沛匠	I. 111b
	pǎo	佩	III. 215
跑得快	III. 59	佩带	III. 215
跑马	II. 357b / III. 59	配	II. 359a
跑马报	III. 177	配饭的	III. 221
跑马走	III. 122	配合	III. 136
跑行	III. 13	辔马	I. 90b, 143b
跑走	II. 327b / III. 13, 43, 59, 114	辔头	I. 88b, 104b
		辔衔	III. 38
	pào		**pēn**
泡	I. 95a / II. 357b / III. 13, 219	喷	III. 193, 203
		喷出	III. 133
泡茶	II. 357b / III. 47	喷鸟	III. 39
泡多	I. 95a	喷气	III. 96, 218
泡花露	III. 7	喷湿	III. 143
泡沫	III. 92	喷筒	III. 228
炮子	III. 50	喷水	I. 51a, 94b
疱	III. 13, 106, 219	喷些水	I. 54a
		喷涌滚	III. 111
	péi		**pén**
培养	III. 17, 32	盆	I. 50a, 105b / III. 31
培养恶疾	III. 205		**pèn**
陪	II. 348a / III. 4	喷香	III. 158
陪伴	III. 4		
陪茶果	III. 102		**pēng**
陪客	II. 348a, 359a	烹茶	III. 47, 61
陪薩*（菩萨）	I. 126a	烹了	I. 96b
赔	III. 186	烹芼	III. 6
赔话	III. 65	烹调	II. 359a / III. 6
赔还	III. 186		**péng**
赔罪	II. 337b	朋伴	III. 12, 52

朋友	I. 59b / III. 12, 52	皮袄	III. 46, 169, 221
蓬松的	III. 70	皮包	III. 133
蓬松发	III. 38	皮鞭	III. 169
篷档	III. 220	皮带	I. 65a / III. 59
篷杆	III. 220	皮袋	III. 35
篷缆	I. 85a	皮肤	III. 169
		皮肤的言	III. 185

pěng

捧茶	II. 328a	皮服	III. 169
捧起	I. 112a	皮盖	I. 89b
		皮壶	I. 53a, 123b

pī

丕绩	III. 139	皮甲	II. 349b / III. 129
批	II. 358a	皮匠	I. 64a
批点	III. 18	皮金	III. 160
批判	III. 65	皮帽	III. 44
批评	III. 152	皮面	III. 205
批首	III. 29, 128	皮袍子	III. 169
批文	III. 47	皮破	I. 117b
批下	III. 51, 73, 188	皮球	I. 128b
批允	III. 18	皮裘	I. 128b, 154a
披发	I. 78a / III. 107	皮袜	III. 35
披发的	III. 70, 153	皮箱	II. 361a / III. 1, 45
披挂	I. 45a / II. 359b	皮鞋	III. 46
披挂手执军器	III. 20	皮靴	III. 35
披甲持戈之人	III. 104	皮皱	III. 22
披麻	I. 84a	疲	I. 82a
砒霜	II. 358a / III. 188	疲病	I. 87b
劈柴	II. 358a	疲倦	III. 41
霹雷	II. 354a	疲了	III. 41
霹雳	III. 93	疲软	II. 358a
		琵琶	III. 222

pí

皮	I. 58a, 59a, 62b, 128b / III. 44, 62, 113, 169, 172	脾	III. 29
		脾积	III. 29
		脾块	III. 29
		脾膀	III. 29

脾脚*（膀）	I. 50a, 84a
脾胃	II. 341a / III. 94
脾胃积滞	III. 62
脾胃酸积	III. 8
脾胃停积	III. 62

pǐ

匹	III. 172
匹夫	III. 31, 174, 222
匹妇	III. 31, 147
痞	III. 177
痞痂	III. 177
痞结	III. 177
癖	III. 134
癖性	III. 133, 134, 149
癖性的	III. 118

pì

屁股	III. 216
屁子	III. 148
辟开	I. 107b
辟帐	II. 328a
僻处	III. 16
僻静	III. 16
譬	I. 59b
譬如	I. 46b / II. 358a / III. 12, 24, 51, 52, 220
譬喻	I. 59b

piān

偏	I. 99a
偏爱	III. 5, 118
偏处	II. 358b
偏的	III. 118
偏房	III. 54
偏见	III. 199
偏了	III. 217
偏路	III. 196
偏僻	II. 358b / III. 118
偏僻所在	III. 16
偏衫	III. 221
偏生	III. 148
偏生的	III. 112
偏斜之动	III. 145
偏心	III. 58
偏倚	III. 118
偏意	III. 118
偏坠	III. 184
篇	I. 57a / II. 358b / III. 42, 191
篇名	III. 116

piàn

片	I. 147a / III. 168
片脑	II. 358b
片晌	III. 118
骗	I. 90b / III. 37, 86
骗害	I. 151a
骗瞒	III. 37
骗拿	III. 213
骗人	I. 116a
骗手的	III. 86
骗他	I. 54a
骗我	III. 138
骗心的	III. 79
骗子	I. 90b

piāo

漂大海	III. 86
漂大洋	III. 86

漂荡	III. 13		**pín**
漂海	III. 14, 149, 205	贫乏	III. 174
漂流	III. 13, 14	贫寡	II. 360a
漂水	III. 14	贫难	I. 78a
漂洋	III. 149	贫穷	I. 122a, 131a / III. 138, 174
飘散	III. 69		
飘摇	III. 37	贫穷的	III. 174
		贫人	III. 174
	piáo	嫔妃	III. 192
嫖院	I. 133a	嫔御	III. 64
嫖*（标）致	I. 51b, 52b, 76a, 104b, 106b, 113a		
			pǐn
嫖子	I. 39a	品	III. 106, 159
瓢	III. 39	品等	III. 159
瓢芦	I. 33a	品级	II. 358b / III. 106, 159, 195
藨草	III. 115		
		品列	III. 159
	piǎo	品物	III. 134, 146
漂白	III. 63	品骘	III. 152
漂布	II. 358a / III. 63		
漂匠	III. 63		**pìn**
漂洗	III. 126	牝	III. 110
		牝马	II. 358b
	piào	牝羊	III. 38
票	I. 161a / III. 46, 47	聘定	III. 21
票头	I. 46b, 60b, 136a	聘礼	III. 21
	pīn		**píng**
拼	II. 358b	平	I. 87a, 88a, 108a, 122b, 133b / III. 120
拼命	III. 22		
拼弃财	III. 22	平安	I. 51b, 52b, 91b, 143a, 143b, 153a / III. 37, 70, 93, 168, 196
拼舍财	III. 22		
拼舍命	III. 22		
拼险	III. 22	平报	III. 161
拼险坑	III. 22	平常	II. 358b / III. 53

平常的	III. 60, 150	平阳	III. 148, 185
平常的人	III. 53, 113, 165, 174	平垟	III. 148, 185, 219
平常日	III. 76	平仪	III. 24
平答	III. 65	平宜	III. 178
平道理	III. 185	平正	III. 120
平的	III. 130, 165, 185, 227	平直	III. 11, 17, 120
平地	I. 153a	平浊	III. 213
平分	III. 165, 166	评话	III. 106
平风静浪	III. 35	评价	III. 207
平服	III. 205	评论	III. 216
平和人	III. 161	评品	III. 152
平还	III. 161	苹果	III. 133
平回	III. 65	凭	I. 155b / III. 55
平浑	III. 24	凭己胸臆	III. 198
平价	III. 177, 207	凭记	III. 199
平间的	III. 227	凭据	III. 102, 112, 210
平静	III. 70, 168	凭理	I. 109a
平路	III. 40, 130	凭你便	III. 51
平、乱的时	III. 86	凭你裁处	III. 51
平宁	I. 143b	凭你随意	III. 51
平平的	III. 165	凭你主意	III. 26, 51
平齐	III. 120	凭他	I. 43b, 44a, 88a, 129b, 155b / III. 55, 75, 171
平清	III. 213		
平日	III. 212	凭他选	III. 66
平生	II. 360b / III. 212, 222	凭他做	I. 60b, 100b
平石	I. 110b	凭文	III. 167
平素	I. 144a	凭我主意	III. 198
平素赒急	I. 96a	凭胸臆、私心自用	III. 15
平天冠	III. 59		
平息	III. 168	凭依	III. 112
平线	III. 89	凭意	III. 119
平行线	III. 89	凭证	III. 210
平性之地	III. 93	凭字	III. 54
平洋	III. 148, 185	屏	I. 130b

屏风	III. 189
瓶	I. 104b, 128a / III. 128
瓶耳	I. 46a
瓶嘴	III. 172

pō

泼	I. 154a
泼妇	I. 80b, 82b, 133a
泼灭	III. 16
泼贱	I. 82b
泼水	II. 358b
泼水落地	III. 68
泼盂	I. 130b

pó

婆婆	III. 204
婆子脸	III. 70

pǒ

叵测	III. 209
叵耐	II. 358b
叵知	II. 358b
笸	III. 109

pò

朴硝	III. 196
迫	III. 55, 56
迫疾	III. 21
迫勒	III. 56
迫人	III. 18, 121
迫死	III. 144
迫死人	III. 136
迫于不惑己	III. 149
破	I. 141a / III. 193
破败	III. 184
破败人	III. 171
破病	III. 97, 134, 206, 221
破布	III. 14
破步边舞刀牌	III. 91
破财	III. 104, 138
破财的	III. 78, 133, 180
破策	III. 57
破柴	III. 185
破城	III. 17
破胆	III. 69
破的	III. 110
破费	II. 358b
破费的人	III. 104
破坏	III. 72, 183
破坏人	III. 171
破机关	III. 57
破家	III. 74, 78, 104, 138, 184
破家的	III. 78
破家子	III. 112
破开	I. 81a, 107b / III. 2, 110, 166, 185
破烂	III. 193
破了	I. 135b
破了门锁	III. 70
破裂	III. 110, 166, 185, 193
破埋伏	III. 57
破灭	III. 70
破谋	III. 57
破其胆	III. 73
破其花	III. 72
破其身	III. 60, 72
破日	I. 83a

破身	II. 358b
破身的女	III. 60
破碎	III. 183, 193
破碎的	III. 110
破损	III. 183
破土	III. 183
破瓦	III. 208
破衣	III. 193

pōu

剖	I. 62b, 151b
剖拆	III. 91
剖肠	III. 72
剖断	III. 78
剖肝裂胆	III. 58, 193
剖开	I. 33b / II. 324a, 358a / III. 2, 78, 110, 166, 185
剖肉	I. 94b
剖视骨节	III. 152
剖析	III. 91

pū

铺	I. 155b / II. 359a / III. 94, 208
铺板	III. 87
铺床	II. 332a / III. 40, 94
铺地板	III. 87
铺盖	I. 56a / II. 359a / III. 94
铺开	II. 324a
铺路	III. 83
铺排	III. 164
铺青	I. 91b
铺伸	III. 94

铺石	III. 83
铺石板	III. 86
铺石的	III. 129
铺牙牌	III. 124
铺毡条	III. 164
铺砖	I. 110b / III. 86
铺砖的地	III. 204
扑倒	I. 73b / III. 80
扑倒了	II. 358b
扑地	III. 80
扑开	I. 77a
扑转	I. 87b
扑着	III. 80

pú

扑*（北）	I. 122b
菩萨	III. 115, 227
匍地而走	III. 104
匍匐	III. 7, 13, 104
匍扑	III. 104
葡萄	I. 155b / II. 359a / III. 226
葡萄干	I. 127a, 155b / III. 166
葡萄酒	III. 222, 226
葡萄树	I. 154b / III. 165, 221, 226
葡萄酸	III. 7
葡萄糖	III. 22
葡萄芽	III. 163
葡萄园	III. 133, 222
葡萄园的人	III. 222
葡萄汁	III. 145
蒲包	II. 359a
蒲草	III. 115

蒲扇	III. 1
蒲席	III. 94, 172

pǔ

朴实的	III. 113, 131
圃	I. 125a
普世	III. 147
普天下	II. 359a

pù

铺	I. 113b, 148b / II. 359a
铺兵	III. 59, 203
铺床	I. 119a
铺长	III. 208
曝	I. 143a

Q

qī

七	I. 144b / III. 200
七百	III. 200
七遍	I. 144b
七次	I. 144b
七个	I. 144b / III. 200
七个一起	I. 80a
七个月出世的	III. 200
七千	III. 200
七情	III. 167, 200
七十	III. 200
七十万	III. 200
七天	III. 198
七万	III. 200
七星	III. 39, 200
七月	III. 7
七遭	I. 144b
七政	I. 133b / III. 24, 173
妻舅	III. 63
妻母	III. 204
妻奴	III. 146
妻子	II. 333a / III. 146
妻族	III. 165
栖	III. 177
凄怆悲恻	III. 52
期定何日	I. 83a
期满了	III. 173
期期艾艾	III. 207
期时	III. 128, 173
期时到了	III. 173
期限	III. 209
欺	I. 32b / II. 349a
欺负	I. 94b, 118b / III. 1, 31, 37, 69, 71, 74, 223
欺君	III. 61
欺凌	I. 32b
欺谩	III. 37, 143, 223
欺谩人的	III. 143
欺慢	III. 69, 71, 74
欺骗	III. 86
欺弱	II. 347a
欺心	II. 349a
欺心的	III. 69
漆	I. 161a / II. 334a / III. 30, 32, 47
漆盒	III. 45
漆匠	III. 30, 47
漆起	III. 32

qí

齐	II. 333a

《葡汉词典》《汉法词典》《官话词汇》中文词语索引   239

齐备	III. 6, 16, 178	祈获	III. 121
齐备了	III. 18, 93, 181	祈求	III. 119, 121, 159, 168, 174, 193, 194, 205
齐毕了	II. 333a		
齐唱	III. 41	祈望	III. 159, 168
齐出	III. 195	祈雨	III. 168
齐闻	I. 142a	祈祝	III. 159
齐涌	III. 122	疵子	I. 122a
齐涌来	III. 217	淇	II. 349a
齐整	I. 43b, 105b, 151a / III. 3, 6, 7, 31, 52, 63, 111, 160, 175, 182	崎	I. 129a
		崎岖	III. 41
		崎岖的路	III. 101
其	II. 348b	骑	II. 349a
其次	III. 198	骑马	III. 13, 45, 204
其言浅露	III. 185	骑马的	III. 104
其余	II. 347a / III. 129	骑马走路	III. 122
其罪合万死	III. 139	骑一个	III. 13
奇	I. 120b / II. 349a	棋	I. 93b / III. 28
奇逢	I. 34b	棋盘	I. 147b / III. 28, 124, 206
奇怪	III. 97, 135, 143, 180		
奇怪的人	III. 166	棋子	III. 124
奇迹	III. 135	蜞蝗	III. 197
奇妙	III. 96	旗	I. 97b, 129a / III. 29, 103, 170, 218
奇妙的物	III. 63		
奇楠香	III. 158, 163	旗儿	III. 29
奇巧之物	III. 63	旗子	III. 29
奇甚	III. 95	麒麟	III. 224
奇异	III. 95, 96, 97, 135, 180		

qǐ

奇异的事	III. 170, 185
奇异的物	III. 63
歧路	III. 41
祈	III. 168
祈祷	III. 159, 168
祈祷堂	III. 159
祈福	III. 32

乞丐	I. 96a, 130b
乞化	III. 169
乞求	II. 349a
乞食	III. 67, 68, 138, 168
乞食婆	III. 138
乞士	III. 174

乞讨	II. 349a	起旱	I. 110a / II. 349a
乞休	III. 189	起旱路	III. 166
岂	III. 149	起火	III. 84, 110, 169
岂不	III. 149	起家	I. 91b
岂敢	II. 349a / III. 26, 51	起价	II. 349b / III. 61, 84, 127, 175, 182
岂料	I. 78b		
岂想	I. 78b	起居不宁	III. 117
岂有此理	III. 51, 151	起来	III. 127
启	III. 2, 163	起浪	I. 124a / III. 11
启程	III. 51	起马	III. 166
启蒙教要	III. 44	起毛	III. 89
启明星	I. 114a	起锚	III. 13, 127
启问	I. 90b	起怒	III. 86
启业	III. 177	起泡	I. 88b, 101a
起	I. 93b, 94a / II. 349a / III. 11, 127	起疱	III. 13, 32
		起篷	III. 65, 115, 127, 196
起兵	III. 109	起墙	II. 333a
起程	III. 51	起墙脚	I. 104a
起重楼	I. 145a	起身	III. 127, 166, 196
起初	III. 64	起伸*（身）	I. 112a, 127a
起初时	I. 79a	起手	II. 349a / III. 127
起床	III. 127	起首	II. 349a
起得早	III. 132	起头	III. 51, 83
起钉	III. 72	起头到尾	I. 73b
起椗	I. 79b	起头的	III. 28
起碇	III. 127	起桅	III. 136
起动你	III. 117, 215	起位	III. 127
起妒憎	I. 93a	起屋	I. 99b
起多房子	I. 132b	起行	III. 166
起房子	I. 87a, 99b / III. 81	起行程	III. 166
起风	III. 127	起眼	III. 223
起风箱	III. 102	起疑	III. 204
起服	III. 215	起义	III. 9, 10, 127
起工	III. 51	起异端人	III. 111

起意	III. 119	讫案	III. 198
起营	III. 10	弃	III. 16, 65, 69, 125
起愿	III. 225	弃夫	III. 70
起造	III. 81, 201	弃官	I. 134b / III. 156
跂脚	III. 68	弃号头	I. 33b
稽首	II. 348b / III. 1	弃甲抛戈	III. 20
		弃绝	III. 190
	qì	弃壳	I. 94b
气	I. 44b, 50a / II. 349a / III. 8, 82, 92	弃离	III. 70
		弃皮	I. 43a, 94b
气禀	III. 148	弃妻	I. 91a / III. 190
气病	III. 85, 172	弃散	III. 80
气恻	I. 136a	弃世	III. 16, 75, 144, 189
气管	III. 191	弃嫌	I. 33a
气节	III. 200	弃职	III. 189
气界	III. 187	弃子	I. 91a
气洒	III. 222	妻以女	III. 44
气绝的	III. 178	泣	I. 111a, 133b, 155b
气力	III. 222	契	III. 55
气量	III. 42	契家	I. 116b
气闷	II. 355b	契刻	III. 91
气母	III. 136	契母	III. 132
气癖	III. 133	契书	II. 349a
气慨	I. 44a	砌	III. 176
气球	III. 169	砌街	I. 56a / II. 333a / III. 39
气人	III. 85, 106	砌了	I. 110b
气散了	III. 92	砌路	III. 39
气塞	III. 8	砌石	I. 88a / III. 83
气死	II. 349a / III. 144	砌石墙	III. 165
气死人	III. 136	砌砖	I. 110b / III. 39
气体还精	III. 32	揭衣搴衣	III. 21
气息	III. 29	器	I. 123b
气象	III. 99	器架	III. 118
气质	III. 148		

器具	III. 111, 118	迁善改恶	III. 146
器皿	II. 349a / III. 31, 118, 218	迁延	III. 77
		迁移	III. 146
器手作	II. 366a	牵	III. 131, 211, 217
器械	III. 20	牵布	III. 211
器用	III. 111, 118	牵风箱	III. 102
		牵紧的	III. 211
	qiā	牵连	III. 84
掐人	III. 169	牵马	III. 38
		牵鸟网	III. 39
	qiǎ	牵绳子	III. 211
卡我	II. 350a	牵索	III. 38
		牵拖	III. 84
	qià	牵线	III. 211
恰好	II. 349b	牵引	III. 69, 131, 209
恰离狼窝、又逢虎口	III. 169	牵直	III. 211
		铅	I. 66a / III. 174
	qiān	铅粉	III. 12
千	I. 119a / II. 334b / III. 140	铅悬	III. 174
		铅坠	III. 174
千遍	I. 58a, 119b / III. 140	悭吝	II. 350b, 353b / III. 17, 26, 60, 90, 126, 140, 176
千飧*（餐）	I. 119b		
千重饼	III. 113, 157		
千古	III. 15		
千金	III. 112	悭吝的	III. 18, 26
千里	I. 113b	谦德	III. 114
千秋	III. 51, 137	谦恭	III. 114
千秋节	III. 76	谦让	II. 345b / II. 350b / III. 114
千岁	III. 179, 226		
千万	II. 365a / III. 98, 140	谦让的	III. 114
千万不	III. 177	谦虚	III. 114
千遭	I. 119b / III. 140	谦逊	III. 114
迁	I. 121a	谦抑	III. 114
迁官	I. 91a	签	III. 41, 63
迁善	II. 334b / III. 35	签牌	III. 163

《葡汉词典》《汉法词典》《官话词汇》中文词语索引　243

签起	III. 5	前子	II. 337a / III. 112
签押	II. 334b	虔恭	III. 75
愆	I. 127b	虔心	I. 82b, 87b, 131b / III. 75
愆了期	III. 209		
愆邪小人	III. 171	钱	I. 161a, 169a / III. 143
搴斤	II. 334b	钱财	I. 83b / III. 77
		钱厂	III. 102
	qián	钱鼓	III. 206
铃	I. 47a	钱粮	I. 145b, 155a / III. 11, 202, 204
前	I. 35b, 83a / III. 6, 15		
前定	III. 178	钱拿鼓	III. 203
前定的	III. 178	钳	I. 147a / II. 350b
前夫	III. 135	钳来	III. 208
前夫子	III. 112	钳起	III. 208
前古	III. 15, 210	乾坤	III. 48, 211
前后	II. 334b / III. 15	潜藏	III. 155
前来	III. 219	潜密	III. 155
前面	I. 47b / III. 178	偂＊（欠）账	I. 88b, 109b
前面去	I. 110a		
前年	III. 15		**qiǎn**
前妻	III. 147	浅	II. 334b
前去	III. 178	浅的	III. 205
前人	III. 15	浅海	III. 31
前任	III. 15	浅河	I. 153a
前日	I. 43a, 124b / III. 15, 76, 85	浅见	III. 189
		浅近	III. 185
前厅	III. 183, 196	浅口	III. 34
前头	I. 35b	浅欠	III. 124
前选	III. 178	浅滩	III. 31
前选的	III. 178	浅知	III. 194
前一日	I. 155b / III. 224	浅渚	II. 334b
前月	III. 139	遣差	III. 82
前遮后挡	III. 21	遣仆	I. 93b
前知	III. 194	遣使	III. 82

	qiàn	腔	III. 126, 213
欠	I. 74a, 83b / III. 75	蜣螂	III. 90
欠安、失调	III. 116	锹头的	III. 150
欠躬	III. 118		
欠票	III. 55		qiáng
欠情	II. 350b	强	I. 117a, 145a / III. 223
欠缺	III. 97	强暴	III. 26
欠少	III. 43	强辩	III. 208
欠身	III. 118	强扯	III. 131
欠提点	I. 77b	强盗	II. 349b / III. 125, 196
欠严敬	III. 97	强动	III. 145
欠用	I. 138a	强夫	III. 102
欠债	II. 350b / III. 75, 85	强过	I. 112b, 119b, 133b, 134b, 145a
欠债人	I. 82b / III. 75		
欠整理	I. 77b	强过你	II. 349b
纤船	III. 131	强悍	III. 36
堑	II. 334b	强狠	III. 36, 57
嵌金	III. 86	强奸	I. 103b
嵌银	III. 86, 174	强健	III. 54, 150
歉少	III. 43	强力	III. 192
		强力果敢	III. 14
	qiāng	强梁	III. 26, 48
呛气	III. 185	强猛	III. 36
枪	I. 131a / II. 333b / III. 125, 172	强拿	III. 215
		强拖	III. 131
枪把	III. 24	强挽	III. 131
枪柄	I. 47a / III. 24, 109	强笑	III. 192
枪刺	III. 125	强些	III. 137
枪刀	III. 20	强毅	III. 56
枪刀器械	III. 118	强勇	III. 101
枪杆	III. 24	强有力	III. 102
枪伤	III. 125	强圈	III. 26, 91
枪手	II. 333b	强壮	III. 32, 78, 192, 193, 218
枪鱼	III. 163		

强做	III. 223	强迫	III. 56
墙	I. 121a / II. 333b / III. 164, 207	强劝	III. 101
		强人	III. 18, 101
墙板	III. 206, 207	强人醉	III. 83
墙杆	III. 19	强要	III. 184
墙柜	III. 9	襁褓	III. 98, 163
墙脚	I. 104a / II. 333b / III. 102	qiāo	
墙围	III. 165	悄悄	II. 333b
蔷薇花	I. 141a	悄然	III. 155
蔷薇露	II. 365b	锹	II. 333b
蔷薇树	I. 141a	锹锸	III. 162
檣杆	III. 136	锹土	II. 333b
檣桅	III. 136	敲梆	III. 65, 199
		敲断玉钗	I. 51a
qiǎng		敲鼓	II. 350a
抢	I. 43a, 45a, 103b, 149b / II. 333b / III. 21, 213	敲门	I. 51a / II. 350a / III. 31, 64, 105, 130
抢夺	I. 101a / III. 14, 21, 74, 213	qiáo	
		桥	I. 131b / II. 350a / III. 181
抢夺净光	III. 65	桥梁	III. 19, 163
抢货	I. 81b	桥门	III. 157
抢货了	I. 81b	桥眼	III. 19
抢劫	III. 193, 196	憔悴	I. 37a, 126a, 143a
抢掠	III. 21, 65, 193	憔悴	III. 197
抢掳	III. 21	憔然	II. 333b
抢入	III. 88	憔*（憔）憔	I. 116a
强	III. 18, 52, 102	樵夫	I. 112a / II. 333b / III. 126
强辩	III. 184, 189, 190		
强了筋	III. 85	樵者	III. 126
强留	III. 56, 75	樵子	I. 112a / III. 126
强勉	III. 56	瞧看	III. 141

	qiǎo	且男且女	III. 24
巧	I. 91a / II. 350a / III. 134	且住	III. 122
巧精	III. 22		qiè
巧妙	III. 22, 117	切不	III. 44
巧妙之工	III. 154	切齿	III. 47, 187
巧器	III. 129	切急	III. 149
巧人	III. 24	切记	I. 134b
巧石	III. 135	切紧的事	III. 149
巧言	III. 162	切切	III. 81
		切求	III. 168
	qiào	切然	III. 81
窍	II. 350a	切务	III. 155
翘	II. 350a	切务于一	III. 155
撬起来	III. 127	切心	III. 58, 59, 219
撬着	III. 127	切言	III. 162
鞘	I. 100a / III. 218	切意	III. 58, 59
		妾	I. 116b, 158a / II. 334a / III. 54, 133
	qiē	妾生的	III. 112
切	I. 140a, 151b / III. 7, 47, 60, 206	怯弱	III. 182
切草	III. 115	怯畏	I. 148a
切断	III. 73, 206	窃婢	I. 41b
切割	III. 206, 216	窃盗	I. 110b
切开	I. 83b	窃听	III. 157
切面	III. 99	窃闻	I. 95b
切肉	I. 94b / III. 60	惬意	III. 53
切死	III. 136		
切碎	I. 80b / II. 362b		qīn
		钦	III. 185
	qié	钦笔	III. 174
茄	I. 52a	钦差	II. 351b / III. 51, 82, 126, 134
茄子	III. 32		
		钦赐	III. 82, 139, 185
	qiě	钦从	III. 191, 219
且	III. 68, 176		

钦领	III. 180	亲属	III. 165
钦命	III. 82, 185	亲随家人	III. 142
钦命之官	III. 82	亲王	III. 116
钦天监	II. 351b	亲翁	III. 199
钦天监的官	III. 136	亲信家人	III. 142
侵	II. 335b	亲信人	III. 40
侵犯	II. 335b	亲行	III. 122
侵占	II. 335b	亲兄弟	III. 111
亲	I. 35a / II. 335b / III. 5, 55	亲阵	III. 122
		亲子	III. 112, 126
亲笔	III. 90	亲族	III. 165
亲躬	III. 171	亲嘴	II. 337b / III. 32
亲骨肉	III. 165		qín
亲和的	III. 161	琴	I. 154b / III. 48
亲见	III. 220	琴弦	I. 62a / II. 351b
亲近	III. 5, 11, 124, 131	勤	I. 83a / II. 351b
亲近人	III. 181	勤德	III. 77
亲就	III. 131	勤谨	III. 77
亲眷	III. 55, 165	勤苦	III. 77
亲口	III. 32	勤劳	III. 77, 200
亲来	III. 219	勤力	III. 77
亲谋	II. 335b	禽	I. 127a
亲母	III. 132	禽鸟	III. 14, 27, 168
亲目看见	III. 220	禽兽	I. 42b / III. 32
亲娘	III. 132	禽鱼	III. 14
亲戚	III. 55, 131, 165	擒	I. 41a, 134a
亲切	III. 219	擒住	III. 24
亲身	III. 82, 171, 176, 180		qǐn
亲身来	III. 219	寝	I. 84b
亲手	III. 87, 180	寝食不安	III. 117
亲手的功	III. 154	寝室	III. 79
亲手写	III. 90	蝼蚓	III. 129
亲疏	III. 165		

qīng

青	I. 122b, 154a / III. 220
青白间	III. 129
青菜	III. 220
青草	III. 115, 220
青春	III. 142
青春不再来	III. 15
青帝	I. 134a
青靛	III. 15
青光棍	III. 219, 220
青果子	III. 220
青痕	III. 43
青茂	II. 335a
青墨	III. 15
青年	III. 142
青青茂盛	III. 220
青色	III. 150
青苔	III. 154
青头女	III. 79
青眼	I. 124a / III. 157
青衣	III. 150
青蝇	III. 145
青员领	III. 221
青*（清）早	I. 75b
青砖	III. 125
轻	I. 112b, 146a / II. 351a / III. 11, 128, 129
轻薄	I. 100a / II. 358b / III. 129
轻薄人	III. 129
轻步行	III. 14
轻财	III. 127
轻船	III. 11, 30
轻打	III. 184
轻得紧	I. 112b
轻动	III. 145
轻风	I. 153b
轻忽	II. 351a / III. 44
轻见	III. 189
轻贱	III. 1, 44, 94, 138, 208
轻贱自己	III. 88
轻捷	III. 128
轻举	III. 218
轻举妄动	III. 21
轻据	III. 129
轻据审判	III. 124
轻口快心	III. 34
轻快	III. 7, 79, 128, 219
轻利	III. 128
轻慢	II. 351a / III. 216
轻弃	III. 138
轻轻	III. 204
轻轻看	III. 167
轻世	III. 16, 75, 138, 144
轻率	III. 21
轻速	III. 128
轻侮	III. 71
轻些	III. 11, 33, 77, 167
轻些讲	III. 108
轻心	I. 121a / III. 22, 118, 129
轻心的人	III. 129
轻信的人	III. 61
轻虚	III. 218
轻疑	III. 124
轻易	III. 176
轻罪	I. 128a / III. 168
倾败	III. 184

倾包	III. 71	清明	III. 201
倾倒	III. 80, 218	清盼	III. 128, 141
倾跌	III. 39	清水	I. 37b / III. 8
倾耳	III. 157	清谈	III. 37
倾耳而听	III. 25	清闲	I. 77a, 78a
倾废	I. 82a	清心寡欲	III. 128
倾尽	I. 81a	清心寡欲之人	III. 44
倾酒	III. 80, 222	清秀	III. 104, 111
倾酒的	III. 58	清意	III. 118
倾炼	III. 5	清云	III. 153
倾满	I. 89a	清早	I. 92b / III. 134, 208
倾危	III. 169	清贞	III. 113
倾销	III. 182	清嘴	III. 105
倾泻	III. 102	蜻蜓	III. 106
倾心吐胆归降	III. 205		
		qíng	
倾银	I. 104a / III. 102	情	II. 335a / III. 7, 167
倾银匠	III. 102	情节	III. 48
倾银子的	III. 174	情理	III. 48
清	I. 63b, 107a / II. 335a	情气不好	III. 54
清茶解闷	III. 47	情切	II. 334a / III. 75
清晨	III. 61, 134	情热	III. 75
清粹	III. 111	情势	III. 143
清淡	III. 216	情态	III. 93
清风	III. 48, 101, 128, 222	情性爽利	I. 89b
清官	III. 124, 128	情意	III. 12, 75
清藿	III. 115	情由	III. 48
清洁	I. 44a, 113a / III. 113, 128, 182	情欲	III. 225
清洁的	III. 113, 128	情愿	III. 66, 74, 184, 225
清洁的人	III. 113	情愿甘苦	III. 108
清景	I. 53b	情知	III. 48
清苦	III. 216	情状	III. 93
清冷	III. 101	晴霁之时	III. 210
清凉	I. 104b	晴爽	I. 144a

晴天	I. 144a, 148a	拸住	I. 98a
黥面	III. 111	罄	III. 41, 93
		馨	III. 7, 95
qǐng		罄尽了	III. 212
请	I. 61b, 134a, 140b / II. 335a / III. 51, 196	罄力	III. 176, 212
		罄了	III. 3
请安睡	III. 79	罄了家财	III. 56
请便	II. 335a	罄囊	III. 71
请功	III. 169	罄日	III. 212
请教	II. 335a / III. 4, 87, 169		
		qióng	
请酒	III. 32, 51	穷	III. 99, 128
请客	I. 61b / II. 348a	穷得紧	I. 122a
请留步	III. 167	穷饿的	III. 174
请命	III. 58, 128	穷乏	III. 126, 138, 142, 149
请人客	I. 155b	穷乏者	III. 174
请扇	III. 1	穷急	III. 126, 138, 142, 149, 174
请上坐	III. 198		
请他	III. 130	穷极	III. 126, 138, 142, 149, 174
请问	II. 335a / III. 178		
请医生	III. 130	穷尽	III. 99
请罪	II. 337b / III. 156, 169, 170	穷究	III. 27
		穷匮	III. 174
请罪罚	III. 170	穷理	III. 19
请坐	III. 198	穷了	I. 78a
顷刻	I. 145a / III. 143	穷末	III. 38
顷刻之间	III. 118	穷迫	III. 174
		穷缺	III. 138
qìng		穷人	III. 174
庆贺	III. 64, 99, 164	穹窿	III. 19
庆寿	III. 164	琼林宴	III. 30
亲家	III. 56, 165		
亲家母	III. 56	**qiū**	
清	I. 60b, 105a	秋	II. 334b / III. 160
清寒	I. 48a	秋榜	III. 45

秋季	III. 160	求舍施	III. 168
秋季月	III. 161	求赦	III. 169
秋千	I. 151a / III. 137	求食	III. 67, 138
秋时	III. 160	求书	III. 43
秋天	I. 125b	求遂了	III. 121
鳅鱼	III. 125	求天主	III. 159
		求仙	I. 75a
qiú		求言	III. 194
囚犯的	III. 179	求易	III. 119
囚人	I. 89a, 126a	求益	III. 144
囚狱	I. 134a	求宥	I. 93a
求	II. 351a / III. 121, 168, 193, 205	求佑	III. 168
		求雨	III. 168
求备	III. 190	求准	III. 186
求不得的	III. 121	虬发	III. 38, 85
求得	I. 33b, 38b, 88a / III. 10, 186	虬发的	III. 61
		泅	III. 148
求得了	III. 3, 121	泅过水	III. 166
求而得	III. 121	泅上涯	III. 196
求而不得了	III. 121	球	III. 169
求恩	III. 169	觓	II. 334b
求饭	III. 168		
求和	III. 161	**qū**	
求教	III. 4	区处	III. 209
求借	III. 168	曲	I. 47b / III. 60, 79, 217
求救	III. 168		
求救兵	III. 169	曲背的	III. 58
求领洗	III. 31	曲尺	I. 138a / II. 351b / III. 52, 92
求免	III. 169		
求名	III. 38, 98, 180	曲肱	III. 36
求名到底	III. 38	曲躬	I. 63b / III. 79
求乞	III. 168	曲了	I. 92b
求签	III. 81	曲路	III. 37
求饶	III. 169	曲身	III. 79

曲线	III. 129	取当头	III. 72
曲腰	I. 89b, 109a	取灯	II. 336b
曲直	II. 351b	取耳	III. 159
驱	II. 351b	取法于某人	III. 120
驱尘	III. 195	取怪	III. 65
驱马	III. 59	取海味	III. 135
驱逐	III. 8, 80	取好的	III. 81
屈虐	III. 62	取回	III. 186
屈曲	III. 88	取获的物	III. 178
屈身	III. 85	取缰绳	III. 72
屈手	III. 182	取口词	III. 180
屈指算	III. 56	取来	III. 215
祛	II. 351b	取乐	II. 336b / III. 167
祛逐	III. 80	取蜜房	III. 45
蛆虫	III. 19, 108	取名	III. 119
趋	I. 62a, 94b	取牛乳	I. 121a
趋利	III. 181	取平	III. 52
趋时	III. 210	取钱粮	III. 50
趋走	I. 94b	取人性接合己位	III. 84
	qú	取乳	I. 124b / III. 159
胸肢的	III. 59	取乳酪	III. 159
渠漏	III. 41	取摄人心	III. 103
	qǔ	取神益	III. 144
曲	I. 56b, 121a	取石掷打人	III. 17
曲儿	II. 351b	取笑	II. 361a
取	III. 18, 213	取信于人	III. 54
取便	III. 37	取意思	III. 144
取出	III. 195	取义子	III. 6
取出钉	I. 81b	取约言	III. 52
取出来	I. 79b, 149b / II. 336b	取债	II. 336b / III. 50, 168
取出银子	I. 79a	取账	III. 50
取撮要	III. 52	取证	III. 181
取当	III. 187	取众情	III. 103

取主	III. 19		去其面色	III. 72
娶	II. 336b		去肉	III. 70
娶妻	III. 44		去绳子	III. 70
娶亲	I. 58a / III. 44		去世	III. 75, 144
娶亲酒	III. 34		去世了	III. 146
娶亲了	III. 44		去树杪	III. 74
			去说	I. 110
qù			去他的福	III. 179
去	I. 42a, 56a, 110a / III. 65, 122, 125, 213, 227		去下	III. 80
			去行来行去	III. 227
去别所在	I. 48a		去衣服	I. 81b
去除	III. 80		去蝇	III. 145
去处	III. 130		去远	III. 10, 122
去疵胚	III. 70		去远了	I. 110
去刀锋	III. 74		去职	III. 68, 156
去刀尖	III. 74		趣	III. 79, 106
去到	I. 110			
去得远	I. 110		**quān**	
去根	III. 69		悛改	III. 83
去官	III. 68, 184		圈	I. 143a / II. 351b / III. 18, 20, 48, 51
去讲	I. 110			
去来	III. 115		圈套	III. 126
去了	III. 115, 122			
去了官	III. 106		**quán**	
去鳞	I. 94b / III. 90		权	III. 175, 176
去乱	III. 114		权变	III. 89
去买	III. 227		权柄	III. 28, 47, 79, 97, 175, 199
去毛	III. 74, 169			
去面前	I. 44a		权待人	III. 57
去木末	III. 74		权法	III. 89
去年	I. 42b		权放	III. 176
去皮	I. 94a, 94b, 149b / III. 71, 143		权官	III. 134
			权居	III. 108
			权免	III. 77
去其具	III. 69		权能	III. 28, 97, 175, 199

权且	I. 92b / II. 334a	全身	III. 212
权任	III. 134, 205, 209	全身远害	III. 55
权任的	III. 205	全屈	II. 335b
权任者	III. 221	全帖	III. 163, 222
权时	III. 88	全完	III. 170
权势	II. 351b / III. 28, 47, 79, 97, 105, 175, 199	全完的	III. 87
		全无	III. 148
权顺	III. 57	全无缺	III. 87
权位	III. 79	全、无缺	III. 171
权许	III. 77	全物	III. 171
权要	II. 351b / III. 199	全装冠甲腰悬短刀	III. 20
权责	II. 351b	荃	II. 335b
权住	III. 93	荃蹄	II. 335b
权做	III. 110	泉	II. 335b / III. 102
全	I. 110a / II. 335b / III. 67, 75, 87, 212	泉口	I. 52a
		泉水	I. 37b
全败了	III. 66	泉涌出	III. 102
全备	I. 129b	拳	I. 133a
全备了	III. 53	拳打	III. 182
全不	III. 177	拳拳的	III. 203
全成	III. 3	拳头	III. 182
全澄的	III. 118	拳头打人	III. 65
全的	III. 87	痊愈	I. 143a
全副披挂	III. 20	鬈发	III. 38
全花的	III. 79		
全家	III. 212	**quǎn**	
全尽	II. 352a	犬	I. 129b / II. 351b / III. 171
全军覆没	III. 70		
全能	III. 158	**quàn**	
全能者	III. 158, 175, 212	劝	I. 34a, 41b, 44a, 61a, 74a, 139a / II. 352a / III. 4, 12, 116, 171, 187
全烹	I. 96b		
全全煮	I. 96b		
全然	III. 75, 171		
全赦	III. 116		

劝和	I. 43b / III. 16, 161	阙城门	III. 177
劝和的人	III. 161		
劝化	III. 58, 171, 187	qué	
劝化人	III. 109	瘸	II. 351b
劝解	III. 56, 161	瘸行	III. 61
劝解的	I. 61a		
劝解怒	III. 17	què	
劝开	I. 43a, 74a / III. 16	却才	I. 37b, 108a
劝励	III. 14, 96	却才到	I. 109a
劝勉	III. 66	雀笼	I. 105b
劝赦	I. 93a	雀鸟	III. 105
劝他的	I. 34a	确然	III. 48
劝谕	III. 65	确许	III. 64
劝责	III. 190	鹊鸪	I. 129b
劝止	III. 78	鹊鸟	III. 172
劝阻	III. 78	鹊噪	III. 41
劝醉人	III. 83	悫	I. 154a

quē		qún	
缺	II. 351b / III. 110, 137	群	III. 52, 146, 172, 186
缺齿	III. 137	群涌来	III. 217
缺唇	III. 125	裙	III. 97
缺乏	III. 97	裙子	I. 32a / II. 352a / III. 197
缺口	III. 34		
缺了	III. 138		
缺漏破相	III. 206		

R

rán	
然	II. 340b / III. 135
然后	III. 74
髯	III. 33

缺欠	III. 221
缺请	III. 98
缺少	III. 43, 97, 175
缺失	III. 97, 138, 206
缺陷	III. 221
缺用	I. 138a
缺肢体的	III. 142
阙	II. 351b

rǎn	
染	I. 149a, 155b / II. 340b / III. 56, 116, 209

染病	I. 43b / II. 340b / III. 56, 85	饶恕	I. 136a / II. 345b
染布	III. 209	饶罪	II. 337b
染布的	III. 209		**rǎo**
染玷	III. 116, 133	扰乱	I. 150b / III. 117
染黑	I. 122b, 134a		**rào**
染坏了风俗	III. 56	饶舌	I. 99b
染匠	I. 149a / III. 209	绕	I. 45b
染了魔	III. 85	绕路走	III. 122
染污	III. 56		**rě**
染污了风俗	III. 56	惹	II. 340a / III. 25, 38, 145, 181
染污气候	III. 56		
染污气息	III. 56	惹动	III. 25, 181
染着	I. 115b	惹动春心	III. 118
染着血	I. 91b	惹发人	III. 181
	ráng	惹人怒	III. 109
瓤	II. 345b / III. 138	惹他	III. 155
	rǎng	惹他怒	I. 37a, 46b
嚷	I. 53b / III. 37, 117, 194	惹我去	III. 118
嚷闹	III. 9, 95	惹引	III. 69
嚷声	III. 49	惹罪	III. 156
	ràng		**rè**
让	II. 345b / III. 64	热	I. 44a, 48a, 56a, 136a / III. 40
让国	III. 189		
让开	II. 345b	热的	III. 40
让他	III. 46, 220	热发	I. 54a
让逊	III. 46	热昏	III. 40
让做	I. 75a	热焦	II. 350a
	ráo	热闹	III. 46, 215
饶	I. 80b, 129b, 136a / III. 2, 170	热迫	III. 40
		热气	I. 33a / III. 29
		热伤了	III. 40

热水	III. 8	人世	III. 147
热他	III. 40	人所共知	III. 152
热些	I. 120b	人所憎嫌的	III. 133
热心	III. 75, 98, 111	人物	III. 114
热心的	III. 75, 98	人心所向	III. 118
		人信	III. 98

rén

人	I. 106b, 124a, 153a / II. 340b / III. 104, 113, 149	人性	III. 114, 148
		人摇篮	I. 87a
		人欲	III. 114
		人住	I. 33a
		人子	III. 210
		仁	I. 57b / II. 340b / III. 170, 223
人丁	III. 104		
人恶而不悛	III. 155		
人高长	I. 60a	仁慈	III. 32, 142
人喊	I. 107b	仁慈的	III. 172
人怀着鬼	III. 85	仁德	III. 142, 172
人环立	III. 48	仁会	III. 50
人家	III. 44	仁惠	III. 154
人精	III. 198	仁鸟	III. 48
人客	I. 125a / III. 51, 108	仁施	III. 154
人口	III. 104	仁义	I. 107b
人类	III. 91	仁者	I. 154a
人聆	I. 48a		
人马	I. 99a / III. 45		

rěn

人马宫	III. 201	忍	II. 340b
人门	III. 140, 165	忍不得	I. 92a, 115b
人民	III. 190, 218, 226	忍不得的	III. 119
人牧者	III. 167	忍不过	III. 118, 131
人情	III. 98	忍不过的	III. 119
人群	I. 50b	忍不住	III. 151, 205
人人晓得	I. 122b	忍得	I. 126a
人人知道	III. 152	忍得过	III. 205
人参	III. 137	忍德	III. 161
人生识字忧患	III. 126	忍过	III. 203, 209
始			

忍苦	III. 161		**réng**
忍耐	I. 126a, 146a, 146b / II. 340b / III. 161, 203, 205, 209	仍去仍来	III. 51
			rì
忍气吞声	III. 205	日	II. 340b / III. 76
忍受	III. 205	日半	III. 76
忍受的	III. 161	日本	I. 166a / III. 123
荏苒	II. 340b	日本人	III. 123
		日长	I. 83a
	rèn	日常	II. 328b / III. 76
认	I. 60b / II. 340b / III. 54, 55, 180, 187	日出来了	III. 196
		日短	I. 83a
认从教	III. 54	日费粮食	III. 103
认得他	III. 55	日工钱	III. 123
认恩	III. 7, 55, 187	日功	III. 207
认服	II. 337b	日规	III. 188, 203
认钱人	III. 99	日晷	I. 138b
认亲	III. 55	日晦	I. 145b
认情	III. 187	日急之需	III. 149
认识	III. 55	日间	III. 67, 88
认罪	II. 337b	日进一日	III. 137
任	III. 43, 77	日经	I. 138b
任承	III. 43, 84	日久了	I. 108a
任当	III. 93	日课	II. 336a / III. 96, 207
任满	III. 63	日里	I. 74a
任凭	I. 155b	日历集	III. 13
任他	I. 88a	日轮	III. 202
任他为	I. 100b	日轮天	III. 48
任意	II. 341a / III. 110, 225	日闹	II. 340b
任责	III. 156	日期不利	I. 48b
任职	III. 43	日日	I. 55b, 74a
任重务	III. 83	日日多	I. 55b
任尊意	III. 119	日日好	I. 73a
妊娠	I. 88b	日日所用的	III. 103

日日用的	III. 149	荣华	I. 140a / III. 98, 103, 105
日日用粮	III. 163, 205		
日上	III. 196	荣敬	III. 113
日烧热	III. 20	荣辱不惊	III. 113
日胜日	I. 55b	荣盛	III. 175
日食	III. 81	荣显	III. 113, 133
日蚀	I. 145b, 163a / III. 81	荣幸	III. 105, 180
日头	I. 145b / III. 202	荣尊	III. 105
日头出	III. 196	绒	I. 111a / II. 347b / III. 93
日头地	III. 202		
日头下晒	III. 175	绒多	I. 101b
日头下山	III. 9, 182	绒毛	III. 125, 219
日旺	I. 96b	绒丝	III. 197
日新	III. 117	绒袜	III. 39
日需	III. 149	绒毡	II. 347b
日影	III. 191, 203	容	III. 128, 193
日用	I. 108a	容不得	III. 205
日用的需	III. 149	容德	II. 347b
日月亏	III. 81	容得过	III. 42
日月往还	III. 210	容动的	III. 145
日月之升沉	III. 210	容过	III. 38
日月之需	III. 205	容涵	III. 38
日者	III. 136	容貌	II. 347b / III. 16, 23, 42, 99, 193, 198
日子	III. 76		
日子记号	III. 66	容貌愈少	III. 188
		容人	III. 147
róng		容忍	III. 161
戎车	III. 43	容色	III. 51
戎衣	III. 221	容申一言	III. 162
茸	II. 347b	容受	III. 42
荣福	III. 105	容所	III. 155
荣福去处	III. 164	容他	III. 171, 203
荣光	III. 105, 120	容像	I. 139b
荣贵	III. 112, 113	容仪	III. 52

容易	I. 99b / II. 347b / III. 97, 176	揉	I. 95b / III. 12, 143, 187
容易的事	III. 149	揉面	III. 201
容易管待的	III. 57	揉面盘	III. 22
容载	III. 42	揉眼	II. 340b
溶	III. 73	揉皱	III. 85
熔	III. 69, 102	蹂践	III. 26, 173
熔化	III. 69, 102	鞣革	III. 63
熔金	I. 138a	鞣革工	III. 63, 169
熔销	III. 69, 102, 182		
熔铸	III. 102		ròu
融	I. 77a, 113a / II. 347b / III. 69, 73	肉	I. 57b / II. 346b / III. 43
融花	III. 195	肉包	I. 87b / III. 83, 167
融化	III. 69	肉饼	III. 167
融了	I. 77a / III. 69	肉肥	III. 218
		肉脯	III. 43, 46
	rǒng	肉红	III. 84
冗	I. 99a	肉面包	III. 167
		肉皮	III. 41
	róu	肉躯	III. 62
		肉身	III. 62
柔	III. 33, 204	肉圆	III. 9
柔肠	III. 172	肉滞	III. 184
柔和者	III. 33		
柔嫩	III. 182, 211		rú
柔软	II. 347b / III. 204, 209	如	III. 51, 198
柔弱	II. 340b	如不顾	III. 78
柔善	III. 49, 172	如痴如醉	III. 82
柔声	II. 340b / III. 225	如此	II. 337b / III. 12, 24, 67, 206
柔顺	III. 211		
柔心的人	III. 142	如此大	III. 206
柔性	III. 12, 33	如此发问	III. 178
柔性的	III. 6, 79	如法做	III. 154
柔鱼	III. 182	如故	III. 51
柔中有刚	III. 106	如何	III. 51, 68, 134

如今	I. 37b, 38a, 43a, 108a, 132a, 134a / III. 7, 89, 142, 178	乳姐妹	III. 111
		乳酪	III. 126
		乳母	I. 38a, 41a / II. 347a / III. 12, 132
如今的事	III. 149		
如今怎处	III. 183	乳酿	II. 347a
如旧	III. 51	乳水	III. 204
如命	III. 154	乳头	III. 168
如那个	III. 12	乳香	I. 89a / III. 118
如前	III. 51	乳兄弟	III. 111
如然	III. 24, 67, 198	乳油	III. 148
如人意	III. 106	乳油皮	III. 148
如是	III. 24, 67, 206	乳做的	I. 111b
如是大	III. 206	辱话	III. 223
如兄弟	I. 110a	辱骂	III. 55, 117
如意	III. 57, 119, 225	辱谩	III. 37, 117
如我意	I. 48b	辱蒙	III. 116
如之何	III. 51	辱他	III. 7
儒生	III. 127	辱言	III. 117, 158
儒、释、道	III. 200	辱子	III. 112
儒学	III. 91		
			rù
儒衣	III. 220	入	I. 92b / II. 340b / III. 88, 213
儒医	III. 137		
儒者	I. 85a, 112a, 112b / III. 99, 127	入铳药	III. 43
		入定坐工	III. 137
儒*（孺）子	I. 120a	入官	III. 54
		入会	III. 88
	rǔ	入教	III. 58
汝谎说	I. 80b	入进教	III. 62
汝虚言	I. 80b	入殓	III. 12
乳	I. 116b, 149a / II. 347a / III. 168	入了圈套	III. 126
		入满	I. 88a
乳饼	III. 184	入门	I. 92b
乳冻	III. 148, 182	入泮	III. 29
乳浆	II. 347a		

入肉之肠	III. 129	闰日	III. 76
入神	III. 21, 22	闰日年	II. 347b
入圣人之册	III. 41	闰月	II. 347b / III. 119, 130, 139
入圣堂	III. 67		
入榫	III. 84	润	I. 138b, 155b
入学	III. 29, 88	润了	III. 143
入意	II. 340b	润气	III. 114
褥	I. 59a	润润	III. 143
褥衫	III. 41	润湿	III. 114
褥子	II. 346b / III. 50	润泽	III. 114, 143

ruǎn

ruò

软	II. 347b / III. 33	若	III. 135
软车	III. 129	若不然怎么了得	II. 346b
软骨	III. 209		
软了	III. 199	若干	III. 183, 206
软面头	III. 143	若老若幼	III. 24
软木	III. 59, 60	若是	I. 143b / III. 54, 135, 200
软皮	III. 60		
软柔	III. 33	若是不	I. 144a
软揉	III. 2, 143	若有便	III. 52
软弱	I. 75a / II. 347b / III. 46, 67, 73, 100, 109, 209	弱	II. 346b
		弱老	II. 352b
软弱的女人	III. 147	弱衫	II. 347a
软手	III. 175	弱泄精	III. 100
软梯	III. 89		
软心的	III. 142		

S

ruǐ

sā

蕊儿	III. 35	撒	II. 324a
		撒格拉孟多	III. 195
		撒责尔铎德	III. 195

ruì

蚋子	III. 145	撒指	III. 214
		撒子	III. 214

rùn

闰年	III. 15

靸鞋	III. 47		**sān**
	sǎ	三	III. 216
洒泪	III. 128	三百	III. 216
洒圣水	III. 81	三板	I. 51a
撒开	III. 91	三拌土	III. 20
撒粮	III. 162, 189	三拌土做地	III. 20
撒沙	III. 80	三遍	I. 151b
撒圣水	III. 193	三才	II. 325a
撒水	III. 193	三齿耙	III. 216
撒网	I. 91b / III. 81	三法司	III. 124
撒种	II. 360b / III. 198	三番五复想他	III. 170
	sāi	三府	III. 105
塞	I. 47b, 92a	三个	I. 151b / III. 216
塞闭	II. 360b	三个三个	I. 82b
塞倒	I. 147b	三鼓	III. 199
塞耳	III. 157, 207	三合	I. 151b
塞紧	I. 92b	三合土	III. 20
塞空	III. 207	三角	III. 216
塞口	III. 207	三脚灶	I. 151b
塞了	I. 92a	三面	I. 88b
塞了孔隙	III. 158	三面的	III. 216
塞满	I. 109a / II. 360b / III. 1	三千	III. 216
塞闹	I. 77a	三日路程	I. 108b
塞起	III. 25	三日一遭	I. 148b
塞住	III. 25, 207	三日一遭冷热	I. 115b, 135b
塞住水	III. 190	三十	III. 216
腮	I. 52b / II. 360b	三司	III. 177
腮骨	III. 184	三万	III. 216
	sài	三样	I. 82b
赛	III. 18	三月	III. 136
赛过	III. 131	三月冬	III. 119
		三族	III. 98

	sǎn	丧孝	III. 130
伞	I. 146a / II. 360b / III. 184	丧衣	I. 154a
		桑果	III. 144
伞檐	III. 9	桑葚	II. 360b
	sàn	桑树	I. 120b / III. 144
散	II. 360b / III. 72, 73, 190	桑穗	III. 144
		桑子	I. 42a, 120b / III. 144
散败	III. 74, 94		sǎng
散兵粮	III. 162	磉	II. 360b
散财	II. 325a	磉碡	III. 30
散财于贫人	II. 325a	磉盘	III. 173
散淡的人	III. 78	磉石	III. 173
散毒的	III. 57		sàng
散发	I. 78a	丧耻	III. 74
散发的	III. 70	丧胆	III. 73
散骨头	III. 72	丧了志	III. 170
散脚	III. 167	丧名	III. 170
散口	III. 103	丧命	III. 56, 170
散粮	III. 189	丧其威仪	III. 106
散了	III. 74	丧气	III. 73
散了骨头	III. 72	丧身	III. 56, 144, 170
散笼头的马	III. 72	丧心的	III. 69
散绳子	III. 70		sāo
散网	III. 81	搔	III. 19
散心	III. 68, 72	骚	II. 360b
散心的	III. 78	骚臭	II. 360b
散于人	III. 53	骚搅	III. 117
	sāng		sǎo
丧	II. 360b	扫	I. 50b / III. 30
丧服	I. 154a / III. 221	扫舱	III. 35, 65
丧巾	III. 35	扫舱管	III. 35
丧礼	III. 87, 91, 96, 178	扫除	III. 30
丧事	I. 87a		

扫荡浮云	III. 91	杀开群阵透围而出	III. 193
扫地	II. 360b		
扫干净	I. 95a / III. 30	杀人者	III. 113
扫瓦洞	III. 72	杀入阵列	III. 193
扫星	III. 51	杀散	II. 360b
嫂	I. 63a	杀伤	III. 94, 111
嫂子	III. 63	杀生	III. 136
		杀死	III. 136
sào		杀一枪	III. 125
扫帚	I. 51a, 95a / II. 360b / III. 90	杀自己	III. 136
		沙	I. 44b, 131a / III. 20
		沙鲅鱼	I. 113a
sè		沙地	III. 20
色	III. 50	沙罐	III. 220
色服	I. 143a	沙果	III. 133
色厉胆薄	III. 106	沙盒	III. 196
色料	I. 61b	沙漏	II. 365b / III. 188
色衣	I. 143a	沙漠	III. 20, 135
色欲	II. 346b, 360b / III. 17, 130	沙滩	III. 29, 31
		沙筒	I. 131a
瑟器	I. 126b	沙土	III. 20, 140
		沙洲	III. 20
sēng		纱	I. 153b / III. 212
僧	I. 126b	纱窗	I. 108a
僧纲司	III. 178	纱灯	III. 129
僧官	III. 178	纱帽	III. 35
僧家之主	III. 178	砂锅	II. 365b / III. 157
僧帽	III. 35	砂糖	III. 5, 47
		煞	II. 324a
shā		煞工	III. 10
杀	I. 117b / III. 136	煞尾	I. 82b / III. 9
杀败	III. 70, 74	煞尾的	III. 99, 177, 224
杀逢*（煞缝）	I. 105a	鲨鲞	III. 212
杀父母	I. 117b	鲨鱼	III. 39
杀害	III. 111		
杀尽	III. 94		

鲨鱼鲞	III. 212	山凹	III. 50
		山阪	III. 125
shà		山藏	III. 90
沙金	III. 79	山锄	III. 5
沙沙	III. 80	山川	III. 22, 60
歃血誓	III. 124	山川气	III. 153
霎时	II. 365b	山顶	I. 63a / III. 62, 63, 160
翣*（霎）时间	I. 76b	山东	III. 181
		山洞	III. 45, 63, 125
shāi		山缸	III. 211
筛	I. 64a, 65a, 108b / II. 365b / III. 8, 46, 62	山鸪	III. 97
		山谷	III. 218
筛斗	III. 46	山鬼	III. 144
筛具	III. 185	山海地舆全图	III. 135
筛箩	III. 46, 109	山虎	III. 211
筛箕	III. 46	山脚	III. 97, 172
筛米	III. 109	山轿	III. 201
筛子	II. 365b	山坑	III. 73, 183
酾酒	III. 80	山寇	III. 196
		山岚	I. 84b
shǎi		山栗	III. 44
色子	I. 72a / III. 64	山裂了	III. 110
		山林	I. 87b / III. 19, 35
shài		山林丛杂去处	III. 35
晒	I. 92a / III. 24, 197, 208	山岭	III. 62
晒场	III. 202	山龙过脉	III. 144
晒干	I. 93b, 143a / II. 365b / III. 88, 197	山路	III. 41
		山鹿	III. 48, 219
晒日	III. 24, 40, 88, 176, 197, 208	山僻狭路	III. 25
		山坡	I. 153a / III. 125
晒台	III. 5, 141, 202	山妻	III. 146
		山人	III. 144, 149, 200, 222
shān		山头	I. 63a / III. 63
山	I. 109a, 144b / III. 143, 200	山尾	I. 55a

山窝	III. 50		闪看	III. 141
山西	III. 181		闪脱其数	III. 75
山羊	I. 55a / II. 345a / III. 38		陕西	III. 181
山羊羔	III. 38		**shàn**	
山羊牸	III. 38		讪谤	III. 147
山腰	III. 97		苫铺板	III. 94
山野	III. 41		扇	III. 1, 145 / III. 181
山贼	III. 196		扇骨	III. 41
山猪	I. 132a / III. 123, 181		扇子	I. 32a
山猪肉	I. 57b		善	I. 51b, 53b, 84b, 117a, 126a, 136a, 146a / III. 35
杉木	III. 173			
杉树	III. 173			
杉椎	II. 332a		善处人	III. 216
衫领	I. 117a		善德	III. 223
衫袖	I. 117a		善德的号	III. 199
衫子	I. 56a		善*（骗）的	I. 57a
删改	III. 83		善恶	III. 133
删削	III. 83		善法	III. 187
珊瑚	I. 61b		善歌	I. 56b
珊瑚树	II. 344a / II. 360b / III. 58		善功	III. 109
			善好	III. 32, 37
舢板	III. 31		善*（骗）鸡	I. 57a
舢板船	III. 149		善计的	III. 56
搧	III. 8		善良	III. 35
搧开	I. 77a / III. 2		善论	I. 87a
煽惑	III. 156		善美	III. 35
煽惑人心	III. 82		善*（骗）绵羊	I. 57a
膻气	III. 29, 201		善其言	III. 18
shǎn			善清说	III. 108
闪	II. 324a / III. 188		善人	I. 95b, 154a / III. 113
闪避	III. 114		善生	III. 222
闪电	III. 188		善狮子	I. 112b
闪开	III. 75, 114, 191		善兽	III. 134

善熟人	III. 54	伤痕	III. 130
善算的	III. 56	伤迹	III. 130, 199
善痛	III. 57	伤口	III. 34, 130
善为说辞	III. 82	伤了人	I. 103a
善舞刀牌	III. 91	伤人	III. 144
善写	III. 90	伤人的心	III. 111, 145
善心	I. 52a / III. 58, 225	伤暑	III. 206
善心人	III. 54	伤损	II. 365b / III. 111, 130
善行	III. 37, 109	伤他的心	III. 46
善性	III. 37	伤痛	III. 125
善言	III. 37, 162	伤头	III. 70
善意	III. 225	伤我的心	III. 26
善饮	I. 51a	伤心	III. 58, 111, 114, 199
善用	III. 226	伤心之言	III. 145
善用日时	III. 103	伤人心	II. 365b / III. 172
善于贸易	I. 90a	伤一刀	III. 65
善誉	III. 98	伤＊（镶）银	I. 106a
骟鸡	III. 42	商	III. 225
骟马、骟牛	III. 42	商船	I. 122a / III. 30, 100
骟猫	III. 42	商度	III. 4
擅权	III. 28	商量	I. 75a, 150a / III. 4, 56, 216
擅专	III. 28		
膳夫	III. 132	商买	III. 57
鳝鱼	I. 91a / III. 14	商买来往通利	III. 57
	shāng	商榷	III. 23
伤	I. 102a, 103a / III. 5, 111	商人	I. 118b / III. 138
		商人相约价	III. 143
伤＊（镶）板	I. 92a, 104a	商议	II. 345a
伤＊（镶）边	I. 105a		shǎng
伤风	I. 73b	上	III. 213
伤害	III. 74, 109, 170	赏	I. 72a, 84a, 103b, 125b, 134a / III. 103, 178
伤寒	I. 101b / III. 206		
伤和气	III. 172	赏报	III. 103

《葡汉词典》《汉法词典》《官话词汇》中文词语索引　　269

赏报者	III. 103	上弓	III. 19
赏赐	I. 105b / III. 178	上弓弦	III. 20
赏灯	III. 141	上菰	I. 32a, 50b, 52b
赏封	III. 178	上古	III. 15, 166, 210
赏功	I. 75b, 118b / III. 178	上颌	I. 126a / III. 184
赏花	III. 141	上胳*（颌）	I. 64b
赏钱	III. 66, 178	上好的	III. 152
赏雪	III. 141, 150	上好头	III. 37
赏一刀	II. 363b	上官	III. 204
赏月	III. 141	上河	III. 192
赏主	III. 103	上灰	III. 33, 62, 84
		上夹棍	III. 25
	shàng	上价	I. 89a / III. 43, 177
上	I. 42a, 62b, 91b, 146a / III. 12, 21, 84, 180, 201, 204	上胶水	I. 91a
		上跤	III. 130
		上轿	III. 201
上岸	III. 71, 182	上街闲行	III. 167
上白	III. 33, 83	上金	III. 79
上本	III. 28, 137, 172	上紧	III. 202
上边	III. 21	上紧的	III. 121, 226
上部	II. 359a	上进	III. 110
上册	III. 136	上京	III. 122
上朝	III. 122	上扣子	III. 2
上城	III. 89	上库	I. 92b
上铳药	III. 22	上鬏	I. 52a
上船	I. 87a	上了套索	III. 126
上达	III. 110	上了鎪*（锈）	I. 102a
上大海	I. 91a	上岭	III. 62, 204
上单	III. 45	上流	III. 59, 60, 122, 192
上等	I. 118a	上路	III. 204
上底	III. 204	上绿	II. 354a
上腭	III. 162	上马	III. 45, 204
上房	II. 338b	上霉	III. 143
上福	I. 73a	上面	I. 74a / III. 21, 100

上妙	III. 96
上名	III. 23, 90
上脑箍	III. 25
上年	III. 15
上弩	I. 45a / III. 20
上皮	III. 85
上漆	II. 334a / III. 30, 47, 82
上前	III. 27, 110
上鞘	I. 87a
上青苔	I. 120a
上去	III. 12
上任	III. 43, 177, 204, 213
上日	III. 76
上色	III. 175
上山	III. 122
上暑	III. 45
上数	III. 90
上水	III. 8, 65, 192
上税	III. 162
上司	III. 134
上索	I. 151b
上梯	I. 94a / III. 204
上天	III. 204
上铁脚爪	III. 111
上头	I. 35a, 4573b, 77a, 89b
上头箍	III. 25
上望	III. 130
上位	III. 38, 198
上午	I. 118b
上席	III. 23, 139
上下	III. 176
上下论	III. 128
上弦	I. 45a / III. 20, 130
上现	III. 16
上硝	III. 63
上心做	III. 225
上行下效	III. 120
上锈	II. 361b / III. 111, 213
上鏉*（锈）	I. 90b
上涯	III. 71, 182, 213
上涯板	III. 173
上衙门	III. 122
上眼	III. 223
上银	III. 174
上佑	III. 106
上账	III. 90
上阵	I. 51a
上智	III. 195
上桌	III. 23, 139
上租	III. 216
尚部	III. 55
尚然	III. 28
尚书	III. 56, 179
尚司	III. 157
尚未	I. 109a
尚文	III. 94
尚武	III. 94

shāo

捎带一个	III. 13
捎书	III. 131
捎一个	III. 13
烧	I. 33a, 37a, 46a, 65b, 136a, 150b / III. 20, 184
烧饼	III. 113, 157
烧不曾熟	I. 118b

烧茶	III. 47, 61		sháo
烧的	I. 46a	杓子	I. 59a
烧房子	III. 169		shǎo
烧干	I. 150b	少	I. 74a, 132b, 164a /
烧滚	III. 111		III. 97, 174
烧灰	III. 110	少不多	I. 98a / III. 175
烧灰的	III. 40	少不远	I. 98a
烧毁	I. 136a	少得	III. 75, 175
烧火	III. 2, 23	少得不引诱	III. 155
烧焦之肉	III. 214	少得用的	III. 119
烧金	III. 79	少得诱	III. 155
烧酒	II. 334b / III. 222	少了	III. 138
烧炼	II. 365b	少少	I. 76b
烧了	I. 136a	少些	I. 132b / III. 175, 224
烧肉叉子	III. 23	少一个	III. 97
烧乳香	I. 89a	少一两	III. 97
烧炭	III. 110	少一钱	III. 138
烧炭的	I. 58a	少用	I. 55b, 133a, 138a
烧炭人	III. 42	少有	I. 122a
烧瓦	III. 208	少债	I. 90a
烧香	I. 129b / III. 118, 158, 184		shào
烧烟	I. 104a	少年	I. 116b, 119b, 120a / III. 150
烧一半	I. 118b	少年的	III. 133, 142
烧纸	III. 184	少年未曾经事	III. 92
烧纸钱	III. 184	少女	I. 55b
烧着	I. 90b / III. 84	哨	I. 47a
梢舱	II. 325b	哨船	III. 30, 149
梢虫	III. 36	哨官	III. 42
稍船埠头	I. 50b	哨角	III. 195
稍船处	I. 132b	哨探	III. 92
艄公	III. 135	哨探者	III. 92
艄工	I. 138b		
艄子	III. 135		

shē	
奢华	II. 366a
奢用	II. 365b
赊	II. 365b / III. 99
赊*（赊）	I. 72b
赊买	III. 52
赊与人	III. 65
shé	
舌	I. 113a / III. 126
舌尖	III. 182
舌流	II. 352b
舌能转变	III. 82
舌舔	III. 125
舌头	III. 126
蛇	I. 58b / III. 63
蛇皮鼓	III. 206
shě	
舍	I. 154a / III. 65, 75
舍不得食	I. 94b
舍不得用	I. 48a / III. 17
舍财	III. 189
舍财的	III. 127, 133
舍财于穷者	III. 78
舍财者	III. 78
舍得事物	III. 3
舍得用	III. 127
舍旧从新	III. 189
舍了本分	III. 69
舍命	III. 144, 170
舍命的	III. 135
舍去	III. 69
舍施	I. 116b / III. 65, 128
舍施之物	III. 128
shè	
设布	III. 164
设朝	III. 196
设辞	III. 65
设祭	III. 195
设醮于某所内	III. 179
设禁	III. 180
设酒	III. 30
设科	II. 336a
设论	III. 180
设使	III. 205
设使这样讲	III. 12
设套	III. 126
设问	III. 178
设席	III. 30
设陷阱	III. 20
设言	III. 139
设宴相待	III. 30
设帐	III. 211
设置	III. 164
社兵	III. 202
舍弟	III. 111, 141
舍姐	II. 333b
舍妹	III. 111
舍亲	III. 141, 165
舍侄	III. 141, 202
射箭	III. 23, 73, 100, 211
射猎	III. 39
射死	III. 136
射死的	III. 23
射他	I. 46b
射羽	III. 174

射中	III. 33	身边	III. 38
赦	I. 129b, 136a / II. 366a / III. 53, 170	身边来	III. 124, 131
		身边有	III. 209
赦免	III. 2, 170	身边坐	III. 23
赦生	II. 352b	身故	III. 113
赦恕	III. 2	身后	III. 161, 222
赦宥	III. 2, 170	身脚酸	II. 362b
摄	I. 145a	身敛	III. 142
摄权	III. 67	身灵	III. 11
摄妄	III. 46	身美	III. 79
摄位	III. 67	身躯	III. 62
慑惊	III. 135	身弱	I. 104b
麝猫	III. 104	身上不安	III. 4
麝香	I. 40a / III. 11	身尸	III. 62
麝子	III. 104	身衰	I. 75a, 90b, 104b
		身四德	III. 79
	shēn	身四恩	III. 79
申呈	III. 117	身四美	III. 79
申末	III. 198	身下	III. 165
申文书	III. 188	身子	III. 62
申意	I. 89b	身子精爽	III. 32
申冤	III. 184	呻呻吟	III. 104
伸	I. 98b	深	I. 40b, 104a / III. 31, 113, 180
伸根	III. 185		
伸脚	I. 80a	深奥	II. 356a / III. 142
伸颈受刑	III. 94	深博	III. 79
伸开	III. 94, 208	深不可测	III. 2
伸起	III. 94	深察胁会	III. 152
伸手掌	III. 94	深承教诲	III. 87
伸听	III. 90	深感厚意	III. 154
伸腰	III. 74, 91, 92, 94	深宫	III. 18
伸冤	III. 184	深荷厚意	III. 154
伸直	III. 94	深坑	III. 73
身	I. 62a	深蓝	III. 5

深林	III. 144	神像	I. 108a, 126a
深妙	III. 96, 142, 180	神性	III. 149
深泥	III. 25	神药	III. 137
深山	III. 144	神主	III. 206
深思	III. 170	神主牌	III. 206

shěn

深透	III. 82		
深无底	III. 2	审查	II. 366b
深想	III. 175	审察会	III. 117
深夜	III. 152	审定	III. 23, 27
深远	III. 2	审断	III. 124, 198

shén

什么	I. 39b, 135b	审究	I. 82b
什么样	I. 76b	审明	III. 4, 27
神	I. 144b / III. 92	审判	II. 359b, 366b / III. 123, 124, 198
神道碑	III. 127	审判者	III. 124
神定	III. 21	审慎	II. 366b
神父	III. 54, 63, 161	审是非曲直	III. 27
神光	III. 76	审天象	III. 56
神鬼	III. 92	审问	I. 82b / II. 365b, 366b / III. 96, 110, 117, 172, 178
神魂	I. 97a		
神龛	I. 124b		
神快	III. 128	审问干证	III. 96
神粮	III. 205	婶	III. 63
神妙	III. 92	婶婶	III. 63
神贫者	III. 174	婶娘	III. 63

shèn

神奇	III. 140		
神气	III. 36, 92	肾	III. 192
神事	III. 92	肾子	III. 52
神速	III. 128	甚	III. 152
神台	I. 40b, 124b	甚多	I. 41b / III. 3, 146, 147
神体	III. 205	甚好	I. 99a
神威	III. 36	甚紧	III. 226
神物	III. 92		

甚么	III. 183	生财	III. 226
甚么东西	I. 39b	生产	I. 97a / III. 148, 165
甚么人	I. 39b / III. 184	生嗔	I. 90a, 110b
甚么人的	III. 68	生成的	III. 148
甚么时候	III. 183	生出	I. 97a
甚么事	III. 183	生疮	I. 44a / III. 61, 148
甚么所在	I. 39b / III. 176	生祠	II. 337a / III. 208
甚么样	III. 134	生旦	I. 125a, 132a
甚么子	I. 135b	生蛋	III. 175
甚妙	I. 99a	生稻子	III. 64
甚日	I. 135b	生的	III. 33, 62
甚喜	I. 76a, 107a	生得端正	III. 61
甚着力	III. 176	生得多	III. 102
渗漏	III. 143	生得好	I. 76a, 106b / II. 360b / III. 111
渗水	I. 37b	生得快	I. 148a
慎重	III. 200	生得细腻娇柔	III. 67
慎重的	III. 200	生得秀气	III. 61
椮*（渗）	I. 89a	生多毛的	III. 219
		生根	I. 45b, 75a, 111a / III. 185
shēng		生果	III. 102
升	I. 34a, 146a, 151b / III. 127, 180, 204	生果子	I. 72b
升公座	III. 217	生花	I. 105a
升官图	III. 123	生灰	III. 39
升堂	II. 363a / III. 27	生浑的	III. 34, 214, 223
升天	III. 122, 204	生魂	III. 11, 14
升	III. 46	生活	I. 91a, 93a, 155a
生	I. 122a / III. 7, 61, 86, 148, 180, 196, 221	生计	I. 79a
生背肿	III. 112	生继	III. 147
生便毒	III. 148	生姜	III. 104
生病	III. 61	生羁	III. 80
生病的	III. 129	生疖	III. 112
生菜	II. 325a	生疥	III. 197

生疥的	I. 143a / III. 193, 197	生疏的	III. 69
生酒	III. 222	生丝	III. 197
生可疑	III. 155	生死	III. 144
生客	III. 71	生死者	III. 146
生癞	I. 112a	生铁	III. 112
生理	I. 93a	生王	I. 138a
生利钱	III. 64, 226	生物	I. 63b
生裂	III. 129	生下	II. 360b
生流言	III. 116	生象	III. 91, 190
生瘘	III. 100	生锈	III. 111, 213
生路	III. 188	生牙齿	I. 122a / III. 148
生瘰癧	I. 40b	生芽	III. 189
生毛	I. 88a	生涯	I. 93a
生霉	III. 143, 213	生养	III. 165
生霉的	III. 143	生药铺	III. 35
生萌芽	III. 191	生一固根	III. 21
生命	II. 360b / III. 221	生疑	III. 204
生谋	I. 79a	生疑心	III. 155
生疱	III. 13	生意	II. 360b / III. 137, 156
生皮	III. 85, 169	生意之事业	III. 154
生平	III. 212, 222	生银	III. 5
生婆	I. 127a / III. 165	生银子的	III. 226
生气的	III. 220	生淤湿	III. 148
生情	III. 180	生羽毛	III. 83
生情能改	II. 360b	生员	III. 29, 128
生人	III. 71, 153	生长	III. 61, 148
生容的	III. 153	生涨	I. 63b
生肉	I. 89a / III. 43, 84	生者	III. 223
生日	I. 122a / II. 360b / III. 76, 148	生痔	III. 11
		生痔疮	I. 40b
生色	III. 16	生茞	III. 206
生事	III. 228	生子	III. 61, 86, 165
生受	III. 118	生子传孙	I. 106b

《葡汉词典》《汉法词典》《官话词汇》中文词语索引　　277

声	I. 155b / III. 36, 225	省减	III. 184
声败了	III. 193	省简	III. 2, 36
声不和	III. 72	省讲	III. 4
声苍了	III. 193	省文	II. 361a
声差了	III. 72	省些	I. 33b
声干了	III. 87	省写	III. 2, 48, 90
声喊	III. 96	省言	III. 142
声名	III. 98, 152	省用	III. 140
声气	III. 225	省用的	III. 188
声浅	III. 67		
声清	III. 67		shèng
声如巨雷	III. 225	圣	III. 197
声如雷啸	III. 225	圣伯多禄会的	III. 49
声息	III. 153	圣臣	III. 98
声细	III. 67	圣宠	III. 106
声细细	I. 144b	圣带	III. 59
声相应	III. 81	圣诞	III. 76
声哑	II. 345a / III. 193	圣德人	III. 223
声哑了	III. 87	圣德者	III. 83
声音	I. 106a, 144b, 145b / III. 180, 203, 225	圣殿	III. 120, 196
		圣椟	III. 188
声罪	III. 20	圣牍	III. 7, 152
牲口	III. 45	圣过	III. 32, 197
笙	III. 159	圣函	III. 188
		圣会	III. 188
	shéng	圣迹	II. 334a / III. 96, 140
绳索	I. 93b / III. 59	圣教会	III. 120
绳子	II. 366a / III. 59, 62, 202	圣教嘱之圣经	III. 210
		圣节	III. 76
	shěng	圣具之间	III. 195
省	II. 361a / III. 77, 181, 184	圣爵	II. 335b / III. 127
		圣爵盘	III. 167
省城	II. 330b, 361a / III. 132, 139	圣龛	III. 63, 191
		圣蜡	III. 7

圣母	III. 192	圣油	III. 61, 158
圣母祷文	III. 126	圣佑	III. 106
圣母会	III. 50	圣谕	III. 167
圣母经	III. 159	圣者	III. 197
圣母日	III. 194	圣旨	II. 330a / III. 67, 73, 134, 159, 167, 178, 185
圣母堂	III. 120, 208		
圣女	III. 197		
圣牌	III. 137	圣旨到	III. 73
圣盘	III. 167	圣珠	III. 62
圣品	III. 159	圣座	III. 191
圣人	III. 197	胜	I. 145a, 146b, 153b / III. 103, 219, 221
圣人所言	III. 28		
圣人行迹	III. 222	胜败仇敌	III. 219
圣人遗物	III. 188	胜当服	III. 65
圣上	I. 138a / III. 192	胜服人	III. 79
圣神降临	III. 220	胜绩	III. 219
圣石	III. 19	胜过	I. 119b, 133b, 145a / III. 6, 27, 96, 110, 131, 202
圣使	III. 95		
圣事之节	III. 195		
圣水	III. 8	胜疼	II. 366b
圣台	III. 11, 19	胜者	III. 219
圣台巾	III. 212	盛服	III. 221
圣台首饰	III. 160	盛高	III. 27
圣堂	III. 120, 208, 227	盛价	III. 142
圣堂前	III. 46	盛使	III. 61
圣体布	III. 59	盛世	III. 100
圣体方帕	III. 59	盛言	III. 13
圣体巾	III. 59	盛族	III. 112
圣体龛	III. 195	剩	I. 145a
圣徒	III. 18	剩下	I. 75b
圣物	III. 188, 195	剩下的	III. 202
圣洗	III. 31, 195	剩下皮	I. 43a
圣信	III. 98	剩余的	III. 202
圣衣	III. 221	藤菜	III. 126

	shī	失音	I. 91b
失耻	III. 74	失迎	III. 98, 186
失次序	III. 73	失约	I. 135b / III. 98
失错	III. 69, 89	失职官	III. 106
失防备	III. 69	失志	III. 71
失功	III. 72, 139	师出	III. 135
失顾	III. 71	师弟	III. 133
失机会	III. 155, 166	师发	III. 135
失记	III. 158	师法古道	III. 120
失脚	II. 366a / III. 172	师傅	I. 119a / III. 132, 156
失教	III. 98	师母	III. 133
失惊	III. 202	师娘	III. 133
失惊的	III. 24	师行	III. 135
失警	III. 69	诗	I. 152a / III. 217, 220
失敬	III. 170	诗伯	III. 175
失礼	III. 7, 98, 170	诗词	I. 112a, 121a
失了	III. 138	诗法	III. 175
失了功	III. 170	诗家	I. 131a, 152a
失路	III. 89, 196	诗句	III. 175
失落	III. 170	诗客	I. 131a
失其调	III. 74	诗人	III. 175
失其偶	III. 144	诗体	III. 175
失气	III. 73	诗翁	I. 131a, 152a
失去	III. 170	尸骸	III. 62
失声	III. 170, 193	尸横于道	III. 144
失时	I. 77b	尸横于路	III. 136
失事	III. 151	尸首	I. 161a
失位	III. 156	虱旦	I. 112a
失望	III. 71, 74, 170	虱蛋	III. 128
失误	III. 109	虱子	I. 130b / III. 173
失信	I. 135b, 136a / II. 361b / III. 97, 152, 183	狮狗	III. 105, 171
		狮母	I. 113a
失信的人	III. 116	狮牛	I. 156a, 160a
失意	III. 71	狮子	I. 112b / III. 126

狮子宫	III. 200	十扣柴扉	I. 51a
狮子狗	III. 171	十里路	III. 126
狮子猫	III. 104	十六	III. 77
施恩	III. 109	十目所视	III. 146
施功	III. 54	十三道	III. 181
施济	III. 128	十三省	II. 361a
施礼	I. 119a	十四	I. 58a / III. 45
施舍	III. 65, 128	十四遭	I. 58a
施为	III. 154	十万	III. 48, 77
施行	III. 96	十五	III. 184
施扬武	III. 193	十五端	III. 142
湿	I. 50b, 92a, 138b, 155b	十五端经	III. 193
湿的	III. 227	十月	III. 76, 152
湿了	III. 143	十月小春	III. 220
湿气	II. 366a / III. 29, 114, 218	十字	I. 64a
		十字架	III. 62
湿生	III. 148	十字街	I. 89b / III. 62, 85
湿透	III. 143	十字路	III. 62, 85
		十字圣号	III. 62, 199
	shí	石板	III. 129, 173
十	I. 60a	石䃕	III. 173
十抽一	III. 66, 76, 195	石碑	II. 358a / III. 127, 129, 173
十次	I. 82b		
十二	I. 85a / III. 79	石椿*（春）白	I. 107b
十二辰	III. 200	石打人	III. 17
十二宫	III. 200	石洞	III. 63, 125
十二旒	III. 59	石堆	III. 144
十二信	III. 22	石墩	III. 144, 173, 177
十二月	III. 85	石峰	III. 173
十分欢喜	I. 76a	石膏	III. 115
十分没奈何	I. 76a	石工	III. 169
十分要紧的	III. 226	石灰	III. 39
十个	III. 77	石击人	III. 17
十诫	III. 134		

石匠	III. 41, 169	时辰牌	III. 188
石精	II. 335a	时辰钟	I. 138b
石碌	III. 143	时候	I. 124b / III. 22, 80, 87, 91, 113, 119, 140, 159, 183, 210
石淋	III. 173		
石岭	III. 41		
石榴	I. 140b / III. 106	时价	III. 177
石榴树	III. 106	时节	I. 124b, 148a / III. 9, 22, 61, 87, 91, 119, 140, 183, 210
石路	I. 56a		
石绿	II. 354a		
石马	III. 94	时经本	III. 36
石女无出	III. 94	时刻	III. 57
石盘	III. 173	时期	III. 209
石砌的	III. 39	时期到了	III. 131
石墙	III. 164	时人	I. 125b
石桥	III. 181	时日	III. 210
石青	II. 335a / III. 5	时日久	III. 115
石人	III. 94	时时	I. 55b / III. 39, 87, 88, 159, 212
石礤	III. 30, 168		
石山	I. 128a / III. 144, 169	时时刻刻	II. 348a
石滩	I. 129a	时势	III. 155
石头	I. 128a / III. 41, 173	时水	III. 8
石头捶他	III. 168	时套	III. 142
石头林	III. 169	时文	III. 52, 142, 191
石隙	III. 106	时下	I. 92b
石鳞	III. 106	时样	III. 142, 153
石像	III. 94	时样行	III. 14
石岩	I. 111a / III. 170, 192	时月	III. 210
石砚	III. 211	时运相左	I. 78a
石柱	III. 173, 177	时之当然	III. 25
石籽	III. 106	识宝者	III. 125
石子	III. 173	识到底	III. 194
时	I. 144a / III. 159, 183	识见浅短	III. 194
时辰	III. 113, 159, 210	识径路者	III. 107

识破	II. 358b	食物	III. 134
识轻重	III. 194	食箱	III. 45
识天机	I. 47a	食言	III. 183
识透人意	III. 170	食厌了	III. 98
识一个皮	III. 194	食药	I. 133a
识义	III. 164	食一半了	I. 118b
识知	III. 194	食余的	I. 145a
识重轻	III. 194	食指	III. 67
实	I. 61b, 154a / III. 99, 101, 102, 220	蚀本	II. 359a, 366a / III. 170
		蚀亏	III. 131
实然	III. 3, 48, 87, 98, 101, 180, 185	鼫鼠	III. 213

shǐ

实实	III. 75
实实的	III. 220
实实落落	III. 220
实心	III. 225
实言	III. 162
实知	III. 194
拾穗	III. 92
拾遗穗	III. 92
食	I. 59a / III. 51
食不消的	III. 116
食草	III. 161
食袋	III. 64
食的物	III. 51
食店	III. 34
食格	II. 348a, 366a
食亏	III. 131
食廪的	III. 29
食禄	III. 189
食脬*（奶）	I. 116a
食剩的	I. 145a
食筒	III. 64
食晚饭	I. 64b

史	I. 62a, 110b / II. 362a
史官	I. 62a, 94b, 98b / III. 112
史书	III. 13
史者	III. 112
矢	I. 144b
使	I. 153a, 155b / III. 109
使臣	II. 362a / III. 82
使法	I. 101b
使唤	I. 106a
使目箭	III. 49
使女	III. 61, 200
使枪	III. 91, 138
使人醉	III. 83
使他不得	II. 362a
使他复活	III. 191
使性	II. 362a
使用	I. 61a, 106a / III. 73, 103
使用簿	III. 128
使者	III. 82, 126
始	I. 134a

始初	III. 51	世俗的	III. 208
始末	III. 179	世俗的人	III. 126, 147
始先	I. 134b	世味	III. 114
始终	III. 179	世物	III. 114, 147, 226
始终如一	III. 171	世终	III. 38, 99
屎	I. 98a, 118b / III. 140	世子	III. 112, 179
屎虫	I. 94b	市井	III. 138
		市井之谈	III. 162
	shì	市头	I. 118b, 133a, 160a
士	I. 85a / II. 362a	事	I. 63a / III. 60, 149
士师	III. 124	事毕了	III. 150
士子	III. 29	事成了	III. 81, 150, 183
士卒	III. 202	事到这里过	III. 1, 182
示罚	III. 170	事到这里止	III. 1
世	III. 104	事君	III. 200
世臣	III. 112	事理	III. 20, 60
世代	III. 104	事讫	III. 150
世福	III. 33, 114	事情	III. 26, 45, 149
世妇	III. 192	事势	III. 45, 143
世家	III. 8, 44, 152	事是这样	III. 166
世家的	III. 32, 112	事所以然	III. 45
世家的人	III. 104	事他	III. 200
世间	I. 121a / III. 85	事体	III. 45, 60, 149
世界	III. 147	事完了	III. 81, 150
世界的	III. 208	事验	III. 20
世乐	III. 114	事业	III. 96, 155
世末	III. 38, 99	事有试	III. 180
世谱	III. 104	侍候	III. 8, 92
世卿之家	III. 112	侍女	III. 61
世情的人	III. 147	侍他	III. 200
世人	III. 113, 126	试	I. 93b, 96b, 99a, 134b, 148a / III. 180
世上	I. 121a / III. 85	试尝	III. 108, 180
世事	III. 93	试定	II. 366a
世俗	III. 60, 147		

试官	III. 108	是故	III. 176
试过	I. 91b, 112b / III. 92	是官	III. 199
试剑	III. 181	是理	III. 209
试金石	I. 150a / III. 173	是哪个	III. 184
试看	I. 134b / III. 118, 141, 181	是哪个的	III. 68
		是其言	III. 18
试力	III. 137, 181	是然	III. 24
试探	II. 366a / III. 92, 181, 209	是时	III. 3, 9, 23, 25, 61, 84, 87, 197
试味	III. 108, 213	是时吃饭	III. 210
试问	III. 180	是时去	III. 210
试武	III. 181	是实	I. 144a / III. 200
试戏文	I. 91b	是谁	III. 183, 184
试新味	III. 101	是谁的	III. 68
试验	III. 92, 181	是他小	I. 109b
视	III. 141, 223	是我的事	III. 212, 213
拭鼻子巾	III. 163	是样	III. 226
拭汗	III. 128	是这样	III. 24
拭泪	III. 128	适逢	I. 33b, 89b
拭手巾	III. 163, 200, 212	适意	III. 57
拭眼泪	III. 88	适中	I. 92b
柿饼	II. 362a / III. 47	室妹	III. 141
柿枣	III. 47	室女	III. 79, 147, 223
柿子	III. 47	室女宫	III. 200
势分	III. 93	室亲父族	III. 165
势衰了	III. 70	释	I. 73b
势态	III. 93	释放	I. 145b
势状	III. 93	释缚	III. 70
是	I. 144b / III. 32, 199, 200	释人之因	III. 203
		释散了	I. 79a
是爱的	III. 12	释系囚	III. 203
是的	I. 144a	释引	III. 70
是非么	III. 220	弑	III. 136
是非人	I. 121a	弑君者	III. 136

弑尾	I. 76b, 103a	收葡萄	III. 219
嗜爱	I. 79a	收其具	III. 69
嗜欲	III. 17, 108	收起	I. 106a / III. 107, 186
誓盟	I. 38b, 155b	收起碇石	III. 13
誓愿	I. 108b	收起酒	I. 89b
		收取	I. 45a
shōu		收生妇人	III. 165
收	I. 34b, 59a, 95a, 137b	收拾	III. 6, 11, 16, 52, 107, 186
收兵	III. 186	收拾圣堂的	III. 195
收藏	III. 90, 107	收拾行李	I. 48b
收储	II. 331b	收缩	III. 21
收丛	II. 366a	收衣房	III. 107
收刀于鞘	III. 88	收在一边	I. 131b
收稻子	III. 186	收葬	III. 87
收冬	III. 50, 60, 186	收扎	III. 21
收冬的时	III. 197	收租	II. 356a / III. 11, 50
收放里头	I. 119a		
收管	III. 208	**shǒu**	
收获	III. 186	手	I. 53a, 117a / III. 134
收获之时	III. 197	手疤	III. 40
收监	I. 89a, 134a, 152a / II. 366a / III. 84, 178	手板	I. 126b / III. 163
		手背	I. 48b
收捡的物	III. 74	手本	III. 163
收军马	III. 186	手臂	III. 36
收殓	III. 12	手臂的膀子	III. 144
收领	III. 43	手擦	III. 95
收留	III. 6	手才	III. 134
收留他	III. 186	手车	III. 214
收拢	III. 186	手铳	III. 19
收麦	III. 50, 186, 197	手铳兵	III. 19
收牌	III. 30	手杻	I. 107b / III. 92
收篷	III. 219	手杻脚镣	III. 179
收票	I. 57b, 136a / III. 43, 154	手杻絷脚	III. 179

手钏	II. 332a	手舞足蹈	III. 29
手定	I. 65a	手下	I. 99a, 120a, 132b, 144a / III. 141, 142, 162
手动	III. 134		
手动他	III. 212		
手段	II. 366a / III. 134	手心	III. 163
手疯	III. 105	手心疼	I. 107a
手奉	III. 131	手艺	I. 46a, 123b / III. 22, 137, 156
手工	II. 366a / III. 154		
手肱	III. 36	手战	I. 127a, 151b / III. 208
手梏	III. 92	手颤	III. 208
手后角	III. 50	手掌	I. 94a, 126b / II. 328a / III. 163
手脚不定	III. 117		
手脚慌张	III. 94	手掌疼	I. 107a
手脚之拿	III. 179	手招他	III. 130
手接	III. 65	手诏	III. 43
手巾	I. 106a / III. 128, 163, 212	手振	I. 101a
		手震	II. 331a
手里	I. 88a	手执	III. 24, 131, 208
手炉	I. 151b	手指	I. 74a / III. 67
手摸	III. 134, 163	手轴	II. 329b
手磨	III. 143	手镯	III. 20, 36, 134
手末	III. 147	手足	III. 134
手拿	III. 213	守	I. 140b, 153b, 154b / III. 107
手拿去	III. 131		
手帕	III. 128, 212	守备	III. 42, 107
手盘	I. 126b / III. 29	守本分	III. 222
手圈	I. 53a, 116b	守车的	I. 120a
手拳	III. 182	守城兵	I. 106b
手拳执持	III. 83	守的	I. 140b, 154b
手色	III. 175	守冬	III. 119
手铁套	III. 134	守分	III. 93
手袜	I. 114a	守更	III. 110
手腕	III. 147	守更的	I. 153b / III. 219
手纹	III. 185	守寡	III. 33, 147, 223

守寡的时	III. 33		shòu
守己	III. 223	寿	I. 154b
守将	III. 42	寿板	III. 206
守节	III. 147, 223	寿旦	I. 122a
守界军马	III. 67	寿诞	II. 363b / III. 76
守敛	III. 186	寿礼	III. 178
守门的	III. 177	寿日	III. 76
守门军	III. 107	寿死	III. 144
守贫	III. 174	寿享	III. 105
守其常	III. 171	寿终	I. 101b, 103a
守睡的	III. 219	受	III. 186
守童身	III. 143	受辞言	III. 6
守卫兵	III. 104	受此	III. 186
守巡人	III. 177	受得	III. 205
守羊狗	III. 171	受饿的人	III. 109
守夜	I. 154b	受恩者	III. 32
守夜的	III. 219	受罚	III. 169
守义	III. 223	受福的	III. 105
守园人	I. 125a	受福者	III. 32
守孕	II. 346b	受雇	I. 108b
守斋	III. 9	受害	III. 138
守瞻礼日	III. 46, 107	受贿	III. 50, 186
守者	III. 107	受教	III. 18, 87
首	III. 38, 175	受接	III. 186
首告	III. 28	受惊	III. 91, 140, 166
首肯	III. 1, 54, 76	受惊的	III. 24
首饰	III. 6, 123, 160	受苦	III. 161, 167, 169
首饰银子	III. 174	受亏	III. 161
首尾相攻	III. 51	受凌辱	III. 117
首务	III. 179	受难	III. 135, 161, 167, 186
首先的	III. 179	受难祷文	III. 126
首新的	III. 179	受难的	III. 135
首座者	III. 179	受欺负	III. 117

受票	III. 186	书案	III. 139
受人情	II. 335a	书板	III. 206
受辱	II. 347a / III. 2, 117	书版	III. 206
受辱的人	III. 72, 145	书办	II. 366b / III. 90, 180
受摄	III. 67	书包	III. 83
受输败	III. 219	书本	III. 213
受顺	II. 367a	书边缘	III. 135
受死	III. 161	书标	II. 366b / III. 211
受胎	III. 53	书册	III. 128
受降	III. 205	书坊	III. 95
受享	III. 105	书房	I. 113a / III. 128
受享无量之福乐	III. 105	书封	III. 83
		书格	II. 366b
受刑	III. 169	书馆	I. 95a / III. 91, 95
受学	III. 18	书柜	II. 366b
受益	III. 18	书行	III. 189
受荫	III. 13	书讳	III. 211
受孕	III. 53, 83	书记	I. 95a, 111b, 147a
受孕的	III. 178	书记号	III. 187
受载	III. 42	书简	III. 43
受责	III. 190	书节	III. 49
受者	III. 161	书壳	II. 366b / III. 42
授官	III. 68	书空	III. 135
授手	III. 65	书吏	III. 90, 152, 180
售*（仇）人	I. 91b	书名	III. 211
兽中王	III. 126	书启	III. 43
瘦	I. 115b / III. 85, 100, 132, 133	书上所看的	III. 126
		书生	I. 95a, 112a / III. 95
瘦地	III. 211	书手	I. 94b, 122b / II. 366b / III. 90, 152
瘦衰	III. 132		
	shū	书堂	I. 95a, 98b / III. 91, 95
书	I. 57b, 112b, 113a / III. 43, 128	书套	III. 34, 42, 62
		书往来	III. 43
		书箱	III. 90

书写	III. 90	输	I. 129b / II. 366b
书信多	I. 115a	输败	I. 78a
书信往来	III. 43	输了	I. 72b / III. 170
书页	III. 156, 173	输了的	III. 219
书衣	III. 42	蔬菜	III. 126
书院	III. 128	㪍子	II. 366b
书札	III. 43		
书斋	I. 113a	shú	
枢纽	II. 356b	赎	III. 187, 190
枢陀儿	III. 114	赎当	III. 187
搵*（枢）转	I. 150a	赎放	III. 203
叔	I. 63a	赎回	I. 138b
叔伯	III. 211	赎价	III. 190
叔伯姐妹	III. 179	赎房者	III. 187
叔伯兄弟	III. 179	赎钱	III. 190
叔父	I. 149a / III. 63, 211	塾师	III. 132
叔公	III. 211	熟	I. 115b, 136a / III. 132
叔婶	III. 63, 210	熟的	III. 80, 92, 96, 132
叔子	III. 211	熟分人	III. 79
殊异	I. 78b / III. 77	熟果	III. 102
倏然	I. 145a	熟了	III. 197
菽子	I. 119b	熟皮	III. 63, 169
梳	I. 129a / III. 43	熟丝	III. 197
梳绵羊毛	III. 43	熟缩绸缎	III. 63
梳绒	III. 43	熟铁	III. 112
梳头	I. 129a / III. 172, 212	熟想	III. 175
舒畅	II. 328b, 366b	熟油	III. 134
舒开	II. 366b / III. 94		
舒伸	III. 94	shǔ	
疏	I. 137a / II. 337a	暑	I. 48a, 56a, 101a, 154a / III. 40
疏房的	III. 165	暑热	III. 40
疏略	III. 189	属	I. 145b / III. 171
疏浅	III. 116	属本堂的教众	III. 165
疏远	III. 72, 189		

属关	III. 68	束	I. 89b / II. 362a
属管	III. 171	束带	II. 366b
属管的	III. 116, 124, 204	束荷包	III. 47
属管地方	III. 124	束了	I. 89b
属死	III. 144	束膫	III. 105
属五官的	III. 198	述	II. 362a
属下	III. 141, 199	树	I. 65a, 133b / III. 19
属下者	III. 116	树干	III. 217
属一堂的地方	III. 165	树浆	I. 107a
属移地人	III. 94	树胶	III. 105
属有尽	III. 144	树节	III. 115, 227
署管	III. 67	树林	I. 46a, 117b / III. 19, 35, 204
署权	III. 209		
署任	III. 205	树木	I. 46a / III. 19
署任的	III. 134, 205	树皮	III. 59, 60
署使	III. 67	树身	III. 217
署事	III. 105	树条	III. 173, 185, 218
鼠挟	III. 185	树叶	III. 156
鼠架	III. 185	树枝	I. 137a / II. 330a / III. 136, 173, 185, 218
鼠叫	I. 66a		
鼠笼	III. 185	竖的	III. 84
鼠贼	III. 125	竖立	III. 84, 127
数	II. 362a	竖起	I. 77a / III. 83, 84, 127
数数	III. 56	竖桅	III. 136
数株*（珠）	I. 141a	竖造	I. 87a
数罪	III. 20	恕	III. 53, 170
曙*（曙）	I. 147b	恕免	II. 366b / III. 213
shù		恕饶	III. 203
术法	III. 22	庶	I. 133a
戍马	III. 45	庶官	III. 212
戍器	III. 20	庶几	III. 93
戍卫兵	III. 107	庶绩	III. 154
戍卫军	III. 104	庶民	I. 146b / III. 174, 181, 212, 218, 226

庶母	II. 366b	衰弱的	III. 85
庶人	III. 113	衰散	III. 72
庶子	I. 102b, 134a / II. 366b / III. 31, 112		
		shuài	
数	I. 61a / II. 362a / III. 153	帅	III. 104
		率领人众	III. 42
数簿	III. 11, 128	率鸟者	III. 149
数法	III. 19	率躁的	III. 133
数目	III. 62, 116		
		shuān	
数年	III. 224	闩了	I. 47b
数万	III. 147	闩门	I. 39a, 47b / II. 366b
漱口	III. 86	拴毛	I. 76b
		拴须	I. 76b
shuā			
刷书	II. 366b / III. 121	**shuāng**	
刷书匠	III. 128	双	I. 122b, 127a / II. 363a
刷印	III. 121	双叉剑	III. 91
刷子	III. 90	双单	I. 127a
		双锋剑	III. 91
shuǎ		双瞽	III. 48
耍	III. 187	双口剑	III. 91
耍东西	I. 53b	双陆	III. 123
耍拳	III. 182	双陆马	III. 123
耍人	III. 90	双陆盘	III. 123
耍人的	III. 37	双面剑	III. 216
耍耍	III. 37, 88	双目瞎了	III. 46
耍他	III. 123	双亲	III. 161
耍子	I. 103a	双刃剑	III. 91
		双生	I. 106b / III. 137, 148
shuāi		双生的子	III. 112
衰	III. 100	双手	III. 79, 134
衰薄	III. 133	双手剑	I. 96a, 120b
衰老	III. 81	双双	III. 67
衰力	III. 77, 201	双头蛇	III. 216
衰弱	III. 46, 56, 67, 72, 85, 100, 125, 133	双兄宫	III. 200

双样价	III. 178	水道	I. 138a
双鱼宫	III. 201	水碓	III. 143
霜	II. 366b / III. 82, 90	水泛	I. 89a
霜冰	III. 42, 82, 115, 227	水粉	III. 12
霜降	III. 201	水缸	III. 173
		水阁	III. 44

shuǎng

爽口的味	III. 108	水沟	II. 367a / III. 7, 9, 19, 41
爽快	III. 7, 78	水臌病	III. 112
爽快的	III. 33, 37, 72, 76, 123	水管	III. 7, 9, 19, 25
爽快人	III. 97	水灌流	III. 84
爽利	I. 90a	水洪	I. 89a
爽利的	III. 81	水湖	III. 125
爽信	III. 97	水火	III. 160
爽约	III. 98	水火不通	III. 50

shuí

谁	III. 183, 184	水鸡	I. 137a
谁人	I. 39b	水胶	III. 50
		水溅	III. 41

shuǐ

水	I. 37a / III. 7, 82	水溅开	III. 196
水边	III. 160	水脚	II. 351b, 367a
水滨	II. 358b / III. 192	水脚钱	III. 100
水兵	I. 109b	水晶	I. 64a / II. 367a / III. 61
水槽	III. 188	水晶的	III. 61
水掺酒	III. 7	水晶天	III. 48
水舱	I. 52b / III. 35	水井	III. 175, 177
水草	I. 113a	水酒	III. 7, 222
水车	I. 120a / II. 329a / III. 5, 152	水卷	I. 128b
水程	III. 43	水决	III. 157
水池	III. 9, 93, 172	水口	III. 34
水虫	III. 108	水库	II. 337a / III. 48
水大	I. 63b, 117b	水滥	I. 133b
		水涝的年	III. 16
		水梁	III. 181

水流	III. 185	水箱	III. 10
水路	I. 108b, 115a / III. 7, 25, 40, 149	水星天	III. 48
		水血	III. 197
水陆进兵	III. 107	水鸭	I. 35b / III. 13, 167
水满	I. 133b / III. 131	水淹覆地	III. 27
水猛	I. 66a	水眼	I. 96a
水面浮出	III. 196	水溢	I. 133b
水没	III. 46	水银	I. 48b / III. 5
水磨	III. 5, 143	水涌	III. 157
水囊	II. 356a	水涌升	III. 121
水牛	I. 54a / II. 356b / III. 37, 42	水源	III. 133
		水云	III. 153
水盘	III. 173	水灾	III. 77
水泡	I. 41b, 88b / III. 13, 41, 92	水闸	II. 327b
		水战	I. 106b / III. 107, 140
水疱	III. 32	水涨	I. 63b, 66a, 89a, 133b / III. 131
水瓢	III. 39		
水平	III. 131	水珠	III. 193
水平了	III. 135	水渍	III. 143
水瓶	I. 107a, 108a		
水汽	II. 349a		shuì
水浅	II. 334b	税	I. 41a, 45b, 151b / III. 10, 198, 216
水禽	III. 27		
水蛆	III. 108	税赋	II. 367a
水泉	III. 102	税贡	III. 216
水蛇	I. 58b	税官	III. 6, 10, 50, 189
水士	III. 97, 203	税课司	III. 189
水手	I. 117b / III. 135	税钱	I. 41a, 50b / II. 367a
水司	III. 42	税人的马	I. 58b
水痰	III. 100	税他	I. 41a, 45b
水桶	III. 29, 111, 213	睡	I. 35b, 64b, 84b / III. 79, 204
水土	III. 49		
水退	I. 153a / III. 138	睡不安	III. 204
水蛙	I. 137a	睡不安的	III. 117, 204

睡倒	II. 363b	顺善的	III. 12
睡得不醒	III. 143	顺时	III. 210
睡得昏沉	III. 12	顺守	III. 154
睡得紧	III. 79	顺水去	III. 122
睡得重	III. 79, 143	顺他	III. 4
睡觉	III. 79, 204	顺性	III. 37
睡天下	III. 200	顺性的	III. 6, 32, 33, 79, 113, 134
睡醒	III. 74, 77		
睡着	III. 79	顺月	III. 139
		瞬目开合	III. 118

shǔn

吮	III. 47

shùn

瞬息	III. 118, 143

shuō

顺	III. 4, 26, 37, 118
顺从	I. 72b / III. 154, 190
顺带	III. 167
顺袋	III. 34
顺的	III. 98, 109
顺风	I. 153b / III. 98, 222
顺风行船	III. 149
顺境	III. 180
顺理	III. 154
顺利	III. 137
顺良	III. 134
顺流	III. 14, 60, 122, 192
顺流行船	III. 149
顺流行舟	III. 122
顺路	III. 66
顺路做	III. 110
顺命	III. 110, 154
顺其意	III. 109
顺人意	III. 199
顺善	III. 134

说	I. 72b, 84a, 99b, 113a, 126a / III. 76, 108, 180
说把众人	I. 116b
说白	III. 138
说本理	III. 76
说本事	III. 88
说变了	III. 78
说不得	I. 93b
说不得的	III. 116
说不尽的	III. 116
说出	I. 78a
说大话	I. 127b
说道	III. 56, 76
说得当	II. 363a
说得好	III. 76
说得妙	III. 82
说得明白	I. 134b
说得是	I. 84a / III. 32, 76
说得着	III. 76
说定	I. 46b, 61b, 82b, 101a / III. 7, 64

说分上	III. 168	说知	III. 28
说根由	III. 65	说自己	III. 66
说古事	III. 56		
说故	III. 190	\multicolumn{2}{c}{shuò}	
说和	II. 366b	朔日	III. 76
说话	I. 61a, 99b / III. 58, 108, 165	欶*（软）	I. 120a, 148b
		\multicolumn{2}{c}{sī}	
说坏	I.78b, 80a	司祭者	III. 195
说坏他的名声	I. 109b	司教者	III. 178
说谎	I. 118a, 119b, 122b, 135b / II. 343b / III. 97, 138	司教之职	III. 178
		司酒	III. 200
		司盘	III. 200
说谎的	III. 83	司堂者	III. 195
说谎的人	III. 138	司狱	III. 42
说来历	III. 65	司员头目	III. 42
说其来历	III. 73	私	I. 92a
说冷了	III. 78	私宠	III. 98
说明	I. 140a / III. 4, 67, 97	私仇	III. 85
说明自己有理	III. 185	私缔	II. 362a
说你了	III. 138	私恩	III. 116
说情	III. 108	私话	I. 143a
说人情	III. 168	私记	III. 199
说实话	I. 79b	私结了	II. 350a
说事他好	I. 105b	私居	III. 16
说誓	III. 124	私忙	III. 98
说书	III. 87, 126	私门	III. 181
说他	III. 108	私情外意	III. 147
说他丑事	III. 7	私事	I. 89b
说未来之事	III. 180	私听	III. 90
说戏文	I. 134b	私通	III. 216
说一声	III. 162	私为	III. 99
说有文才	III. 108	私下	II. 342a / II. 362a / III. 16, 87, 155, 165, 197
说与他	I. 90b		
说原情	III. 76		

私下讲	I. 89b, 143a	丝须	III. 100
私心	III. 78, 118	丝一组	III. 132
私议	I. 89b	丝银	I. 133b
私意	III. 5, 78, 92, 118	斯文	III. 37, 82, 139, 175
私有	III. 165	斯文的	III. 60
私欲	II. 346b / III. 53, 74	厮打	I. 77a
私欲炙了	III. 117	嘶	I. 140a
思	I. 124b, 129a / II. 362a / III. 170		sǐ
思道	III. 56	死	I. 99b, 103a, 120b, 129b / III. 3, 99, 144, 146
思东思西	III. 66		
思来心恼	I. 45b		
思量	I. 146a, 148b / III. 56, 67	死不期	III. 144
		死倒	III. 39
思惆	II. 362a	死得快	I. 76a, 120b
思念	III. 137	死工	III. 154
思前算后	III. 56	死恨	III. 156
思想	I. 93b / III. 56, 67, 124, 170	死后	III. 159, 161, 222
		死结	III. 153
思忆	I. 93b	死绝代	III. 144
思绎	III. 120	死了	III. 27, 146, 170, 197
思欲	II. 346b	死留	III. 75
丝	III. 197	死面饼	III. 163
丝蚕	III. 108	死能	III. 144
丝带	I. 62a	死劝	III. 81
丝毫	III. 25	死人	I. 74b, 103a / III. 67, 77, 113
丝茧	III. 42		
丝经	III. 208	死人路引	III. 167
丝纶	III. 197	死人如乱麻	III. 136, 144
丝麻	III. 221	死身	III. 188
丝绵	I. 52b / II. 362a / III. 10	死生有命	III. 144
		死时	III. 159
丝绦	III. 35	死水	III. 8, 188
丝线	II. 362a	死态	III. 146

死信	III. 98	四面的	III. 93
死要	III. 184	四面军马重叠	III. 51
死于奉其命	III. 144	围住	
死怨	III. 156	四末	III. 177
死者	III. 67, 77	四拇指	III. 67
死罪	I. 129a / III. 168, 169	四牌楼	III. 177
		四散奔走	III. 114
sì		四散的	III. 70
巳时	III. 137	四十	I. 135b / III. 183
巳时末	III. 158	四十日大斋	III. 183
四	III. 183	四十日斋	III. 9
四百万	III. 183	四十万	III. 183
四处	III. 66	四时	III. 183
四川	III. 181	四体	III. 140, 183
四大	III. 82	四条街	I. 89b
四耳贼	II. 327a	四万	III. 183
四方	I. 135b / III. 165, 183	四行	III. 82
四方八面	III. 66	四样	I. 76b
四方的	III. 93, 182	四夜	I. 135b
四锋剑	III. 94	四液	III. 114
四府	III. 105	四元行	III. 82
四个	III. 183	四远	III. 165
四顾	III. 141	四月	III. 136
四海	III. 135, 147	四肢	II. 330a / III. 140, 183
四季	III. 183	四肢百节	III. 140
四角	I. 135b	四终	III. 177
四角形的	III. 182	四尊	III. 105
四脚爬	III. 13	寺	I. 108a
四脚蛇	I. 110b / III. 125	寺院	III. 58
四脚行	III. 104	寺之官	III. 96
四口剑	III. 94	似女儿态	III. 7
四路	III. 177	似实的	III. 164
四马车	III. 43, 50	似像	III. 12, 51, 84, 101, 164, 198
四面	III. 66		

似真的	III. 164		100b, 117a, 124a / III. 4, 57, 73
伺	I. 163a		
俟	I. 163a	送报	III. 153
耜	I. 42a	送奉香	III. 118
肆性	III. 57	送贿赂	III. 202
嗣后	I. 81b	送酒他食	I. 72a
嗣后者	III. 111	送救兵	III. 82
嗣继	III. 57, 204	送礼	III. 64, 82, 178
嗣位	III. 204	送年	III. 179
		送丧	III. 87

sōng

松	I. 105a, 148b / III. 7, 100	送献	III. 156
		送银	I. 128b
松动	II. 362b	送与	III. 64
松光	III. 207	送葬	I. 131b / II. 325b / III. 4, 87
松几日	II. 362b		
松胶	III. 36, 172	送战书	III. 69
松林	III. 173	送终	II. 332b
松罗茶	III. 47	搠	I. 88b
松毛	III. 157	诵读	III. 95
松木	III. 173	诵经	I. 101a, 140a / III. 159, 192
松其弦	III. 74		
松容	I. 105a	诵书	III. 126
松树	I. 130b / III. 173	颂书	III. 48
松树林	III. 173	颂言	III. 129
松香	I. 52a, 53b / III. 36, 172, 190	颂赞	III. 9

sōu

松些	III. 9, 94	搜	I. 140a / III. 37
松子	I. 130b / III. 173	搜过	III. 90
		搜检	III. 38

sǒng

耸动	II. 362b	搜见	II. 361a
		搜看	III. 38

sòng

送	I. 34a, 60a, 72b, 84a,	搜求	I. 54a
		搜他	III. 90

搜寻	III. 38	肃静	III. 184, 201, 203
搜验	III. 38	肃静的	III. 72, 204
溲尿	III. 160	肃静人	III. 113
馊臭	II. 361a	肃堂	II. 363a
擞洁净	I. 95a	素	III. 220
		素的	II. 362a
sòu		素*（漱）口	I. 93b
嗽	III. 214	素来	I. 144a
嗽喉	III. 103	速	I. 44a / III. 179
嗽口	III. 103	速恼	III. 86
		速然	III. 69
sū		速速	III. 128
苏比里多桑多	III. 166	宿	II. 362a
降临瞻礼		宿病	III. 4
苏合油	II. 362a	宿交	III. 98
苏木	III. 36, 163	宿钱	II. 362a / III. 162
酥言	III. 162	宿香	III. 158
		嗓子	III. 37
sú		塑	III. 110
俗朴	III. 201	塑的	III. 110
俗人	III. 53, 165	塑像	II. 362a / III. 94, 110, 120
俗物	III. 226	塑性之地	III. 93
俗语	III. 181, 187	溯流	III. 122
		碿砂	I. 60b, 115b
sù			
夙籍	II. 348b	**suān**	
夙夜尽心	III. 77	酸	I. 37b, 48b / II. 362b / III. 5, 7, 143
诉簿	III. 138	酸菜	I. 158a / III. 47
诉告	III. 184, 186	酸醋	III. 222
诉过	III. 70	酸柑	I. 113a
诉苦楚	III. 184	酸柑树	I. 113a
诉原由	III. 67	酸桔	III. 148
诉愿	III. 184		
诉状	III. 67, 70, 71, 184		
肃敬	III. 191		

酸了	III. 199		虽竭你力	III. 176
酸卵	III. 148		虽尽汝心	III. 176
酸面	I. 103b / II. 355a / III. 127		虽流泪、终无所赦	III. 116
酸枝	III. 5		虽然	I. 38a / II. 340b / III. 28
	suàn		虽是	III. 28
蒜	I. 39b			suí
蒜把	I. 139b		随	I. 155 b / III. 118, 197
蒜板	I. 76a		随伴	I. 100b
蒜瓣	III. 9, 76		随便	III. 11, 52, 110, 119, 154, 225
蒜菜	II. 325a			
蒜条	II. 362b		随从	I. 34a, 143b / III. 4
蒜头	II. 362b / III. 9		随到	III. 24
蒜头醋	III. 6		随分	III. 54, 93
算	I. 61a / II. 362b		随夫子	III. 112
算步	I. 128a		随后行	III. 122
算差了	III. 89		随流	III. 60
算多少	III. 56		随母子	III. 112
算法	I. 44b / III. 19		随你便	III. 26
算工不算日	III. 74		随其愿	III. 154
算几多	III. 56		随身行李	III. 186, 190
算明了	I. 113a		随时	III. 54
算命	III. 141		随时行	III. 14
算命的	III. 24		随手	III. 179
算盘	III. 56, 206		随熟	III. 197
算手	I. 61a / III. 19		随顺他	III. 57
算数	I. 74b / III. 56, 109, 213		随俗	III. 4, 9
			随他	I. 88a
算账	II. 328a / III. 56, 62, 109, 213		随他意	III. 54
			随他做	I. 100b
	suī		随意	III. 11, 110 , 119, 154, 225
尿脬	III. 219			
虽	III. 28			

随众	III. 9	损威风	III. 170
随子	II. 337a	损污人之名节	III. 116
		损欲	III. 144
suǐ		笋	III. 50, 189
髓	II. 362b / III. 138	榫头	III. 84
		榫眼	III. 84
suì		榫子	III. 84
岁差	II. 362b		
岁考	III. 96	**suō**	
岁人之租钱	III. 189	莎鸡	III. 106
碎	I. 105a / III. 168	娑服	I. 65b
碎的	I. 119a, 119b	唆犬	II. 362a
碎剐	III. 25, 60, 73	唆使	I. 88b
碎蓝	III. 5	唆怂	II. 362b
碎裂	III. 2, 110, 193	唆引	I. 90a
碎裂肝肠	III. 186	梭子	III. 125
碎铁	I. 137a	蓑衣	III. 42, 221
碎瓦	III. 208		
穗	III. 92	**suǒ**	
		所差的	III. 138
sūn		所赐的物	III. 79
孙女	III. 150	所当	III. 154
孙子	III. 150, 202	所得金宝	III. 74
		所定的	III. 77
sǔn		所定的事	III. 54
损	I. 141a	所读的	III. 126
损坏	I. 146a / II. 362b / III. 60, 64, 74, 170	所赌的钱	III. 18
损坏了	III. 167	所赌的物	III. 18
损坏室女	III. 223	所赋之权	III. 51
损力	III. 77	所获罪的	III. 156
损了名声	III. 170	所祭之物	III. 156
损名誉	I. 80b	所寄的言	III. 138
损其名色	III. 77	所敬的	III. 191
损人名节	III. 70	所遣的	III. 138

所送的物	III. 64	锁匙	I. 65b / III. 131
所向的	III. 154	锁鐍	III. 107
所行的事	III. 154	锁子甲	III. 60, 133, 197
所需的物	III. 149		
所许的	III. 53, 180		**T**
所仰的	III. 191		
所以	III. 176		**tā**
所用的	III. 60, 137	他	I. 44b, 125b, 158a, 163a / III. 82
所与的	III. 64		
所在	I. 50a, 114a, 144b / III. 130	他处	III. 165
		他句句	III. 212
所属	III. 154	他们	I. 163a / III. 82
所嘱的话	III. 138	他人	II. 362b / III. 19
所尊的	III. 191	他是小的	I. 118b
索	III. 135	他也不肯	III. 206
索边僻之处	III. 130	他依我	III. 186
索面	I. 39a / III. 99	他意	III. 180
索求	III. 118	塌鼻子	III. 148
索性清欲	III. 142		**tǎ**
索战	III. 69	塔	III. 214
索指	III. 25	塔堵	I. 57a
索子	I. 62a / II. 362a / III. 59, 202		**tà**
唢拿花	III. 5	拓了	III. 35
唢呐	III. 47, 103	挞	I. 104b
琐碎	II. 362b / III. 85, 90, 106, 138	踏	II. 362b / III. 113
		踏镫	I. 99a / III. 95
琐碎的	III. 85, 121, 180	踏架	III. 13
琐碎的人	III. 121, 171, 189	踏践	III. 173
锁	II. 362a / III. 41, 81	踏鞠	III. 169
锁封锁	III. 47	踏平	III. 24
锁了	I. 89a	踏桥	I. 42a
锁门	III. 46	踏碎	III. 24
锁起	III. 81	鐕刀	III. 45

揭缝	II. 362b	太烦	III. 121
揭了	III. 15	太夫人	II. 367b / III. 132
榻	I. 111b	太过	III. 68, 74, 84, 96, 147, 166, 175

tāi

胎	II. 363a / III. 222	太后	III. 192
胎发	III. 38	太湖石	III. 173
胎犯	III. 143	太极	II. 350b
胎毛	III. 38	太监	I. 57a / III. 42, 96
胎衣	III. 165, 187	太母	III. 132, 204
		太娘	III. 132

tái

台	I. 119a / II. 363a / III. 11, 19, 37, 139, 163, 206, 216	太平	I. 127b / III. 168
		太平海	III. 135
		太迫人	III. 121
		太上皇	III. 161
台阁	III. 214	太师	III. 132
台级	III. 89	太奇	III. 95
台楣	III. 101	太守	III. 105
台坡	III. 89	太太	III. 146, 199
台裙	I. 105a	太阳	I. 145b / III. 202
台围	I. 105a / II. 341a	太阳升	III. 196
台帷	III. 101	太爷	III. 105, 161
台下	II. 342a	太医	I. 65b, 103a / III. 137
抬	I. 33b	太阴	III. 130
抬出去	I. 74b	太质	III. 136
抬杠	III. 162	太子	I. 120b, 134a, 138a / III. 112, 179
抬轿	III. 43		
抬轿的	III. 43, 201	太尊	III. 105, 134
抬举	I. 91a, 100b	汰米	III. 126
抬举人	III. 28	态	I. 135b
		泰山	III. 144

tài

tān

太	III. 152	贪	I. 109a / III. 50
太多	III. 68, 146, 147, 202, 205	贪财	III. 50

贪财的	III. 12, 103	**tán**	
贪吃的	III. 105	坛	II. 363b / III. 41, 210, 211
贪官	III. 50		
贪酒	III. 32, 64	坛场	III. 11
贪利	I. 41b / III. 181	谈道	III. 178
贪利的	III. 103	谈话	I. 140b
贪恋	III. 50	谈说	III. 56
贪凉	III. 101	谈言	III. 108
贪名声	III. 50	弹	I. 126b, 147a
贪谋	III. 50	弹唱	I. 103a / II. 328b
贪人	III. 12	弹尘	III. 195
贪杀	III. 136	弹风箫的人	III. 159
贪色	III. 64, 195	弹鼓弦	III. 207
贪色的	III. 72, 130	弹琴	II. 351a, 363b / III. 48
贪食	I. 106b, 107a / III. 51	弹琴的	I. 155a
贪食的	III. 108, 215	弹瑟琴	III. 207
贪睡	I. 146a	弹身	I. 97a
贪饕	III. 51, 108	弹他一下	III. 164
贪饕的人	III. 215	弹铜弦琴	III. 207
贪饕者	III. 105	弹一下	III. 164
贪闲	III. 155	弹指	I. 58a / III. 44, 207
贪心	III. 12, 50	痰	III. 100, 114
贪心的	III. 74, 103	痰病	I. 55b
贪心的人	III. 50	痰核	I. 84a
贪易	III. 119	痰火	III. 40, 95, 211
贪欲	III. 17	痰涎	III. 100
贪赃	II. 325b	潭	II. 363b
摊开	I. 98a	檀香	I. 142b / III. 197
摊开草	I. 108b	甔*（坛）	I. 147a
摊开了	I. 98a	**tǎn**	
摊冷	I. 95b	袒露	III. 73
滩水	III. 60	袒衣露出手	III. 21

毯子	III. 10, 207		堂	I. 142b / III. 27, 46, 58, 172, 183, 196, 208, 216
	tàn			
叹气	I. 146b / III. 96, 104, 184, 205		堂司	III. 195
			塘	I. 147a, 147b / III. 40
叹声	III. 205		塘兵	III. 59
叹息	II. 363b / III. 96, 104, 205		搪壁	II. 363a
			搪匿	II. 363a
炭	I. 57b / III. 42		糖	I. 35a / III. 11
炭铲	III. 162		糖饼	III. 214
炭灰	III. 48		糖缠	III. 54
探访	III. 117		糖东西	I. 35a
探浅深	III. 203		糖果	III. 101
探试	III. 92, 180		糖果店	III. 54
探试礁石	III. 203		糖花	III. 54
探试浅深	III. 203		糖姜	III. 104
探他的意	III. 203		糖霜	III. 5
探听	II. 363b		糖松	III. 10
探水	III. 203		糖药	III. 226
探细	III. 92		糖蔗	III. 41
探细的	III. 92		螳螂	III. 48
探子	III. 92			**tàng**
	tāng		烫	III. 169
汤	I. 56a, 120a / II. 363a / III. 8, 30, 36, 40		烫鸡	II. 363a / III. 169
			烫锡	III. 93
汤*（烫）	I. 94a		燙*（烫）	I. 95a
汤泉	III. 30			**tāo**
汤药	III. 32, 137		涛	I. 124a
汤子	I. 111a		绦	III. 35
	táng		绦儿	III. 35
唐朝	II. 329a		绦绶	III. 35
唐人	I. 161a		绦絮	III. 35
唐突	III. 71, 156		掏耳	III. 159

	táo	
逃	I. 33b	
逃避	III. 4, 89, 90	
逃兵	III. 114	
逃军	III. 114	
逃了	III. 4, 70	
逃难	III. 114	
逃去	III. 90	
逃暑入山	III. 114	
逃脱	III. 90	
逃跃	III. 13	
逃债	III. 184	
逃账	II. 328a	
逃走	I. 94a, 104a / III. 13, 14, 89, 90, 114, 123	
逃走了	II. 363b / III. 4	
桃红	III. 84, 193	
桃花色	I. 141a	
桃萝蜜	III. 148	
桃树	I. 130a	
桃子	I. 117a, 130a / III. 80	
陶熔的	III. 174	
陶猪	III. 181	
陶铸	III. 102	
淘井	II. 335a / III. 126, 128	
淘米	III. 126	
淘沙	III. 126	

	tǎo	
讨	I. 130b, 151a / II. 363b / III. 168, 213	
讨柴人	III. 126	
讨船	III. 100	
讨当头	III. 72	
讨得	I. 88a	
讨回	I. 58b	
讨利钱	I. 72a	
讨论	II. 354b	
讨名声	III. 180	
讨饶	II. 363b	
讨添	III. 169	
讨贴	III. 169	
讨味	III. 108	
讨有了	I. 88a	
讨鱼的	I. 130a / III. 172	
讨账	III. 50	

	tào	
套	III. 102, 218
套儿	II. 363b
套索	III. 126

	tè	
特来奉拜	II. 363b
特特	III. 202, 207
特意	III. 68

	téng	
疼	I. 84b / II. 364a / III. 198
疼得紧	III. 79
疼痛	III. 79, 198
疼痛难当	III. 79
腾飞	III. 189
腾空	III. 34, 225
腾云	III. 153
藤	III. 221
藤牌	III. 6, 193
藤席	III. 94

藤鱼	II. 364a	提牢里	III. 42
	tī	提铃	II. 364a
剔齿	III. 195	提炉	III. 217
剔灯	I. 96b / III. 25	提箩	III. 47
剔头发	III. 190	提起	I. 88a / III. 215
剔牙齿	II. 364b	提起来	III. 10, 127
剔指甲	II. 364b	提起头	III. 65
梯	I. 94a	提起袖	III. 21
梯凳	III. 89	提手	III. 131
梯磴	II. 364b	提说	III. 138, 180
梯上墙	III. 89	提塘	III. 43
梯子	II. 364b / III. 89	提塘官	III. 59
踢	I. 62b, 72a / III. 64, 182	提戏	III. 190
		提线	III. 118
踢出去	I. 74b	提挟	III. 201
踢毽	III. 123	提醒	II. 361b / III. 96, 215
踢脚	III. 50	提学	II. 364a
踢起	III. 4, 50, 217	提学道	III. 96
踢一下	III. 213, 217	啼	I. 107b
踢着	I. 88a / III. 213	啼哭	I. 66a, 133b, 155b / III. 125, 131, 132
摘	III. 50		
	tí	啼哭不胜	I. 133b
提	III. 183, 209	啼泣	I. 111a
提拔	III. 180, 215	稊稗	III. 27, 48, 228
提刀夜行	III. 14	题本	III. 172
提定	III. 213	题词	III. 178
提督	III. 133	题发	III. 119
提高	I. 106b	题目	II. 364b / III. 136, 208
提故	III. 190	题起	III. 119
提及	III. 138	题扇	III. 90
提酒	III. 209	题诗	I. 163a / III. 175
提控	III. 90	题兴	III. 119
提篮	III. 47	题旨	III. 136
		蹄	III. 167, 172, 225

蹄爪	III. 225

tǐ

体	I. 118a / III. 199, 205
体格	III. 205
体健	III. 32
体貌	III. 14, 99
体面	II. 355a / III. 16, 67, 98, 160, 175
体模	III. 101
体识人情	III. 194
体态	III. 16, 93, 206
体意	III. 199

tì

替	III. 176, 205
替代	I. 145a
替权	III. 67
替人出气	I. 77a
替人解罪	III. 54
替他	III. 109
替他理事	III. 7
替他去	III. 122
替他死	III. 144
替我	I. 76a, 91b / III. 68, 176
替我讲	I. 95b
剃	I. 137a / III. 185
剃刀	I. 122a / III. 148
剃工	III. 30
剃面	III. 30
剃头	III. 7, 30, 184, 185
剃头的	III. 30
剃一个圆顶	III. 59
涕流	III. 125
涕泣	III. 59, 107, 125, 131, 132
嚏分	II. 340a

tiān

天	I. 64b / III. 48
天暗	I. 90b
天保	III. 46
天边	III. 38, 160
天变了	III. 146
天才亮	I. 41a / III. 9
天池茶	II. 328a / III. 47
天道	III. 124
天底	III. 160
天地	III. 48, 211
天地真主	III. 77
天地之主	III. 199
天地主宰	III. 199
天顶	III. 160
天鹅	III. 107
天鹅绒	III. 43, 209
天罚	III. 44
天方晓	I. 41a
天浮地载	II. 339a
天覆	III. 62
天福	III. 32
天根	III. 160
天狗	III. 171
天瓜	II. 359b
天光	III. 90
天国	III. 164
天国的人	III. 46
天寒	I. 101a

天寒地冻	III. 101	天平	I. 50a / III. 29
天汉	III. 221	天平杆	III. 29
天旱	I. 52b	天平宫	III. 200
天河	III. 221	天平盘	III. 29
天虹	III. 19	天平仪	III. 24
天花板	III. 202	天平针	III. 29, 99
天花帐	III. 79	天气	III. 49
天话	III. 97	天气暴冷	III. 101
天潢	III. 221	天谴	III. 44
天昏	I. 90b / III. 16	天堑	II. 334b
天际	III. 38	天晴	I. 94b, 101a / III. 37, 49, 210
天霁	III. 37, 210		
天将暗	I. 95b	天晴了	III. 4, 110, 200
天将亮	I. 43a	天球	II. 351a / III. 91, 105, 198
天阶	I. 127b		
天街	I. 56a	天人	III. 46
天井	I. 127b / III. 49, 167	天荣	III. 130
天爵	II. 335b / III. 46	天色渐晚	III. 152
天君	III. 135	天上	III. 201
天开	I. 94b	天上的事	III. 46
天开了	III. 200	天神	III. 14
天考	II. 326b	天师	III. 136
天牢	III. 42	天使	III. 82
天涝	III. 132	天事	III. 46
天冷	I. 101a / III. 110	天授的光	III. 130
天理	II. 353a / III. 53, 78, 118, 124, 185	天暑	III. 40
		天曙	I. 41a
天凉	I. 80a	天堂	III. 48, 164
天亮	III. 9, 12, 28, 84, 90	天堂福	III. 105
天门冬	III. 90	天霆	I. 127a
天明	III. 90	天体	III. 91
天疱疮	III. 37	天微明	III. 9
天篷	III. 79, 202	天未明	III. 12
天篷帐	III. 79, 202	天文	III. 24

天文地理	III. 136	天主圣教	III. 62
天文士	III. 24	天主圣教会	III. 120
天文学	III. 24, 136	天主圣母	III. 132
天下	I. 121a, 138a / III. 147	天主圣神	III. 77
天下四方	III. 147, 165, 212	天主台前	III. 216
天象	III. 56, 101	天主堂	III. 120, 208, 227
天晓	I. 41a	天主无所不在	III. 88, 178
天蝎宫	III. 201	天主之性	III. 148
天幸	III. 220	天主钟福	III. 32
天涯	III. 38	天主子	III. 77
天阳	III. 89	天子	III. 83, 191
天要黑了	I. 95b	天子冠	III. 59
天要亮了	I. 117a	添	I. 38a, 75b, 93a / III. 5, 15, 147, 187
天阴	II. 346b		
天有几层	III. 79	添补	III. 205
天有晴	III. 200	添灯	III. 25
天欲明	I. 43a	添饭	II. 364b
天云	III. 153	添货	I. 101a
天帐	III. 79	添几尺	I. 96a
天之枢	I. 131a	添几日	I. 96a
天竺国	III. 116	添加	III. 15
天主	III. 77	添价	I. 75a / III. 182
天主宠爱	III. 106	添亲	III. 83
天主的命	III. 181	添沙	III. 145
天主的性	III. 78	添上一人	III. 202
天主殿	III. 208	添些	I. 115b / III. 15, 64
天主父	III. 77	添一人	III. 202
天主降告	III. 191	添一子	III. 165
天主降见	III. 181		**tián**
天主降生	III. 220	田	III. 198
天主降生为人	III. 84	田岸	III. 192
天主默示的	III. 118	田地	III. 111, 198
天主母皇	III. 132	田赋	III. 189
天主生万物	I. 63b		

田沟	I. 138a	**tiāo**	
田鸡	I. 137a / III. 50, 103, 185	挑	I. 33b, 126a / III. 43
		挑担	III. 3, 43
田鸡叫	I. 56b	挑担的	I. 33b, 127b / III. 43
田猎	III. 39	挑水	I. 37b
田螺	III. 42	挑水的人	III. 3
田畔	III. 218		
田垱	III. 162, 198, 219	**tiáo**	
田鱼	III. 9, 129	条	I. 153a / III. 165, 168, 212, 218
田主	III. 125	条花	III. 129
田庄	III. 111	条花的	III. 129
田租	III. 187, 189	条目	III. 188
甜	I. 84a	条条街	I. 77a
甜菜	II. 325a	条绪	I. 124b
甜的	III. 80	条砖	III. 125
甜瓜	III. 137	调	III. 142, 186
甜果	I. 60b	调和	I. 75a / II. 364b / III. 85, 208
甜话	III. 34	调化	III. 73
甜口	III. 34	调理	I. 106b, 148a / II. 364b / III. 208
甜舌	III. 34		
甜薯	I. 109b	调理病	I. 90b
甜桐	III. 48	调腔	III. 88, 103
甜味	III. 80	调琴	III. 208
甜言蜜语	III. 162	调使	II. 364b
填	I. 47b	调停	I. 148a
填塞	I. 92b	调养	III. 55, 78
填颜色	III. 120	调音	III. 208
		调治	I. 148a
tiǎn		调转	III. 186
忝居滥当	III. 116		
忝蒙	III. 116	**tiǎo**	
忝先时	I. 76b	挑灯	I. 96b
舔	III. 125		

挑动	III. 25, 181	贴膏药	III. 83
挑动机括	III. 65	贴金	II. 351a / III. 79
挑花	I. 111b	贴银箔	III. 174
挑火	III. 25	贴银的	III. 174
挑弄	III. 37, 118, 203		
挑绣	III. 125	\multicolumn{2}{c}{tiě}	
挑血	III. 197	帖	III. 222
挑血的刀	III. 125	铁	I. 102a / III. 112
挑引	III. 203	铁案的	III. 77
挑战	III. 69	铁板	III. 173
朓背的	I. 39a	铁焙	III. 165
		铁箔	II. 358b
\multicolumn{2}{c}{tiào}	铁铲	III. 163
梂稻子	III. 219	铁床	I. 107b
梂麦	III. 219	铁锤	I. 116a / II. 364b / III. 135
梂米	III. 219		
跳	I. 42b, 66a, 74b, 142b / III. 196	铁刺	III. 181
		铁打心肠	III. 58
跳板	III. 173	铁钉	I. 63b / III. 49
跳过	III. 196	铁定	III. 75
跳过墙	III. 196	铁碇	III. 13
跳马背上	III. 196	铁桩	I. 117b
跳起	III. 127, 196	铁墩	III. 222
跳墙	III. 204	铁耳锅	III. 42
跳上去	I. 142b	铁钢	III. 5
跳舞	III. 29, 64, 196	铁杠	III. 10
跳舞的	III. 29	铁格子	III. 188
跳下来	I. 142b / III. 196	铁工	III. 111
跳行	III. 196	铁钩鼻	III. 148
跳一跳	III. 196	铁箍	II. 336b / III. 19, 20
跳蚤	III. 182	铁釟*（锢）	I. 102a
跳走	I. 105b	铁锅	III. 42
\multicolumn{2}{c}{tiē}	铁焊	III. 203
帖*（贴）	I. 155b	铁环	III. 20

铁环甲	III. 133	铁鞁	III. 111
铁甲	I. 45a, 62b, 108b / III. 60, 129	铁砂	III. 20, 128
		铁杓	I. 105a
铁甲兵	III. 202	铁石心肠	III. 80
铁匠	I. 102a, 144b / III. 111	铁手杻	I. 39b
铁匠街	I. 102a	铁梳	III. 11
铁脚爪	III. 111	铁树	III. 163
铁金	III. 112	铁碎	I. 112b
铁颈圈	III. 50	铁索	III. 48
铁铠	I. 57a	铁鞋	III. 111
铁坑	III. 140	铁心	III. 58
铁矿	III. 140	铁条	I. 96b, 154a / III. 23, 30
铁盔	II. 360a / III. 42, 44, 144		
		铁衔	III. 34
铁栏	III. 188	铁线	II. 361b / III. 9
铁链	I. 55b / II. 353a, 364b	铁屑	III. 128
铁镣	I. 102a	铁胸节	III. 168
铁炉	III. 101	铁锈	III. 111, 160
铁炉行	III. 111	铁鎞*（锈）	I. 102a
铁炉街	III. 111	铁錾	III. 201
铁锚	III. 13	铁渣	III. 90, 142
铁耙	III. 11, 185	铁枯	I. 64a
铁牌	I. 65b	铁砧	II. 331a, 364b / III. 123
铁坯	III. 30		
铁瓢	III. 39	铁枝	III. 23
铁器	I. 102a	铁锥	I. 131b
铁撬*（钎）	I. 147a	铁钻	I. 54a
铁钳	III. 208		tiè
铁鑀*（钳）	I. 152a	呫嗫	III. 207
铁锹	III. 162	餮	III. 129
铁鞘尾	I. 61a		tīng
铁圈	I. 44b, 116a	厅	I. 137b, 142b, 148b / III. 27, 172, 183, 196
铁圈甲	III. 133		
铁人	III. 113		

厅柱	III. 51	停留	III. 75, 205
听	III. 90, 157	停流	III. 75
听不见	III. 87, 157	停手	III. 164
听不明	III. 88, 157	停妥	III. 23, 99, 100
听不入耳	III. 157	停妥的事	III. 149, 198
听从	III. 157, 190	停息	III. 70, 164
听调遣	III. 154	停写	III. 152
听断事	III. 124	停一停	III. 8, 75
听见	III. 157	停止	III. 70, 75, 184, 205
听讲者	III. 27, 157	停滞	III. 62
听命	III. 110, 154	停住	III. 75, 164
听纳	III. 157	停住结断	III. 124
听其处分	III. 93		
听人自做的罪	III. 54	tǐng	
听人罪座	III. 54	挺开身	III. 94
听审	III. 157	挺枪	III. 91
听顺	III. 110, 190	挺枪矛	III. 33
听伊理	I. 89a	挺然	III. 119
听约束	III. 154	挺然无所屈	III. 218
听者	III. 27, 157		
听知	III. 194	tōng	
		通	I. 92a, 129a / III. 10, 170, 182, 216
tíng		通报	III. 68, 134, 153
廷试	III. 96	通报的人	III. 59
亭子	III. 13, 150	通不得的	III. 118
停	III. 92	通不尽的	III. 118
停笔	III. 152	通城	III. 212
停当	III. 23, 99, 100	通达	II. 362b / III. 53, 87, 134, 137, 170, 194
停当的事	III. 149, 198		
停工	III. 164		
停棺	II. 360a	通到底	III. 194
停会	III. 8, 176	通道	III. 59
停脚	III. 75	通道理	III. 19
停了	III. 23	通番	III. 57, 216

通公	III. 53	通一家	III. 212
通功	III. 165	通则	III. 170
通关凭据	III. 196	通贼	III. 216
通国	III. 212	通政使	III. 47, 197
通国天下	III. 212	通知	III. 109
通过	III. 216	通知人	III. 191
通海	III. 51, 57		

tóng

同	III. 53, 124, 182
同伴	III. 52
同胞妹子	I. 110a
同胞兄弟	I. 110a / III. 111
同吃	III. 51
同船的	III. 75
同窗	II. 332a
同床睡	III. 4
同定	III. 23
同队的兵	I. 59b
同房	III. 110, 136
同房子	III. 33
同父异母	I. 118a
同父异母兄弟	III. 111
同合的	III. 182
同伙食饭	I. 100b
同襟	III. 63
同居	I. 100b
同决	III. 23
同僚	III. 120
同了体	III. 85
同路的	III. 52
同侣	III. 52
同门的	III. 54
同盟	III. 124
同母异父	I. 118a

通贿赂	III. 202
通家	III. 98
通奸	III. 58
通鉴	I. 62a / II. 350b / III. 13, 59
通街楼	III. 166
通浸	III. 170
通理	III. 10, 194
通明	III. 8, 10, 55, 87
通明瓦	III. 130, 208
通囊取物	III. 71
通盘	II. 359a
通判	III. 105
通篷	III. 212
通其故	III. 92
通情	III. 58, 124
通事	I. 113a, 165a / III. 119, 148
通天文	III. 24
通透	III. 170
通外国	III. 51, 57
通往来	III. 53
通文理	II. 365b
通消息	III. 153
通晓	III. 87
通袖	III. 139
通药	III. 182

同你	I. 61a	铜	I. 44b, 58b / III. 36, 50
同你们	I. 61b	铜板	III. 47, 125, 173
同年的	III. 75, 81, 120	铜箔	II. 358b / III. 11, 157
同娘各爷	I. 118a	铜肝铁胆	III. 56
同生	III. 148	铜觚	III. 40
同声相应	III. 39	铜罐	III. 40
同时	III. 176	铜壶滴漏	III. 188
同岁的	III. 75, 81	铜将军	III. 22
同堂的亲	III. 165	铜匠	I. 111a
同堂兄弟	III. 179	铜精	III. 43
同同走	III. 14	铜白子	III. 11
同位	III. 120	铜炉炉	III. 40
同文算法	III. 19	铜锣	III. 29, 217
同我	I. 59a / III. 51	铜绿	II. 354a / III. 43
同乡人	III. 167	铜牌	III. 137
同心	I. 92b / III. 53	铜盘	III. 29, 174
同心合意	III. 224	铜瓢	III. 39
同行	III. 122	铜钱	III. 77, 143
同行的	III. 52	铜钱局	III. 102
同姓	I. 100a	铜身铁骨的	III. 113
同许	III. 53	铜书抑	I. 53b
同学的	III. 54	铜锁	III. 41
同爷各娘	I. 118a	铜弦	III. 48
同一心的	III. 75	铜弦琴	III. 49, 143
同意	III. 53, 224	铜线	III. 9
同与	III. 24	铜像	III. 94
同在	III. 24	铜针	III. 10
同知	III. 105	童	I. 137a
同住	I. 100b / III. 33, 144	童女	I. 55b / III. 79, 150
同宗	I. 100a / III. 165	童仆	III. 142
同走	III. 59	童身	III. 44, 223
同族的	III. 128, 165	童生	III. 95
同坐	III. 24	童颜弱质	III. 67
桐油	III. 5	童谣	III. 41

童贞	III. 44, 223	偷来的	I. 104b / III. 114
童子	III. 146	偷目窃望	III. 141
瞳人	III. 150	偷妾家	I. 41b
		偷窃	III. 193
tǒng		偷去	III. 193
统	III. 143	偷偷	I. 95a
统兵	I. 38b	偷闲	I. 123b / III. 114
统辖	III. 143	偷笑	III. 192
统辖一方	III. 3	偷营	III. 4, 23, 64, 185
统御	III. 143	鋀刮	I. 137a
统御万方	III. 143	鋀光	I. 137a
桶	I. 50a / III. 29, 30		
筒	III. 42	**tóu**	
筒索	III. 34	头	I. 55a, 59a / III. 38, 143, 217
tòng		头蚕丝	III. 197
痛	I. 84b / III. 79, 198	头低	III. 38
痛不过	III. 79	头顶	III. 50, 59, 189
痛恨	III. 169, 184	头发	III. 38
痛悔	II. 344a / III. 21, 79, 171, 209	头发白的	III. 41
		头发半白	III. 88
痛昏死	III. 82	头发变白	III. 84
痛哭	III. 131	头工	III. 135
痛苦日	III. 222	头垢	III. 44
痛恶	III. 2	头后	I. 150b
		头角	III. 62
tōu		头旋顶篷	III. 219
偷	I. 45a, 104b, 141a / III. 1, 23, 155	头困	I. 153a
		头领	III. 42
偷盗	III. 114, 125, 155, 193	头毛	III. 38
偷盗的	III. 114	头毛螺	III. 189
偷讲	I. 143a / II. 349b	头门	III. 181
偷截	III. 114	头面	III. 100, 123, 160
偷睛看视	III. 141	头名	III. 128
偷空	III. 114		

头目	II. 355b / III. 28, 38, 45	投起来	III. 84
头脑	I. 119b / III. 138, 200	投去	III. 80
头腻	III. 44	投人家卖	III. 219
头蓬	I. 146a	投人家去	III. 4
头人	I. 35b, 106b	投石	III. 17
头梳	III. 172	投水	III. 80
头缳丝	III. 197	投他	III. 5
头髓	I. 64b, 119b / III. 200	投帖	II. 364a
头疼	I. 93b	投贤	II. 342b
头痛	I. 84b / III. 133	投降	I. 145b / III. 88, 189, 205
头头去	III. 228		
头下、脚上	III. 38	骰码	III. 64
头先的	III. 178, 179	骰子	I. 72a / III. 64
头先下	I. 73b		

tòu

透	I. 129b / II. 364a / III. 39, 216
透道理	III. 8
透骨	II. 364a
透光	III. 216
透过	III. 26, 39, 166
透露根基	III. 65
透明	III. 49
透气	III. 191
透湿	III. 143
透通	III. 53, 170
透夜	III. 212
透油	III. 225

tū

秃子	II. 365a
突重围	III. 193
突然涌得来	III. 4
突然抓着	III. 4

头行牌	III. 17
头序	I. 147b, 149b
头眩	III. 74, 218
头一	III. 179
头银子	III. 174
头簪	III. 182
头站	III. 17
投	III. 184
投诚	III. 205
投充	III. 24
投充人家	III. 4
投服	III. 205
投告	I. 44a, 136a
投戈	III. 20
投河	III. 80
投壑	II. 364a
投火	III. 80
投监	III. 178
投井	III. 80
投凉	III. 101

突围而走	III. 21	屠夫	III. 43
		屠户	I. 57b, 115b
	tú	屠灭	III. 74
图	I. 53a, 130b / III. 135	屠宰	III. 43
图谋	III. 178	屠子	III. 61
图书	III. 198		
图形	III. 173		tǔ
图样	III. 71	土	III. 82, 211
涂	III. 35, 224	土壁	III. 164
涂白	III. 33, 83	土兵	III. 202
涂粉	I. 90a / III. 225	土地	III. 211
涂膏	III. 225	土地神	III. 92
涂迹	III. 35	土粉	III. 115
涂烂泥	I. 91a	土茯苓	III. 163
涂抹	III. 32, 35, 224	土工	III. 87
涂抹改易	III. 35	土瓜	III. 227
涂抹了	III. 15	土官	III. 10
涂抹身尸	III. 82	土箕	III. 47, 92
涂血	III. 87, 197	土瘠	I. 98a
涂油	III. 225	土坑	III. 45
涂鼠（土鼠）	I. 150b	土库墙	III. 164
擶*（涂）	I. 140b	土块	III. 209
徒弟	I. 83a, 98b / II. 365a / III. 18, 77	土泥	III. 129
		土墙	III. 164, 207
徒费	III. 88	土人	III. 10, 64, 149, 194, 222
徒夫	III. 103		
徒杠	III. 181	土色	III. 164
徒赖	II. 352a	土山	I. 120b
徒劳	III. 88, 155, 214	土神	III. 115, 227
徒然	III. 66	土生的	III. 102
徒消光阴	III. 166	土生宰*（仔）	I. 119a
途	I. 108b	土所生的	III. 102
屠场	I. 35a	土星天	III. 48
屠店	III. 43	土宜	III. 102

土音	III. 126	团圆的	III. 187
土砖	III. 125		
土做	III. 151		**tuī**
土做的	III. 209	推	I. 74b, 88b / III. 5, 26, 82, 83, 84, 131, 187, 189
玉鼠（土鼠）	I. 94b		
吐	II. 365a	推挨	III. 77
吐馋	II. 326a, 365a / III. 103	推病	III. 100
吐花	III. 100	推测	III. 67, 77, 116, 185
吐津	III. 91	推车	III. 43
吐口水	I. 94b	推出	III. 102
吐口涎	I. 62b	推出去	I. 53a
吐浪	I. 91a	推出外	III. 80
吐气	I. 50a, 103b, 139b / II. 349a / III. 96, 205	推辞	III. 91
		推促	III. 84
吐舌	III. 195	推倒	III. 69
吐痰	II. 363b	推故	III. 4, 91
吐唾	III. 91	推官	III. 105, 124
吐唾沫	III. 91	推光	III. 5
吐涎	III. 91	推过	III. 26
	tù	推绞关	III. 39
吐	III. 225	推进	III. 131
吐不出	III. 225	推究理体	III. 92
吐沫	III. 92	推开	I. 77a, 149a / III. 2, 5
吐血	III. 100, 197	推赖	III. 26
兔	I. 59a, 111b	推立	III. 82
兔狗	I. 107a	推论	III. 77, 92, 99
兔子	III. 54, 103, 128	推命的	III. 24
	tuán	推磨	III. 143
团	I. 137b / III. 91, 161	推确	III. 96
团的	III. 187	推让	III. 46
团鱼	III. 214	推梢橹	III. 188
团圆	III. 91	推思	III. 77, 99
		推他	I. 47b

推托	III. 4, 65, 91	退色	I. 78b, 83b
推屑	III. 5	退时	I. 77b
推选	III. 65, 225	退缩	III. 85, 186
推远去	I. 74b	退堂	III. 27
推着	III. 67	退跳	III. 196
		退下	III. 70
tuí		退行	III. 13
颓败	I. 82a / III. 22	退一边	III. 16
颓了人	III. 171	退之动	III. 145
		退转	III. 34
tuǐ		蜕毛	III. 146
腿	I. 63a / III. 173	蜕皮	III. 146
腿上	I. 155a	蜕牙	III. 146
		褪色	III. 70
tuì			
退	I. 42a, 137b, 139b / III. 21, 71, 191	**tūn**	
退步	III. 34, 69	吞	I. 33a, 91, 151a / III. 215
退财的	I. 120a	吞不下	III. 151
退朝	III. 27	吞不下去	III. 8
退钉	III. 72	吞吃	III. 86
退官	I. 134b / III. 68, 156	吞金子	III. 215
退后	I. 150a / III. 21, 26, 34, 69, 110, 138	吞雷	III. 217
		吞落去	III. 215
退后来	I. 77b	吞下	III. 86, 215
退后去	I. 110a	吞咽	III. 215
退还	I. 45b	吞占	III. 155
退还他	I. 151a		
退回	III. 34, 186, 214	**tún**	
退悔	III. 21	屯营	III. 102
退婚	III. 136	臀	III. 148
退开	I. 45a		
退来	III. 214	**tuō**	
退落	III. 70	托	I. 137b / II. 365a
退怯	III. 182	托庇	II. 365a

托钵人	III. 86	脱群	I. 80b
托付	I. 76b / III. 67, 84	脱肉	III. 70
托工	III. 202	脱胎	III. 2
托故	III. 91	脱鞋	I. 78a / III. 70
托赖	II. 365a / III. 92, 95, 176, 187, 216	脱行李	III. 70
		脱靴	I. 78a
托盘	I. 50a / III. 29	脱牙	III. 39
托人	III. 155	脱衣解甲	III. 69
托腮	II. 360b	脱衣服	I. 81b, 97a / III. 73
托他	III. 5	脱狱	I. 79b
托胎	II. 365a	脱载	III. 70, 71
托言	III. 139	脱阵	I. 80b
托掌	III. 177	脱职	III. 106
托掌的	III. 177	脱砖	III. 72
拖	I. 45a, 112b / II. 365a / III. 21, 211	脱走	II. 364b / III. 4, 70, 114
		tuó	
拖来	III. 215	驮	II. 365a / III. 43, 215
拖欠的	III. 215	驮子	III. 9, 60
拖去	III. 21	驼	I. 33b, 52a
脱	I. 149b	驼背	II. 365a
脱担	III. 70	驼背的	III. 58
脱节	III. 71	驼子	III. 58
脱巾	I. 78a / III. 35	砣	II. 365a
脱铠甲	I. 77b	砣戥	III. 171
脱离	III. 114	砣码	III. 171
脱了	I. 145b / III. 72	砣子	III. 171
脱了群	I. 80b	鉈*（砣）	I. 112b
脱毛	I. 128b / III. 74, 169	鉈*（砣）光	I. 112b
脱毛的	III. 74	鉈*（砣）锯	I. 112b
脱帽	I. 78a, 149b / III. 35, 184	橐子	III. 226
		tuǒ	
脱其手	III. 90	妥当	III. 99, 100
脱去	III. 114	妥帖	II. 364b
脱去重累	III. 70		

	tuò			**wà**	
鈶*（拓）	I. 126a		袜	III. 39	
唾	III. 91		袜带	III. 46, 128	
唾痰	III. 91		袜底	III. 168, 204	

W

	wā			**wāi**	
挖	II. 365a		歪	II. 365a / III. 125, 217	
挖出来	I. 79b		歪船	I. 129a	
哇哇	III. 132		歪的	III. 118, 214	
蛙子	III. 185		歪口	III. 34	
			歪路	III. 196	
	wá		歪气	III. 118	
娃子	III. 146, 185		歪人	I. 81b	

	wǎ			**wài**	
瓦	I. 148a / III. 208		外	III. 102, 166	
瓦背	II. 365a		外邦人	III. 94	
瓦槽	III. 41		外边	III. 29, 67, 102	
瓦椽	III. 30, 218		外方的	III. 95	
瓦栋	III. 207, 208		外方人	III. 94	
瓦栋顶	III. 45		外父	I. 145a / III. 204	
瓦盖	III. 208		外公	III. 3, 204	
瓦管	III. 25		外国贡使	I. 87a	
瓦罐	III. 35, 123, 218		外国人	I. 103b / III. 94	
瓦溅	III. 41		外号	III. 146	
瓦砾	III. 44		外家	III. 165	
瓦流	III. 41		外教的	III. 116	
瓦盘	III. 29		外教的人	III. 162	
瓦片	III. 44, 208		外景	III. 154	
瓦器	III. 129		外景界	III. 154	
瓦碎	III. 44		外科	III. 48	
瓦檐	III. 9		外客	III. 101	
			外郎	I. 132a / III. 90	
			外貌	III. 97	

外门	I. 132b
外面	I. 74a, 103b / III. 29, 67, 97, 102
外母	I. 145b / III. 204
外婆	III. 3
外戚	III. 165
外亲	III. 7, 165
外肾	III. 52, 210
外甥	II. 365a / III. 150, 202
外甥女	III. 202
外甥侄女	III. 202
外孙	III. 150
外孙女	III. 150
外套	III. 197
外头	I. 74a / III. 29, 67, 97, 102
外厢	III. 67, 102
外向	III. 154
外象	I. 103b / III. 154
外行	III. 154
外祖	I. 48b
外祖母	I. 48b

wān

弯	I. 44b
弯尺	III. 52
弯船所在	I. 132b
弯刀	III. 107, 113
弯弓	II. 365a / III. 19
弯肱	III. 36
弯拱	II. 365a
弯路	III. 40, 193, 214
弯曲	III. 37, 79, 88, 186, 193
弯曲去	III. 122
弯转	III. 34, 37, 186, 214
剜孔	I. 119b
剜目	III. 46, 195
剜眼	III. 46
剜眼睛	I. 149b
湾船	III. 131, 182, 213
湾船所在	I. 50b
湾＊（豌）豆	I. 100b
湾江	III. 87
湾里头	I. 97b
湾转	I. 92b

wán

完	I. 73a, 139b / II. 344b / III. 3
完案	III. 65
完备	III. 16, 53
完备了	III. 53
完成	III. 81, 170
完成了	III. 53
完聚	II. 344b
完粮	III. 162
完了	I. 33b / III. 3, 53
完了张	III. 3
完娶	III. 44
完全	III. 3
完亲	III. 34, 44
玩	I. 125b
玩耍	I. 53b, 79b, 103a, 137b / III. 37, 187
玩耍的话	III. 97
玩耍的人	III. 47
玩童	III. 168
顽蠢	III. 116

顽钝	III. 35, 36	碗子	III. 90, 206
顽悍	III. 57	**wàn**	
顽皮	I. 110a	万不可	II. 336a / III. 44, 177
顽皮的	III. 216	万不易的	III. 120
顽性	III. 36	万方	III. 212
顽凶的	III. 30	万弗	II. 365a
顽执	III. 155	万福经	III. 159
顽拙	III. 36	万福之本所	III. 164
wǎn		万里	I. 113b
宛然	III. 90	万民	II. 355b / III. 212
宛转	III. 29	万人冢	III. 46
挽起袖	III. 21	万岁	III. 192, 226
挽手	III. 64	万岁节	III. 76
晚	I. 122b, 147b	万万	III. 140
晚得来	I. 101a	万万年	III. 117
晚饭	III. 46	万毋	II. 365a
晚夫	III. 135	万物	III. 212
晚谷	III. 22	万有	III. 212
晚间	III. 9, 67, 207	**wáng**	
晚课	III. 207	亡	I. 99b, 120b / III. 3, 144, 146
晚了	III. 207	亡倒	III. 39
晚母	III. 132	亡恩	III. 69, 117, 152
晚堂	III. 27	亡恩的	III. 117
晚下	III. 207	亡恩的人	III. 71
绾髻	III. 153	亡了	III. 27, 99, 146, 170
绾角儿	III. 153	亡命	III. 14, 151
绾住	III. 112	亡失	III. 170
婉曲	III. 176	亡者	I. 74b
婉委	III. 176	王	I. 109b / III. 178
碗	I. 132a, 149a / III. 90, 206	王八的	III. 72
碗头	III. 90	王法	III. 127
碗缘	III. 35		

王法无亲	III. 127
王妃	I. 137a
王坟	III. 199
王府	III. 44, 162
王府宗室	III. 165
王家	III. 44, 185
王位	III. 179
王爷	III. 226
王已晏驾	III. 144
王政	II. 330b
王子	III. 188

wǎng

网	I. 66a, 137b / III. 187
网罗	III. 86, 87
网鱼	III. 171
网子	III. 187
罔	I. 58b
往	III. 122, 227
往船去	I. 110a
往古	III. 15
往观其动静	III. 194
往旱去	I. 110a
往京里去	III. 227
往来	I. 127b / III. 115
往日	II. 340b / III. 76
往生	III. 222
往世	III. 166
枉道	III. 16
枉费	I. 131b / II. 339b / III. 103
枉费了	III. 214
枉费了多少力	III. 214
枉受国家爵禄	III. 116

徃*（枉）费	I. 73a, 87a, 93a

wàng

王	III. 192
妄	III. 208
妄诞	III. 138
妄动	III. 110
妄断	III. 124
妄发誓	III. 171
妄告	III. 5
妄工	III. 154
妄口	III. 39
妄赖人	III. 121
妄念	III. 170
妄判	III. 124
妄认	I. 44a
妄誓	III. 124
妄思	III. 170
妄想	III. 170
妄想疑猜	III. 204
妄言	III. 97
妄疑他	III. 208
妄议	III. 124
妄证	III. 121, 127, 210
忘	I. 97a
忘八	I. 39a, 137b
忘本人	III. 10
忘恩	I. 77b, 109b / III. 158
忘怀了	III. 158
忘记	I. 97a, 152a / III. 158
忘了	I. 97a / III. 158
忘情	III. 158
忘事	I. 97b
望	I. 96b / III. 92, 141, 176

望拜	III. 223	微贱	III. 31
望病人	III. 223	微妙	III. 6, 116, 142, 197, 202, 205
望不得	III. 161		
望德	III. 92	微明	III. 61
望斛*（斗）	I. 105b	微微笑	III. 203
望看	III. 160	微小的	III. 170
望楼	III. 25, 141	微笑	I. 140b / III. 192
望台	III. 141	煨	III. 23
望外	III. 97, 102	煨火	III. 214
望鱼	III. 197		
望重	III. 97, 98		wéi
	wēi	为	I. 100b / II. 341a / III. 5, 110, 199
危殆	III. 169	为本	III. 112
危急	III. 169	为得	III. 128
危险	I. 129b / III. 169, 192	为恶	III. 154
委蛇	III. 193	为恶有份	III. 165
委蛇行	III. 193	为后	III. 177
威	II. 341a	为急	III. 112
威风	III. 28, 36, 67, 98, 106	为清洁之人	III. 44
威容	III. 106	为人	III. 109
威容的	III. 139	为人好	III. 109
威严	III. 28, 200	为人所信服	III. 54
威严的	III. 106	为人所信服的	III.61
威仪	III. 52, 106, 133, 142, 176, 200	为人正	III. 109
		为善	III. 37, 154
威仪不格	III. 106	为善的	III. 223
威仪的	III. 139	为善的表	III. 96
威重	III. 28, 106	为善的没样	III. 202
逶迤险处	III. 95	为事	III. 216
逶迤险阻	III. 95	为首	III. 28, 179
逶迤行	III. 193	为所以然	III. 45
微	I. 146a	为妖术	I. 90a
微承	III. 200	为赞美	III. 9

为者	III. 45
为证	III. 54, 210
为作	III. 96
违	II. 341a / III. 57
违法	I. 101a / II. 341a / III. 183
违命者	III. 73
违誓	III. 183
违心听命	III. 190
违意	II. 341a
违旨	III. 183
围	I. 45a, 65a, 140b, 143a
围背所在	III. 2
围城	I. 121a, 153a / III. 67
围城攻打	III. 51
围倒	I. 64b
围花	I. 57a
围篱笆	III. 59, 93
围立者	III. 60
围猎	III. 39
围领	III. 50
围屏	II. 341a
围棋	III. 123
围墙	I. 64b
围裙	III. 67
围转	I. 140b
围着	III. 4
桅斗	III. 104
桅帆篙	III. 220
桅杆	I. 117b / II. 341a / III. 19, 136, 172
桅桠	II. 341a
唯一子	III. 224

帷帐	II. 341a / III. 62
维持	I. 32b, 101a, 145a
wěi	
伟	II. 341a
伪	I. 99b
伪善	III. 112, 122
伪善的	III. 112
尾	III. 50, 75, 99, 160, 171, 184, 188
尾巴	III. 184
尾蝶	III. 135
尾末	III. 38
尾头	I. 103a
尾指	I. 74a / III. 67
尾终	I. 55a
尾子	III. 184
纬	III. 208
纬度	III. 106
纬经	III. 89
纬线	III. 89
委国	III. 88
委命	III. 27
委曲	II. 351b / III. 176, 193
委托	III. 67
委弯	III. 193
委委曲曲	III. 193
痿痹	III. 57, 88
痿病	III. 57
痿风	III. 171
痿风的	III. 171
wèi	
卫	I. 165a

卫护	III. 13	未到前	III. 15
卫军	III. 104	未到时候	III. 15
卫士	III. 104, 107	未定的	III. 80, 116
卫所	III. 101, 102	未定的人	III. 150
卫卒	III. 107	未读书的	III. 116
为	III. 176	未及时	III. 15
为保国忠死	III. 144	未见决是	III. 48
为大分	III. 176	未久	III. 151
为功名	III. 176	未决断	III. 94
为光荣	III. 176	未开明悟知	III. 117
为何	III. 145, 176	未来	I. 154b
为金面	III. 176	未来的	III. 219
为名声	III. 176	未来之时	III. 210
为情	III. 176	未熟	I. 118b
为情求	III. 176	未闻、未见	III. 153
为人情	III. 176	未有	III. 153
为桑梓光	III. 86	未有此理	III. 151
为甚么	III. 99, 164, 176	未之有	III. 151
为甚么缘故	III. 176	位	III. 77, 171
为甚事	I. 44b	味	I. 142a, 154b / III. 106, 108, 195
为我	III. 68		
为我面情	III. 176	味美	III. 108
为我情分	III. 176	畏寒	I. 105a
为我说	I. 95b	畏惊	III. 208
为已亡祈日	III. 76	畏怯	III. 182
为义致命	III. 144	畏缩	III. 85
为义致命的	III. 135	胃	I. 53b / III. 165
为者	III. 99	胃口	III. 33, 94
未	III. 15, 212	胃口酸	III. 5
未必然	III. 151	喂肥	I. 91a
未必是真	III. 151	喂奶	III. 133
未曾	III. 27, 212	喂牛	III. 16
未大方	III. 140	慰心	III. 23
未当时	III. 15	慰者	III. 56

wēn

温	I. 139a
温粹	III. 106
温的	III. 210
温斗	III. 40
温恭纯厚的人	III. 142
温和	I. 120b
温和待人	III. 216
温和的	III. 113, 208
温和的人	III. 142
温酒	III. 222
温良的性	III. 148
温暖	III. 40
温气的	III. 161
温泉	III. 30
温热	III. 40
温熟	III. 190
温习	III. 190
温雅	III. 106
温谕	III. 162
温旨	III. 162
瘟	I. 84b
瘟病	III. 56, 85, 172
瘟痘年	III. 16
瘟气	III. 56, 158
瘟疫	I. 84b
瘟瘴	I. 130a
鳁鱼	III. 197

wén

文	I. 87a, 134b / III. 191
文案	III. 28
文采	III. 82, 160
文法	III. 94, 191
文官	I. 169a / III. 134
文华	III. 160
文话	III. 162
文句	I. 83b
文具	III. 90, 95
文卷	III. 28, 55, 152, 179
文礼	III. 37, 60, 82, 175
文理	II. 365b / III. 82, 94
文庙	III. 208
文木	III. 19
文凭	III. 47
文气	III. 94
文契	III. 53, 55, 90
文禽	III. 103
文然	III. 60
文士	I. 85a
文书	I. 115a, 161a / III. 28, 179
文书箱	III. 90
文武	III. 126
文学	III. 22, 191
文学的	III. 191
文雅	III. 82
文业	III. 126
文艺	III. 191
文艺之学	III. 106
文引	III. 47
文约	I. 60b / III. 53, 55, 90
文云	III. 153
文章	I. 87a / III. 52
文字	III. 52
文字的言	III. 82
纹	II. 365b / III. 185, 219, 221

纹光足色的银子	III. 174	问口供	III. 180
纹银子	I. 133b / III. 174	问流	III. 54, 74, 198
闻	II. 365b / III. 157	问人生银子	III. 213
闻得香	III. 158	问人于他邦	III. 82
闻官	III. 157	问死罪	III. 54, 169, 198
闻见	III. 157	问徒	III. 54, 74, 198
闻望	III. 28, 97	问徒的	III. 103
蚊虫	I. 120b / III. 145	问一声	III. 178
蚊虫的吼	III. 64	问杖罪	III. 54
蚊吼	III. 64	问正法	III. 54
蚊帐	I. 161a / III. 167	问罪	I. 60a / II. 365b / III. 54, 198

wěn

刎颈之交	III. 98	翁婆	III. 135
紊乱	II. 365b		
稳安	II. 365b	**wèng**	
稳当	II. 363a, 365b	瓮	III. 41, 210, 211
		齆鼻	III. 103

wèn

		wō	
问	I. 134a / III. 65, 178		
问安	II. 365b / III. 178, 196	莴菜	I. 39a
问卜	I. 75a	莴菜心	I. 147a
问答	III. 76, 119	莴菜煮的	I. 39b
问罚	III. 54	倭刀	III. 45
问法	III. 54	涡旋	III. 145, 146
问革	III. 106, 156	涡旋之动	III. 145
问公	III. 6	涡转	III. 145, 146
问卦	III. 81	窝	III. 79, 150
问候	III. 178	窝藏	III. 90
问监于高墙	III. 207	窝口	III. 33
问借	III. 168	窝铺闪台	III. 29
问人借	III. 213	**wǒ**	
问军	I. 74b / III. 54	我	I. 163a / III. 121

我办了	III. 182
我便了	III. 182
我不少	III. 97
我不喜他	III. 157
我不信	III. 171
我的	I. 169a / III. 140
我的面上才有	III. 86
光辉	
我等	III. 152
我服了	III. 53
我跟前	I. 129a
我见识	III. 94
我将奈何	III. 183
我尽本力	III. 183
我脸前	I. 129a
我没有分毫	III. 151
我没有想头	III. 166
我们	III. 152
我明晓	III. 48
我明知	III. 48
我明知道	III. 47
我浅见	III. 164
我情性	I. 75b
我劝不住	III. 78
我少银子	III. 97
我是这样说	III. 225
我乡里的人	III. 167
我想不到	III. 120
我心肝	III. 58
我一样价买的	III. 160
我意未定	III. 116
我意未决	III. 116
我因为有些	III. 84
欢喜	
我与他往来	III. 98
我有份	III. 68
我有主意	III. 195
我有主张	III. 195
我质实明白	III. 47
我终不免一死	III. 176
我主意是这样	III. 225
我做无私情	III. 167

wò

卧	I. 84b / II. 356b
卧房	III. 17, 40, 79
卧褥	III. 50
握手	III. 64
龌龊	III. 177
龌龊话	I. 80b
龌浊	III. 23, 181
龌浊的	III. 205

wū

乌	I. 122b
乌点	I. 53a
乌蜂	III. 2
乌龟	I. 39a, 137b
乌痕	III. 43
乌青	I. 134a
乌虱	III. 182
乌血	III. 197
乌鸦	I. 62b, 107b / II. 345a / III. 62, 106
乌烟	III. 211
乌阴	I. 53b
乌蝇	III. 145
乌云	III. 153
污坏圣所	III. 223

污坏室女	III. 60	无惭	I. 144a
污秽	III. 23, 87, 133, 177	无常的	III. 146
污秽的	III. 205	无齿	I. 79a
污秽圣堂	III. 223	无处	III. 86
污秽之事	III. 219	无此理	III. 151
污迹	III. 206	无次序	III. 73
污了行齿	I. 90a	无胆	III. 60, 69, 182
污名	III. 72, 116	无胆的	III. 208, 211
污名色	III. 70	无胆的人	III. 50
污蝉	III. 103	无胆力	III. 60
污辱	III. 72	无胆气	II. 363b
污辱室女	III. 60	无玷的	III. 182
污浊	I. 35a, 65b	无定见	III. 200
巫师	III. 6, 36, 84	无动之天	III. 48
呜呼	III. 104	无多加	II. 349a
诬告	I. 34b / III. 5, 121	无法	III. 151
诬赖	III. 20, 40, 81, 121	无法度	III. 73
诬状告	III. 172	无法度的	III. 73
屋	I. 56a	无法可加	III. 118, 152
屋宇	I. 33a	无方便	III. 52
屋主	I. 84b	无妨	III. 115, 128
屋主婆	I. 84b	无服之亲	III. 165
屋租	III. 189	无妇之夫	I. 145b
		无根之言	III. 153
	wú	无功	III. 116, 139
无	I. 57a, 119b, 123a / III. 148, 151, 201	无辜人	III. 117
		无故	I. 144a / III. 151, 201
无碍	II. 356a / III. 79, 115	无故杀人	III. 136
无伴	I. 77a	无规矩	I. 78b
无备	III. 69	无规矩的人	III. 73
无边	I. 109b	无害	III. 128
无不有	III. 151	无花果	I. 102b / III. 36, 112
无才识	II. 325a	无花果树	III. 112
无才智	III. 121	无机谋	I. 77b

无极之能	III. 158	无廉耻的事	III. 74, 118
无记号	III. 152	无脸体	III. 42, 201
无记问	III. 73	无量	III. 116, 120
无记心	III. 73	无量倍数	III. 117
无价	III. 177	无了志	III. 71
无价宝	III. 116, 123, 177	无侣	I. 77a
无价值	II. 349b	无虑	III. 196, 204
无见识	III. 151, 194, 200	无毛	III. 74
无缰勒	III. 72	无门路	III. 155, 188
无疆	III. 95, 116, 120	无面体	III. 7
无脚迹	III. 152	无名毒	III. 148
无酵之面头	III. 46	无名色	III. 70
无节	III. 74	无名声的	III. 116
无节制	III. 166	无名声的人	III. 72
无尽	I. 90b, 109b	无名帖	III. 127
无精神	III. 116	无名头、望轻	III. 70
无救	III. 3, 69	无名指	III. 67
无觉魂的	III. 118	无明悟的	III. 213
无觉情之物	III. 118	无谋	II. 354b / III. 68
无觉性之物	III. 118	无目	I. 144a
无军器	III. 69	无能	III. 121
无君	III. 115, 116	无能损坏的	III. 118
无可奈何	III. 151, 188	无胚胎	III. 94
无赖的	II. 352a	无配	II. 359a
无礼	I. 116a / III. 107, 194	无凭据	III. 129
无礼的人	III. 70, 71	无妻室	I. 145b
无礼甚太	III. 70	无器械	III. 69
无礼仪	III. 73	无情	II. 335a / III. 10, 69, 117, 133, 201
无理	III. 201		
无力	III. 56, 72, 73, 100, 201	无情的	III. 117, 216
无利器	I. 77b	无穷	I. 109b / III. 95, 116, 170
无廉耻	III. 42, 70, 74, 170, 201		
无廉耻的	III. 185	无穷际	III. 120
无廉耻的人	III. 118	无穷尽	III. 116

无穷之能	III. 158	无头路	III. 155
无趣味	III. 72	无头脑	III. 201
无缺	III. 118	无头帖	III. 127
无人	III. 148	无头绪	III. 73, 119
无人撑*（掌）管	I. 79b	无望	III. 71, 170
		无味	I. 146a
无人声	III. 72, 201, 203	无物	III. 148, 150
无人主持	I. 79b	无衔的马	III. 72
无色	III. 70	无限际	III. 95, 116, 120
无色的	III. 72	无心	III. 118
无伤	III. 148	无心的	III. 78
无生计	III. 152	无心绪	III. 121
无声	III. 193	无心意的	III. 225
无声音	III. 170	无信	III. 98
无时不然	III. 200	无行迹	III. 152
无始无终	III. 95	无形	I. 97a
无势了	III. 70	无形无影的	III. 119
无势要	III. 70	无形、无影灵体	III. 92
无事	III. 148, 155		
无手的	III. 133	无形之体	II. 364b / III. 205
无数	III. 117, 140	无形之象	III. 91
无数的	III. 117, 146	无形之性	III. 149
无双	I. 156a	无幸	III. 133
无私意	III. 167	无幸的	III. 69
无损	III. 79, 118, 121	无幸的人	III. 116
无损坏	III. 79	无羞耻	III. 170
无所	III. 67, 86	无羞愧	I. 144a
无所不	III. 88, 212	无须	I. 78a / III. 70
无所不能	III. 158, 175	无须的	III. 169
无所不能者	III. 212	无须的人	III. 125
无所不知	II. 330a / III. 194	无血	III. 69
无所栖身	III. 152	无血脉	III. 121
无体面	III. 73	无牙齿的	III. 71
无天理的	III. 69	无言可酬	III. 191

无言可对	III. 191	五寸	I. 126b
无厌	III. 117	五德	III. 223
无阳	III. 147	五典	III. 223
无样的	III. 72	五典大经	III. 159
无一点	III. 151	五端	III. 142
无一些	III. 151	五凤楼	III. 18, 106
无衣穿	III. 73	五个	III. 48
无衣遮体	III. 73	五谷	II. 336a / III. 48, 135
无以自容	III. 152	五谷扬花	III. 92
无义	I. 77b	五官	III. 198
无意	III. 118, 225	五花头	III. 132
无意思	III. 2	五金	III. 139
无因	III. 155	五经	III. 128
无有	III. 148	五伦	II. 354b / III. 48, 159
无杂的	III. 201	五内	III. 88, 119
无造化	I. 79a / III. 133	五千	III. 48
无志	III. 31	五色	III. 48
无志气	III. 31	五色属目之界	III. 154
无志气的人	III. 222	五声	III. 225
无智	III. 24 / III. 68	五十	I. 65a
无智的	III. 121	五十遍	I. 65a
无终	III. 95, 170	五司	III. 198
无主	III. 113	五位列星	III. 173
无罪者	III. 117	五位列宿	III. 173
毋	III. 149	五味	III. 48
蜈蚣	I. 64b / II. 365a / III. 48	五星	III. 48
		五行	III. 82
wǔ		五性	III. 223
五	I. 65a / III. 48	五音	III. 48, 213
五百	III. 184	五月	III. 124
五遍	I. 65a / III. 48	五岳	III. 48, 144
五彩石	III. 173	五脏	I. 92b / II. 325b / III. 48, 88, 119
五常	III. 48, 223		
五次	III. 48	五脏六腑	III. 119

五藏	III. 48, 88, 119	舞刀	I. 96a / III. 138
五藏六府	III. 119	舞蹈	III. 29
午初	III. 158	舞动	III. 145
午饭	I. 108a / III. 51	舞剑	III. 91
午后	III. 9, 207	舞枪	III. 91
午后歇宿	III. 200	舞拳	III. 123
午间	III. 137	舞声	III. 191
午时	III. 159	舞手	I. 100b
午时初	III. 137	舞跳	III. 29
午时末	III. 224	舞乐	III. 29
午天	I. 118b	舞掌	III. 163
午正	III. 137, 159		

wù

忤抗	III. 190
忤逆	I. 80b, 83b / II. 356b / III. 57, 190
忤意憎他	III. 190
武备	III. 203
武官	I. 169a / III. 134
武学	III. 140
武业	III. 140
武夷茶	III. 47
武艺	III. 22
武职官	III. 134
侮慢	III. 2, 29, 120
侮慢他	III. 59
侮谩	III. 33, 37, 117, 143, 223
侮谩的话	III. 90, 117
侮谩天主的人	III. 33
侮弄尊长	III. 37
侮辱	III. 55, 117
侮言	III. 158
舞	I. 50a, 72a
舞笔	III. 143
勿得有误	III. 98
勿公平	I. 127a
勿论	I. 109a
勿有人理	I. 79b
勿造化	I. 79a
务利	III. 119, 181
杌子	III. 162
杌子船	III. 162
物	I. 123b / III. 60
物光	I. 114a
物件	III. 60
物类	III. 91
物料	II. 352b
物象	III. 91
物用	III. 226
恶	I. 136a / III. 2
恶肆	I. 90a
恶他	I. 77b
误错	III. 69, 89, 115, 227
误犯	III. 168
误告	III. 5, 174

误教者	III. 111	吸罐	III. 220
误了事	II. 365a	吸气	III. 203
误人所望	III. 102	吸铁	III. 26
误认	III. 86	吸铁石	III. 173
误伤	III. 69	吸筒	III. 220
悞*（误）子	I. 99a	吸吞	III. 47
雾	III. 149, 150	吸啄	III. 47
雾气	III. 150	希	I. 137a
瘖痳	III. 79	希望	III. 92
		昔日	I. 43a, 124b
		析详	III. 91
		牺牲	III. 14, 160

X
xī

夕	I. 32b, 147b	息喘	II. 332a
夕阳	I. 122b	息风	II. 361b
西	III. 155, 176	息工	III. 164
西北	III. 152	息民	III. 17
西边	I. 80b / III. 125, 155, 165, 176	息怒	II. 361b / III. 72, 204
西鞑	III. 207	息气	III. 17, 72
西番	I. 109b	息钱	III. 103, 129
西方	I. 123b / III. 125, 155, 165, 176	息偃睡浅	III. 79
		息止	III. 47, 70
西风	III. 219	奚论	II. 342a
西风脚	III. 14	惜	I. 79a
西瓜	II. 359b / III. 46	溪	III. 192
西房	III. 207	溪边	III. 160
西南风	III. 219	溪边石	III. 8
西洋	I. 109b	溪滨	III. 192
西洋掷蛋饼	III. 135	溪河溢出来	III. 61
西油树	III. 157	溪口	III. 34
吸	III. 203	溪流	III. 60
吸啜	III. 203	溪淹	III. 27
吸毒石引	III. 172	稀薄的	III. 185
		稀的	III. 49, 185

338　明末清初西洋汉语词典三种　第5册

稀罕	II. 341a / III. 185	席草	III. 123
稀罕甚奇	III. 135	席子	III. 94, 172
稀疏	III. 185	媳妇	I. 122b / III. 153
稀稀的	III. 49		
稀云	III. 153	**xǐ**	
犀牛	II. 356b / III. 108, 224	洗	I. 111a / II. 361a / III. 126
锡	I. 97b / II.342a / III. 93	洗涤	III. 126
锡箔	II. 361b / III. 157	洗耳而听	III. 157
锡焊	III. 203	洗口	I. 93b / III. 126
锡镴	II. 361b / II. 342a / III. 93	洗脸	III. 126
		洗面	III. 126
锡器	III. 31	洗名	III. 71
锡头	II. 361b	洗牌	III. 30
锡甑	I. 38b	洗平	III. 24
熄火	III. 16	洗身	III. 30, 126
膝	I. 106b	洗石	III. 172
膝头	III. 193	洗汤	III. 126
膝行	III. 13	洗汤沐浴	III. 30
嬉欢	II. 341b, 344b	洗脱	III. 71
嬉戏	I. 137b	洗脱粉	I. 77a
嬉笑	III. 192	洗雪	III. 71
蟋蟀	III. 106	洗药	III. 123, 226
蟋蟀	I. 107b	洗衣服的	I. 111b / III. 126
嗽干了	I. 87b	洗澡	II. 361a / III. 126
嗽石	I. 128a	洗濯	III. 126
		洗子娘	III. 165
xí		喜	III. 67, 103, 105, 108
习暴	III. 136	喜动	III. 37
习不惯	III. 75	喜赌	III. 123
习惯	III. 2, 27, 60, 109	喜欢	III. 10, 105, 113
习俗	III. 60	喜乐	III. 56, 67, 105, 108
习武	III. 91	喜面	III. 193
习学	III. 18	喜鹊	II. 341b / III. 172
席	I. 98a / II. 361b		

喜容	III. 10	戏水	III. 148
喜色	II. 342a / III. 10, 193	戏台	II. 363a / III. 28, 163, 207
喜事	I. 74a, 102b		
喜耍	III. 10, 72, 88, 91, 113, 123, 166, 187	戏谈	I. 83b / III. 162
		戏文	III. 51
喜听新闻	III. 152	戏侮	III. 90
喜想	III. 52, 67, 108	戏侮人	III. 145
喜笑	III. 10	戏笑	III. 37, 90, 143
喜心	III. 10, 66	戏言	III. 123, 162
喜心的	III. 188	戏子	I. 92b, 102b / III. 51, 190
喜信	III. 153		
喜言	II. 342a	系	I. 34b, 125b / II. 342a
喜一喜	III. 10, 88	系带	I. 104b
喜游耍	III. 155	系陌	II. 341b
喜悦	I. 37b, 143a	系人心	III. 87
		系束人心	III. 87
xì		系属	III. 68
		系索	III. 87
戏	I. 139a / III. 51	细	I. 75a, 129a, 146a
戏本	III. 51	细茶	III. 47
戏场	III. 59	细烦人	III. 120
戏处	I. 50a	细壶	I. 105b
戏旦	III. 51, 190	细锯	III. 200
戏法	III. 123	细君	III. 147
戏妇	III. 51	细毛	III. 169
戏狗子	III. 171	细密	III. 67
戏脸	III. 136	细嫩	II. 361a / III. 99, 109, 182, 209
戏弄	I. 156a / III. 37, 90		
戏虐人	III. 90, 145	细嫩的	III. 67, 175, 204, 205, 211
戏球	III. 169		
戏生	III. 51, 190	细剖	III. 91
戏师	I. 119a	细巧	III. 67
戏耍	III. 37	细嗇	III. 90
戏耍话	III. 90	细沙	III. 20
戏耍人	III. 145		

细声讲	III. 108	狭路	III. 40, 220
细丝	II. 361a / III. 197	狭小	II. 342a
细丝银子	III. 174	瑕	III. 194
细思	III. 55, 92	瑕玷	III. 206
细思来	III. 175	黠鼠	III. 213
细微	III. 170		
细物	I. 131a		xià
细细	III. 182	下	I. 32a, 35a, 42a, 87a, 122b / II. 342a / III. 1, 5, 31, 66, 122, 177, 205
细细的	III. 67, 99, 138, 205		
细心的	III. 25		
细验的	III. 138		
细绎	III. 120	下巴	III. 30
细银子	III. 174	下半日	I. 147b
细幼	III. 99	下雹	I. 66a / III. 173
细作	III. 92	下边	III. 66
隙	III. 2, 63	下部	II. 359a
		下操	III. 109
	xiā	下陈	II. 342a
虾	I. 56a / II. 342a / III. 40	下程	I. 134a / II. 330b
		下船	III. 82
虾干	III. 40	下蛋	III. 175
瞎眼	I. 64b	下等	I. 118a
瞎眼的	III. 217	下等的	III. 116
瞎子	II. 342b / III. 48	下等人	I. 133a
		下敌	III. 205
	xiá	下碇	III. 13, 65, 81
匣材	III. 193	下毒	I. 88a / III. 65
匣子	III. 45	下毒药	I. 43b / III. 83
狎客	III. 217	下肚	III. 140, 165
狎徒	III. 217	下饵	III. 47
狎侮	III. 193	下饭	I. 108a
狎习	III. 193	下腐刑	III. 42
峡	III. 135	下根	II. 342a / III. 185
狭	II. 342a	下弓弦	III. 69

下顾 II. 342a
下颔 III. 184
下河 III. 192
下火炉 I. 90b
下贱 III. 31
下贱的 III. 185, 222
下贱的人 III. 113, 222
下降 I. 73b
下脚鑲*（塞）I. 102a
下轿 III. 17
下轿马 II. 342a
下来 II. 342a / III. 1, 66, 70
下了碇石 III. 13
下了聘定 III. 21
下雷 I. 55b
下泪 II. 354a
下岭 I. 73b / III. 62
下流 III. 59
下露 I. 125a
下落船 III. 43
下马 I. 43b / III. 17, 70
下面 III. 1, 66
下模 I. 103b
下辔头 III. 72
下蓬 I. 41a
下篷 III. 219
下聘定 III. 74
下棋 I. 108b / III. 28, 123, 206
下身 III. 165
下神的 III. 84
下屎 I. 98a
下手 II. 342a / III. 51, 96, 154
下书 II. 342a
下霜 III. 82
下水 III. 8, 192
下水过河 III. 217
下痰药 III. 137
下糖 I. 35a
下体 III. 165
下帖 I. 65a
下头 I. 73a, 77a / III. 66
下㪷*（头）I. 50b
下位的 III. 116
下午 I. 118b / III. 9, 207
下弦 III. 130, 138
下㰖*（楦）I. 90b
下雪 III. 150
下旬 III. 138
下咽 III. 86
下药 III. 17, 213
下阴 III. 165
下印 III. 198
下雨 I. 66a, 148a / III. 132
下愿 III. 109, 225
下糟*（作）料 I. 36a
下镇以石 III. 126
下种 III. 198
下重 III. 184
下桩 II. 331b
下坐 III. 23
吓 II. 341b
吓怕人 III. 91
㗫霸*（吓怕）人 I. 118a
吓人 I. 46b / III. 24

吓煞人	II. 365b	先考	III. 161
吓他	I. 41b	先来	III. 219
吓死	III. 209	先妹	III. 141
吓死人的	III. 140	先母	III. 132, 140
吓一吓	II. 342a	先年	III. 15
吓住	III. 24	先前	I. 43a, 76b / III. 15, 179
夏布	III. 128, 163, 197		
夏季	III. 94, 220	先前起	I. 79a
夏时	III. 220	先驱	III. 178
夏天	I. 98b, 154a / II. 342a / III. 94, 220	先去	III. 15
		先人	III. 15
夏衣	III. 221	先容	III. 137
夏月	III. 139, 220	先儒	III. 127
夏至	III. 201, 202, 217	先生	I. 38a, 94b, 119a / III. 132, 226
xiān			
		先师	III. 132
仙	I. 142b	先试者	III. 132
仙鹤	III. 103	先首的	III. 178
仙鼠	III. 144	先贤	III. 195
先	I. 42b, 134a / III. 6, 15, 179	先些	III. 175
		先行	III. 6, 15, 122, 131, 177, 228
先报	III. 17		
先辈	III. 13	先行的	III. 67
先尝者	III. 132	先兄	III. 141
先得	III. 103	先学	III. 195
先弟	III. 141	先言	III. 76
先帝	III. 15, 191	先一日	III. 33
先锋	III. 6, 10	先一天	III. 33
先父	III. 140, 161	先兆	I. 37b / III. 178, 180
先后	III. 15	先哲	III. 195
先机之人	III. 181	先正	III. 127
先见	III. 220	先知	III. 194
先姐	III. 141	先知道	I. 34b
先君子	III. 161	先知圣人	III. 180

先知所说的	III. 180	闲行于街市	III. 167
先知者	III. 180	闲游	III. 167
先知之言	III. 180	闲纸	III. 164
先走	III. 6, 15, 59, 122, 177, 228	贤达之士	III. 124, 195
		贤德士	III. 223
先祖	I. 42b / III. 3, 141	贤弟	III. 111
先祖妣	I. 42b / III. 3, 141	贤妇	III. 147
纤毫	III. 25	贤惠	I. 144b / III. 147
掀开	I. 78a, 79a / III. 2, 70	贤惠的	III. 142
掀帘	III. 59	贤契	III. 226
掀起	III. 70, 74	贤人	I. 154a
掀张	I. 82b	贤哲	III. 195
鲜	III. 101	贤者	III. 99
鲜姜	III. 123	贤智的	III. 181
鲜气	III. 110	弦	III. 62
鲜肉	I. 89a	弦线	III. 62
鲜鱼	III. 171	咸	I. 142b, 149b
暹罗国	III. 200	咸草	I. 108b
	xián	咸的	III. 195
		咸果	I. 60b
闲	I. 79b, 122a, 123b, 153a / III. 155, 209	咸肉	III. 43
		咸水	III. 8, 196
闲窗	I. 108a	咸味	III. 195
闲过日时	III. 155	咸鱼	III. 171
闲过日子	III. 109, 166	涎流	III. 39
闲话	III. 162	涎围	III. 29
闲静	III. 155	嫌	I. 33a, 80a, 90a, 91a, 97b, 138a, 139a / III. 94
闲人	III. 109, 155		
闲日	III. 76		
闲时	III. 73, 155, 210	嫌弃	I. 139a
闲事	III. 149	嫌人	III. 71
闲暇	III. 155	嫌疑	III. 204
闲下	II. 342a	嫌憎	I. 136a
闲想	III. 170	嫌憎他	I. 77b

xiǎn

冼足	I. 78a, 88a
显臣家	III. 112
显出来	II. 342b / III. 195
显公	III. 124
显光	III. 188
显迹	I. 117a, 119b
显见	III. 134
显轿	III. 201
显名	III. 98
显明	III. 2, 49, 56, 71, 97, 145
显其亲	III. 86
显然	III. 49, 134
显日	III. 76
显荣	III. 105
显荣子孙	III. 86
显身	III. 16
显神灵圣迹	III. 140
显神通	III. 145
显外象	III. 190
显现	III. 16, 24, 49, 181
显形	III. 16
显扬	III. 105, 134, 181
显耀他	III. 113
显义	III. 124
显著	I. 133a / III. 134, 152
险	III. 59, 97
险隘	III. 167
险隘之处	III. 95
险处	II. 342b / III. 167, 169
险的	II. 342b
险了命	III. 22
险峻	III. 177
险峻小路	III. 41
险难	III. 169
险僻小路	III. 41
险死	III. 169
险危	II. 342b / III. 192
险险	III. 177
险些	III. 177
险些跌倒	III. 97

xiàn

县	I. 161a / II. 342b / III. 222
县丞	III. 105
县官	III. 59, 105, 134
县令	III. 105
县堂上	III. 216
县尹	III. 105
县尊	III. 105, 134
现成	III. 179
现成的	II. 342b / III. 154
现价	III. 66
现价买	III. 52
现今	III. 142, 178
现买	I. 74a / III. 66
现年	III. 156
现钱还	III. 162
现钱买	III. 52
现时	III. 178, 210
现世	III. 142
现事	III. 149
现银子	III. 66
现银子还	III. 162
现在	II. 324b / II. 342b / III. 19, 93, 178

限定	II. 342b / III. 199, 209
限定期	III. 83
限际	III. 99
限界	III. 199, 209
限期	I. 131b / II. 342b / III. 17, 128, 209
限日	III. 128
限时	III. 173
限时期	III. 75
限卒	III. 209
线	I. 113a / II. 361b / III. 129, 185
线边	III. 167
线缝	III. 60
线卷	I. 104b
线棱	II. 352b
线团	III. 161
陷阱	III. 38, 46
陷坑	III. 45, 70, 73
陷烂泥	III. 25
陷落	III. 70, 73
陷泥中	III. 25
陷其苦	III. 73
陷下去	III. 73
陷于阱	III. 39
陷于诱感	III. 39
陷于罪	III. 39
陷在烂泥里	I. 47b
陷在泥泞	III. 25
陷阵	III. 21
羡	I. 62b, 124b, 139b
羡慕	II. 355b
羡伊	I. 148b
羡余	I. 80b
献	III. 156
献进	III. 156
献礼	III. 178
献上	III. 156
献物	III. 156
献新	III. 179

xiāng

乡	I. 39a, 65a / II. 342b
乡村	I. 39a / III. 10, 181
乡党	III. 167
乡党人	III. 167
乡间之妇	I. 142b
乡里	III. 167, 221
乡里的	III. 68
乡里居住的	III. 144
乡里亲	III. 165
乡亲	II. 342b / III. 68, 131, 165, 167
乡人	I. 141a
乡绅	III. 134
乡试	II. 366a
乡谈	III. 126, 193
乡俗	III. 60
乡语	III. 126, 193
相	III. 88, 186
相爱	I. 100b / III. 12
相碍	II. 356a
相嗷	I. 40b
相伴	I. 59b
相帮	I. 112b / II. 361a
相抱	I. 33a / III. 2
相背	III. 57
相倍*（陪）	I. 34a, 59b

相倍*（陪）食	I. 59b	相诟	III. 57
相比	III. 60, 137	相合	III. 27, 53, 54, 224
相辩	I. 83b / III. 20	相合得好	III. 33
相别	I. 81a / III. 73	相和	I. 60b, 61b, 126a, 131b / II. 343a / III. 53, 109
相并	I. 119b		
相称	III. 51, 52, 180, 182		
相处	III. 52, 53, 58	相和睦	III. 187
相触	I. 117b / III. 47, 111, 194, 213	相恨	III. 2, 85
		相厚	I. 41b, 100b / III. 98
相传	III. 53, 215	相会	III. 124, 220
相辞	I. 81a / III. 73	相继	III. 204
相刺	III. 57	相兼	I. 119b / III. 85
相搭	III. 213	相交	I. 100b / III. 58
相打	I. 53b	相交接	III. 57
相代	III. 104	相接	I. 145b / III. 21, 25, 84, 124, 169, 204
相待	III. 213		
相得	III. 51	相节奏	III. 59
相得无逆	III. 51	相近	I. 108b, 128a / III. 94, 124
相敌	II. 364b / III. 190		
相抵	III. 158	相拘	III. 14
相叠	III. 186	相靠	III. 169
相斗	I. 53b / III. 52, 57	相克	III. 57
相赌	I. 44a / III. 18, 52	相揽	III. 2
相对	III. 43, 67, 158	相类	I. 36b, 143b
相掇	III. 21	相离	III. 16, 78, 166
相夺	III. 186	相戾	III. 111
相反	II. 339a / III. 57, 158, 159	相连	III. 21, 57, 84, 122, 124, 169
相逢	I. 89b	相联	III. 124
相扶	I. 60b	相量	I. 60a, 60b
相附	I. 128a / III. 169	相量的	I. 60b
相告	I. 112b	相邻	III. 94
相隔	III. 16, 94	相凌辱	III. 7
相共	I. 60b	相轮	III. 27, 189

相论	III. 20	相通	III. 53, 209
相骂	I. 61a, 132a	相通公	III. 53
相摩	III. 169	相同	I. 60a, 60b / III. 54, 165, 224
相谋	I. 150a		
相纳于邪	III. 118	相统	III. 84
相配	III. 124	相投	III. 51
相骗	III. 86	相透	III. 170
相期	III. 53	相推	III. 14
相契	III. 54	相望	I. 155a
相牵引于恶	III. 118	相问难	III. 78
相抢	III. 14, 186	相无异	III. 224
相亲	II. 342b	相忤视望	III. 141
相亲人	III. 181	相向	III. 43, 67
相请	III. 196	相肖	III. 198
相去	III. 78	相协	III. 54
相劝	I. 126a	相行	III. 122
相认	III. 55	相胥	III. 198
相如	I. 36b	相许	III. 53
相入	III. 85, 170	相续	III. 169
相赛	II. 360b / III. 17, 177	相依	III. 198
相杀	I. 34b, 128b / III. 4, 136, 169	相宜	III. 52
		相疑	III. 204
相识	III. 55	相倚	III. 169
相侍	I. 84a	相议	I. 61a, 150a, 160a / III. 56
相熟	III. 55, 98		
相属	III. 84	相议的	III. 56
相似	I. 36b, 46a, 143b / II. 362b / III. 101, 198	相迎	I. 145b
		相应	II. 346a
相似父亲	I. 142a	相与舞	III. 29
相似疯子	I. 122a	相语	III. 58
相似照	I. 161a	相遇	I. 89b / III. 85
相送	I. 44a, 74b, 105b	相远	III. 78
相体	III. 85, 194	相怨	III. 85
相调	III. 142	相约	II. 346b / III. 53, 110

相约誓	III. 54	香料	III. 6, 91, 92, 158
相杂	III. 85	香炉	I. 89a, 151b / III. 36, 46, 118
相战	I. 128b / III. 107, 169		
相争	I. 59b / III. 11, 52, 57, 78, 169, 189	香囊	III. 34
		香气	III. 158
相争口	I. 40b	香秋	I. 144b
相知	I. 41b, 92b, 100b	香乳油	III. 29
相知的	II. 330a / III. 55	香山	I. 158a
相值	III. 85	香山澳	III. 132
相至	III. 98	香线	III. 172
相助	I. 38a, 60b, 72b	香鱼	III. 175
相助的	I. 38a	香圆	I. 65a
相助为恶	III. 165	香橼	II. 347a / III. 48, 128
相撞	I. 32a / III. 194	香烛	III. 172
相左	II. 336a	厢	III. 177
香	I. 66a, 127b, 129b / II. 342b / III. 158, 171, 195	厢房	II. 338b
		箱	I. 55b / III. 31
		箱子	I. 44b, 95a / III. 19, 45
香案	III. 139	箱*（镶）宝石	I. 89a
香饼	III. 135, 167	镶金	III. 79
香草	III. 193		
香茶	III. 47	<u>xiáng</u>	
香车	III. 43	详报	III. 117
香袋	III. 34, 38	详察	III. 56, 91, 175
香斗	I. 118a	详明	III. 4, 27, 97
香菇	III. 104, 113	详某篇	III. 188
香瓜	I. 118a / II. 359b / III. 137	详审	III. 27
		详审问明白	III. 96
香瓜园	I. 118a	详说明白	III. 78
香盒子	III. 149	详问	III. 117
香花草	III. 115	详细	II. 333b / III. 91, 138
香火	III. 152	详细分明白	III. 67
香几	III. 139	详细看	III. 141
		详细想	III. 171

详细想自己的罪	III. 96	想不出	III. 170
详想	III. 171, 194	想不好	I. 75a
祥	III. 32, 98	想不来	III. 170
降	I. 145b / III. 65, 189, 203	想定	I. 46b, 61a / III. 53, 124
降服	III. 154, 189	想定了	III. 67
降服其心	III. 205	想度	III. 120
降服人	III. 205	想害	I. 123b
降伏	I. 139a	想好	I. 75a
降了	I. 139a	想回憔憽	I. 45b, 130a
降者	III. 189	想见	III. 120
降者不可杀	III. 205	想情	I. 148b
翔云	III. 153	想说得有理	III. 164
		想所说的	III. 141

xiǎng

		想所言	III. 141
响	I. 149b, 155b / II. 342b / III. 93, 190, 194, 203	想他	III. 53
		想头	III. 170
响铃	III. 44, 46	想象	III. 120
响器	I. 104b	想心	III. 87
饷	III. 168	鲞鱼	III. 217
饷船	III. 188		

xiàng

享	III. 105	向	III. 110, 179
享福	III. 105	向北边	III. 179
享福者	III. 32	向不知头	III. 179
享天福者	III. 32	向道	II. 367b
享荣福	III. 105	向耳说	III. 108
飨	II. 359a	向佛	II. 365b
想	I. 60b, 63a, 95a, 96b, 109a, 115b, 124b, 129a, 146a, 148b / III. 56, 123, 164, 170	向功名	III. 179
		向名礼	III. 179
		向名声	III. 179
		向火	III. 40
想必来	III. 164	向界	III. 154
想遍	I. 78b	向哪里	III. 110

向哪一边	III. 110	像形	I. 139b
向前	I. 35b / III. 27		
向前去	III. 122, 166		xiāo
向前、望望然去	III. 141	枭雄之类	III. 171
		削粗胚	III. 70
向日	III. 76	削割	III. 185
向日头	III. 40	削光	III. 185
向上	II. 342b, 365b / III. 110	削皮	III. 71, 143
向下	III. 110	削平	III. 185
向阴背阳	III. 203	削去	III. 6
项	I. 112b	削肉	III. 70
巷	I. 56a / III. 40	削剃	III. 185
巷口	III. 33	削细了	I. 35b
相公	III. 226	削小	I. 35b
相貌	III. 23	削指甲	III. 225
相貌端庄	III. 142	消	III. 73, 77, 138
相貌威严	III. 106, 192	消馋	III. 91
相面	I. 103a / II. 361a	消乏	I. 78a
相时	III. 54	消汗	II. 341a
相˚（像）他	I. 143b	消化	II. 343b / III. 56, 77
象	I. 39b / III. 82, 99, 190	消梨	II. 353a
象拔	II. 361a	消了	I. 77a / III. 190
象鼻	I. 152a	消闷	II. 355b
象鼻子	III. 217	消其力	III. 184
象界	III. 154	消弱	III. 72
象棋	III. 123	消散	III. 190
象天	III. 48	消时日	III. 166
象贤	III. 112	消食	I. 79b
象牙	I. 117b / III. 82, 135	消食虫	III. 129
像	I. 109a / III. 120, 173, 190, 191	消瘦	III. 72
		消岁月	III. 166
像似	II. 362b / III. 164	消息	I. 122b / III. 153
像肖	III. 164	宵	I. 122b
		宵人	III. 217

硝	I. 142b / III. 196	小儿子	I. 102b
硝皮	II. 361a	小份	III. 138
硝做皮	III. 63	小风	I. 153b
销	III. 69, 102	小肝	I. 102b
撨灭	I. 46b	小鸽子	III. 163
撨灭了	I. 46b	小工	III. 155, 170
箫管	I. 104b	小工人	III. 123
潇潇风雨暴疾	III. 121, 208	小狗	III. 39, 105, 171
		小鼓	I. 147a / III. 163, 206
	xiǎo	小罐子	III. 222
小	I. 103a, 129a / II. 361a	小锅	III. 197
小本	III. 128	小过他	I. 109b, 118b
小便	I. 119a / III. 160, 165	小孩	III. 116
小便不艰计	I. 48a	小孩子	III. 150
小便所	III. 140	小孩子的事	III. 150
小叉子	III. 208	小寒	III. 201
小产	II. 329b / III. 139	小胡子	III. 31
小娼	III. 168	小黄牛	III. 152
小肠	III. 216	小茴香	III. 15, 112
小肠气	III. 184	小鸡	I. 104b, 130b / III. 175
小潮	III. 135	小家	III. 140
小车	I. 57b	小价	II. 349b / III. 61, 142
小船	I. 40a, 122a / III. 30, 31, 92, 149	小简	III. 43, 222
小窗	I. 108a	小阶	III. 141
小袋	III. 206	小姐	III. 112
小胆	I. 63a, 118a / II. 361a	小介	I. 144a
小胆的	III. 222	小君	III. 147, 192
小刀	I. 56b, 100a	小可的功夫	III. 154
小的	III. 47, 121, 138, 170	小可的人	III. 113, 170, 194
小凳	III. 30	小可的事	III. 150
小东西	I. 131a	小块	III. 165
小儿	III. 112, 141	小牢	III. 103
小儿谣	III. 41	小裂	III. 191
		小领	III. 50

小路	I. 47a, 56a / III. 25, 40, 198, 220	小暑	III. 201
小鹿	III. 47	小水	III. 135
小马	III. 108, 177	小厮	III. 61, 141, 142
小麦	III. 216	小溲	III. 160
小满	III. 201	小孙	III. 141
小门	III. 181	小太子	III. 111
小脬*（奶）	I. 116b	小坛	III. 210
小年的	III. 142	小铁圈	I. 45a
小鸟	I. 127b	小艇	I. 97b
小牛	I. 155a / III. 31, 152, 209	小徒	III. 77
小牛肉	I. 57b	小袜	III. 39
小女	III. 112, 141, 150	小瓮	III. 210, 211
小瓶	I. 105b / III. 222	小西洋	III. 116
小妻	III. 146	小溪	III. 22, 192
小气的	III. 54, 86, 190	小媳	III. 153
小气的人	III. 155, 199	小笑	III. 192
小器	I. 123b	小心	I. 61b / III. 17, 55
小钳	III. 208	小心的	III. 4, 63, 211
小枪	III. 125	小心的人	III. 45
小磬	III. 93	小些	I. 118b
小犬	III. 171	小婿	III. 115
小人	I. 115a / III. 31, 64, 113, 194, 222	小雪	III. 201
小人之情	III. 222	小羊	I. 55a
小山	I. 125b	小羊肉	I. 57b
小声	III. 58, 225	小月	III. 130
小声唱	I. 56b	小斋	III. 3, 9
小声讲	III. 31, 108	小枕头	I. 40a
小狮子	I. 112b	小指	I. 74a / III. 67
小石	III. 169, 173	小舟	I. 40a
小时	III. 142	小猪	I. 111b / III. 126, 181
小书	III. 128	小子	III. 112, 138
		小子态	I. 120a
		小罪	I. 128a / III. 168
		晓	I. 92a, 147b

晓得	I. 142a, 144a / III. 55, 87, 194	笑谩	III. 143
晓得礼数	I. 51b	笑面	I. 100b
晓得了	III. 39	笑容	III. 16
晓得兆头的	I. 37b	笑辱	III. 55
晓诲	III. 87	笑他	I. 44a / III. 37, 143, 192
晓明	III. 28	笑谈	III. 106, 162
晓明之星	III. 130	效法	III. 18
晓然	III. 2, 49	效仿	III. 57
晓天文的	I. 47a	效劳	III. 139, 200
		效力	III. 200
	xiào	效验	III. 81, 99, 116, 223
肖子	III. 112	效尤	III. 120
孝	I. 123b	啸	III. 27
孝德	III. 154	啸吼	III. 36
孝服	I. 114a, 154a / III. 130, 221	啸吼声	III. 36
孝敬	III. 154	啸声	III. 27
孝帽	III. 35		xiē
孝顺	I. 123b / III. 154	些	I. 147a / III. 174
孝死	III. 144	些久	III. 176
孝头巾	III. 35	些倦	III. 116
孝心	III. 154	些慢	III. 167
孝衣	III. 130	些少	III. 10, 77, 174, 176, 224
孝友	III. 154	些些	I. 132b
孝子	III. 112, 154	歇	I. 46b, 133a, 139a / III. 11, 70, 177
哮	I. 141a		
哮病	III. 23	歇店	III. 11, 139, 177, 220
笑	I. 140a / III. 192	歇饭	III. 200
笑愕	III. 6	歇几天	III. 184
笑话	I. 83b, 107a, 108b / II. 361a / III. 106, 162	歇凉	III. 101
		歇铺	III. 139, 177, 220
笑脸	III. 136	歇钱	III. 162
笑脸待人	III. 216	歇手	III. 164

歇宿	III. 164, 177, 184	邪意	III. 58, 118
歇息	III. 70	邪淫	III. 72, 130
歇一歇	I. 78a, 79b, 127b	邪淫的话	III. 162
歇住	III. 75	邪淫的人	III. 72
蝎虎	III. 125, 196	邪欲	III. 53, 74, 108, 130
蝎蛇	III. 125	邪欲动起	III. 145
蝎子	III. 9, 33	胁	III. 201
		胁持	III. 201

xié

		胁肋	III. 60
协合	III. 53	胁制	III. 159
协理	II. 361a	挟长枪	I. 91b
协力	III. 54	挟持	III. 201
协力同心	III. 224	斜	I. 109b / II. 361a / III. 122, 217
协五音	III. 53		
邪不胜正	III. 97	斜不正	III. 125
邪道	III. 200	斜打	III. 65
邪法	I. 87a, 89a / II. 361a / III. 150	斜的	III. 118
		斜动	III. 145
邪鬼	III. 68	斜风	III. 222
邪话	III. 162	斜看	II. 326a
邪教	III. 111, 188, 200	斜看的	III. 32, 223
邪路	III. 40	斜目视	III. 141
邪魔	III. 68, 76, 133	斜气	III. 118
邪情	III. 72, 130	斜眼看	III. 141
邪情动	III. 145	携手	III. 131
邪曲	III. 214	撷衣	III. 21
邪人	I. 81b	鞋	I. 64a / III. 46
邪神	III. 68, 133	鞋带	I. 62a
邪使	I. 89b	鞋底	I. 145b / III. 204
邪术	I. 151a / III. 150	鞋底鱼	III. 126
邪术人	III. 110	鞋跟	III. 206
邪慝	III. 221	鞋匠	III. 46
邪心	III. 58	鞋索	I. 113a
邪眼	I. 73a	鞋套	III. 49

鞋托	III. 1, 63		泻管	III. 8
鞋拖	I. 65b		泻肚	II. 365a / III. 40
鞋袜	III. 39		泻筒	III. 8
鞋勸*（楦）	I. 103b		泻血	III. 40
鞋子	II. 342b		泻药	I. 133a / III. 137, 182
			泻银	III. 102

xiě

写	I. 94b / III. 90
写保状	I. 73a
写本	III. 43
写错了	III. 138
写的	I. 112a
写得好	III. 90
写画	III. 173
写来因	I. 149b
写录	III. 90
写名	III. 23
写事情	I. 149b
写书	III. 90
写书标	III. 202
写书皮	III. 202
写休书与他	III. 70
写遗书	III. 210
写因由	I. 149b
写嘱付	I. 116b, 149a
写字	III. 90
写字的	III. 90

xiè

泄	III. 216
泄精	III. 100, 175
泄漏人事	III. 134
泄露	III. 134, 191
泻	I. 108a, 154a / III. 182

渫*（泻）水	I. 119a, 125a
卸	III. 65
卸船	III. 100
卸甲	III. 184
寫*（卸）船	I. 105a
械	II. 349b
亵渎	III. 7, 69, 71, 138, 156, 170, 216, 223
亵渎圣所	III. 195
亵渎圣物	III. 195
亵服	III. 221
亵慢	III. 216
亵衣	III. 221
谢	I. 37b / III. 64, 106
谢病	II. 358b
谢恩	III. 64, 106, 161
谢花	III. 39
谢绝	III. 73
谢乐	III. 189
谢礼	III. 7
谢世	III. 75, 189, 191
谢叶	III. 39, 73, 113
谢叶的	III. 135
媟狎的	III. 217
媟狎者	III. 217
懈惰	III. 170

	xīn	心焦的	III. 137, 217
心	I. 42b, 60a, 61b, 118a, 148b, 155a / III. 58, 206	心搅乱了	III. 82
		心紧	III. 219
		心口	III. 33
心爱	III. 12	心乐	I. 75a
心傲的	III. 202	心里	I. 73b
心本	III. 53	心里慌	II. 344a
心笨	II. 359a	心里怒	I. 137a
心不安	III. 117, 188	心里主掌	III. 75
心不敢	III. 151	心乱	I. 83b, 152a
心不坚	III. 118	心乱了	III. 69
心不宁	III. 117	心没定	III. 118, 151, 219
心不平	III. 117, 205	心闷	I. 78b / III. 7, 55, 71
心不愿	III. 151	心悯	III. 172
心不在	III. 78	心明白	III. 200
心肠	III. 58	心内	III. 119
心愁苦	III. 169	心内的苦	III. 55
心丑	I. 115b	心浅	III. 129
心慈	III. 172	心憔	I. 59b, 150a, 151b
心歹	I. 116a	心憔懆	I. 78b
心胆皆碎	III. 170	心切	III. 7
心定	III. 75, 100	心惬	III. 53
心动	III. 145, 188	心勤	I. 87b
心多猜忌	III. 120	心情同	III. 201
心腹的人	III. 40, 59, 119	心热了	III. 117
心腹人	III. 113	心仁	III. 172
心肝	III. 58, 88	心柔仁	III. 172
心肝硬的	III. 88	心如痴	III. 83
心怀疑惑	III. 204	心如铁石	III. 58
心昏的	III. 78	心如醉	III. 82, 83
心昏迷	III. 156	心软	III. 209
心急	III. 219	心散	III. 68, 78
心焦	II. 333b / III. 88, 169, 209	心事	III. 63, 145
		心思过虑	III. 204

心松	I. 79b	心中慌忽	III. 58
心堂	III. 58	心中委曲	III. 97
心疼	I. 138b	心中郁闷	III. 71
心跳	III. 196	心中自无所系结	III. 78
心痛	I. 113b, 115b, 138b, 144a	心走	III. 68
心头	I. 97b	心走了	III. 78
心未定	III. 94, 151, 171	辛苦	I. 36a, 56b, 99119b, 129a / II. 337a / III. 7, 98, 214
心未死	III. 152, 212		
心窝	III. 58		
心无私曲	III. 187	辛辣	III. 20
心无住着	III. 58	欣	I. 73a, 112b
心下恼	I. 137a	欣然	III. 10
心下轻爽了	III. 187	欣喜	III. 9, 10, 56, 67, 105, 113, 188
心性	III. 54		
心胸	III. 58	欣笑	I. 133b
心摇的	III. 78	新	I. 120a, 122b / III. 101
心药	III. 59	新兵	III. 153, 202, 223
心野	III. 14	新的	III. 153, 192
心意	III. 25, 53, 72, 118, 164, 180, 225	新而又新	III. 117, 189
		新妇	III. 74, 92, 152
心意不同	III. 78	新婚	I. 97a
心硬	I. 47b / III. 80	新嫁	I. 97a
心硬的	III. 58	新教经典	III. 95
心有苦	III. 171	新进会的	III. 153
心有系着	III. 205	新酒	III. 153, 222
心有住着	III. 58	新来的	III. 153, 186
心杂的人	III. 218	新郎	III. 74, 92, 152
心斋	III. 9	新娘	III. 152
心涨	I. 87b	新起	III. 153
心之所发的	III. 118	新起例	I. 93a
心志	III. 145, 180	新娶	I. 97a
心炙	III. 130	新生的	III. 179
心中	I. 97b / III. 119		

新生孩儿、孩童	III. 117	星辰	III. 24, 95
新生孩童	III. 117	星官	III. 24
新生须	III. 30	星光满天	III. 95
新书	I. 134b	星家	III. 24
新味	III. 101	星密	I. 98b
新闻	III. 152	星师	III. 24
新鲜	I. 104b / II. 361b / III. 101, 153	星往来报	III. 65
		星象	III. 56, 101
新长须	III. 30	星宿	III. 56, 95
新做的	III. 110	腥	I. 118b
馨香	III. 118, 158, 171, 184	腥气	III. 110
		腥生	I. 64a

xìn

xíng

信	I. 60b, 63b, 72b, 96b, 101b, 148b / III. 61, 98, 223	刑部	III. 55, 61
		刑罚	III. 169
		刑法	I. 47b, 58a, 150a / III. 44, 127
信不得的	III. 115		
信宠	III. 65	刑房	III. 61
信德	III. 61, 98	刑厅	III. 105, 124
信德的光	III. 130	行	III. 5, 13, 96, 109, 110, 122, 154, 179
信服	III. 65		
信钱	III. 177	行边路	I. 142a
信然	III. 98	行不及言	III. 154
信任	III. 55	行不是路	III. 70
信石	III. 188	行不如旧	III. 152
信实的人	III. 61	行不正	III. 13
信他	III. 99	行船	III. 135, 149
信息	III. 153	行刺	III. 136
信心	III. 15	行错路	I. 82b
信用的人	III. 40	行到终	III. 131
		行德	II. 367b
xīng		行的事	III. 110
兴起	I. 94a / III. 127	行得好	III. 179
星	I. 98b / III. 95		

行得是	III. 179	行漂	III. 13
行动	III. 104, 138, 145, 146, 167	行嫖	III. 101
		行嫖的人	III. 72
行动的处	III. 167	行聘礼	III. 21, 74
行房	III. 58, 124, 136	行人	I. 127b / III. 166
行根	III. 21, 178, 185	行善	III. 154
行根于恶	III. 84	行赏	III. 178
行工	III. 154	行圣迹	III. 140
行功	III. 180	行事	III. 150, 154
行过	I. 76a	行事廓大	III. 133
行海之法	III. 22	行水路	III. 122, 149
行旱路	III. 122	行索	I. 52b, 155b
行几步	III. 14	行索的	I. 52b, 155b
行迹	III. 114, 180, 185, 199	行头	III. 109, 221
行祭	III. 195	行外路	III. 14
行家	III. 135	行文	III. 47
行教	III. 14, 95	行险	III. 22
行教者	III. 178	行香	I. 155a / III. 158, 179
行进	III. 27	行邪路	III. 13
行军主簿	III. 133	行邪淫	III. 58, 101
行开	I. 43a	行药	III. 182
行来行去	III. 13, 122, 167	行一行	III. 167
行礼	I. 119a / III. 46, 60, 109	行衣	III. 221
行礼貌	III. 109	行游	III. 167
行李	I. 100b / III. 98, 109, 186, 221	行游者	III. 170
		行诈	III. 100
行粮	III. 223	行杖的	I. 35a
行炉	III. 84, 118	行字	III. 225
行路	I. 56a / III. 41, 122	行走	III. 13
行路的	III. 41, 166, 221	形	I. 109a / III. 183
行旅	III. 166	形骸	III. 62
行履	I. 100b	形貌	III. 78, 97
行男色	III. 168	形模	III. 92, 206
行女色	III. 168	形躯	III. 62

形神	III. 11	幸遇	I. 34b
形势	III. 93	性	III. 40
形体	II. 364b / III. 205	性傲的	III. 202
形象	III. 16, 78, 99, 120, 183, 206	性本	III. 148, 180
		性不好	III. 72
形像	I. 101b / III. 120, 173, 198	性不顺	III. 72
		性成的	III. 148
形质	III. 183	性德	III. 223
形质几何	III. 183	性恶	III. 148
形状	III. 16, 78, 92, 93, 97, 99, 177, 206	性刚	I. 77b / III. 148
		性刚悍	III. 148
		性格	III. 40
xǐng		性光	III. 130
省察罪过	III. 96	性急	I. 44a / II. 350b / III. 18, 148
省见	III. 170		
省觉	III. 200	性急的	III. 50
醒	I. 34a, 96b / III. 74, 214	性紧	I. 44a / III. 50, 101, 148
醒觉了	III. 39	性紧的	III. 179
醒了	III. 39	性快	I. 89b
醒目	II. 365a	性宽	III. 91, 100
醒起来	III. 77	性烈	III. 148
醒悟	II. 361b / II. 365a	性命	III. 148, 221
醒寤	III. 219	性气	III. 54
擤鼻子	III. 203	性气宽受	III. 148
		性气一样	III. 201
xìng		性气直促	III. 148
杏仁	II. 340b	性情	II. 335a / III. 40, 52, 54, 148, 180
杏桃	III. 9		
杏子	III. 9	性情不好	III. 54
幸	III. 98, 176	性情歹的	III. 54
幸臣	III. 98, 179	性情偏	III. 54
幸宠	II. 361b	性情甚急	III. 50
幸甚	III. 76		

性情同	III. 201
性情易恼	III. 50
性然	III. 148
性柔	III. 148
性软的	III. 204
性善	III. 148
性顺随的	III. 118
性态	III. 40
性体	III. 148
性歪斜	III. 118
性学	III. 99
性硬	I. 77b, 125a / III. 80
性躁暴	III. 148
性执	I. 77b
性资	III. 148
性子	II. 361b / III. 118
姓	I. 39a, 43b, 100a, 113a, 145a / III. 10, 17

xiōng

凶	I. 104b, 112b / II. 343a / III. 133
凶暴	III. 36, 99, 133
凶惨的	III. 69
凶恶	III. 133, 171
凶恶的	III. 102
凶恶的人	III. 171
凶汉	I. 104b
凶狠	III. 102, 121
凶荒	III. 43
凶猛	III. 36, 99, 102, 121
凶年	I. 42b / III. 15
凶气	III. 83
凶器	I. 44b / III. 20
凶日	III. 5, 76
凶身	III. 136
凶事	III. 72
凶手	III. 136
凶死	III. 146
凶顽	III. 102
凶信	III. 153
凶性的人	III. 148
凶勇的	III. 102, 121
凶状	III. 209
兄	III. 111, 179
兄弟	I. 110a / III. 111, 179
兄嫂	III. 63
芎草	III. 17
汹涌	II. 343a
胸	II. 343a / III. 168
胸脯	III. 168
胸膈	III. 168, 206
胸骨	I. 62b / III. 168
胸怀	III. 168
胸怀中	III. 198
胸甲	III. 20, 168
胸前	I. 128b
胸臆	III. 158, 168
胸中	III. 168, 198

xióng

雄	II. 337a / II. 343a / III. 132
雄鸡	I. 105b
雄赳之家	III. 44, 112
雄鸟	III. 27
雄士	III. 97

雄勇	III. 91	修身	III. 53
雄壮	III. 91	修士	III. 188
熊	I. 155b / III. 160	修书	III. 90
		修为	III. 222
xiū		修小	I. 35b
休兵	III. 164	修行	I. 94a / III. 53, 222
休怪	III. 152	修行者	III. 223
休官	I. 134b / III. 68	修养	III. 61
休离	III. 70, 190	修贞女	III. 188
休平	III. 17	修整	I. 138a, 139a / III. 3, 6, 52, 136, 170, 175, 182, 187
休妻	III. 70		
休声名誉天下所闻	III. 98		
休书	III. 16, 78, 127, 190	修整的	I. 138a
休息	III. 164	修指甲	III. 225
修	I. 148a	修治	I. 139a
修薄些	I. 35b	羞	I. 48a, 62a, 128b, 154a
修补	III. 188		
修船匠	I. 55b	羞耻	III. 7, 25, 27, 60, 83, 85, 209, 220
修道	I. 94a, 153a		
修道的	III. 101, 188	羞耻的	III. 145, 220
修道的女	III. 143	羞愧	I. 77a, 81b / III. 220
修道女	III. 188	羞了	I. 93a
修德	III. 222	羞辱	I. 77a / III. 27, 55
修德女	III. 188	羞辱人	III. 117
修服	III. 205	羞辱他	I. 37a, 48a, 91a
修复	III. 187		
修光	III. 175	**xiǔ**	
修会规	III. 187	朽烂	III. 60, 175
修慧	III. 180	朽烂的	III. 175
修理	III. 6, 53	朽木	III. 19
修平	III. 17	朽腐	III. 60
修容	III. 52	**xiù**	
修善	I. 33a, 41a / III. 222	秀才	I. 85a / III. 29, 128
		秀嫩	III. 111

秀女	III. 79	虚负其望	III. 102
秀容	III. 111	虚工	III. 154
秀整	III. 111	虚幻的	III. 218
袖子	II. 361b	虚恢	III. 13
绣	I. 53b / III. 35	虚假	III. 100
绣房	III. 18	虚假的	III. 100
绣花	I. 111b / III. 35	虚空	I. 153a / III. 218
绣花的	III. 35	虚领实收	III. 162
绣帷	III. 44	虚情的	III. 69
锈	III. 111	虚然	III. 155
宿天	III. 48	虚弱	III. 100
嗅	I. 66a / III. 157	虚誓	I. 108b / III. 124, 171
嗅官	III. 157	虚望	III. 92
嗅具	III. 157	虚伪	III. 97, 138
	xū	虚隙	III. 111
须	I. 50b / III. 30	虚心	III. 55
须毛	III. 34	虚心想	III. 171
须髯	III. 33	虚言	III. 162
须头	II. 361b	虚肿	III. 100, 112
须髭	III. 222	圩	III. 98
须当	III. 149, 154	墟	I. 101b / III. 98
须隙之间	III. 118	嘘吹	III. 203
须暇	III. 155	嘘狗	III. 130
须要	III. 149	嘘气	I. 146b / III. 1, 14, 203
须臾	I. 132a, 145a / III. 118	嘘吸	III. 190
胥传	III. 53	嘘吸的气	III. 190
虚	I. 153b / III. 88, 100	嘘猪	III. 130
虚辞	III. 172		xǔ
虚诞	III. 138	许	I. 72b, 123b, 134b, 150a / III. 53, 55, 65, 128, 171, 180
虚的	III. 100, 218		
虚费	III. 66		
虚浮	III. 112, 218	许的	III. 180
虚浮的	III. 218	许定	III. 64, 180

许多	I. 33a, 90b, 91a / III. 146, 206	恤	I. 48a
		叙话	I. 140b
许多长久	III. 206	畜产	III. 109
许多次	III. 206	续续买	III. 52
许多方法	III. 134	续罪	I. 128b
许多久	III. 115, 146, 206	酗酒	III. 32
许多门路	III. 134	蓄水	III. 48
许多时	III. 206	蓄养	III. 61, 165
许多样	I. 76a		
许见	III. 88	**xuān**	
许进	III. 88	宣	II. 361b
许久	I. 108a	宣叫者	III. 178
许绝财	III. 225	宣男风色	III. 168
许绝色	III. 225	宣示人	III. 178
许绝意	III. 225	宣他入见	III. 130
许可	III. 18	宣召	III. 130
许了	I. 123b / III. 64	萱花	III. 129
许诺	III. 180	喧	II. 343a
许亲	I. 97a	喧哗	I. 53a, 100b, 117b, 151a / III. 107
许三绝	III. 180, 225	喧闹	III. 95, 225
许守贞	III. 225	喧嚷	I. 137a / III. 49, 194, 217, 225
许他	III. 55		
许下	II. 342b / III. 180	喧笑	III. 107
许贤	III. 127		
许言	III. 53	**xuán**	
许愿	I. 100b, 134b, 155b / II. 347a / III. 109, 171, 225	玄	III. 51
		玄妙	III. 6, 78, 96, 116, 202, 205
许愿天主	III. 180	玄妙道理	III. 180
许允	III. 171	玄妙之事	III. 142, 197
xù		玄孙	III. 207
序	III. 180	玄谈	II. 343a
序文	III. 9, 178, 180	玄异	III. 6

玄意	III. 142	眩倒	III. 73
玄旨	III. 142	颂*（眩）	I. 47b
玄祖	III. 207	楦	II. 352a
玄祖妣	III. 207	楦起	III. 8
悬	III. 50	楦楔	III. 63
悬挂	II. 343a	楦头	II. 343a / III. 113
悬绝	III. 78	镟	II. 362a
悬瘤	III. 163	镟架	III. 214
悬炉	III. 84, 118, 217	镟匠	II. 362a
悬念	I. 151a	镟圆	III. 214
悬起	I. 76b		
悬望	III. 93, 205	**xuē**	
悬心	III. 58	靴	I. 53a / II. 342b / III. 35
悬坠	III. 50		
悬坠的	III. 170	**xué**	
悬着	III. 93	穴	II. 342b
旋	I. 140a, 150a / II. 362a	学	I. 44a / III. 18, 68, 120, 179
旋动	III. 145		
旋计	I. 79a	学不会	II. 344a
旋绕走	III. 122	学乖	II. 359b
旋转	I. 140a	学官	III. 134
旋钻	III. 206	学馆	III. 95
		学惯	I. 62b
xuǎn		学好	I. 117a
选	I. 87a / III. 82, 88, 90, 199	学人	III. 57
		学人动行	III. 21
选得	I. 137b	学人礼貌	III. 21
选择	I. 87a / III. 82, 90	学善	I. 117a
选者	III. 90	学生	I. 95a / III. 18, 77, 95, 121, 179
选主教	III. 154		
癣	I. 88a / III. 83	学士	III. 99, 127
		学手艺	I. 44a
xuàn		学司	III. 134
眩	I. 91a	学他	I. 45b, 61b / III. 188
眩船	III. 135		

学堂	I. 95a / III. 91, 95
学文	III. 18, 22
学文的规条	III. 22
学文者	III. 106
学文字者	III. 106
学问	III. 89
学习	III. 96
学效	III. 21
学友	III. 54
学院	III. 50, 224
学者	III. 77, 95
趈推	III. 131
趈转	III. 131

xuě

雪	III. 150
雪白	II. 361b / III. 12, 33
雪花落绰	III. 150
雪梨	II. 361b
雪珠	III. 173

xuè

血	I. 142b / II. 342b / III. 197
血汗	III. 204
血溅	III. 196
血筋	III. 219
血流不止	III. 100
血漏	III. 100
血脉	II. 342b
血气	III. 102
血气不调	III. 197
血亲	III. 165
血肉	II. 342b
血水	III. 8

血污了	I. 91b
血腥	II. 341b

xūn

勋劳	III. 139
熏	I. 74b / II. 343a / III. 206
熏的	III. 114
熏粉	III. 175, 206
熏干	III. 88, 197
熏火	III. 40, 197
熏皮	III. 63
熏香	III. 195
熏叶	III. 206
熏鱼	I. 144b

xún

寻	I. 54a, 58a, 75b, 140a / III. 37
寻不见	III. 37, 151
寻不着	III. 37, 151
寻常的	III. 53
寻觅	III. 37
寻求	III. 37
寻思	III. 38
寻讨	III. 37
寻推托	III. 37
寻着	I. 35a / III. 109
巡	III. 193
巡按	III. 223
巡兵	III. 104, 107, 193
巡捕	I. 118a
巡风人	III. 193
巡更	III. 193
巡更的	III. 219

巡检	III. 10	压版	III. 178
巡街	III. 193, 223	压扁	II. 345a
巡街的	III. 177	压不制	III. 116
巡看	III. 193	压船	III. 126
巡逻	II. 362a / III. 193	压倒	III. 66
巡哨	III. 193	压葡萄之桶	III. 125
巡守	III. 110, 193, 223	压死	III. 136
巡司	III. 10	压他	I. 32b
巡夜	III. 193	压止	III. 190
巡营	III. 193	压制	III. 1, 31, 79, 86, 159, 187
		压制气血	III. 144
	xùn	压重	III. 133
训	I. 130a	压住	III. 17, 132
训导	III. 87	压住水	III. 190
训诲	I. 92a / III. 65, 87	呀	III. 1
训蒙	III. 87	呀吾主	III. 1
训女	III. 87	押*（攔）	I. 138a
讯问	III. 178	押捕手	III. 141
迅紧	III. 7	押送	III. 122
迅快	III. 219	押送的兵	III. 203
驯马	III. 45	鸦叫	III. 106
驯善的马	III. 45	鸦鸣	III. 106
驯兽	III. 12, 14, 134	鸦噪	III. 106
驯熟的	III. 79	鸭	II. 345a
		鸭母	III. 167
	Y	鸭雄	III. 167
	yā	鸭子	I. 35b / III. 167
丫环	III. 142		
丫木	III. 113		yá
丫头	I. 64a, 94b, 119b, 144a / III. 61, 90, 142, 200	牙保	III. 59
		牙齿	I. 76a / II. 330a, 345a / III. 76
压	II. 345a / III. 1, 43, 97, 133	牙关	III. 184

牙行	III. 59		**yān**
牙颊	III. 184	咽喉	III. 103
牙蕉	III. 174	烟	I. 37a, 101b, 104a, 153a / II. 345b / III. 114, 211
牙牌	III. 206		
牙签	III. 90, 143, 163		
牙钱	I. 62a	烟的	III. 114
牙人	I. 62a / III. 59	烟墩	III. 25
牙肉	III. 84	烟墩楼	III. 103, 141
牙酸	III. 35	烟粉	III. 175
牙杖	III. 90, 143, 163	烟管	III. 47
牙柱	II. 345a	烟火	I. 104a
牙箸	III. 163	烟灸	III. 206
牙蛀了	III. 76	烟了	I. 37a
伢宰*（崽）	I. 119b	烟气	III. 218
伢子	I. 137a	烟肉	I. 66a / III. 43
芽	III. 36, 206	烟筒	I. 104a / II. 346a / III. 47
涯度名望	II. 367b		
崖战	III. 107	烟腿	III. 123
衙门	III. 27	烟鱼	I. 144b
衙前	III. 138, 173	烟罩	II. 328b
衙役	III. 104, 141	烟子	III. 211
		胭粉	I. 36b
	yǎ	胭脂	III. 7, 21, 43, 51
哑巴	III. 146	胭脂粉	I. 36b, 132b / III. 51
哑口	III. 146	阉	I. 57a / III. 42
哑了	I. 87b	阉的	III. 44
哑谜	II. 355a / III. 86	阉割	III. 42
哑子	I. 121a / II. 345a / III. 146	阉鸡	III. 42
		阉马	I. 58b
雅趣之言	III. 106	阉牛	III. 37
	yà	阉人	III. 42
		阉羊	III. 38
砑光	III. 36	淹	I. 38b / II. 345b / III. 14

淹死	I. 36b / III. 8, 136	言来	I. 78a
淹延	I. 82b	言利	III. 8
腌	II. 345b / III. 8	言色	II. 345b
腌的	III. 8	言谈吉利	III. 108
腌起	III. 195	言娴雅的	III. 162
腌腿	III. 123, 171	言行不相照	III. 154
盐	I. 142a	言行相符	III. 53
湮	II. 345b	言行相照应	III. 53
		言有厉害	III. 76

yán

延后	II. 346a	言有雅趣	III. 76
延客	III. 113	言有意味	III. 76
芫荽子	I. 59a	言语	I. 72b, 126a / II. 347a / III. 76, 162
严	III. 192		
严的	III. 192	言语为舌介碍	III. 207
严父出孝子	III. 161	言语文字之学	III. 106
严规	III. 187	言之何碍	III. 183
严寒	III. 101	岩	II. 345b
严寒之时	III. 119	岩洞	III. 125
严禁	III. 180	炎	I. 154a
严禁门	III. 49	炎热	I. 101a / III. 40
严君	III. 161	沿*（散）草	I. 108b
严峻	III. 192	沿门	I. 76b
严厉正大	III. 192	研车	III. 143
严亲	III. 161	研烂	II. 345b
严师	III. 132	研米	III. 143
严肃	III. 106	研墨	III. 143
严威	III. 52, 106, 192	研审	I. 82b
严整	III. 52	研碎	III. 143
严祗正大	III. 106	研油	III. 36
言	I. 99b / III. 76, 162	研蔗	III. 143
言辞清爽、礼数臻备	III. 106	研砖	II. 345b
		盐	I. 142a / III. 195
		盐包颈	III. 163
言定	I. 76b, 82b	盐仓	III. 196

盐场	I. 117b / III. 196	眼不明	I. 116a
盐池	III. 196	眼不瞬	III. 172
盐东西	I. 60b	眼赤	II. 329b
盐盒	I. 142b / III. 195	眼点	III. 50
盐井	III. 196	眼估买	III. 52
盐卤	III. 196	眼瞽了	III. 46
盐商	III. 138, 196	眼光	III. 223
盐水	I. 37b	眼红	III. 117
盐田	III. 196	眼花了	III. 157
盐运司	III. 134	眼疾	I. 84a / III. 8
筵席	I. 50b, 61b	眼睫	II. 334a / III. 172
筵宴	III. 30, 51	眼界大	III. 58
颜容	I. 141a / III. 193	眼睛	III. 33, 157
颜色	I. 141a / II. 345b / III. 23, 51, 99	眼精	I. 124a
		眼镜	I. 123b, 126b / III. 15
颜色更易	I. 80a	眼镜盒	III. 45
颜色画的像	III. 120	眼孔	III. 62
檐老鼠	III. 144	眼旺*（狂）	I. 77b
檐下	III. 9	眼眶子大	III. 58
簷*（帘）	III. 108a	眼泪	I. 110b / II. 354a / III. 125
yǎn		眼露	III. 157
掩	I. 32b, 88a, 146a	眼毛	I. 130a / III. 172
掩鼻子	III. 207	眼眉	III. 46
掩耳	III. 157, 207	眼膜	III. 153
掩恨假作宽容	III. 78	眼目	III. 157
掩紧	I. 147b	眼目的皮	III. 165
掩睛	II. 346a	眼目昏瞀	III. 223
掩口	III. 207	眼目交睫	III. 172
掩拢	III. 83	眼目射人	III. 111
掩死	III. 136	眼皮	I. 57a
掩线法	III. 171	眼前	III. 67, 178
眼	III. 157, 175	眼前的事	III. 149
眼白	III. 33	眼浅	III. 83
眼不大光	I. 155a		

眼热	III. 83, 117	艳服	III. 221
眼疼	I. 84a	晏驾	II. 346a
眼添沙	III. 145	宴	III. 51
眼跳	III. 37, 196	宴居	III. 155
眼瞳子	III. 150	宴闲	III. 155
眼痛	I. 138b	宴乐	II. 346a
眼凸出	III. 157	验	III. 223
眼窝斜	III. 34	验处	III. 20
眼雾	III. 206	验船	III. 64, 188
眼下泪槽	III. 125	验尸	III. 96, 152
眼药	III. 10, 50	验实	III. 47
眼翳	III. 45, 153	验饷	III. 188
眼翳目	III. 206	验真	III. 47
眼照	I. 126b	验证	III. 54
眼珠	III. 150	谚	II. 346a
眼注看	III. 141	谚言	III. 181
眼驻在那里	III. 99	谚语	III. 181
偃倒	III. 39	雁	III. 107
演武	III. 91	燕鸟	III. 105
演武庭	III. 91	燕窝菜	III. 150
演戏	I. 139a / III. 190	燕子	I. 42b
演作	II. 346a	餍饱	III. 109
	yàn		yāng
厌	I. 90a, 100a / II. 346a / III. 23, 83, 86, 109	央	III. 119, 175
		央浼	III. 168
厌烦	III. 85	央求	III. 168
厌惧	III. 113	央托	III. 168
厌气	III. 71, 85	秧苗	III. 22
厌弃	III. 71, 85		yáng
厌斁	III. 86, 109		
砚台	II. 346a / III. 211	扬	I. 133a
砚瓦	II. 365a / III. 211	扬风病	I. 84a
咽下	I. 91a	扬名	I. 100a / III. 181

扬其名	III. 46	阳物	III. 140, 165
扬声说	III. 178	阳物硬起	III. 127
扬针	II. 330b	阳物自举	III. 127
羊	I. 55a / II. 345a / III. 38	阳月	III. 152
羊成群	I. 116b	杨柳	III. 9
羊臭	III. 38	杨梅	III. 132
羊癫疯	III. 105	杨梅疮	III. 37
羊队	I. 100a	杨树	III. 9
羊儿病	I. 107a	佯	III. 100
羊羔	III. 59	佯不昭	I. 100b
羊羔皮	III. 171	佯为不知	III. 100
羊牯	I. 52b, 55a / III. 32	佯言	III. 100
羊牯肉	I. 57b	垟	III. 219
羊叫	I. 52a / III. 29	洋	I. 117a / III. 173
羊寮	I. 63b, 137b	洋皮金	III. 160
羊毛	III. 125	蝪*（煬）	I. 80a
羊母	III. 154		
羊皮	I. 133a / III. 171		yǎng
羊皮灯	III. 129	仰板	III. 207
羊裘	I. 154a	仰倒	III. 4, 39
羊群	I. 100a / III. 186	仰耳而听	III. 157
羊绒	I. 101b, 111a / II. 345a	仰覆	III. 39
羊肉	I. 57b	仰看	III. 10, 141
羊膻气	III. 38	仰首	III. 127
羊头车	II. 329a	仰睡	III. 79
羊须	I. 50b	仰望	III. 92, 141
羊眼	I. 154a, 156a	仰重人	III. 98
羊油	I. 63b / III. 200	养	I. 40a, 43a, 63b, 117a, 146a / II. 345a / II. 11, 61, 135, 205
羊毡多	I. 111a		
阳城	III. 147		
阳狂	I. 82a	养病	III. 21, 58
阳鸟	III. 107	养病房	III. 85
阳痿	III. 147	养病所在	I. 90b
		养存	III. 55

养的兽	I. 40a	妖法	I. 151a / III. 150
养得肥	III. 86	妖怪	III. 143
养肥	I. 65a, 91a	妖怪现形	I. 100a
养父	III. 12, 63	妖娇	III. 147
养父母	III. 11	妖精	I. 100a / III. 143
养济院	I. 97a / II. 333a	妖人	III. 150
养静	II. 335a	妖兽	III. 185
养母	III. 8, 12, 132	妖术	I. 87a
养亲	III. 11	妖术人	III. 110
养善了	I. 84b	妖祟*（祟）所惑	I. 89b
养赡	III. 135, 205		
养身	III. 141	妖妄之人	III. 150
养兽的草	III. 167	腰	I. 65a / III. 129
养蓄	III. 205	腰边	I. 109a
养育	III. 135, 165, 205	腰布	I. 47b
养心药	III. 59	腰带	III. 46, 48
养猪户家	III. 177	腰断	III. 69
养子	I. 102b / III. 180	腰骨	III. 39, 182
痒	I. 58b / II. 345a / III. 51	腰胯	III. 13, 39
		腰牌	III. 47
yàng		腰佩剑	III. 131
样	I. 101b, 111a, 116b, 117a, 120a, 135b, 154b / III. 134	腰肉	III. 129
		腰疼	I. 77a
		腰痛	I. 131b
样式	III. 23	腰脱	III. 69
样样担忧	III. 205	腰眼	III. 158
样子	III. 66, 67, 101, 142, 146	腰硬	III. 69
		腰子	III. 192
恙	II. 345b	邀	I. 140b
		邀朋访友	I. 155b
yāo			
夭寿	III. 222	**yáo**	
吆口	III. 139	肴乱	III. 186
		肴杂	III. 140

窑	III. 113		**yǎo**
窑匠	I. 148a	咬	I. 33a, 73a, 120b, 140b / II. 345b / III. 144, 193
窑门	I. 52b		
窑器	III. 110, 129		
窑烟墨	III. 211	咬痕	III. 34, 144
窑灶	I. 103b	咬迹	III. 34, 144
摇	I. 34a, 121a / II. 345b	咬破	III. 183
摇摆	III. 138	咬伤	III. 34, 144
摇动	I. 32a / II. 345b / III. 29, 33, 37, 138, 145, 212	咬一口	III. 65
		咬指为誓	III. 124
		舀	III. 195
摇舵	II. 364b	舀水	III. 35, 65
摇橹*（桨）	I. 138b	摍吊*（舀掉）	I. 95a
摇篮	I. 51b	水泡	
摇铃	III. 41, 138, 212		**yào**
摇橹	I. 138b, 167a / II. 345b, 354a / III. 138, 188	药	I. 119a / III. 137
		药材	I. 118a / III. 137
		药焊	III. 203
摇橹的	I. 138b / III. 135	药方	III. 186
摇橹人	III. 188	药郎中	III. 137
摇扇	III. 1	药力	III. 137
摇舌	III. 139	药料	III. 137
摇手	III. 76, 138	药铺	I. 53a / III. 35
摇首	III. 38	药人	III. 65
摇水	III. 138	药石	III. 137
摇头	I. 100b / III. 38, 76, 138, 149, 199	药丸	I. 131a
		药箱	III. 45
摇头招	III. 199	药圆	III. 173
摇尾	III. 50	要	I. 58b, 79a, 136a / II. 345b / III. 17, 27, 93, 103, 108, 184
摇钟	III. 41		
遥	I. 113a		
遥望	III. 141, 205	要财	I. 41b
遥远	III. 127	要财得紧	I. 58b

要倒	I. 97b		
要得便宜的人	III. 52		yē
要颠	I.142a	耶稣	III. 115
要惯	I. 32b, 34b	耶稣诞生	III. 148
要好	I. 51b	耶稣复活瞻礼	III. 166
要紧的	III. 101, 121, 149	耶稣基利稣多	III. 62
要紧的事	III. 149	耶稣降诞	III. 148
要烂	I. 43b	耶稣圣诞	III. 148
要略	III. 52, 89	耶稣圣诞瞻礼	III. 166
要强过	I. 43b	耶稣圣体	III. 195
要人奉承	III. 110	椰瓢	III. 39, 50
要人求	III. 110	椰树	I. 126b / III. 163
要任	II. 341a	椰树园	I. 126b
要善	I. 41a	椰笋	III. 163
要食	I. 48a	椰心	I. 126b
要食酒	I. 41b, 154b	椰芯	III. 163
要使	I. 48a	椰子	I. 58b / III. 50
要睡	I. 48a, 146a	噎	I. 141a
要他好	I. 36a		
要相杀	I. 48a		yé
要夜	I. 42b	爷	II. 345b
要饮	I. 48a	爷娘	I. 126a
要用	I. 48a / III. 138, 208	爷娘二亲	III. 161
要用的	III. 121		
要约	III. 52		yě
要旨	III. 52	也	I. 125a, 147a / III. 55, 115, 206, 227
要做大	I. 41b	也罢	I. 33b
钥匙	II. 366a / III. 131	也不	III. 150, 206
鹞鹰	I. 99b / III. 103, 109	也不大也不小	I. 118a
鹞莺*（鹰）	I. 106a	也好	III. 206
耀	I. 133a	也可	III. 166, 206
耀武扬威	III. 193	也通	III. 166
		也用得	III. 166
		野处	I. 96a

野地	III. 74	夜间	II. 345b / III. 67, 152
野东西	I. 142b	夜里	I. 76a / III. 152
野花	I. 53a	夜明珠	I. 55a, 57a / III. 42
野老	I. 39a	夜鸟	III. 27, 168
野佬	III. 194	夜未央	III. 152
野里	III. 115	夜星走	III. 122
野林	I. 53a	夜贼	II. 327a
野驴	I. 46b / III. 23	夜中	III. 152
野猫	I. 137a / III. 104	夜子	II. 345b
野蜜蜂	III. 2	拽弓	I. 87b
野人	I. 115a, 145b / III. 32, 36, 41, 144, 194, 200, 222	拽满弓	III. 20
		液	III. 114
		谒	I. 134a / II. 345b
野僧	I. 126b	喝声	I. 141a
野石岩	III. 200	腋胁下	III. 201
野事	III. 133		
野兽	I. 40a, 52a / III. 99		**yī**
野鼠	III. 185	一	I. 156a / II. 344b / III. 224
野羊	III. 38		
野鹰	III. 140	一巴掌	III. 163
野战	III. 107	一把	I. 101b, 116b / III. 132, 134, 182
野种	III. 31		
野猪	III. 181	一把菜	III. 109
		一把柴	III. 126
	yè	一把柴火	III. 109
业	I. 140a / III. 110	一把伞	III. 184
业师	II. 345b / III. 132	一把蒜头	III. 192
叶	I. 103a / III. 113, 156	一把锁	III. 41
叶茶	II. 344a	一百	III. 48
页	III. 113, 156	一百遍	I. 64b
夜	I. 122b, 147b / III. 152	一百万	III. 62, 77
夜壶	I. 125a	一百一百	I. 73b
夜火	III. 102	一班军	III. 30

一般	III. 67, 75, 120, 198	一刀割	III. 191
一半	I. 41b, 75b, 118b	一刀纸	II. 363b / III. 29, 163, 218
一瓣	III. 103		
一帮船	II. 357a	一道河	III. 192
一梆	III. 199	一等	I. 107b
一包书	III. 132, 174	一等的	III. 29
一抱	III. 36	一滴	I. 107a / III. 105
一倍	III. 160	一点	I. 107a / III. 145, 211
一本	III. 213	一点儿	III. 165
一本书	III. 128	一跌倒	I. 136a
一笔扯了	III. 15	一锭	III. 163
一边	I. 88a / III. 28	一锭墨	III. 163
一遍	I. 156a	一定	III. 75, 190
一并	III. 124	一度	III. 36
一步	I. 127a	一段	I. 100b / III. 177
一步高一步	I. 74a	一堆草	I. 126b
一步街梯	I. 74b	一堆人	III. 30
一步一步	III. 167	一队	I. 95a, 135b / III. 52
一步一颠	III. 14	一队军	III. 30, 93
一部书	III. 128	一队羊	I. 116b
一餐	III. 51	一队战船	III. 20
一飡*(餐)中饭	I. 108a	一顿	III. 51
		一多	III. 217
一城	III. 212	一朵	I. 97a / III. 103, 185
一程	III. 123	一朵花	III. 100, 185
一尺	III. 209	一朵葡萄	I. 55a
一重的	III. 199	一垛人	III. 30
一重楼	I. 145a	一发	III. 135
一串蒜头	III. 192	一发不好	I. 75b, 88a
一串珠	III. 193	一发少	I. 119b
一刺伤	III. 182	一番	II. 339a
一丛	III. 217	一方墨	III. 163
一担	III. 172	一封书	III. 132, 174
一党人	III. 52	一幅	III. 173

一概	II. 324a / III. 124, 212	一句一句	III. 162
一概买	III. 52	一句有几义	III. 162
一个	I. 145b, 156a / III. 224	一绝	III. 175
一个半	III. 206	一颗葡萄	I. 50a
一个当得十个	III. 224	一棵树	II. 336a
一个时节	I. 128a	一刻	III. 183
一根带子	II. 348b	一刻时	III. 183
一更鼓	II. 348a / III. 183	一口	I. 151a / III. 34
一鼓	III. 199	一口吞下	III. 86
一挂蒜头	III. 192	一块	I. 88b, 100b, 128a, 132b, 147a / III. 177, 191, 206, 217
一国	III. 212		
一毫	III. 59		
一号战船	III. 20	一块板	III. 168, 206
一合的	III. 182	一块馒头	III. 138
一盒墨	III. 163	一块面头	III. 163
一户一户	I. 76b	一块墨	III. 163
一画	III. 201, 211	一块泥	III. 209
一回	I. 156a	一块片	III. 206
一会间	III. 91	一块土	III. 209
一伙的人	III. 52	一块碗	III. 206
一击	III. 31	一块一块	I. 43b, 88a
一级	I. 107b	一捆	I. 115a / II. 360a / III. 132
一家	I. 100a / III. 212		
一件东西	I. 128a	一来	III. 176
一件衣服	III. 220	一里	III. 140
一件罪	III. 168	一粒珠	III. 62
一浇雨	III. 132	一连卧房	III. 79
一角牛	I. 156a	一两	III. 80, 158
一绞	II. 350a	一淋雨	III. 132
一叫	II. 350a	一领衣服	III. 220
一截	III. 177, 206, 217	一路	III. 212, 221
一茎	III. 185	一路眠房	III. 79
一句	I. 126a, 155a	一律	III. 175
一句诗	I. 154a	一窝	III. 177

一面	I. 50a / III. 28, 176, 212	一群羊	III. 109
		一日工钱	I. 108b
一面笑一面恼	III. 176	一日后	III. 224
一面棋	II. 349a	一日前	III. 224
一亩田	I. 106a	一日食一飡*（餐）	I. 108a
一捺	III. 163		
一跑	III. 59	一哨军	III. 52
一盆糖	I. 126b	一哨战船	III. 20
一匹	III. 172	一身	III. 212
一篇之体要	III. 205	一生	III. 212, 222
一片	I. 128a	一生走顺风	III. 180
一品	I. 107b	一声	III. 29
一平	III. 120	一省主教	III. 20
一笸火	II. 357a	一乘轿	III. 201
一铺路	III. 126	一时	I. 132a / III. 159, 176
一七天	III. 198	一时辰	III. 224
一齐	I. 88a / II. 333a / III. 69, 112, 120, 124, 176, 217	一时候	III. 224
		一时间	I. 76b, 81b / III. 10, 84, 91, 118, 182
一齐买	III. 52	一世	III. 124
一起	I. 95a / III. 9, 28, 120, 124, 176, 212, 217	一首诗	III. 175
		一束草	III. 162
一起来	III. 217	一束柴	III. 126
一起买	III. 52	一束书	III. 132
一起卖	III. 219	一双	I. 55b
一起人	III. 52	一双一双	I. 74a
一起行	III. 14	一水之的	III. 221
一气相投	III. 224	一瞬	III. 118
一千	III. 140	一胎生的	III. 112
一切	II. 334a / III. 120, 124	一台戏	III. 51
一拳打	III. 182	一套	I. 154a
一群	I. 135b	一提酒	III. 183
一群牛	III. 109	一挑	III. 172
一群人	III. 30	一条	III. 110

一条带	I. 65a		一一符合	III. 54
一条手巾	III. 163		一意	III. 64
一条线	III. 110		一营	III. 52
一条罪	III. 168		一圆*（团）泥	I. 150b
一条路	II. 354a		一遭	III. 224
一贴膏药	II. 364b		一则	III. 176
一统	III. 143		一扎花	III. 185
一统天下	III. 143		一拃	III. 163
一头花	III. 100		一搱*（拃）	I. 116b
一吞	I. 33a		一寨	III. 52
一万	III. 77		一张椅	III. 201
一万四千	I. 58a		一张椅子	II. 344b
一万四千遭	I. 58a		一张纸	I. 103a / III. 174
一万五千	III. 184		一张桌	III. 139
一万一千	III. 158		一丈	III. 36, 209
一网	I. 91b		一者	III. 224
一往一来	III. 221		一阵	I. 95a, 135b / III. 31
一围	III. 36		一阵人马	III. 93
一五一五	I. 73b		一阵头雨	III. 132
一息	III. 118		一支兵马	III. 52
一下	I. 126b / III. 29, 105		一只眼的	III. 217
一下刀	III. 62		一桩戏	III. 51
一下二下	II. 342a		一字	III. 201
一向	II. 342b / III. 213		一字兑现一字	III. 162
一向未有	III. 153		一字一字	III. 201
一向未做	III. 213		一字又四义	III. 162
一些没有	I. 122a		一总	I. 88a, 92a, 120b, 131b, 146b / II. 338a / III. 176, 212
一歇路	III. 140			
一心	III. 53, 224			
一样	III. 120, 150		一总有一百	III. 176
一窑砖	I. 103b		一卒人马	III. 203
一夜	III. 212		一座城	II. 336a
一一	III. 224		衣胞	III. 165
一一都	III. 212		衣边	III. 160

衣缝	III. 124	依我意	III. 198
衣服	I. 154a / III. 220	依样	III. 120
衣服敝坏	III. 193	依倚	I. 89b
衣服巾	III. 212	依议求	III. 169
衣服眼	I. 109a	依原	III. 51
衣冠不检	III. 69	依着	III. 198
衣架	I. 106a	医	I. 63a
衣翘	III. 22	医病	I. 90b / III. 63
衣襀了	III. 22	医不得	III. 69
衣裳	III. 220	医不得的	III. 115, 117
衣裳多	I. 46a	医得的	III. 197
衣皱	III. 22	医得好	I. 143a
依	I. 89b, 100b, 103a / III. 4, 54, 197	医蛊病	I. 79b
		医官	III. 137
依别人	III. 198	医家	III. 22, 137
依常	III. 197	医科	III. 22
依从	III. 109, 154	医疗	III. 63
依当	III. 54	医目	III. 63
依当受	III. 54	医生	I. 65b, 103a, 118a / II. 344b / III. 137
依法	III. 154		
依法律	III. 198	医士	III. 137
依附	III. 21	医学	III. 22
依古	II. 344b	医者	III. 137
依旧	III. 51, 54	医治	I. 90b / III. 63
依礼动	III. 60	噫嘻	III. 104
依理	I. 60b, 109a / III. 154, 198		

yí

仪表	III. 16
仪表非俗	III. 104
仪门	III. 182
仪容	III. 16
仪物	III. 178
仪像	I. 139b
夷平	III. 24

依理而行	III. 154		
依了	I. 139a		
依律	III. 54		
依命	III. 154		
依顺	III. 54, 154		
依他	I. 46a / III. 4, 164		
依我观之	III. 220		

夷人	I. 122a	遗忘	III. 158
夷险	III. 31	遗下	I. 84a
宜嫁	III. 44	遗言	III. 210
宜求	III. 169	遗业	III. 111, 167
怡然而死	III. 144	遗嘱	III. 210
姨	I. 149a / III. 63	颐骨	III. 184
姨娘	III. 63, 210	疑	I. 95b, 112b / III. 80
姨婆	III. 210	疑惑	I. 78b, 85a / II. 344a, 344b / III. 30, 46, 77, 80, 187, 204
栘椤蜜树	I. 166a		
栘椤蜜子	I. 166a		
移	I. 81b / II. 344b / III. 215	疑惧	III. 204
		疑虑	III. 120
移动	III. 29	疑虑的	III. 120
移动的	III. 118	疑难	I. 85a
移舵	III. 105	疑妻有感	III. 46
移居	III. 146	疑心	III. 120
移来	I. 88b	疑心的	III. 80, 204
移身尸	III. 215	疑心多	III. 71
移徙	III. 146	疑心重	III. 71
移在别处	III. 146		
移在后	III. 177	**yǐ**	
移正	III. 85		
遗	II. 344b	已	III. 115, 227
遗产	III. 111	已过	III. 167
遗腹子	III. 112	已过的时	III. 210
遗精	III. 100	已经	III. 92
遗精之病	III. 100	已久	III. 115
遗留	III. 75	已染的病	III. 169
遗留份契	III. 166	已无疑	III. 56
遗留之份	III. 166	已知先兆	I. 37b
遗落	III. 170	以	I. 150a / III. 164
遗命	III. 210	以笔涂抹了	III. 35
遗失	III. 170	以次序	III. 159
遗书	I. 149a / III. 210	以德化人	III. 145
		以定	I. 132a

以恩结之	III. 32	以我论	III. 183
以粪浇园	III. 94	以我言	III. 183
以后	I. 72a / II. 344b / III. 74	以显辉他	III. 86
以剑刺	III. 65	以现在、以目在	III. 178
以剑刺伤	III. 94	以香料傅抹身尸	III. 82
以口就人	III. 32	以言相责	III. 172
以口亲人	III. 32	以羽毛遮起	III. 83
以来	II. 344b	倚	I. 99a, 100b
以苦补罪	III. 162	倚借	III. 95
以苦当罪	III. 162	倚靠	I. 89b / II. 344b / III. 13, 21, 54, 92, 95, 187
以苦抵罪	III. 162	倚靠人家	III. 4
以理服人	III. 154	倚赖	II. 344b / III. 5, 21, 54, 92, 95, 176, 187
以命偿命	III. 162	倚恃	I. 89b
以某事为主	III. 112	倚仗	III. 95
以目射心	III. 141	椅	I. 55b
以目视盼	III. 141	椅楠香	I. 161a
以目通旨	III. 157	椅褥	I. 63a
以泥污秽	III. 86	椅子	III. 201
以女妻人	III. 44		
以其权能在	III. 178	yì	
以其体在	III. 178	弋鸟	III. 39
以墙禁锢	III. 87	亿两	I. 61a
以墙围禁	III. 87	亿兆苍生	I. 133a
以乳养其子	III. 133	义	III. 124, 223
以善表动人	III. 145	义兵	III. 202
以善表化人心	III. 154	义德	III. 124
以善言慰他	III. 56	义夫	I. 155a / III. 223
以手捉须	III. 30	义父	III. 161
以他为先	III. 178	义母	III. 132
以甜言美语啜诱人	III. 26	义怒	III. 122
以头顿于地	III. 31		
以妄言惑众	III. 82		

义丘	III. 199	异迹	III. 135
义人	III. 113	异教者	III. 111
义山	III. 199	异然	III. 78
义士	III. 113	异闻	III. 152
义冢	III. 199	异香	III. 158
义子	III. 6, 112, 180	异样	I. 83b / II. 345a / III. 68, 77, 97
艺长	III. 22		
艺业	III. 22, 137, 154, 156	异样的	III. 78
义*（叉）	I. 105b	抑情	III. 144
刈	I. 143b / III. 197	役人	III. 104
刈谷	III. 197	役事	III. 200
忆	I. 60b, 63a, 95a, 124b, 129a	译说	III. 193
		译言	III. 193
议	I. 75a / II. 345a	易	I. 121a, 153b / II. 344b, 345a
议定	I. 34a, 46b, 61a, 82b, 88b / III. 166	易处人	III. 54
议价	III. 18	易传的病	III. 169
议论	II. 345a / III. 20, 56, 78, 99, 216	易得	III. 97
		易得怒	III. 86
议论者	III. 56	易动的	III. 145
亦	I. 108b, 125b, 147a / III. 115, 206, 227	易发病	III. 205
		易幡子	II. 344b
亦可	III. 175	易过	III. 97
亦然	III. 67, 75	易过的病	III. 169
异别	III. 16, 77, 78, 218	易恼的	III. 86
异产	III. 143	易粘的	III. 169
异常	II. 345a / III. 97, 152	易染病	III. 205
异常的事	II. 328a	易忘	III. 158
异端	I. 87a / III. 111, 200, 205	易相粘	III. 169
		易转动的眼	III. 157
异端人	III. 111	驿丞	II. 345b
异方的	III. 95	驿里	II. 345b
异怪	III. 95, 135, 180	驿马	I. 58b / III. 45
异国的	III. 94	枻船	II. 361a

益	I. 134b / II. 345b / III. 181	**yīn**	
		因	III. 176
益发	III. 135	因此	I. 131a, 131b / II. 346b / III. 176, 198
益发不好	III. 68		
益发迟	III. 136	因此间	I. 131a
益发多	III. 135	因法	III. 147
益感人	III. 146	因何故	I. 44b
益觉	III. 189	因祸得福	III. 177
益于人	III. 18	因什么事	I. 44b
逸欲	III. 108	因时	III. 54
肄习	III. 96	因为	I. 58b, 123b, 131a, 131b / II. 346b / III. 176
意	I. 148b, 155b / II. 345a / III. 180, 198		
		因为嘭嗬	I. 132a
意不同	III. 77	因为我	I. 132a
意度	III. 158	因我	III. 176
意度之人	III. 158	因由	III. 160
意思	I. 92a / II. 345a / III. 53, 72, 79, 99, 118, 145, 164, 198, 199	阴暗	III. 155
		阴城	III. 147
		阴地	II. 346b / III. 203
意外	III. 3, 97, 102	阴府	I. 109b
意外来	III. 3	阴门	III. 140, 165
意味	III. 199	阴谋	III. 215
意想	III. 158	阴物	III. 140, 165
意向	III. 145	阴下	III. 140
意愿	III. 118	阴阳	II. 345a
溢出来	III. 68, 186	阴阳人	III. 132
溢满	I. 88a	阴子	III. 52
毅然	III. 119	荫干	III. 88
臆测	III. 179	荫凉	III. 101
臆见	III. 164	音	I. 139b, 149b, 155b / II. 346a / III. 5
翼	III. 9		
翼膀	I. 46a	音问	III. 178
翼晨	I. 76b	音信	I. 122b
懿亲的族	III. 165		

音语不相同	III. 225	淫	II. 346a
音韵	III. 203	淫妇	I. 80b, 82b, 120a, 133a / III. 133, 185
殷勤	I. 87b		
		淫秽	III. 72, 130
yín		淫乱人	III. 214
吟哦	I. 152a	淫情	III. 130
银	I. 133b	淫童	III. 168
银包	I. 52b	淫污	III. 72
银箔	II. 358b / III. 157	淫刑	III. 42
银秤	I. 50a, 162a	淫佚	III. 130
银带	III. 48	淫泆	III. 130
银锭	III. 30, 163	淫雨的年	III. 16
银汉	I. 64b	淫欲	III. 17, 74
银焊	III. 203	淫院	III. 37
银河	I. 64b	霪夜	III. 152
银壶	I. 128a		
银剪	III. 211	**yǐn**	
银匠	I. 104a, 125a / III. 174	引	I. 109b, 121a / III. 119, 178, 180
银筋	III. 140		
银库	I. 149b	引道	III. 58, 84, 87, 107
银矿	II. 346a	引道者	III. 6, 107
银颡丝	III. 99	引动	III. 25, 26, 65, 118, 145, 181
银链	I. 55b		
银器	III. 173, 174	引坏	III. 171
银钱	III. 77, 143	引见	III. 119
银色	III. 184	引进	III. 119
银山	I. 119b / III. 143	引来	III. 26
银锁	III. 20	引礼者	II. 132
银线	III. 174	引料	III. 78
银纸	III. 163	引路	I. 35a, 106b / II. 346b / III. 84, 87
银朱	II. 346a / III. 32		
银主	I. 63b	引鸟	III. 149
银子	II. 346a / III. 174	引弩	III. 20
银做号	I. 117a	引人于善	III. 109

引书	III. 48	隐秘	III. 155
引水管	III. 9	隐然	III. 90
引他	III. 155	隐忍	III. 119
引他去	I. 112a	隐士	III. 203
引他为证	III. 28	隐伪	III. 90
引他行非路	III. 75	隐修	III. 143, 203, 222
引线	I. 110b / III. 197	隐修的	III. 111
引线头	III. 197	隐修的女	III. 143
引诱	I. 47b, 90a, 109a / II. 346a / III. 118, 209	隐修会长	III. 1
		隐修女会长	III. 1
引证	II. 330b / III. 28, 54, 145, 181	隐语	III. 86
引子	III. 78	**yìn**	
饮	I. 51a, 146a / III. 32	印	I. 143b / II. 346b / III. 93, 121, 198
饮的	III. 128	印板	I. 138a
饮得多	I. 51a	印版	III. 121
饮酒吃糟	III. 32	印册	III. 121
饮食	III. 181	印的	I. 112a
饮食的物	III. 51	印斗	III. 45
饮食的物件	III. 134	印封	I. 46a
饮食供奉	III. 205	印行	I. 138a
饮食微细	I. 75a	印号	III. 198, 200
饮食之间不知其味	III. 21	印盒	III. 45
		印记	III. 198
饮汤	III. 203	印胶	III. 125
饮一饮	III. 203	印钱	III. 31
隐	I. 146a	印书	I. 88b, 97b
隐藏	III. 85, 90	印书的	I. 88b / III. 121, 128
隐处	III. 222	印书店	III. 121
隐当	III. 196	印书房	III. 83, 121
隐当的事	III. 198	印图书	III. 198
隐疾	III. 4	印信	III. 164
隐居	III. 222	印信文契	III. 90
隐瞒	III. 85, 86		

《葡汉词典》《汉法词典》《官话词汇》中文词语索引 389

印证	III. 16, 210	营度	III. 201
印子	I. 143b	营利	III. 103
饮马	III. 131	营粮	III. 11
荫庇	III. 13, 62, 110	营设	II. 346a
荫蔽	III. 19, 62, 110	营造	III. 201
荫绩	III. 139	营栅	III. 189, 216
		营寨	I. 46b / III. 216
	yīng	楹	III. 222
英雄	II. 343a	赢	II. 346a / III. 103, 219, 221
嘤嘤	III. 47		
樱桃	II. 346a / III. 107	赢了	III. 217
樱桃树	III. 107		
鹦哥	I. 126b / II. 346a / III. 129, 163		yǐng
		影	I. 145b
鹦鹉	III. 163	影画	III. 171
膺服	III. 205	影迹	III. 203
鹰	I. 35a	影凉	III. 203
鹰鹫鼻	III. 148	影柱	III. 203
鹰扬宴	III. 30		
			yìng
	yíng	应	I. 139b / II. 346a / III. 139, 191
迎	I. 145b		
迎接	I. 34a / II. 334a / III. 186, 196	应便	III. 155
		应承	I. 134b / III. 55
迎进士	III. 131	应酬	II. 346a / III. 60
迎送	III. 131, 179	应答	III. 52, 191
迎秀才	III. 131	应当	III. 58, 77, 154
盈	I. 88a	应得	III. 77
盈满	III. 110, 131	应对敏给	III. 28
萤	I. 55b	应嫁的	III. 44
萤虫	III. 130	应龙	III. 80
萤灯	I. 125b	应诺	III. 55, 191
萤火	I. 125b / III. 130	应容	III. 55
营	I. 58a / III. 185	应声	III. 81

应随	III. 191	痈疖	I. 111b
应务	III. 150	痈疽	III. 177
应验	III. 81, 99, 116	庸	II. 347b
应允	III. 53, 55	庸常	III. 137
映	I. 149a	庸常的	III. 53, 150
硬	I. 85a / II. 346a / III. 23, 80, 192, 200	庸常的人	III. 174
		庸课	II. 336a
硬辩	III. 177	庸俗	III. 137
硬的	III. 192, 199	壅口	III. 207
硬定	III. 87	壅树	II. 347b
硬话	III. 23	壅田	II. 347b
硬坚	III. 80		
硬口的	III. 69	**yǒng**	
硬拎着胆	III. 14	永	II. 347b / III. 57, 95, 171
硬痰	III. 100	永不	III. 153
硬心	III. 23, 58, 80	永不死	III. 120
硬性	I. 61a, 64a	永不相见	III. 16
硬性的	III. 69	永长	III. 171
硬应	III. 191	永常	III. 171
硬执	III. 38, 57, 80, 87, 102, 133, 177, 180, 209, 218	永存	III. 120
		永福	III. 32
		永久	II. 347b / III. 95
硬执的	III. 177	永居	III. 108
硬嘴	III. 34, 80	永诀	III. 16
		永苦	III. 214
yōng		永苦地狱	III. 116
佣工	III. 9, 11, 155, 170, 214	永年历	III. 40
		永生	III. 95, 120, 221
佣工的人	III. 113	永时	III. 171
佣工人	III. 123	永世	II. 347b
佣人	III. 214	永死	III. 144, 146
佣价	III. 123	永永	III. 57, 164, 170, 171
佣直	III. 123	永永世世	III. 95, 117, 164
佣值	III. 123		

永远	III. 95, 164		153a, 155b / II. 347b /
永在	III. 95, 171		III. 83, 103, 226
咏	II. 347b	用保	III. 65
咏唱	I. 152a	用不得	III. 151
咏春	II. 347b	用不尽	I. 80b
勇	III. 101	用不着	III. 226
勇德	III. 101	用大礼	III. 202, 203
勇的	III. 100	用得	III. 226
勇得紧	I. 117a	用得不好	III. 226
勇敢	III. 14, 26, 36	用得的	III. 68, 206
勇健雄才	III. 218	用得省俭	III. 77
勇将	I. 95b, 102a	用得是	III. 226
勇力	III. 15, 91, 101, 102	用得着	III. 226
勇烈	III. 14, 218	用度等分定	III. 189
勇猛	III. 98, 99	用度生	III. 103
勇女	III. 147	用饭	III. 51
勇然	III. 160	用风	III. 135
勇人	I. 125b	用弓箭的人	III. 100
勇士	III. 91, 102, 218	用计较	III. 86
勇往	III. 81	用尽了	III. 212
勇壮	III. 91	用礼	III. 60
涌	I. 94a	用力	III. 8, 54, 58, 91, 101,
涌出	III. 122, 133, 196		102, 109, 176, 195,
涌进	III. 88		219
涌来	III. 69	用力而无益	III. 83
涌流	III. 148	用利人	III. 129
涌怕了	I. 94b	用两手一般	III. 68
涌入	III. 88	用了	I. 64a, 81a
踊一身跳*（踊	III. 196	用魔术迷人	III. 84
身一跳）		用魔术以昏人	III. 86
踊跃	III. 196	用木料	III. 86
		用权	II. 351b
	yòng	用人	III. 155
用	I. 64a, 81a, 88b, 113b,	用扇	III. 1

用善言安慰他	III. 56	幽谷	III. 218
用省些	I. 104a	幽静	III. 16
用他	III. 99	幽名	II. 355a
用邪法	I. 90a, 101b	幽僻	III. 16
用心	I. 96a / III. 8, 55, 58, 77, 91, 102, 175, 219	幽僻之处	III. 130
		幽雾	III. 211
用心的	III. 77, 203	悠久	III. 125

yóu

尤多	III. 146
由	I. 155b / III. 160, 179
由此	III. 198
由来	III. 68, 160
由是	III. 198
由他	I. 44a, 88a, 129b
由他服	III. 65
由他做	I. 60b
由天	II. 346a
犹	I. 147a
犹太国的人	III. 123
犹太人	III. 123
犹豫不决	III. 171
犹子	III. 202
邮站	II. 328b
油	I. 48b, 107a, 117a, 124a, 144b / III. 32, 47, 105, 106, 107, 158, 200, 225
油饼	III. 113, 157
油车	I. 110b
油滴	I. 130b
油坫	III. 147
油房	I. 35b
油干了	III. 56

用刑过当	III. 44
用药	III. 17
用银子	III. 83
用印	III. 28
用智谋	III. 86
用着	III. 226
用左手	I. 97b

yōu

忧	I. 111a, 151b / II. 346a
忧愁	I. 42b, 93a / II. 346a / III. 14, 71, 72, 88, 137, 216
忧愁的	III. 137, 147
忧苦	III. 7, 73, 98, 171
忧累	III. 98
忧虑	III. 55, 60, 63, 204
忧闷	II. 355b / III. 7, 55, 88, 137, 209
忧闷的	III. 71, 137, 147, 216, 217
忧闷死	III. 144
忧叹	III. 104
忧郁	III. 55, 137
幽	II. 346a
幽暗	III. 91, 129, 155, 160, 209, 211

油垢	III. 147	游耍	I. 127b
油箍	III. 42	游耍所在	I. 127b
油罐	III. 10	游水	I. 122a / III. 148, 166
油灰	III. 103, 140	游玩	I. 103b
油脚	III. 35	游闲	III. 155
油绿	II. 346a, 354a / III. 220	游行	III. 167, 170
油腻	III. 83	游行四方	III. 13
油瓶	I. 40a	游巡	III. 223
油铺	I. 40a	游舁	III. 179
油漆	III. 47	游瞻	III. 179
油起	III. 32	游侦的	III. 92
油染	III. 147		
油柿	III. 47		**yǒu**
油树林	III. 157	友	II. 346a
油靴	III. 35	友谊	III. 7
油衣	III. 42, 221	有	I. 132b, 148b / III. 27, 199, 206, 208
油渣	III. 35, 214	有案验的	III. 180
油炸的	II. 328a	有板伤*（镶）	I. 104a
油揸*（榨）	I. 88b	有半面识	III. 55
油纸	III. 164	有本事	I. 47a / III. 2, 33, 74, 106, 116, 199, 208
油烛	I. 56b / II. 331a / III. 41, 219	有本事的	III. 81, 113
游埃	III. 25	有本事的人	III. 77, 150
游宸	I. 103a	有便	III. 181, 208
游荡	I. 104b	有便当	III. 52, 208
游荡无所不为	III. 78	有便时	III. 156
游方	I. 153a	有病	I. 98a, 116a / III. 4, 85
游方人	III. 170	有病的	III. 85
游魂	III. 11	有补	III. 181
游击	III. 42	有补的	III. 205
游街	III. 179	有补的药	III. 55
游街卖	III. 219	有补益	III. 109, 181
游泮	III. 29	有才干	III. 74, 116, 208
游山	II. 365b		

有才干的	III. 81	有多事	III. 156
有才能	III. 2, 116	有多文	III. 82
有才学	II. 325a / III. 127	有多汁	III. 227
有才学的	III. 191	有方便	III. 52, 208
有才学者	III. 195	有分职	III. 106
有才智	III. 181	有分	I. 127a
有差别	III. 78	有份	III. 38, 68, 165
有尺寸	III. 137	有风的所在	III. 220
有愁	I. 98a	有服	III. 86
有处	III. 84	有福	III. 98
有船	I. 50b	有福的人	III. 76
有疮口	I. 65b	有福之人	III. 32
有刺的	III. 92	有感	III. 145
有大靠山	III. 54	有根	I. 45b
有大名声的	III. 46	有跟随者	III. 4
有大悖头	III. 95	有功	III. 32, 77
有大丈夫气	III. 218	有功效	III. 109
有胆	III. 14, 26, 36, 209	有功于民	III. 32
有胆的人	III. 160	有功于我	III. 32
有胆量	III. 14, 58	有功之行	III. 154
有胆气	II. 363a	有菰	I. 50b
有道理	I. 148b / III. 55	有膙胀的	III. 227
有德清白之士	III. 223	有顾	III. 209
有德行的	III. 113, 223	有怪	III. 184
有地方	III. 84	有官员	III. 106
有定规	III. 159	有过	I. 74a
有定见的	III. 200	有害	III. 171
有定列	III. 159	有害的	III. 64
有毒	I. 43b, 128a / III. 83	有好墙壁	III. 54, 95
有毒的	III. 26, 175, 219	有号	I. 46b
有毒的话	III. 162	有何妨	III. 115
有多	III. 202	有何见教	III. 150
有多节	III. 153	有何伤	III. 115
有多少长	III. 125	有何谕	III. 150

有恨心	III. 156	有礼貌的	III. 51
有恒心	III. 56	有礼趣	III. 103
有怀必吐	III. 76	有礼体	III. 32
有火焰	I. 44b	有礼制	III. 103
有饥色	III. 109	有里	I. 104a
有机谋	I. 38a	有理	I. 60b / III. 8, 55, 209
有积	III. 8, 116	有理的	III. 185
有疾	I. 98a	有理之事	III. 124
有几层	III. 79	有力	I. 103b, 146a / III. 102
有几重	III. 79	有力可还	III. 177
有计策	I. 38a	有力量	III. 36, 209
有计较	I. 38a / III. 195	有力气	III. 102
有家	III. 192	有利	I. 101a, 104a / III. 119, 209
有家眷	I. 58a		
有家小	I. 58a	有厉害	III. 171
有见识	III. 181	有厉害的	III. 206
有将胆	III. 218	有利益	III. 68, 119, 181, 209
有角	I. 62a	有粮	I. 138b
有侥幸	III. 98	有了	III. 30, 109, 131
有借	III. 54	有路	III. 188
有筋节脉络的	III. 150	有慢	III. 216
有尽	III. 99	有冒渎	III. 117
有惊	I. 41b	有霉的	III. 143
有铠甲	I. 44b	有门风	III. 103
有考证	III. 180	有免	III. 179
有靠山	III. 95	有苗稼田地	III. 198
有空	III. 71, 73	有名声	I. 36a, 105b
有口辩	III. 82	有名声的	III. 6
有口才	III. 82, 108	有名望	I. 100a / III. 32, 97
有苦	III. 98, 169, 171	有明悟	III. 87, 117
有劳	II. 352b / III. 41, 85	有命	III. 223
有棱角的	III. 192	有命的	III. 223
有礼的人	III. 60	有男子胸肠的女	III. 147
有礼貌	III. 32		

有内手	III. 54	有人情	III. 114
有年了	I. 107b	有人说	III. 194
有弩力	III. 36	有人听	III. 27
有女德	III. 147	有人知道	III. 194
有癖性的	III. 208	有妊	I. 88b
有偏爱	III. 16	有日	I. 101a
有偏倚的	III. 117	有日头	III. 110
有品从	III. 106	有容	III. 42
有品第	III. 106	有荣宠者	III. 105
有品级	III. 106	有荣幸者	III. 105
有凭据	III. 28, 209	有身	III. 178
有凭据的	III. 180	有深味之言	III. 106
有破病的	III. 150	有甚么	III. 183
有破相	III. 98	有甚么贵干	II. 326a
有妻子	III. 44	有甚么见教	III. 183
有起、倒	III. 209	有甚么意思	III. 99
有气	I. 139b	有生命	III. 33
有气力	I. 140a / III. 192	有盛达	III. 98
有气力的	III. 193	有剩的	III. 202
有契合于我心	III. 51	有时	III. 9, 68, 84, 221
有谦德的	III. 114	有时候	III. 84
有妾	I. 32a	有时来	III. 203
有情的	III. 7	有时节	III. 84
有情于人	III. 38	有势	I. 106a
有穷尽	III. 99	有势要的人	III. 113
有趋向	III. 99	有恃头	III. 54
有趣	I. 107a / II. 336b / III. 8, 67, 79, 106, 117, 195, 223	有事	III. 93, 209
		有事干	I. 34a, 123b
		有手段	III. 74, 116, 208
有趣之言	III. 76	有手段的	III. 83
有缺的	III. 121	有手艺	III. 208
有人	III. 10	有疏失的	III. 71
有人传	III. 98	有司	III. 134
有人讲	III. 98, 147	有斯文	III. 32, 114

有斯文的	III. 51, 129	有些咸味	III. 196
有私意	III. 16	有些意思	III. 117, 223
有私意的	III. 117	有些意思的处	III. 187
有算计的	III. 223	有邪法	I. 90a
有所当趋	III. 99	有邪行的	III. 72
有所当向	III. 99	有心	I. 47a, 60a, 76b / III. 68, 119, 225
有所在	III. 84		
有胎	I. 88b / II. 363a / III. 53	有心犯	III. 168
		有心焦	I. 98a
有体面	III. 14	有信	I. 34a, 60a
有头绪	III. 159	有信的人	III. 113
有万里之明见	III. 181	有信实	I. 63b
有万人之敌	III. 218	有行	III. 54
有威重	III. 106	有形的	III. 59
有味	I. 142a / III. 67, 108	有形貌	III. 59
有味的	III. 195, 204	有形体	III. 59
有文采	III. 82	有形象	III. 59
有文礼	III. 82	有形之象	III. 91
有文理	III. 82	有性子	III. 54
有文凭	III. 28	有学问	III. 127
有雾	III. 73	有恙	I. 98a
有先见之明	III. 181	有一会	I. 108a
有限	II. 342b / III. 99	有一件事	III. 204
有想记	III. 166	有衣甲	I. 44b
有想头	III. 166	有异别	III. 77, 218
有小事	III. 150	有益	I. 44a, 101a, 104a, 134b, 143a / III. 68, 109, 119, 181, 209
有小心	III. 60		
有效	I. 101a		
有效验	III. 109, 209	有益的	III. 196
有笑脸	III. 16	有益于己	III. 18
有些病	I. 35a	有益于人	III. 18
有些颠	I. 117a	有翼的	III. 9
有些狂	I. 117a	有意	III. 119, 225
有些似	I. 143b	有意思	III. 8, 31, 67, 79

有意思的人	III. 28	有自罪善痛	III. 57
有印信	III. 28	有阻碍	III. 171
有影	I. 145b	有嘴罐	III. 8
有应验	III. 209	有罪	I. 154b / III. 209
有拥护者	III. 4	黝暗	III. 155
有用	I. 44a, 148b / III. 68, 181	**yòu**	
有余的	III. 202	又	I. 125b / II. 346a / III. 6, 26, 28, 68, 115, 176, 206, 227
有余剩的	III. 191		
有雨意	III. 132		
有御卫者	III. 4	又病	I. 137b
有怨恨的	III. 184	又告	III. 17
有孕	I. 60a, 88b, 128b / II. 346b / III. 53, 178	又来	III. 34, 160
		又日新	III. 18
有糟*（作）料	I. 36a	又说	III. 160
		又笑又恼	III. 176
有造化	III. 33, 98, 220	又作	III. 187
有贼形	III. 99	右	II. 346a
有丈夫的	III. 44, 147	右边	I. 41a / III. 12
有执持的	III. 200	右侍郎	III. 55
有执的人	III. 92	右手	I. 117a / III. 134
有职	III. 134	右营	III. 9
有职分	III. 209	幼嫩	III. 99
有智德	III. 62	幼年	III. 81, 124, 142, 150
有智的	III. 113	幼年的	III. 133, 142
有智谋	III. 116	幼年的女	III. 142
有智意	III. 116	幼女	I. 55b
有智者	III. 56, 77	幼时	III. 142
有终	III. 99	幼时的	III. 124
有种	I. 143b	幼细	I. 103a
有众望	III. 32, 97	幼小	I. 119b
有重望	III. 97	幼子	III. 112
有滋味	I. 142a / III. 108	佑福	III. 180
有子	I. 88b	佑救	III. 202

佑神助	III. 92	鱼鳞珠	III. 199
侑御祭	III. 76	鱼腮	III. 7
柚树	III. 148	鱼塘	I. 119b, 155a
柚子	III. 148	鱼翁	I. 130a
宥	I. 129b / II. 366a	鱼鲞	III. 171
诱感	II. 325b / II. 346a / III. 118, 209	鱼寻者	III. 172
		鱼檐	III. 9

yū

淤沟	II. 348b	鱼义*（叉）	I. 103a
欝*（迂）曲	I. 92b	鱼子	III. 107
		渔夫	III. 172

yú

		渔鼓	III. 24
		渔翁	III. 172
于	III. 66, 84	隅	III. 41, 93
于事无与亲	III. 21	逾节	III. 74, 96
余地	I. 87a	愚	I. 144b / II. 347a
余剩	I. 75b, 80b, 90a / III. 191	愚笨	III. 36
		愚痴	III. 133, 213
余剩的	III. 188, 202	愚蠢	III. 32, 36, 213
余外	III. 68	愚蠢的	III. 115, 227
鱼	I. 128b, 130a / II. 347a / III. 168, 171	愚癫	III. 36
		愚钝	III. 35
鱼池	I. 119b, 155a / III. 93	愚见	III. 164
鱼刺	I. 97a / III. 92	愚鲁	II. 347a / III. 36, 116
鱼莿	I. 97a	愚憒	III. 36, 120, 133, 194, 196, 213
鱼旦	I. 125a		
鱼饵	III. 47, 103	愚人	I. 141a, 149b
鱼干	III. 171	愚徒	III. 77
鱼骨	III. 92	篽*（舁）	I. 42b
鱼行	III. 171		
鱼划	II. 343a		yǔ
鱼胶	III. 50	与	III. 53, 64, 66, 164
鱼口疮	III. 37	与你何干	III. 183
鱼郎	I. 130a	与你没相干	III. 171
鱼鳞	III. 90	与你无干	III. 171

与你有干	III. 58	雨霏霏滂	III. 150
与你有甚么相干	III. 183	雨沟	II. 348b
与你有语	III. 58	雨前茶	II. 328a
与女人行邪淫	III. 168	雨伞	I. 146a / III. 168, 184
与禽兽行色	III. 168	雨水	I. 37b / III. 7, 201
与人说话	III. 174	雨水年	III. 16
与他	II. 334a	雨息	III. 70
与他病愈了	III. 196	雨靴	III. 35
与他穿盔甲	III. 20	雨衣	III. 42, 221
与他戴冠	III. 59	雨云	III. 153
与他复活	III. 191	雨止	III. 70
与他睡	III. 4	语	I. 99b / II. 347a
与他说	III. 108, 165	语有趣味	III. 76

yù

与他所用的	III. 181
与他玩	III. 37
与他知道	III. 165
与他知觉	III. 6
与我	II. 347a / III. 51
与我无干	III. 151
予	III. 64
伛曲的	III. 59
伛*（怄）性	I. 88a
宇世	III. 147
羽	III. 225
羽翎	III. 174
羽毛	III. 174
羽毛盔	III. 174
羽毛缨	III. 174
羽扇	III. 1
羽翼	III. 9
雨	I. 66a / II. 329a / III. 132
雨雹	III. 106

玉宝	I. 96a
玉带	II. 346b
玉工	III. 125
玉珪	III. 200
玉匠	I. 111a
玉盘	I. 113b
玉人	III. 125
玉石	III. 123, 173
玉玺	III. 198
玉言	III. 162
玉宇	I. 64b
玉簪	II. 326a
郁闷	III. 7, 14, 72, 88, 137, 216
育	I. 146a
狱	II. 346b
狱中	I. 89a
浴室	III. 126
预安排	III. 181

预报	III. 17	遇见	I. 150a / III. 141
预备	III. 4, 6, 15, 16, 17, 109, 178, 179	遇仙	II. 347a
		遇着	II. 347a / III. 85, 109, 213
预备军器勒马	III. 17		
预定	III. 181	御	III. 185
预防	III. 179, 186	御笔	III. 174
预计之人	III. 181	御朝	III. 27
预戒	III. 17, 186	御赐	III. 139
预救	III. 179	御祭	III. 76
预期甚日	I. 83a	御禁军	III. 107
预说	III. 76	御酒	III. 185
预算计的	III. 181	御龙的物	III. 185
预图之人	III. 181	御辇	III. 43, 185
预为备	III. 17	御辇军	III. 9, 19, 107, 202
预先	III. 15, 57, 66	御妻	III. 192
预先备办	III. 179	御器	II. 347a
预先讲	III. 76	御树林	III. 35
预先去	III. 15	御宴	III. 30, 51, 185
预言	III. 76	御衣间	III. 107
预知	III. 194	御医	III. 137
预知者	III. 180	御座	III. 185, 217
预着	II. 347a	寓言	III. 139
欲	I. 61a, 79a, 107a, 109a, 136a / II. 346b / III. 17, 184	寓住	III. 33, 190
		愈	III. 135, 183
		愈迟	III. 136
欲火	III. 17, 130	愈大	III. 136
欲火烧心	III. 117	愈多	III. 135
欲眠	I. 146a	愈好	III. 137
欲睡	I. 146a	愈胜	I. 146b
欲心	III. 50, 74	誉	I. 140b
欲要	I. 79a		
遇便	II. 358b / III. 52		**yuān**
遇风船多漂没	III. 202	鸢鸟	III. 140
遇机会	III. 156	冤仇	III. 85

冤家	I. 36a, 61b, 91a, 109a, 129b / III. 85	圆	I. 137b / II. 347a / III. 9, 91
冤雠*（仇）	I. 109a	圆的	III. 187
渊雅的	III. 32	圆而长	III. 193
鸳鸯	III. 103	圆棍样	III. 193
		圆领	II. 347a
	yuán	圆笠	III. 41
元光	III. 76	圆满	II. 347a
元日	III. 76	圆梦	III. 119
园	I. 56a, 125a / III. 108	圆头	III. 182
园菜	III. 160	圆转	I. 45b
园沟	III. 46	圆桌	III. 139
园子	III. 184	援	II. 347a
员领	III. 221	源	II. 347a / III. 102, 133, 179
原	II. 347a / III. 160, 179	源初	I. 124b
原稿	III. 160	源流	III. 148
原告	I. 34b, 48a / II. 326b / III. 5, 28, 174	源泉	III. 102
原告戏	I. 48a	源头	I. 103b
原故	III. 45, 145, 155	源源	I. 76b
原记	III. 187	缘	III. 179
原料	III. 136	缘故	III. 45, 145, 155
原配	III. 44, 147	缘河走	III. 122
原气	III. 136	缘江行	III. 122
原契	III. 160	缘是	I. 132a
原势	III. 180	缘因	III. 45
原先	I. 76b / III. 15	缘由	III. 45, 145, 179
原先起	I. 79a		
原因	III. 45, 155, 160		yuǎn
原由	II. 347a / III. 45, 133, 145, 160, 179	远	I. 40b, 75a, 113b / II. 347a / III. 67, 126, 127, 189, 199
原质	III. 136	远步山川	III. 122
原祖的罪	III. 168	远差	III. 10, 59
原罪	III. 160, 168		

远隔	III. 78	约契	III. 11, 90
远忌	III. 16	约书	II. 346b / III. 53, 164
远看	III. 78, 141	约说	III. 76
远路	III. 40	约言	III. 2, 4, 36, 52, 89, 187, 205
远去	III. 10, 28, 80		
远日	I. 108a	约要	III. 187, 205
远视	III. 78, 141, 220	约战	III. 69
远望	III. 141	曰	I. 99b / II. 347a
远现	III. 16		
远行	III. 122, 170	**yuè**	
远行者	III. 170	月	I. 113b, 119a / III. 130, 139
远移	III. 28		
远走	III. 28, 122	月半	I. 113b / III. 139
		月初	I. 113b
yuàn		月大	III. 139
苑	I. 56a, 125a	月光	I. 113b
苑马	II. 347b	月尽	I. 92b / III. 38, 99, 139, 212
怨	II. 347a		
怨妇	I. 133a	月经	III. 139, 197
怨恨	I. 101a / III. 2, 156, 184	月经来	III. 219
怨恶	III. 156	月亏	III. 130, 138
院	III. 143	月亮	I. 113b / III. 130
院子	III. 167	月轮天	III. 48
愿	II. 347a / III. 17, 74, 103, 184	月明	I. 113b
		月末	III. 139
愿欲	III. 74	月食	III. 81
愿做	I. 82b	月蚀	I. 163a / III. 81
		月朔	II. 362a / III. 55
yuē		月台	III. 141
约定	III. 53, 99, 166	月下望	III. 138
约定的	III. 93	月信	III. 139
约定那一日	I. 83a	月小	III. 139
约暮	III. 152	月虚	III. 130
约期	III. 209	月望	III. 130
约其辞	III. 187		

月尾	I. 92b, 113b / III. 139	**yún**	
月月	I. 55b	云	I. 66a, 99b, 123a / III. 76, 153
月终	I. 92b / III. 139	云布	III. 153
乐	II. 346b	云成章	III. 153
乐工	III. 147	云积	III. 153
乐户	III. 147	云南	III. 181
乐节	III. 147	云散了	III. 153
乐伶人	III. 147	云色	III. 21
乐器	II. 346b / III. 118	云梯	III. 89
乐声	III. 109, 147	云梯攻城	III. 89
乐师	III. 132, 147	云雾	III. 149, 150, 188
乐太师	III. 147	云霞	III. 21
乐舞坊	III. 91	云消	III. 153
乐音	III. 147	匀距	II. 335b
岳父	III. 204	耘	II. 347b
岳母	II. 346b / III. 204	耘草	III. 90
岳翁	III. 204	**yǔn**	
岳丈	II. 346b / III. 204	允	I. 103a / III. 5, 18, 53, 128, 160
钺刀	III. 9	允当	III. 58, 99, 100
钺斧	I. 38b	允当的事	III. 149
悦	III. 67	允诺	III. 5, 53, 160
跃脚	III. 167	允许	III. 53
越	III. 135, 183	**yùn**	
越扒越痒	III. 135	运	II. 347b / III. 215
越多	II. 347a / III. 135, 146	运倒	II. 363b
越发	III. 146	运动	II. 347b / III. 13, 34, 37, 138, 145
越高、越险	III. 169	运土	III. 186
越告	III. 17	运行	III. 145, 146
越好	II. 347a / III. 137, 146	运转	II. 347b / III. 13, 34, 215
越越不好	III. 170		
	yūn		
晕倒	II. 363b		
晕去	II. 351b		

韵转	II. 347b	栽	I. 133b / III. 198, 216
晕	II. 347b	栽花	III. 174, 216
缊袍	III. 221	栽跟倒	III. 65
韵	II. 347b / III. 5, 56	栽了活	II. 324b
蕴藏	III. 57	栽树	III. 174
熨斗	II. 346b, 347b, 364a	栽种	I. 153a / III. 216
熨一熨	II. 346b		

zǎi

仔	I. 64a
宰	I. 117b / III. 136, 199
宰牛的	III. 43
宰牛行	III. 185
宰杀牲口铺	III. 43
宰牲口的	III. 43
宰弑父者	III. 136
宰治	III. 105
宰猪的	III. 43, 177
宰猪牛所在	I. 35a
载	I. 42b

Z

zá

杂	II. 324a
杂话篇	III. 225
杂和	III. 140
杂货	III. 218
杂货铺	III. 210
杂乱	III. 55, 73, 88, 186
杂其中	III. 88
杂色	I. 113a, 116a / III. 140
杂书	II. 324a
杂体	III. 142
杂学	III. 140, 218
杂艺	III. 140, 218
杂于其间	III. 88
杂知	III. 218
杂智	III. 140
杂种的	III. 112
杂字	III. 225

zāi

灾	II. 324b
灾患	III. 117
灾难	III. 6, 71, 214
灾殃	II. 345a / III. 6, 71, 117, 214

zài

在	I. 33a, 102b, 139b, 155a / II. 324b / III. 33, 55, 93, 134, 223
在朝里住	III. 223
在此	III. 182
在行	II. 324b / III. 32, 77, 93
在行的	III. 51
在行的人	III. 129, 150
在欢喜	I. 98a
在家	III. 93
在空中	III. 8
在了	III. 164
在马上	I. 98a
在哪里来	II. 324b

在哪里住	II. 324b	在左右前后	III. 93
在那里看	I. 35a	再	I. 125b / II. 327a / III. 160
在那里睡	I. 97b		
在那里坐	I. 97b	再不	I. 108a / II. 324b / III. 115, 134, 153
在你	III. 26		
在前	III. 93	再不敢	II. 324b
在前酒后	III. 202	再不敢得罪天主	III. 115
在日下	I. 98a		
在时	III. 223	再不要	I. 123a
在是非可否之间	III. 20	再不做	II. 324b
		再得	III. 186
在上	III. 93	再读	III. 126
在上头	I. 98a	再犯	III. 186
在手下	III. 179	再告	I. 134b / III. 17
在死罚中	III. 139	再婚	III. 44
在危急之中	III. 169	再几步	III. 135
在他	III. 68	再架	III. 187
在他主意	III. 93	再煎	III. 187
在天经	III. 159	再讲	III. 190
在周围	I. 98a / III. 93	再讲过	I. 139a
在席上	I. 98a	再进去	I. 115b
在下	III. 93	再近些	I. 115b
在下面	I. 98a, 110a	再看	I. 137b, 140a / III. 126, 141, 191, 214
在下头	I. 98a		
在下者	III. 116	再来	III. 34, 160, 219
在庠	III. 29	再起头	III. 68
在学	III. 29	再请教	II. 324b
在于	III. 94	再求	I. 139a / III. 117, 214
在于所	III. 155	再取	I. 150a / III. 186
在远处	I. 98a	再娶	III. 44
在月里	III. 165	再任	III. 54
在制中	III. 93	再三再四	III. 8, 221, 224
在中间	I. 92b	再生	I. 121a / III. 148, 186, 187, 191
在中央	I. 92b		

再数日	I. 96a	拶指手	II. 326a
再说	III. 160	拶子	II. 326a / III. 214
再讨	I. 139a, 150a	趱	I. 42a, 105b, 162a
再添些	III. 15, 135	趱催他	I. 92a
再无	III. 153	趱前	I. 35b
再想	III. 175, 194	攒一攒	II. 326a
再些	III. 224		
再新	III. 117, 189		zàn
再行一步	III. 166	暂别	III. 16, 73
再修整	III. 188	暂福	III. 33
再一遭	III. 160	暂见	III. 141
再栽	III. 216	暂苦	III. 214
再造	III. 187	暂且	I. 92b
再这等样多	I. 125b	暂时	I. 132a / III. 36, 88
再煮	III. 187	暂行几步	II. 326a
再走一脚	III. 166	暂休息	I. 78a
再坐	III. 23	暂住	III. 108
再做	III. 188	赞	I. 134b
再做的	III. 192	赞美	III. 9, 32
载	I. 33b / III. 43, 57, 131, 205, 215	赞言	III. 9
		赞扬	III. 9, 181
载车	III. 43	赞语	III. 9, 129
载船	III. 43	錾	II. 325b, 326a
载获	II. 344b	錾花	III. 125, 201
载旒	III. 59	錾破	III. 183
载帽	III. 35		
			zāng
	zǎn	脏	III. 147, 177
簪	II. 326a	赃官	II. 325b
		赃物	III. 133, 193
	zǎn		
			zàng
拶起来	III. 214	葬	II. 325b / III. 87, 199
拶手	III. 214	葬棺柩	III. 87
拶指	III. 25, 214	葬礼	III. 87, 96

	zāo	早些	III. 57, 208
遭	III. 221	枣树	III. 5
遭丁	II. 326b	枣子	I. 115a / III. 5
遭禁	III. 82	澡浴	III. 126
遭*（作）料	I. 96b		zào
遭难	I. 33b, 35a		
遭辱	III. 72, 117	皂	III. 42
遭他凌辱	I. 37b	皂吏	II. 353a
遭遇	III. 85, 213	皂隶	I. 132b / II. 326b / III. 59, 197
遭责	I. 35a		
糟	II. 326b / III. 97, 111	皂靴	II. 342b
糟姜	III. 123	灶	I. 103a
糟*（作）料	I. 36a	灶门	III. 34
	záo	造	I. 59b, 100b / II. 326b, 327a / III. 45, 101, 109
凿	I. 95a	造册	III. 136
凿子	II. 336a / III. 90	造成的	III. 199
	zǎo	造城为府	III. 147
		造的	III. 110
早	I. 64b, 147b / III. 208	造化	I. 83b, 146a, 154a / III. 76, 104, 220
早朝	I. 40b		
早晨	I. 40b / III. 9, 132, 134	造化不好	I. 35a, 36a
早稻	III. 22	造化不济	I. 78a
早饭	III. 11	造化的	III. 76
早谷	III. 22	造居	I. 87a
早间	I. 115b, 117a / III. 67, 134, 176, 208	造呢	II. 326b
		造菩萨的	I. 115a
早课	III. 207	造书	III. 52
早起身	III. 132	造天地万物之主	III. 61
早起伸*（身）	I. 115b		
早上	III. 134	造万物者	III. 77
早时间	I. 40b	造物者	III. 61
早熟	III. 208	造者	III. 45, 81
早堂	III. 27	噪嚷	I. 151a
早晚	III. 134		

《葡汉词典》《汉法词典》《官话词汇》中文词语索引　　409

躁暴	III. 21	怎么处	III. 183
躁暴的	III. 133	怎么规矩	I. 76b
躁暴猛烈	III. 36	怎么好	III. 183
		怎么样	I. 59b, 75b, 76b, 131b / III. 51, 68, 134

zé

则	II. 329a
责备	III. 190
责罚	III. 44
责励	III. 96
责任	III. 154, 156
责他	III. 154, 187, 190
责望	III. 190
责罪	III. 170
择	I. 91b / II. 327a
泽	I. 51b
泽洽	III. 143
啧	III. 188

怎么样才好	III. 52
怎么样称呼他	II. 330b
怎生	II. 327b

zèn

譖谤是非	III. 147
譖夫	III. 147
譖毁	III. 147

zēng

曾孙	I. 52a, 147b / III. 33
曾孙妇	I. 52a
曾孙女	I. 147b / III. 33
曾祖	I. 52a
曾祖母	I. 52a
增	I. 38a, 93a / III. 5, 15, 147, 187
增广	III. 29
增加	III. 28, 61
增价	III. 182
增荣	III. 113, 120
增些	II. 327a
增些儿	III. 97
增新	III. 189
憎	I. 91a, 97b
憎他	I. 80a
绬*（罾）纲	I. 137b

zè

仄陋	III. 31
仄狭	II. 327a

zéi

贼	III. 125
贼巢	III. 150
贼船	III. 149
贼党	III. 104
贼洞	I. 63a
贼寇	III. 125
贼头	III. 42, 182
贼窝	III. 125
贼寨	III. 125

zèng

甑	II. 327b

zěn

怎得	II. 327b
怎么	II. 327b

甑香水	I. 37b	蚱蝠	III. 106
		蚱蜢	III. 106
	zhā	鲊鱼	III. 8
扎	II. 327b	榨	II. 325a
扎起袖	III. 21		
扎营	I. 97b / III. 11, 23, 164		**zhāi**
扎寨	III. 23	斋	III. 9
札符	III. 167	摘取	I. 153a
札书	III. 43		
揸	II. 327b		**zhǎi**
揸开	II. 327b	窄	I. 98b / III. 14
挜*（扎）紧	I. 44a	窄路	III. 40, 220
喳喊	III. 139	窄狭	III. 14, 95
渣	III. 24, 90, 97, 111	窄小	III. 14, 95
渣清了	III. 4		
渣滓	III. 24, 90, 111		**zhài**
渣子	III. 90	债	III. 75
		债户	III. 75
	zhá	债家	III. 75
劄付	I. 40b	债主	I. 63b, 124b / III. 5
劄子	I. 149a	寨	I. 45a, 58a, 137b
		寨栅	III. 216
	zhǎ		
眨眼	III. 172		**zhān**
		占天师	III. 24
	zhà	占着	III. 205
诈	II. 327b	沾	I. 155b
诈病	III. 100	沾润	III. 143
诈诡	II. 327b	粘	II. 329b / III. 17, 169
诈话	III. 138	粘不住	III. 169
诈谋	III. 86	粘金	III. 79
诈伪	I. 83b/ III. 97, 100	粘着了	III. 169
诈言	III. 97, 138	毡	II. 329b
咤吆	III. 139	毡包	II. 329b / III. 34
栅栏	III. 18	毡笼	III. 203
栅栏门	III. 182	毡幔	I. 51b

毡帽	III. 203	斩头	II. 329b / III. 60, 67
毡绒	I. 111a	斩头的	III. 70
毡衫	III. 42	斩腰	III. 73
毡毯	I. 38b	斩一下	I. 63b, 72b
毡条	I. 38b, 147b / II. 329b / III. 10, 207	盏	I. 161a
		盏碟	III. 196
毡袜	III. 39	展	III. 160
毡衣	III. 221	展本事	III. 145
瞻礼	III. 46, 219	展本性	III. 145
瞻礼单	III. 40	展才学	III. 160
瞻礼二	III. 135	展开	III. 72, 94
瞻礼六	III. 194, 222	展力	III. 145
瞻礼七	III. 194	展手段	III. 145
瞻礼日	III. 76, 99	展手面	III. 145
瞻礼三	III. 135	展转	I. 140a
瞻礼四	III. 124, 140	展转思量	III. 56
瞻礼五	III. 124	辗转	III. 186
瞻荣	III. 113		
瞻望	III. 92		zhàn
瞻仰	III. 141, 191	占	I. 150a / III. 155, 211, 226
	zhǎn	占夺	III. 226
斩	I. 62b, 100a, 109a, 140a / II. 326a	占国	III. 155
		占田地	III. 155
斩后来	I. 77b	栈钱	II. 334b
斩角	I. 95a	战	I. 59a, 94b, 106b, 151a / III. 31, 208
斩肉	III. 172		
斩伤	I. 34b	战败	III. 70, 74
斩首	III. 60, 67, 70	战车	III. 43
斩首死	III. 144	战船	I. 122a / III. 20, 30
斩树	I. 131a	战动	I. 99a
斩树枝	I. 73b	战斗	III. 109
斩死	III. 136	战法	III. 20
斩碎	III. 172	战服	III. 55

战寒	III. 211	张弓	I. 87b / III. 19, 100
战获之物	III. 178	张挂	III. 50
战计	III. 20	张鬼	I. 45a
战具	III. 20	张开	III. 94
战坑	III. 45	张开口	III. 2
战栗	III. 208	张口	III. 35
战楼	III. 43	张老鼠	III. 185
战马	I. 106b	张路粮	III. 136
战马车	II. 329b	张弩	III. 20
战袍	III. 221	张其英雄	III. 145
战胜	I. 38b / III. 219	张手臂	III. 36
战胜所获的	III. 178	张死衣裳	I. 120b
战书	III. 43	张网	III. 20, 94
战死	II. 328a	张着罗网	III. 94
战赢	I. 38b	章	I. 57a / III. 42
站	I. 97b	章鱼	III. 125
站传	III. 113	獐	III. 48
站定脚	III. 17	彰其名	III. 46
站立	III. 92, 164	彰著	III. 49
站起	III. 93, 176	漳州	I. 161a
站起来	I. 110b	樟脑	III. 10
站退些	I. 77b	樟瑙	I. 56b
站一边	III. 16	樟树	III. 10
站住	III. 164	樟子	I. 38b
站着	II. 329b / III. 93, 164		
颤	III. 208		zhǎng
颤寒	III. 211	长	II. 328a / III. 61
颤栗	III. 208	长本	III. 179
蘸笔墨	III. 143	长成的	III. 61
蘸醋	III. 143	长大	III. 61, 106
		长大了	III. 61
	zhāng	长得狠	III. 61
张	III. 134, 139, 174	长得快	III. 61
张船	III. 136	长而进	III. 61

长根	III. 185
长老	I. 115b, 129b / III. 35
长了根	III. 21
长男	III. 112
长肉	III. 84
长石山	III. 169
长穗	III. 92
长须	I. 50b
长牙齿	III. 148
长益	III. 27
长者	III. 13
长志	I. 95b
长子	I. 134a / III. 112
涨	II. 328a
涨价	III. 61
掌案	III. 24
掌鞭	II. 328a
掌鞭的	III. 125
掌船	III. 131
掌船的	III. 135
掌工	III. 173
掌管	III. 179, 199, 208
掌管的	III. 177
掌号的	I. 151b
掌痕	I. 140b
掌会	III. 178
掌家	III. 44
掌教者	III. 178
掌面	III. 66
掌铺的	III. 208
掌其面	III. 34
掌其项	III. 172
掌权	III. 179
掌权者	III. 179
掌扇	III. 1
掌天地四时者	III. 136
掌心	III. 142
掌印	II. 328a / III. 179
掌住	III. 205

zhàng

丈	III. 209, 218
丈夫	I. 117b / II. 328a, 339b / III. 135
丈夫出妻	III. 70
丈量	I. 75b
丈量的	I. 118a
丈母	III. 204
丈人	III. 204
丈烛	I. 65b
仗牌	III. 90, 193
杖	I. 35a / III. 31
杖子	I. 51a, 53a / III. 29, 35, 45, 147
扙*（杖）	I. 129a
帐	I. 127b
帐壁	III. 62
帐房	III. 211
帐子	II. 328a / III. 167
胀开	III. 2, 186
胀满	III. 83
涨	I. 109a, 152a
涨肚	I. 124b
涨开	III. 2, 186
障泥鞍	III. 107
瘴	I. 84b
瘴气	I. 84b
瘴疫	III. 172

	zhāo		
招	I. 34b / II. 328b / III. 107, 110	着火烧	I. 34b
		着惊	I. 117a, 127a / II. 351a / III. 140, 166, 202
招安	III. 17, 204	着惊的	III. 24
招兵	II. 328b / III. 11, 109	着口	III. 2
招风信旗	III. 45	着了	III. 37, 164
招夫	III. 44	着了伤	I. 102a, 103a
招供	III. 54	着恼	III. 86, 199
招怪	III. 65	着吓	III. 202
招来	III. 4, 130	着吓的	III. 24
招牌	II. 328b / III. 127, 193, 206, 211		zhǎo
招亲	III. 44	爪	II. 328b / III. 225
招取	III. 130	爪刺	III. 225
招人	III. 84	爪痕	III. 225
招人相会	III. 186	爪迹	III. 225
招认	I. 60b / III. 54	爪甲	III. 225
招贤纳士	III. 130	沼	I. 147b
招眼	III. 141	沼池	III. 172
招引	III. 45		zhào
招诱	I. 109b	召他	III. 130
招证明白	III. 54	兆头	I. 37b, 73a / II. 328b
招致	III. 130	诏	I. 76b / II. 326b
招赘婿	III. 44	诏录	III. 167
招罪	III. 54	诏书	I. 81a / II. 328b / III. 167
昭明	III. 49	诏旨	III. 134
昭彰	III. 49	棹桨	II. 333a
昭著	III. 134, 152	照	I. 41a / III. 54, 120
朝	I. 64b, 75b, 147b	照壁	III. 165, 189
	zháo	照道理	I. 60b
着	III. 5, 25, 32, 109	照法	III. 154
着吃	III. 2	照法度	III. 198
着火	III. 84	照顾	III. 24, 63, 141, 209

照管	III. 63		遮藏	III. 85
照光	III. 4, 12, 90, 120, 130		遮风	III. 207
照号	II. 326b		遮盖	III. 62
照护	III. 13		遮搁	III. 62
照火	III. 141		遮拦	I. 41b / III. 13, 207
照价卖	III. 219		遮秘密	III. 207
照镜	III. 92		遮面	I. 87b / III. 83
照旧	III. 51, 54		遮面的	III. 186
照看	I. 140b / III. 141		遮起	III. 62
照理行	III. 154		遮日头风	II. 329a
照例	III. 54		遮饰	III. 85
照明	III. 12		遮体布	III. 29
照命	III. 154		遮掩	III. 46, 62, 85, 149, 207, 208
照前	III. 54			
照墙	III. 15, 165, 189		遮掩自罪	III. 155
照身	III. 167, 198, 210		遮荫	III. 13
照俗	III. 197		遮雨	III. 207
照样	III. 120			
照耀	III. 49			zhé
照意说	III. 199		折	III. 79, 174
照应之人	I. 140b		折断	III. 183
照原	III. 164		折痕	III. 79
照字	III. 54		折花	III. 85
照字的说	III. 199		折迹	III. 79
罩水	III. 35		折亮法	III. 171
罩阴	III. 29		折裂	III. 185
罩鱼	III. 171		折拢	III. 79
肇	II. 326b		折起	III. 79
肇造	III. 119		折扇	III. 1
			折数	I. 95a
	zhē		折帖	III. 222
遮	I. 88a, 147b		折椅	III. 201
遮蔽	III. 85, 207		折肢体的人	III. 142
遮蔽日	III. 189		折皱	III. 85

谪	II. 329a
谪官	I. 78a

zhě

者	III. 125, 129, 149
褶	III. 174
褶裤	III. 39

zhè

这	II. 329a / III. 92, 94
这傍	I. 76b
这壁厢	I. 76b
这边	I. 44b, 76b / III. 3, 19
这等	I. 46b / III. 67, 206
这等大	III. 206
这等少	III. 206
这等样	III. 24, 67, 143
这等样大	I. 147a
这地方	III. 1, 3, 19
这多	I. 91a / III. 206
这个	I. 163a / III. 94
这个相似	I. 46b
这个也不、那个也不	III. 151
这个月	III. 139
这几	I. 163a
这几人	II. 329a
这久	I. 108a
这里	I. 38a, 44b, 72a, 135b / III. 1, 3, 19
这里起	I.78b
这模样大	III. 206
这模样多	III. 206
这起	I. 163a
这时	I. 92b / II. 329a
这时间	II. 329a
这时节	I. 92a
这事到哪里过么	III. 87
这事到哪里止么	III. 87
这所在	III. 1, 3, 19
这些	II. 329a, 361a
这样	I. 75b, 82a / III. 24, 67, 143
这样大	III. 206
这样的	III. 206
这一遍	III. 93
这一次	III. 93
这一遭	III. 93
这一种人	III. 91
这月尽	III. 3
浙江	III. 181
蔗	III. 41
鹧鸪	II. 329a / III. 170

zhēn

贞	II. 331a
贞德	III. 113
贞夫	I. 155a
贞妇	III. 147
贞洁	III. 44
贞烈之女	III. 147
贞女	III. 79
针	I. 38a, 130b / II. 331a / III. 8
针簿	I. 57b
针工	III. 154
针尖	III. 182

针结	III. 210	真正	III. 48
针灸	II. 331a	真知的见	III. 194
针孔	III. 157	真珠	I. 39b, 128a, 129b
针筒	I. 38a	真子	III. 112
针指	III. 67	砧板	I. 147a / II. 331a
针嘴	II. 331a / III. 125	斟酌	III. 55, 186, 209, 210
侦者	III. 92	椹板	I. 147a
珍	I. 133b	臻	I. 66a
珍宝	III. 123	臻练的	III. 132
珍味	III. 204		
珍重	III. 55	**zhěn**	
珍珠	II. 331a / III. 135, 171	枕头	I. 40a, 55a, 66a, 151a / II. 331a / III. 11
真	I. 93a, 154a / II. 331a / III. 220	枕头衣	I. 105a
真的	III. 126, 220	枕衣	II. 331a
真福	III. 105	诊脉	III. 182, 213
真福之天	III. 48		
真福者	III. 32	**zhèn**	
真迹	III. 180	阵	II. 331a / III. 93
真金	III. 160	阵楼	III. 43
真净	II. 335a	阵营	I. 137b
真母	III. 132	赈济	I. 96a
真切	III. 118	镇石	III. 125, 126
真容	III. 191	镇守	I. 106a
真实	III. 75, 87, 200, 220	震	I. 151b
真实的	III. 48, 220	震惊人	III. 25
真是	III. 24, 48, 75, 92, 220	震怒	III. 122
真率	III. 131		
真说	III. 72	**zhēng**	
真心	III. 59, 225	正月	II. 330a / III. 130, 139, 179
真言	III. 162, 220	正月初一	III. 179
真颜	III. 191	争	II. 327a / III. 128, 169, 177, 189
真约	II. 331a		
真真	III. 75	争辩	III. 20, 57, 77, 177, 184

争斗	II. 364a / III. 130, 177, 189, 192	整	I. 46a, 57b, 60a, 148a / II. 330b
争价	III. 187	整败兵	III. 53
争价不成	III. 71	整标致	I. 36b
争口	I. 44b / III. 52, 177	整点	III. 53
争论	III. 20, 52	整兵马	III. 53
争前	III. 90	整顿	III. 53
争衢	III. 189	整顿军马	III. 16
争色	III. 46, 52	整顿勒马	III. 16
争先	II. 327a / III. 52	整干净	I. 44a / III. 128
争涌	III. 122	整个	III. 87
争战	I. 94b	整酒	III. 30
争做	I. 75a	整理	I. 125a, 139a, 148a
征	I. 59a, 151a / II. 330a / III. 181	整买	III. 52
征伐	I. 94b / III. 55	整齐	III. 182
征服	III. 205	整日	III. 212
征国	I. 60b	整容	III. 52
征人的马	I. 58b	整新	III. 189
征战	I. 100b / II. 330a, 338b / III. 55, 109	整修	II. 330b
征召	III. 130	整筵席	I. 50b
征证	III. 20		

zhèng

抍*（拯）破了	I. 81a
睁看	III. 73, 141
睁目切齿而骂	III. 184
蒸	II. 330a / III. 1, 61, 94
蒸糕	II. 330a
蒸花露	III. 78, 94, 195
蒸甑	III. 9

zhěng

拯	I. 138b
拯救	I. 142b / III. 196

正	I. 87a / II. 330a
正当	III. 58
正的	III. 68
正凳	II. 364a
正殿	III. 42
正斗	I. 118a
正对	III. 67
正公	III. 124
正功	III. 207
正宫	III. 192
正好	I. 103b / III. 38, 131
正合	I. 108b

正合我肺腑	III. 51	证见人	I. 40b
正合我意	III. 164	证明其罪	III. 190
正及时	III. 3	证人	III. 210
正经	III. 142, 179	证是	III. 47
正经的事	III. 124	证书	III. 48
正理	II. 330a	证验	III. 20, 54
正理责人	III. 190	诤	I. 122b, 139a
正理之事	III. 124	政	II. 330a
正门	III. 181	政权	III. 105
正面	III. 101	政治	III. 105
正配	III. 44		
正娶	III. 44		zhī
正人	II. 330b	支	III. 93, 173
正时	III. 197	只	I. 127a, 156a / III. 149
正是	III. 24, 200	汁	I. 65b, 113a / III. 49, 63, 228
正说	III. 72		
正堂	III. 27, 42, 179	芝麻	III. 9
正投我机	III. 164	荬麻	I. 106b
正午	III. 137	知	III. 55
正颜色	III. 176	知长短	III. 194
正义	III. 124	知道	I. 35a, 142a, 144a / II. 330a / III. 55, 87, 194
正意	III. 118		
正音	I. 99b / III. 126	知恩	III. 7, 55, 187
正印	III. 179	知风	III. 194
正直	III. 68, 187	知府	II. 330a / III. 59, 105, 134, 188
正志	III. 118		
正中	III. 68	知更的	I. 153b
正字	I. 167a / III. 126	知己	I. 41b
证	II. 330a / III. 25, 47, 64, 181	知将来者	III. 180
		知谨慎	III. 28
证不得的	III. 121	知觉	III. 6, 81, 118, 189, 198
证服	III. 58	知宽紧	III. 194
证见	I. 148b / III. 210	知礼	I. 51b
证见的	I. 148b	知礼的人	III. 60

知理	III. 194
知名	III. 49
知明	III. 55
知明他内意	III. 170
知轻识重	III. 194
知情	III. 194
知趣	III. 77
知趣的人	III. 28
知认	III. 54, 180, 187
知识	III. 194
知水性	III. 148
知未来者	III. 180
知味	III. 108, 194
知县	III. 59, 105, 134
知晓	III. 194
知心	I. 92b
知心腹	III. 194
知一不知二	III. 175, 194
知印	I. 132a
枝	I. 153a
枝条	I. 97b / III. 185
肢	III. 140
肢体	III. 140
肢肢节节	III. 140
织	II. 329a
织布	I. 148a / III. 210
织布的	III. 210
织纻	II. 329a
织花的	III. 129
织机	III. 208
织机的	II. 329a
织纬	III. 210
织席	III. 94

脂膏	III. 225
蜘蛛	I. 44b / III. 19
蜘蛛网	I. 148a / II. 331a / III. 208

zhí

执傲	II. 356a / III. 180
执持	III. 200
执法	III. 107
执固	II. 329a
执己意人	III. 158
执己主意	III. 198
执见	III. 198
执己见	III. 15
执留	III. 191
执迷不悟	III. 82, 151
执拗	III. 155
执然	III. 57
执事	I. 131b / III. 17
执手	III. 213
执业	III. 109
执一的	III. 171
执意	III. 155
执于一	III. 155
执掌	III. 43
执照	I. 65a, 142b / III. 47, 167
执住	III. 187, 209
执着	II. 328b / III. 209
直	I. 76b
直笔	III. 174
直步而入	III. 167
直道的	III. 192
直的	III. 68

			zhǐ
直动	III. 145	止	III. 47, 75, 164, 207
直格子	III. 168	止避邪欲	III. 190
直公	III. 187	止步	III. 164
直紧的	III. 211	止工	III. 164
直进	III. 167	止留	III. 164
直看	III. 141	止流	III. 25, 75
直路	III. 40	止路	III. 121
直然	III. 68	止怒	III. 12, 72, 204
直人	I. 144b	止排	III. 155
直视	III. 141	止其口	III. 75
直透入骨	III. 170	止宿	III. 99
直线	III. 129	止所	III. 99
直直	III. 68	止他的口	III. 58
直直行	III. 14	止息	III. 47, 184
侄儿	I. 145a / III. 202	止一	III. 202
侄女	I. 145a	止有	III. 202
侄子	I. 145a	止住	III. 75, 93, 164, 184
姪媛	I. 145a	止住马铁环	III. 101
值	I. 63b, 153a / II. 329a / III. 218	只等	I. 82a
		只够用	III. 90
值得	III. 218	只管来讨	I. 109b
值得多少	III. 218	只管去	III. 122
值多少	III. 183	只生一子	III. 224
值几多	III. 183	只一	III. 224
职	II. 329a / III. 77	只一个	III. 224
职分	I. 123b / III. 43, 154, 156	旨意	III. 73, 134, 159, 178, 199
职任	III. 43, 156	旨意下	III. 73
职位	III. 156	沚	I. 147b
职业	III. 154	纸	I. 126b / II. 330a / III. 163
职掌	III. 43		
植立	III. 174, 198	纸包	III. 10
殖码	III. 146		

纸包了	I. 87b		zhì
纸碑*（牌）	I. 57b	至	I. 110a / III. 131
纸裆	III. 44	至当之事	III. 124
纸灯	III. 129	至多	III. 183
纸牌	I. 115a / II. 330a / III. 43, 148	至公	III. 224
		至公无私	III. 124
指	I. 44a / II. 330a / III. 18, 67, 68, 145	至公至当	III. 124
		至灰	III. 102
指陈	III. 145	至今	III. 109
指点	III. 117, 145	至刻漏	III. 188
指点的	III. 118	至凉之处	III. 101
指缝	III. 2	志鄙陋	III. 118
指甲	I. 155b / II. 349b / III. 225	志大心高	III. 119
		志合	III. 54
指尖	III. 182	志力	I. 155a
指节	I. 46a / III. 22, 153	志量	III. 14
指论	III. 68	志气	II. 330a / III. 92
指拇	III. 182	志气轩昂	III. 92
指南	I. 38a	志意	III. 118, 180
指捏	III. 213	志意坚决	III. 75
指示	III. 199	志坠了	III. 71
指说	III. 145	炙*（炙）	I. 97b
指头	III. 67	制	I. 100b / III. 188
指头缝	III. 2	制不得的	III. 116
指头目	III. 67	制度	III. 127, 188
指头弹	III. 164	制法	III. 56
指引	I. 42a / II. 346b / III. 84, 145, 199	制服	III. 79, 189, 205, 221
		制怒	III. 17
指引路	I. 83b, 89a	制他	III. 187
指引他	III. 4	制诏	III. 167
指着	III. 68, 199	质辩	III. 55
趾甲	II. 349b	质气	III. 148
徵	III. 225	质然	III. 136
		质所以然	III. 45

质者	III. 45	致意	I. 89b / III. 138
治	I. 127b, 145b / II. 330a / III. 105	致之于中	I. 93a
		致众人笑	III. 192
治不得的	III. 117	秩序	III. 198
治国	III. 105, 192	鸷鸟	III. 27
治会	III. 178	掷骰	III. 80
治家	III. 105	掷骰子	III. 80, 123
治家产	III. 106	掷下	III. 80
治权	III. 105	撖*（掷）	I. 149b
治身	III. 61	痔	III. 11
治田	III. 125	痔疮	I. 40a, 84a / III. 11
治下	III. 116, 199, 204	窒刀	II. 363b
治玉	III. 125	智	III. 24, 181, 223
治御	III. 105	智德	III. 181
贽礼	III. 178	智慧	III. 181
致	III. 4, 25, 38, 65	智机	III. 77
致得多少	III. 183	智谋	I. 93a / III. 20, 24, 116, 215
致毒	I. 43b, 88a		
致肥	III. 86	智识	III. 181
致福	III. 180	智哲	III. 181
致富	I. 91b	智者	III. 62, 77, 181
致敬尽礼	III. 191	痣	III. 130, 220
致命	II. 330a	滞碍	III. 207
致命的	III. 135	滞慢	III. 75
致其爱	III. 86	置安处	III. 175
致惹	III. 118	置界	I. 148b
致人怒	III. 86	置巾	III. 176
致人羞耻	III. 7	置酒办宴	III. 30
致人疑惑	III. 155	置手两剑	III. 91
致人醉	III. 83		
致事	I. 139a / II. 330a		zhōng
致死的	III. 144	中	II. 332b / III. 68, 88, 119
致他	III. 155		
致我去	III. 118	中肠	III. 119

中等	I. 118a, 120a
中等的	III. 185
中饭	I. 108a / III. 51
中国	III. 47
中和	II. 332b
中华	III. 47
中怀	III. 187
中火	III. 51
中间	III. 86, 88, 137
中间织红	I. 92b
中军帐	I. 148b
中年的	III. 66
中年夭折	III. 144
中品的人	III. 174
中钱	III. 214
中秋	II. 332b
中人	III. 137, 161, 209
中途而回	I. 45b
中土	III. 47
中午	I. 118b, 144b
中线	III. 89
中心	III. 119
中央	III. 86, 137
中阳	II. 332b, 334a
中夜	III. 152
中证	II. 332b
中指	III. 67
忠	III. 126
忠臣	I. 102b / II. 332b / III. 99, 126, 218
忠忱	II. 332b
忠厚	I. 89b, 111b / II. 332b, 341b / III. 99, 131
忠厚的人	III. 220
忠信	I. 102b
忠性	III. 148
忠义	III. 99, 124
忠直	I. 102b
终	I. 90b / III. 38, 75, 99, 146
终不	III. 134
终甲	II. 349b
终久	III. 176
终了	III. 170
终末	III. 38, 99, 177
终日	II. 340b / III. 212
终身	III. 212, 222
终生	II. 332b / III. 212
终须	III. 176
终焉	III. 176
终夜	III. 212
盅	III. 206
钟	I. 144b / III. 41
钟锤	III. 126
钟鼓楼	III. 202
钟楼	I. 56a / III. 41
钟钮	III. 38
钟舌	III. 29
衷肠	III. 119
衷情	II. 332b
衷心	III. 119
蚣蝑	III. 106
螽斯	III. 106

zhǒng

肿	III. 112
肿毒	III. 177
肿起	III. 60

肿起来	III. 112	众公的	III. 53
肿散了	III. 72	众人	II. 332b / III. 53, 181, 212
肿消了	III. 72		
肿些些	I. 109a	众人爱他	III. 5
肿一堆	I. 109a	众人不爱他	I. 116a
种	II. 332b / III. 91, 198	众人的事	III. 149
种子	III. 198, 201	众人来	III. 220
		众人怕他	III. 208
zhòng		众人所怒的	III. 133
中	I. 34b, 72b	众人通知晓	III. 181
中的	III. 5, 33, 47, 66	众人晓得	III. 152
中鹄	II. 336a	众人有份的	III. 53
中节	III. 47	众人知	I. 133a
中进士	III. 106	众人知道	I. 116b, 122b
中举	III. 106	众石状	III. 169
中理	III. 180	众望	III. 28
中了	III. 18, 47	众心不一	III. 146
中人的意	III. 5, 33, 182	众星朗天	III. 95
中人意	III. 38, 106	众议之意	III. 158
中人之意	III. 98	众止之所	III. 99
中我意	I. 48b	众罪地狱	III. 116
中意	III. 7, 17, 52, 57, 182	种	I. 133b, 143b / II. 332b / III. 198
中众人	I. 44a		
仲	II. 332b	种菜	III. 198
仲春	II. 332b	种菜的人	III. 160
仲冬	II. 332b	种田	III. 110
仲秋	II. 332b	种植	III. 174, 198
仲秋月	III. 161	重	I. 57b, 130a, 140a / II. 332b / III. 15, 18, 94, 106, 110, 171, 177
仲夏	II. 332b		
仲子	III. 112		
众	I. 149b		
众都	III. 212	重打	III. 171
众多	III. 146, 147	重大	III. 171
众工	III. 154	重罚	III. 44

重厚的	III. 142	周游	III. 77
重话	III. 171	周垣	III. 165
重口腹之欲	III. 108	周月	III. 139
重色	III. 72	周遭	III. 193
重他	I. 98b	周转	III. 37
重刑	III. 44	洲	I. 109a
重责	III. 44	赒济	I. 96a
重罪	I. 128a / III. 168	粥	II. 331a / III. 25
重罪地狱	III. 116		

zhōu

		妯	II. 329b
舟	I. 50b / III. 149	轴子	III. 66
舟船多遭覆溺	III. 202		

zhǒu

州	I. 161a / III. 48
州县	II. 330a
	肘肱	III. 36

zhòu

周动	III. 37, 145		
周而复始	III. 3	咒	III. 133
周济	III. 202	咒骂	III. 33, 133
周流	III. 77, 170	咒神巫	II. 327b
周流四方	III. 13	咒语	III. 117
周流天下	II. 329b	咒诅	III. 33, 117, 133
周流者	III. 170	胄牌	III. 90
周路	III. 40	咮啄	III. 172
周年	III. 63	昼	II. 329b / III. 76
周岁	III. 63	昼夜	II. 345b / III. 76
周围	II. 341a / III. 4, 25, 85, 101	昼夜平分	III. 89, 120
		昼夜平圈	III. 89
周围看	III. 141	昼夜平线	III. 89, 129
周围戏场	III. 207	昼夜相停	III. 89
周围走	III. 13, 122, 193	昼夜研寻	III. 56
周惜宝爱	III. 109	昼夜之相续	III. 210
周行	II. 329b / III. 13, 34, 122, 193	皱	I. 46a, 89b, 141a / II. 327b / III. 22, 85
周巡	III. 193	皱眉	II. 327b

皱了皮	III. 197	猪栏	III. 46, 93, 175
皱面	I. 100b	猪犁土	III. 113
皱纹	III. 22	猪寮	I. 62b, 63b
骤然	I. 146b	猪母	III. 181
骤雨	I. 93b	猪肉	I. 57b / III. 212
绉纱	II. 327b	猪腿	III. 171
		猪豚	III. 181

zhǔ

朱服	III. 221	猪哮	III. 107, 181
诛	I. 151a	猪、羊	III. 103
诛拂	II. 331a	猪油	III. 134, 225
诛戮犯人	III. 136	猪子	I. 50a
珠	III. 62	猪鬃	I. 143a
珠灯	III. 125	猪做声	III. 181
珠母壳	III. 132	潴水	III. 125
诸	II. 331a		

zhú

诸都	III. 212	竹	I. 160a / II. 331a / III. 41
诸凡	III. 212		
诸公	III. 226	竹斑	II. 357a
诸侯	III. 54	竹板	I. 160a
诸人	III. 53	竹壁	III. 164
诸文公家礼	III. 192	竹钉	III. 49
诸星天	III. 48	竹防	III. 218
猪	I. 132a / II. 331a / III. 50, 181	竹杆	II. 331a / III. 41
		竹篙	III. 218
猪槽	I. 66a / II. 327a	竹架	III. 162
猪肠血入的	III. 144	竹节	III. 153
猪雏	I. 50a	竹篱	I. 89a
猪唇	III. 113	竹帘	III. 46
猪肚	III. 182	竹林	III. 41
猪膏	II. 326b	竹笼	III. 41
猪牯	III. 32, 181	竹马	III. 45
猪行	III. 177	竹篾	III. 41
猪精	III. 143	竹排	III. 29

竹桥	III. 181	逐双	III. 67
竹青	III. 44	逐蝇	III. 145
竹山	III. 41		
竹笋	II. 331a, 362b		zhǔ
竹筒	III. 42	主	II. 331a / III. 12, 80, 178, 188, 199
竹箱	II. 331a / III. 41, 45		
竹椅	III. 201	主案	III. 2
竹鼬	III. 153	主保	III. 67, 119, 167
竹园	III. 41	主柄	III. 199
竹纸	III. 163	主簿	III. 105
烛	III. 41, 219	主持	III. 128
烛泪	III. 105	主二	III. 130, 135
烛镊子	III. 73	主夫	III. 12
烛台	I. 58a / III. 41	主顾	I. 104b / III. 98
烛心	I. 127b	主会	III. 178
烛芯	III. 167	主济施者	III. 128
烛油	III. 200	主祭	III. 195
逐	I. 93b	主祭之位	III. 195
逐摈	II. 358b	主将	III. 42
逐步	III. 167	主教	III. 154
逐哄	III. 26	主教傅圣油	III. 195
逐个	III. 39	主教礼冠	III. 142
逐家	I. 73b, 76b	主教所属的境界	III. 154
逐角头	I. 73b	主教者	III. 178
逐节	II. 331a	主教之位	III. 178
逐口吞下	III. 86	主经	III. 159
逐年	III. 39	主考	III. 96
逐七日	III. 39	主六	III. 194
逐妻	III. 70	主母	I. 144a / III. 12, 192, 199
逐去	III. 80		
逐热气	I. 77a	主娘	III. 12
逐日	I. 74a	主七	III. 194
逐时	III. 39	主权者	III. 179
逐手	II. 331a		

主人	I. 120b, 144a / III. 12, 139, 199, 220
主人家	I. 97b, 120b / III. 34, 139, 220
主人娘	I. 144a
主日	III. 79
主三	III. 135, 140
主四	III. 124, 140
主文	II. 331a / III. 67, 197
主翁	I. 144a / III. 12, 199
主五	III. 124
主一	III. 130
主意	I. 76b / III. 128, 145
主宰	III. 105
主张	I. 124b / II. 331a / III. 190
主掌	III. 105, 128
主座	III. 217
拄杖	III. 35
煮	I. 63a / II. 331a / III. 61, 107
煮不曾熟	I. 118b
煮到烂肉	III. 40
煮饭	III. 109
煮饭婆	I. 63a
煮沸	I. 92b
煮过水	I. 37b
煮了	I. 96b
煮肉	III. 107
煮糖心	I. 94b
煮一滚	I. 92b, 102a
属	II. 331a
褚口	III. 195
嘱	II. 331a
嘱付	I. 89a, 89b, 149a
嘱咐	III. 51, 84, 85, 134
嘱归	II. 360a

zhù

苎麻	III. 41, 129
助	III. 9
助恶匹夫	III. 165
助志	I. 95b
住	I. 33a, 120b, 133a, 139b / II. 331b / III. 144, 190, 223
住不得的	III. 117
住场	III. 201
住几日	III. 184
住脚	III. 17
住了	I. 97b
住声	III. 40
住手	III. 164
住一冬季	I. 93a
住在云陲	III. 153
贮得	I. 55a
注	I. 59a / II. 331b / III. 105
注看	III. 73, 99
注想	III. 120, 137
注者	III. 105
驻足	III. 17
驻匝	I. 97b
柱	II. 331b
柱墩	III. 30
柱脚	I. 130b
柱茎	III. 48
柱磉	II. 360b / III. 168

柱石	III. 30	抓鼓	III. 24
柱头	I. 98a, 51	抓痕	III. 225
柱址	III. 30	抓破	III. 72
柱子	III. 20, 51, 95, 173	抓着	III. 4
柱座	III. 30, 168	搲痒	I. 58b
祝发	III. 153		
祝福	III. 32		zhuān
祝告	III. 168	专	I. 156a
祝文	III. 159	专诚	III. 25
著名	III. 23	专管	III. 208
著书	III. 52, 195	专看	III. 141
著书的	III. 28	专门	III. 19
著现	III. 52	专能	III. 128
蛀	III. 42	专切	III. 64, 118, 203
蛀虫	II. 331b / III. 42, 175	专求	III. 118
蛀烂	III. 17	专权	III. 175
蛀木	III. 51	专擅	III. 28
铸	I. 104a / III. 102	专务	III. 8, 17, 64, 77, 93, 102, 155, 179, 203, 212
铸铳的	I. 52b		
铸的像	III. 120		
铸鼎的	I. 56a	专务一	III. 3
铸钱	I. 34a / III. 102	专务于一	III. 155
铸铜匠	I. 104a	专心	II. 332a / III. 25, 53, 55, 59, 66, 75, 100, 102, 203, 213
铸托	III. 195		
铸钟的	I. 144b		
筑	III. 173	专心恨	III. 2
筑起土山	III. 209	专心求	III. 168
筑墙	II. 331a / III. 109, 173	专心致志	III. 82
筑墙板	III. 206, 207	专要	I. 115b
筑墙的	III. 207	专一	III. 64
箸	I. 99b	专意	III. 12, 17, 19, 25, 53, 64, 100, 203, 213
	zhuā	专意向义	III. 155
抓	I. 87a, 106a / II. 331b / III. 19, 185	砖	I. 149a / II. 332a / III. 125

砖墙	III. 164	转尾	III. 186
		转想	III. 194
	zhuǎn	转心	III. 58, 214
转	II. 332a / III. 221	转言	III. 71, 191
转案	III. 146	转意	II. 332a / III. 58, 146
转背	III. 34	转致	III. 65
转变	III. 58		
转达	III. 119		zhuàn
转动	III. 186	传	II. 332a
转归	III. 26	转	I. 42a, 121a, 155a
转合	III. 187	转动	III. 138, 145
转红	II. 332a	转开	III. 70
转后为先	III. 34	转推	III. 131
转化	III. 187	赚	III. 6
转回	III. 34, 214	赚钱	III. 103
转计	I. 79a	赚银子	III. 103
转绞关	III. 39	篆字	I. 167a
转筋	III. 85, 213		
转恳	III. 119		zhuāng
转老为少	III. 188	庄	II. 331b
转路	III. 214	庄坊	III. 111
转面	III. 34	庄敬	III. 142
转念	III. 58	庄田	III. 111
转腔	III. 103	庄下	II. 331b
转求	III. 119	庄重	III. 106, 142
转去来	II. 332a	庄子	III. 184
转劝	III. 78	妆	I. 35b, 36a
转色	III. 146	妆办	I. 36b, 90a
转身	III. 34	妆扮	II. 331b
转声	III. 81	妆扮了	I. 36b
转手	III. 166	妆奁	I. 84b / II. 331b, 353a / III. 79
转说	III. 71		
转头	III. 34	妆色	I. 61b, 113b
转弯	I. 93b	妆饰	I. 36b / III. 6, 7, 11, 25, 212

妆饰齐整	III. 111	状貌端美	III. 104
妆死	I. 42a	状元	III. 38
妆新	III. 117, 189	状纸	III. 164
妆颜色	III. 120	状子	II. 331b / III. 172
桩	III. 149	撞	I. 34a, 88b / II. 331b
粧*（装）船	I. 105a	撞出重围	III. 193
		撞触	III. 30, 85
粧*（装）满	I. 89a	撞额	III. 213
装	I. 57b / II. 331b / III. 38	撞破	III. 193
装船底	I. 111a	撞破头	I. 96a
装点	III. 53	撞入	III. 88
装假	II. 349b / III. 97	撞时运	III. 27
装殓	III. 12	撞一下	I. 92b
装满	III. 1	撞遇	III. 85, 213
装模样	III. 145	撞造化	III. 27
装饰	III. 6, 11	撞钟	III. 207
装水	III. 109	撞肿	I. 105b
装踢	I. 110b	撞着	I. 150a / III. 213
装新	III. 117, 189		
装营	III. 23	**zhuī**	
装载	III. 131	追赶	III. 122
装载上车	III. 43	追远	III. 215
		锥	I. 94a, 104b
zhuàng		锥穿	I. 54a
壮	I. 153a / II. 331b	锥眼	I. 104a
壮大	III. 54, 106	锥子	I. 146a
壮健	III. 32, 91, 93, 150		
壮年	III. 81	**zhuì**	
壮牛公	III. 37	坠	II. 332a
壮气	III. 91	坠了圈套	III. 126
壮勇	III. 102, 218	坠胎	III. 2, 133, 166
壮志	III. 119	坠下	III. 17, 39
状	III. 17	坠线	III. 129, 171
状貌	III. 99	缀	II. 332a

缀镯	II. 332a	桌帏	III. 101
赘亲	III. 44	桌席	III. 139
砸船	III. 126	桌子	III. 139
	zhūn		zhuó
衡台	III. 139	苗	III. 206
	zhǔn	卓绝	III. 96
准	I. 111b / II. 333a / III. 5, 6, 18, 53, 128, 150, 160, 209	浊	I. 53a / III. 213
		浊泥的	III. 30
		浊平	III. 213
准抵	III. 162	浊气	III. 56
准了	I. 111b	浊坠底	III. 23
准诺	III. 18	着发	III. 73
准平	III. 150	着利	III. 103
准绳	III. 171	着棋	III. 124
准头鼻	III. 148	着棋围	I. 108b
准允	I. 134b	着时	II. 366a / III. 25
准则	III. 150, 171, 188	着腿坐	III. 23
准债	II. 333a	啄	III. 51
准折	III. 162	啄木鸟	III. 172
准罪	III. 162	啄啄	III. 172
	zhuō	琢磨	II. 336b
拙	II. 332a / III. 35	琢石	III. 125
拙稿	II. 332a	琢玉	III. 125
拙荆	III. 146	椓阴	III. 42
拙手的	III. 156	擢	II. 331a
拙性	III. 36	擢升	II. 331a
拙意	III. 164	濯	I. 111a
拙作	III. 156	濯发	III. 126
拙做的	III. 133	镯头	III. 36, 134
捉拿	III. 178	镯子	III. 20, 134
桌	I. 119a / III. 37		zī
桌布	I. 149b	孖	I. 106b

姿色	III. 111		紫菜	III. 154
资备家用	III. 181		紫金	III. 160
资性	III. 148		紫面的	III. 144
资性鲁钝	III. 148		紫色	I. 40b, 50a / III. 43, 144
资业	III.167			
资质	II. 337a / III. 52, 136		紫糖色	I. 120b
资妆	III. 79		紫艳花	III. 129
赀	I. 140a		紫云	III. 21, 153
滋蔓	III. 94		仔细	I. 33b, 119b / III. 45, 55, 57, 167, 186, 205, 209, 210
滋味	I. 107a / III. 108			

zǐ

子	II. 337a / III. 112, 170		仔细行	III. 14

zì

子城	II. 337a			
子弟	I. 92b / II. 337a / III. 103		自	III. 66
			自爱	III. 184
子弟家风	III. 103		自傲	III. 87
子弟相	III. 103		自白	III. 124
子宫	III. 132, 222		自办行李	I. 48b
子姜	III. 104		自暴	III. 72
子民	I. 146b		自暴怒	III. 83
子钱	III. 103, 129		自遍处	III. 75
子钱家	III. 129		自辩	III. 124
子时	III. 137, 152, 159		自表	III. 202
子孙	I. 73b, 145a / III. 70		自惭	I. 93a
子孙后代	III. 204		自差	III. 86
子孙相承	III. 57		自常情说	III. 114
子孙相嫡续	III. 70		自称	I. 37a, 105b, 107b / III. 33, 130
子悌	II. 337a			
子先	III. 104		自称富贵	I. 33a
姊夫	I. 63a		自逞	III. 145, 179, 218
姊妹	I. 110a		自处己事	III. 78
籽	III. 170, 201		自此	III. 198
紫	I. 154a		自从来	III. 160

自错	III. 86	自家来	III. 219
自大	III. 87, 202	自家破	I. 45a
自倒	III. 80	自骄贵	III. 87
自当	III. 84	自教	III. 28
自得	III. 127	自今	I. 72a
自定	III. 190	自今以后	III. 66
自定己业	III. 78	自尽	II. 337a
自动之动	III. 145	自儆	III. 28
自罚	III. 144, 170	自居	III. 26, 54, 223
自服	III. 189	自决	III. 190
自负	III. 22	自苦	III. 144, 170
自负壳	III. 42	自夸	I. 105b / III. 22, 33, 54, 87, 179, 202, 218
自干	III. 197		
自高	III. 22, 87, 202	自夸的人	III. 179
自古	III. 15	自愧	I. 93a
自归	III. 26	自来未有	III. 153
自归所未有的	III. 26	自立	III. 205
自毁	II. 337b	自量	III. 206
自己	I. 145b / III. 69, 82, 121, 142, 171, 176	自满	I. 145a / III. 54, 57, 87, 202
自己的	III. 180	自明	III. 124
自己的功	III. 154	自鸣钟	III. 188
自己来	III. 219	自鸣钟打某时	III. 64
自己热	I. 136a	自纳于险	III. 169
自己忍住	III. 190	自能	III. 28
自己杀	I. 117b	自骗	III. 86
自己善	I. 117a	自弃	III. 72
自己物	I. 58a	自谦	III. 1 / III. 88
自己有的	III. 165	自然	II. 340b / III. 24, 49, 55, 124, 148, 152, 200
自己肿	I. 109a		
自家	I. 163a / III. 82, 142, 176	自然的	III. 148
		自然之效	III. 81
自家东西	I. 58a	自然之应	III. 81
自家狗	I. 57a	自认	III. 87

自认为罪人	III. 54	自盈	III. 57
自任	III. 84, 202	自用	III. 198
自杀	III. 136	自由	III. 127
自擅	III. 28	自有意的	III. 225
自上边	III. 66	自在	I. 77a / III. 93, 196
自赦	I. 93a	自责	III. 144, 170
自始至终	III. 66	自诈	III. 86
自是	III. 54, 57, 87, 179	自招	III. 54
自守	III. 186	自朝至暮	III. 134
自私	III. 165	自征	III. 144, 170
自四方	III. 75	自诤	III. 28
自诉	III. 124	自主	III. 3, 12, 19, 127
自所由来的	III. 160	自主行	III. 154
自投官	III. 88, 178	自主掌	III. 127
自投监	III. 88	自专	III. 12, 19, 127, 128
自托	III. 54, 179	自专的	III. 225
自为主	III. 127	自专权	III. 28
自谓	I. 105b	自专行	III. 154
自刎	III. 136	自专治	III. 3
自误	III. 86	自足	III. 54, 57
自洗	III. 124	自尊	III. 87, 218
自喜	II. 337a, 361a	自尊大	III. 86
自显	III. 145	自左右	III. 75
自险	III. 175	自作	III. 175
自想强过众人	I. 134a	字	I. 112a / II. 337a / III. 189, 202, 225
自行	III. 154		
自省	III. 90	字读得	I. 112a
自羞	I. 93a	字格	III. 188
自雪	III. 124	字行	III. 189
自要的	III. 225	字类	III. 225
自倚	III. 179	字体	III. 136, 146
自抑损	III. 144	字帖	III. 136
自缢	III. 136	恣色	I. 36b

zōng

宗	III. 179
宗动天	III. 48
宗庙	III. 208
宗派	II. 357a
宗师	III. 96
宗同	III. 104
宗徒	II. 338a / III. 18
宗族	III. 98, 104, 128, 165
宗祖	III. 217
棕	III. 94
棕袋	II. 338a
棕树	III. 163
棕衣	III. 221
踪	I. 128a, 131a, 137a, 140b
踪迹	II. 338a / III. 173
鬃	III. 38
鬃马	II. 338a
鬃莽	II. 338a
鬃鼠	I. 84b

zǒng

总	III. 205, 224
总包	III. 50
总兵	I. 40a, 161a / II. 338a / III. 42
总不	III. 134
总督	III. 42, 223
总府	I. 40a
总管	III. 208
总归	III. 84, 187
总归于一	III. 187
总角之时	III. 142
总结	II. 338b
总揽	III. 154
总类	III. 104
总理	III. 208
总领	III. 42
总领天神	III. 14
总拢	III. 212
总买	II. 338a / III. 52, 138
总买、零碎卖	III. 219
总卖	III. 219
总是	III. 87
总说	III. 76, 89
总算	I. 46b, 112b, 145b / III. 56, 205
总算有余多	III. 191
总通	III. 224
总统领兵马	III. 42
总言	III. 53, 89
总要	III. 187
总约	III. 53, 191, 205
总镇	III. 42

zòng

纵	II. 338a
纵欲	III. 88, 108

zǒu

走	I. 62a, 94b, 104a / II. 327b / III. 13, 59, 114, 122
走报	III. 177
走报的	I. 118b
走报人	III. 59
走遍	I. 78b

走遍天下	III. 193	**zū**	
走动	III. 138	租	I. 151b / III. 21, 187
走动的所	III. 167	租房子	III. 11
走躲	III. 14	租奉	II. 340a
走非路	III. 70	租纳	I. 41a
走狗	III. 171	租钱	III. 11, 21, 187, 189
走开	III. 16, 75, 191	租税	I. 103b / III. 189
走开去	III. 16	租他	I. 45b
走来走去	III. 167	租银	I. 50b
走了	III. 4, 70	租用	II. 337a
走了音	III. 72	租主	III. 21
走路	III. 41, 122	**zú**	
走路的	III. 41, 166	足	I. 32b / II. 336b
走马	III. 59	足底相对之方	III. 15
走马灯	II. 327b / III. 129	足迹	III. 185
走马楼	III. 59	足价	III. 205
走上走下	III. 122	足了	III. 23, 30
走兽	III. 14	足了意	III. 57
走四方	III. 77	足下	III. 199, 226
走索	II. 362a	足矣	I. 32b
走逃	III. 184	足意	III. 57
走脱	III. 90	卒	I. 120b
走样	III. 120, 151	卒然	III. 44, 69, 117
走一步	I. 72a	卒子	I. 130a
走一走	III. 167	族	II. 336b
zòu		**zǔ**	
奏	I. 99b	诅咒	III. 33
奏本	II. 327b / III. 28, 137, 172	诅祝	III. 33
奏击钟	III. 207	阻	III. 94, 121, 122, 187, 228
奏节	III. 56	阻碍	III. 77, 82, 94, 121, 155
奏请	III. 169	阻当	I. 88a
奏乐	III. 20, 109, 147, 212		

阻挡	II. 337a / III. 77, 82, 94, 121, 155, 171, 190	zuǐ	
		嘴	II. 337b / III. 33
阻恶不流	III. 25	嘴败赖	I. 78a
阻隔	III. 25, 82, 94, 119, 121	嘴不好	II. 337b
		嘴馋	II. 326a / III. 105
阻塞	III. 82	嘴唇	III. 31, 125
阻止	III. 25, 190	嘴嚼	III. 135
阻住	III. 180	嘴上念	I. 107b
祖	I. 48b		
祖妣	III. 3	zuì	
祖伯父	I. 149a	最初所以然	III. 45
祖公	III. 3, 8	最急	III. 202
祖姑	I. 149a	最妙	III. 96
祖母	I. 48b	最上	III. 202
祖牌	III. 206	罪	I. 63a, 64a, 115b, 127b, 154b / II. 337b / III. 61, 63, 67, 156, 168
祖婆	III. 3		
祖师	III. 132		
祖叔父	I. 149a	罪蒂	II. 337b
祖业	I. 127b / III. 111, 126	罪恶	III. 168
祖宗	II. 337a / III. 217	罪恶充积	III. 168
俎肉	III. 43	罪恶弥天	III. 168
		罪罚	III. 44, 169, 170
zuān		罪根	III. 155
钻	III. 30	罪过	III. 61, 63, 156, 168
钻穿	I. 54a	罪愆	III. 61, 63, 156, 168
钻坎	III. 146	罪人	I. 89a, 124a / III. 63, 189
劗穿	III. 172		
		罪赦	III. 170
zuàn		罪赎	III. 147, 169
钻	I. 150a, 151a, 154a / III. 10, 30, 182, 206	罪因	III. 155
		罪责如山	III. 168
钻活儿	II. 338b	醉不醒	III. 35
钻、铁钻	III. 182	醉船	I. 91a
钻子	I. 104b / II. 338b		

醉倒	III. 35, 39
醉高	II. 337b
醉汉	I. 51a, 53a
醉酒人	III. 35
醉浪	I. 91a
醉了	III. 83
醉了酒	III. 83
醉醒	III. 35, 72
醉醒了	III. 77

zūn

尊	I. 33b / II. 338a
尊笔	III. 174
尊裁	III. 60, 119
尊称	III. 86
尊崇	III. 133
尊宠	III. 54
尊从	III. 86, 113
尊夫人	III. 146
尊服	I. 145b
尊府	III. 108
尊父	III. 161
尊高	III. 152
尊公	III. 161
尊贵	III. 112, 152, 179
尊贵的	III. 113
尊家	III. 152
尊敬	I. 139b / III. 4, 191, 219
尊舅	III. 63
尊阃	III. 146
尊立之	III. 86
尊了	I. 139a
尊人	III. 179
尊荣	III. 133
尊师	III. 132
尊使	III. 142
尊顺	III. 197
尊堂	III. 132
尊位	III. 38
尊翁	III. 161
尊媳	III. 153
尊兄	III. 111
尊扬	III. 105
尊舆	III. 43
尊长	III. 13
尊正	III. 146
尊重	III. 23, 28, 94, 106
尊族的	III. 8, 32, 104
遵调遣	III. 154
遵法	III. 154
遵法度	III. 107
遵命	III. 110, 154, 186
遵守	III. 107, 110
遵依	III. 154
遵照	III. 154
樽	I. 153a

zuō

嘬	III. 47

zuó

昨	I. 124b
昨日	I. 83a, 124b / II. 340b / III. 76
昨晚	III. 15
昨夜	III. 15

zuǒ

左	I. 97b, 99a / II. 336a
左边	I. 41a / III. 12, 123
左冲右突	III. 193
左道	III. 111
左端	III. 111
左横右突	III. 21
左侍郎	III. 55
左手	I. 117a / III. 123, 134
左营	III. 9
左右邻居的	III. 221
左右戍卫之臣	III. 107
左右腋胁之间	III. 201
左右翼门	III. 182

zuò

作	I. 100b / III. 101
作白	III. 33
作别	I. 81a
作不善之表	III. 96
作差	II. 336b
作城坚固	I. 104a
作辞	I. 81a
作反	I. 94a
作方办	III. 16
作风的时	III. 208
作福	I. 142a
作古	III. 144
作狠脸	II. 341b
作贱	III. 44
作惊	III. 91
作酒	III. 222
作冷	III. 86
作梦	II. 355b
作木	III. 43, 154
作平	III. 17
作起者	III. 119
作市	I. 101b
作事	III. 150
作是问	III. 178
作术	III. 6
作所以然	III. 81
作套	III. 126
作吐	III. 225
作威	III. 106
作为	III. 154
作我主	III. 13
作吓	III. 91
作盐地	I. 117b
作样	I. 42a
作样子	III. 106
作揖	I. 164a
作硬	III. 85
作用	III. 103
作乐	I. 45a
作者	III. 45, 161
作正	III. 85
作证	II. 330b
作住	III. 190
作状	I. 110a
坐	I. 46a, 97b / III. 23, 198
坐朝	II. 336a / III. 27
坐船去	III. 122
坐定	III. 23
坐轿	III. 13
坐轿去	III. 122
坐了他货	III. 82
坐褥	III. 60

坐善	III. 137	做不成	I. 78a / III. 109
坐食	I. 46b	做不来	III. 196
坐所在	I. 46b	做册	III. 129
坐堂	I. 101a / II. 336a / III. 27, 110	做长些	I. 34a
		做成	III. 109, 170
坐位	III. 198	做成全	III. 109
坐席	III. 24	做城	I. 64b / III. 101
坐下	III. 23	做丑	I. 36a
坐享	III. 105	做磁器的	I. 124a
坐想	III. 137	做粗	I. 91a
坐雨	III. 132	做大	I. 91a / III. 173
坐胀	III. 83	做大些	I. 34a
坐中央	III. 198	做当	I. 43b, 73a, 129a, 139a / III. 65, 83
坐住	III. 23		
坐着	III. 23, 93, 198	做当头	III. 83
座	I. 145a / III. 22, 206, 214	做党	III. 11
		做得	I. 47b, 112b / III. 128
座船	II. 336a / III. 30	做得不好	III. 133
座梁	III. 30	做得不精	III. 109
座台	I. 98b	做得不是	III. 133
座位	III. 24, 201, 217	做得好	III. 33
座子	III. 24	做得停当	III. 197
做	I. 59b, 100b / II. 336a / III. 5, 45, 101, 109	做得停妥	III. 197
		做得有理	III. 195
做把戏	III. 123	做的	III. 110
做把戏的	III. 123, 133	做吊	III. 144
做保认	I. 102b	做定	I. 45a
做本分	III. 63, 110	做定规	III. 142
做表样	III. 199	做短些	I. 34a, 89b
做兵	III. 203	做对头	I. 130a
做薄	I. 35b	做恶	I. 127b / III. 154
做薄了	I. 35b	做饭	III. 109
做不得	III. 152	做贩	III. 187
做不得的	III. 121	做房子	I. 99b

做粉	III. 73	做梦	III. 203
做分上	III. 119	做弥撒	III. 76
做干证	III. 199	做弥撒大带	III. 94
做稿	III. 58	做弥撒圣衣	III. 186
做工	I. 123b, 150b / III. 154, 214	做面	III. 136
		做面头人	III. 113, 163
做工的	I. 123b, 150b	做名字	III. 175
做工夫	III. 7 / III. 154, 214	做魔鬼	III. 110
做功德	I. 120b, 142a	做谋反	III. 10, 13, 109, 186
做卦	III. 6, 81, 205	做谋反的	III. 216
做卦的人	III. 6	做模样	III. 106, 145
做官	III. 110, 199, 209	做木器	I. 123b
做惯	III. 109	做木人	III. 43
做鬼	III. 143	做男色	III. 110, 168
做旱时	III. 210	做年	III. 110
做号	I. 46b, 117b	做弄	III. 90
做后	III. 177	做女色	III. 168
做厚	III. 107	做傩	III. 143
做花园的人	III. 123	做平	I. 44a, 108a / III. 11, 17, 83
做欢喜	III. 99		
做灰	III. 110	做起	I. 60a
做火	III. 110	做起者	III. 28
做记号	III. 200	做强过他	I. 119b
做家	III. 8, 87, 140	做亲	I. 155b
做假	III. 97	做穷人	III. 83
做酒	III. 110	做人情	III. 119
做铠甲的	I. 45a	做软	I. 33a, 41b
做坏	I. 36a	做软些	I. 120a
做窟窿	III. 8	做善	III. 154
做宽些	III. 87	做商人	III. 57
做浪	I. 124a	做生活	III. 214
做买卖	III. 57, 138	做生理	III. 214
做买卖的	III. 138, 150	做生意	III. 109, 214
做馒头人	III. 113	做圣	III. 197
做帽的	I. 51a	做圣迹	III. 110, 140
做媒人	I. 58a		

做诗	I. 152a / III. 52, 175	做小些	I. 43b
做事	III. 216	做鞋的	III. 46
做手色	III. 175	做圩	III. 98
做书	III. 52	做墟	III. 98
做术的	III. 84	做盐	III. 109, 138
做术的人	III. 36	做样	I. 42a, 121a / III. 110
做术人	III. 110	做样子	I. 117b / II. 345b
做丝	III. 83	做硬	I. 90a
做炭	III. 110	做油	III. 110
做田	III. 110	做油的	I. 48b
做甜	I. 35b	做鱼	III. 83
做头	II. 364a / III. 6, 28, 38, 45	做雨	III. 132
		做冤家	III. 215
做屠户	III. 43	做园的	III. 160
做瓦的	I. 148a	做圆	III. 187
做袜的	III. 40	做约	III. 110
做完	III. 3	做窄	I. 98b
做文	III. 52	做瞻礼	III. 99, 110
做文章	III. 52	做直	I. 89b
做文字	III. 52	做质	III. 188
做窝	III. 150	做中人	III. 175
做戏	III. 51, 190	做烛的	I. 65b
做戏的	III. 190	做主	III. 38, 67, 87
做戏文	I. 139a	做罪罚	III. 170
做先	III. 6		